"十四五"职业教育国家规划教材

电子商务类专业创新型人才培养系列教材

浙江省高职院校"十四五"重点教材

U0691999

电子商务数据分析与应用

第2版

邵贵平/主编

ELECTRONIC
COMMERCE

人民邮电出版社

北 京

图书在版编目（ＣＩＰ）数据

电子商务数据分析与应用 / 邵贵平主编. -- 2版
. -- 北京：人民邮电出版社，2023.2
电子商务类专业创新型人才培养系列教材
ISBN 978-7-115-60458-3

Ⅰ．①电… Ⅱ．①邵… Ⅲ．①电子商务－数据处理－
高等学校－教材 Ⅳ．①F713.36

中国版本图书馆CIP数据核字(2022)第216376号

内 容 提 要

本书采用数据驱动运营的思路编写，引导读者用数据分析技术与方法解决电商运营中遇到的难题，着眼于培养数据化运营人才。本书将电商企业数据化运营岗位的工作内容整合成 9 个任务，包括电子商务数据分析认知、运营数据体检、流量数据分析、转化数据分析、客单价数据分析、客户数据分析、商品数据分析、市场行情数据分析和竞争对手数据分析。

本书既可作为应用型本科院校和高等职业院校的电子商务、移动商务、跨境电子商务、商务数据分析与应用、市场营销、统计等专业的教材，也可作为电子商务数据分析师技能培训考试用书。

◆ 主　　编　邵贵平
　　责任编辑　刘　尉
　　责任印制　王　郁　彭志环
◆ 人民邮电出版社出版发行　　北京市丰台区成寿寺路 11 号
　　邮编　100164　　电子邮件　315@ptpress.com.cn
　　网址　https://www.ptpress.com.cn
　　保定市中画美凯印刷有限公司印刷
◆ 开本：787×1092　1/16
　　印张：16.5　　　　　　　　　2023 年 2 月第 2 版
　　字数：444 千字　　　　　　　2025 年 1 月河北第 7 次印刷

定价：59.80 元

读者服务热线：(010)81055256　印装质量热线：(010)81055316
反盗版热线：(010)81055315
广告经营许可证：京东市监广登字 20170147 号

前言
FOREWORD

党的二十大报告指出"加快发展数字经济，促进数字经济和实体经济深度融合，打造具有国际竞争力的数字产业集群。"我国大数据产业起步较早、增长较快，产业规模年均复合增长率超过30%，2020年超过1万亿元，2025年预计将突破3万亿元。大数据产业发展已经与经济社会数字化转型实现深度融合，大数据应用意识快速提升，需求日益迫切，具体表现为政府、企业乃至个人在做决策时越来越倾向于以大数据分析结论作为重要依据，越来越认同大数据的价值。这就要求电子商务专业人才必须具备"用数据说话、用数据决策、用数据管理、用数据创新"的大数据思维。

本书根据电商数据化运营的发展状况进行修订，依托电商平台数据工具提供的数据展开数据分析，运用简单、易懂的分析方法破解复杂的数据处理难题，洞察运营数据背后隐藏的商机。本书内容按照数据驱动运营的思路展开，引导学生用数据分析技术解决电商运营过程中遇到的难题，具体包括电子商务数据分析认知、运营数据体检、流量数据分析、转化数据分析、客单价数据分析、客户数据分析、商品数据分析、市场行情数据分析和竞争对手数据分析等9个任务。每个任务包括学习目标、任务导入、基础知识、任务实战、拓展实训、任务小结、同步习题几个部分。学习目标包括知识目标、技能目标和素养目标3部分，指引学生学习的方向。任务导入用案例引导学生进入学习情境，让学生在学习理论知识前对行业概况有所了解。基础知识是为学生完成任务而准备的相关理论知识，包括概念、内容、原理、模型、流程、方法、指标、工具等。任务实战需要学生在教师的指导下完成，目的是帮助学生掌握用数据驱动运营的相关技能。拓展实训要求学生组建团队自主完成，目的是培养学生独立思考问题、分析问题和解决问题的能力。任务小结绘制了整个任务的思维导图，系统地梳理了每个任务学习的重点与难点。同步习题用于检验学生对相关知识点与技能点的掌握程度。

本书编者及教学团队在浙江省高等学校在线开放课程共享平台上建有在线开放课程，每学期均开课，提供课程大纲、微课视频、操作视频、动画、运营数据、课件、测验、作业、考试、讨论、参考网站等资源。任务实战对接真实岗位的工作任务，运营数据源自电商企业官方旗舰店，实现教学与工作的无缝对接。

本书由浙江商业职业技术学院的邵贵平教授担任主编。在本书编写过程中，编者借鉴了国内外众多专家学者的学术观点，参阅了大量书籍、期刊和网络资料，在此谨对各位作者表示真挚的感谢。本书还得到思睿（杭州）大数据有限公司韩要宾、阿里巴巴（中国）有限公司王少娜的技术支持，以及浙江商业职业技术学院各位同仁的帮助，在此一并致以衷心的感谢！

编者

2023年4月

目录
CONTENTS

任务七　商品数据分析——
　　　　　促销商品销售　…… 182

任务八　市场行情数据分析——
　　　　　寻找市场变化规律… 209

电子商务数据分析认知——数据蕴含商机

学习目标

知识目标

- 理解电子商务数据分析的相关概念；
- 熟悉电子商务数据分析的流程；
- 掌握电子商务数据分析的方法；
- 掌握电子商务数据分析的工具；
- 理解电子商务数据分析的模型。

技能目标

- 具备运用思维导图绘制数据分析平台功能架构的能力；
- 具备运用AARRR模型分析产品的能力；
- 具备应用AIPL模型和FAST模型分析营销活动的能力；
- 具备分析大数据相关工作岗位招聘信息的能力。

素养目标

- 具有数据敏感性；
- 具备较强的逻辑分析能力；
- 树立利用数据驱动创新的理念；
- 具有精益求精的工匠精神，助力科技强国。

一、任务导入

海底捞的抖音攻略

海底捞创建于 1994 年，现已成长为国际知名的大型连锁餐饮企业，在全球开设近 1000 家直营餐厅，覆盖中国、韩国、日本、美国、加拿大、英国等国家和地区。历经市场和顾客的检验，海底捞成功地打造出信誉度高、融合各地火锅特色于一体的优质火锅品牌。

海底捞不仅火锅做得好，营销也很有创意。其在抖音上"爆火"的"海底捞暗号""海鲜粥""番茄牛肉饭""网红蘸料"等被众多抖音用户争相模仿。大家纷纷拿出手机拍摄相关视频，并将这一"好消息"分享给其他抖音用户，进而又一次"刷爆"抖音。

海底捞利用抖音做营销活动，可谓异常火爆，这主要因为它巧妙地抓住了年轻人的心理和喜好，并且善于运用抖音推荐算法，为普通人提供高质量的视频内容。《麻省理工科技评论》发布的 2021 年"全球十大突破性技术"中，就包括抖音推荐算法（见图 1-1）。

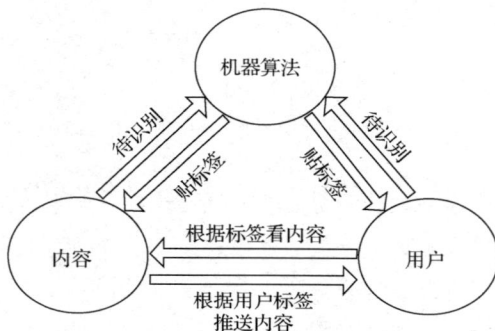

图 1-1　抖音推荐算法（源自：短视频热门研究院）

海底捞的抖音营销，针对的是前期积累的庞大消费群体，抓住时下消费群体的喜好并加以转化，以便为己所用。海底捞的做法堪称业界典范。

1. 从顾客的喜好中发掘商机

随着越来越多的网络社交软件产生，人与人之间的交互开始产生质的飞跃。抖音之所以大火，是因为其中的视频内容给人以真实可信、亲近自然、有冲击力的感觉，其互动性与社区性远远超越微博和微信公众号，非常接地气。而在人们的日常生活中，一日三餐最接地气，这也就解释了为什么抖音平台在迎来流量爆发的时候，首先涌现的是一大批关于美食的内容。抖音一时间变成"舌尖上的抖音"，这就为餐饮品牌提供了极有营销价值的天然土壤。海底捞以敏锐的嗅觉及时捕捉到了商机，借着抖音大火，让顾客感觉到海底捞的火爆，使顾客的好感与亲近感倍增。

2. 最好的体验就是大家一起玩

当代年轻人，从小就"见多食广"，很少有美食能引起他们的广泛兴趣。然而，一些抖音上的"网红"推荐、花式吃法，却能够引起他们的强烈关注，如海底捞的番茄牛肉饭、"网红"蘸料、海鲜粥等。当顾客在抖音上看到这些颠覆传统的吃法时，许多人都会在好奇心的驱使下跑到海底捞尝试一番。

于是许多顾客纷纷到店体验，拍摄视频后上传抖音，玩得不亦乐乎。难道这些网友自创的菜品真的有那么好吃？他们的厨艺比专业的大厨还高超？其实这些吃法的味道并不见得有多惊艳，但这是顾客自创的一种形式，他们更多是在享受亲身参与、分享体验、引起关注、交流互动的过程。当代年轻人爱玩也会玩，餐饮企业想要跟他们拉近距离，最有效的方法就是跟他们一起玩，跟他们打成一片。

3. 营销创新与顾客维护

海底捞抖音营销的创新之处在于，吸引到原有顾客之后，再通过原有顾客在抖音上传视频宣传自家餐厅，从而做到把抖音上的潜在顾客转换成自己餐厅的顾客，进而产生客流指数级增长的效应。然而，利用抖音推广吸纳了顾客之后，接下来的顾客维护才是关键。

再花哨的营销手段，归根结底也都只是"表面功夫"，做餐饮，最重要的还是口味、品质和服务，只有将这三项做好做精，餐厅才会有源源不断的客流，否则再火爆的人气也只是昙花一现。海底捞能"刷屏"抖音，也是依靠其稳定的服务和品质，以及逐步积累产生的口碑社交效应。海底捞为等位的顾客做美甲，为落单的顾客抱来一只玩具熊，赠送红酒及腊肠，折纸鹤，叠星星，开发各式各样的小游戏和脑筋急转弯等，简直让顾客欲罢不能。

4. 海底捞抖音推广数据分析

抖音是基于算法的内容分发平台，公平公正，优秀的内容大都能脱颖而出。根据算法，抖音会给每段视频分配一个拥有平均曝光量的流量池。根据视频在流量池内的表现，抖音运营的算法机制会进行下一步操作，决定是将这段视频推送给更多人，还是就此打住。视频流量分发以附近人群和关注人群为主，再配合用户标签和内容标签智能分发。如果视频的完播率高、互动率高，那么视频就有机会获得更多的推荐流量。当视频智能分发播放量达到 100 万次后，系统算法就会判断其为受欢迎的内容，自动给内容加权，叠加推荐更多的播放量。叠加推荐是以内容的综合权重来评估考量的，综合权重的核心指标有完播率、点赞量、评论数、转发量等，并且每个阶梯段的权重各有差异；当达到一定的量级时，作品的推荐机制将会是大数据算法和人工推荐相结合。

截至 2021 年 3 月 31 日，"海底捞火锅"抖音号（见图 1-2）的粉丝数为 31.8 万，获赞 79 万，关注 1 人，数据并不突出。但抖音上"海底捞"话题的相关视频（见图 1-3）却有 126.5 亿次播放量，里面的大部分视频由顾客制作并分发。据估算，抖音上一条拥有 2500 万次播放量的视频产生的推广效果相当于 100 万元广告费带来的效果，那么抖音上"海底捞"话题相关视频的 126.5 亿次播放量相当于为海底捞节省了 5 亿元广告费。

图 1-2 "海底捞火锅"抖音号   图 1-3 "海底捞"话题相关视频

思考：

1. 对比分析"海底捞火锅"抖音号与"海底捞"话题 TOP10 视频的点赞、评论和分享数据，探讨产生差异的原因。

2. 请列举海底捞开展抖音营销的创新之处。

3. 海底捞是如何将线上流量导入线下门店的？

二、基础知识

电商行业发展至今，精细化运营已成为行业共识。相对于其他行业来说，电商行业的数字化其实已经走在了前面，应该说是在迈向智能化、精细化的路上不断深入。随着电商领域的竞争进入"高级阶段"，企业现在更多考虑如何提升用户体验、如何留住更多用户、如何提高用户复购率、如何增加企业营收等问题，而这些都离不开数据分析。

（一）电子商务数据分析概述

1. 数据分析

数据分析是收集、处理数据并获取有价值的信息的过程。具体地说，数据分析是在业务逻辑的基础上，运用简单有效的分析方法和合适的分析工具对获取的数据进行处理的过程。电子商务数据分析是指对电子商务经营过程中产生的数据进行分析与挖掘，从中提取有用的信息，从而帮助商家降低成本，提高业务运营效率，改进产品，优化决策。

（1）数据分析的目的

数据分析的目的是把隐藏在一大批看似杂乱无章的数据中的信息提炼出来并集中，以找出所研究对象的内在规律。在实际生活中，数据分析可以帮助人们做出判断，以便人们采取适当的行动。例如，数据分析帮助电商企业向消费者推荐商品，设计促销方案，设置直播互动的奖品等。

（2）数据分析的价值

数据分析的价值主要体现在 3 个方面，一是帮助领导做出决策，二是预防风险，三是把握市场动向，如图 1-4 所示。通过数据分析，企业可以发现自己做得好的方面、需要改进的地方及明确出现的问题。

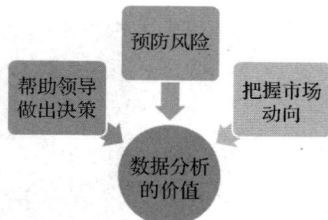

图 1-4　数据分析的价值

（3）数据分析的作用

数据分析在电商企业日常经营分析中具有以下 3 个方面的作用。

① 现状分析，展示企业现阶段整体运营情况及各项业务的构成情况，包括各项业务的发展及变动情况。

② 原因分析，发现企业存在的问题的原因，并依据原因制订相应的解决方案。

③ 预测分析，对企业未来的发展趋势做出预测，便于企业制订运营计划。

（4）数据分析的应用

数据分析有极广泛的应用范围，在产品的整个生命周期内，从产品的市场调研到售后服务及最终处置，都需要适当地运用数据分析。例如，企业会通过市场调查分析所得数据来判定市场动向，从而制订合适的生产及销售计划。同样，在淘宝店铺运营过程中，数据分析也起着积极的作用。

（5）数据分析的分类

数据分析一般可以分为 3 类：探索性数据分析（Exploratory Data Analysis，EDA）、验证性数据分析（Confirmatory Data Analysis，CDA）和定性数据分析。

EDA 是指在尽量少的先验假设下对已有的数据进行探索，侧重于从数据之中发现新的特征。EDA 讲究从客观数据出发，探索其内在的数据规律，让数据自己说话。从逻辑推理上讲，EDA 属于归纳法，有别于从理论出发的演绎法。因此，EDA 成为大数据分析中不可缺少的一步。

CDA 是指在进行分析之前，一般都有预先设定的数据模型或研究假设，侧重于对已有模型或假设进行证实或证伪。

定性数据分析是指对词语、照片、观察结果之类的非数值型数据进行分析。

2. 大数据

大数据本身是一个比较抽象的概念，仅从字面意思来看，它表示数据规模的庞大。人们一般将通过对海量信息的采集、存储、分析、整合、控制而得到的数据称为大数据。大数据通常需满足 3 个特点：规模性（Volume）、多样性（Variety）和高速性（Velocity），即具有海量的数据规模、多样的数据类型和快速的数据流转。

3. 云计算

Google 作为大数据应用最为广泛的互联网公司之一，在 2006 年率先提出云计算的概念。云计算是一种大规模的分布式模型，通过网络将抽象的、可伸缩的、便于管理的数据能源、服务、存储方式等传递给终端客户。根据维基百科的说法，狭义的云计算是指 IT 基础设施的交付和使用模式，指通过网络以按照需求量和易扩展的方式获得所需资源；广义的云计算是指服务的交付和使用模式，指通过网络以按照需求量和易扩展的方式获得所需服务。目前云计算被认为包含 3 个层次的内容：基础设施即服务（IAAS）、平台即服务（PAAS）和软件即服务（SAAS）。国内的阿里云与云谷公司的 XenSystem，以及在国外已经非常成熟的 intel 与 IBM 都是云计算的忠实开发者和使用者。

云计算是大数据的基础平台与支撑技术。如果将各种大数据的应用比作一辆辆"汽车"，那么支撑起这些"汽车"运行的"高速公路"就是云计算。正是因为云计算技术对数据存储、管理与分析等方面的支撑，大数据才有用武之地。

4. 区块链

区块链是一种以链的方式把区块组合在一起的数据结构，选取新节点时需要将新区块里前一个区块的哈希值、当前时间戳、一段时间内发生的有效交易及其梅克尔树根值等内容打包成一个区块向全网广播。密码学保证了数据的不可审改和不可伪造，能够使参与者对全网交易记录的事件顺序和当前状态建立共识。由于每一个区块的块头都包含了前一个区块的交易信息压缩值，这就使从创世块（第一个区块）到当前区块连接在一起形成了一条长链。如果不知道前一个区块的"交易缩影"值，就没有办法生成当前区块。因此，每个区块必定按时间顺序跟随在前一个区块之后。这种所有区块包含前一个区块的引用结构，让现存的区块集合形成了一条数据长链。

区块链主要应用于支付和托管等领域，可以加快交易、减少欺诈并增强财务安全性。它也是比特币采用的分布式数据库技术。由于高度安全，区块链对敏感行业的大数据应用系统也是出色的选择。

5. 数据湖

数据湖是一个庞大的数据存储库，从不同来源收集数据，并将其以自然状态存储起来。切忌将数据湖与数据仓库混为一谈，数据仓库基本上与数据湖执行的是同样的功能，但不像数据湖那样以自然状态存储数据，而是明确数据结构以便将其存储起来。为了进一步阐明两者之间的区别，不妨打个比方：数据湖如同未经过滤的河水，而数据仓库更像是一堆瓶装水。

6. 数据埋点

后台数据库和日志文件一般只能满足常规的统计分析，对于具体的产品和项目来说，一般还要根据项目的目标和分析需求进行有针对性的数据埋点工作。所谓埋点，就是在额外的正常功能逻辑上添加有针对性的逻辑统计，即期望的事件是否发生，发生后应该记录哪些信息。例如，用户在当前页面是否用鼠标滚动页面，有关页面区域是否曝光，当前的用户操作时间是多少、停留时长是多少，这些都需要前端工程师进行有针对性的埋点才能满足有关的分析需求。数据埋点工作一般由产品经理和分析师预先确定分析需求，然后由数据开发团队对接前端和后端开发以完成具体的埋点工作。

7. 数据挖掘

大数据分析的理论核心就是数据挖掘。数据挖掘的各种算法基于不同的数据类型和格式，能更加科学地呈现出数据本身的特点，从而帮助人们更快速地处理大数据。如果采用一个算法需要花好几年才能得出结论，那大数据的价值也就无从说起了。因此，算法不仅能够满足处理大数据的数据量要求，也能一定程度地满足处理大数据的速度要求。

数据挖掘的重点不在数据本身，而在于能够真正地解决数据运营中的实际商业问题。因此，要解决商业问题，就得让数据产生价值，就得做数据挖掘。

8. 数据可视化

数据可视化是指将数据分析结果用简单且视觉效果好的方式展示出来，一般运用文字、表格、图标和信息图等方式进行展示。Word、Excel、PowerPoint、水晶易表等都可以作为数据可视化的展示工具。现代社会已经进入速读时代，好的可视化图表可以清楚地表达数据分析的结果，节省人们思考的时间。

数据分析的使用者包括大数据分析专家和普通客户，他们对于数据分析最基本的要求就是数据可视化，因为数据可视化能够直观地呈现大数据的特点，让数据自己说话，让观者直接看到结果。

9. 数据质量

更好的数据意味着更好的决策，数据分析的前提就是要保证数据质量。因此，在进行数据分析和数据挖掘之前，我们必须完成提高数据质量的工作。

提高数据质量的工作主要包括两个方面——数据的集成和数据的清洗，关注的对象主要有原始数据和元数据两个方面。

知识链接：元数据

元数据是指描述信息的属性数据、结构数据等相关数据。比如一本书包含的元数据有书名、作者姓名、出版社、出版日期、书号、版次、字数、页码、定价等，它的作用是使信息的描述和分类实现格式化，确保系统各项业务口径一致。数据库和数据模型都建立在元数据之上。一个信息的元数据通常分为3类：固有性元数据，是指事物固有的与事物构成有关的元数据；管理性元数据，是指与事物处理方式有关的元数据；描述性元数据，是指与事物本质有关的元数据。以摄像镜头为例：摄像镜头的固有性元数据包括品牌、参数、类型、重量、光圈、焦距等信息；摄像镜头的管理性元数据包括商品类型、上架时间及库存情况；摄像镜头的描述性元数据包括用途、特色，如人文纪实和人像摄影。

10. 数据预测分析

数据预测分析就是使用历史数据来推测未来的事件或行为，它与"可能发生的事情"有关。数据预测分析用于电商销售分析时，可以通过分析人口统计数据和购买数据来计算客户流失率，或预测主要客户是否已经淘汰了该品牌。当使用数据预测分析来持续关注客户时，电商企业可以调整业务范围，避免客户流失以及寻找潜在的新增长点。

知识链接：数据分析师

数据分析师是不同行业中专门从事行业数据收集、整理、分析，并依据数据做出行业研究、评估和预测的专业人员。他们需要拥有数学、统计学等多个领域的知识，熟悉业务逻辑，掌握数据分析方法并能熟练使用数据分析工具。事实上，一个不懂业务逻辑的数据分析师，其分析结果不会产生任何使用价值；而一个只懂业务逻辑、不精通数据分析方法与工具的数据分析人员，只能算数据分析爱好者。

11. RPA 技术

RPA（Robotic Process Automation，机器人流程自动化）技术能够代替或者协助人类在计算机、RPA 手机等数字化设备中完成重复性工作与任务。只要预先设计好使用规则，RPA 技术就可以模拟人工进行复制、粘贴、点击、输入等操作，协助人类完成大量"规则较固定、重复性较高、附加值较低"的工作，如证件票据验证、纸质文件录入、跨系统数据迁移、从电子邮件和文档中提取数据、企业 IT 应用自动操作等。基于 RPA 技术打造的软件机器人可以快速、准确地完成这些工作，这样一方面可以节约员工的时间，让员工去从事更高价值、更有挑战性的工作；另一方面可以减少人工错误，以保证企业业务实施过程中的零失误，能够提高企业运营效率、大幅度降低企业运营成本，真正帮助企业实现降本增效。

RPA 技术具有非侵入性和灵活配置性两大特点：企业在进行 RPA 技术的部署时，不需要改变其现有的信息系统，从而可以避开遗留系统冰山；RPA 技术具有非常强的灵活配置性，可以非常贴近企业的业务，实现无缝结合。这两个特点可以让 RPA 技术在企业内部逐步落地。

（二）电子商务数据分析的流程

最初的数据可能杂乱无章且毫无规律，我们要通过作图、制表和各种形式的拟合来计算某些特征量，探索规律性的可能形式。这时就需要研究用何种方式寻找和揭示隐含在数据中的规律性。数据分析有一套比较规范的操作流程，如图 1-5 所示，具体介绍如下。

明确数据分析目的 ➡ 梳理数据分析思路 ➡ 数据收集 ➡ 数据处理 ➡ 数据分析 ➡ 数据解释与展现

图 1-5 数据分析流程

1. 明确数据分析目的

识别数据分析需求、明确数据分析目的是确保数据分析过程有效性的必要条件。因此，电商企业在进行数据分析之前需要想清楚，要通过数据分析解决什么问题：是为了提高销售额，还是为了扩大目标客户群？或者是为了找到产品迭代的方向？又或者是为了进行科学的排班，以便在闲时不浪费人力？明确数据分析目的是至关重要的。

2. 梳理数据分析思路

数据分析目的明确后，接着需要梳理数据分析思路。数据分析思路是指运用营销和管理的相关技术与方法，结合实际业务将数据分析的目的层层分解，形成一个结构化的数据分析框架。这个框架是数据分析展开的依据。

知识链接：费米问题

有人曾经问费米："芝加哥有多少位钢琴调音师？"钢琴调音师是从事检查和校正钢琴音准的工作人员。费米将这个问题用逻辑树分析方法进行拆解，如图1-6所示。

芝加哥钢琴调音师数量＝全部钢琴调音师1年的总工作时间/1位钢琴调音师1年的工作时间

全部钢琴调音师1年的总工作时间＝芝加哥钢琴数量×钢琴每年调音次数×调音时长

1位钢琴调音师1年的工作时间＝1年工作周数×每周工作天数×每天工作时数

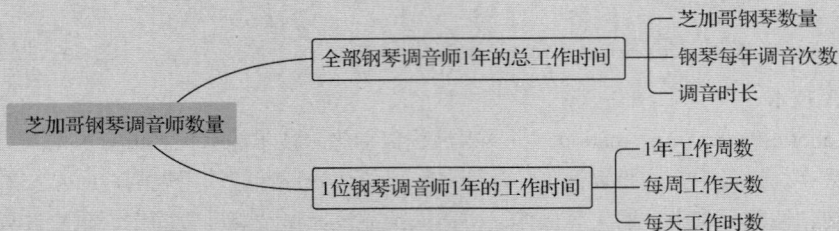

图1-6　用逻辑树分析方法拆解芝加哥钢琴调音师数量

已知芝加哥有250万人，估计每百人拥有2架钢琴（统计范围含机构，如音乐学院），1架钢琴1年调1次音，每次调音时长估计为2.5小时（包括途中耗时），1年工作周数为50周，每周工作5天，每天工作8小时。费米根据这些数据计算出芝加哥钢琴调音师数量约为63位，后来费米找到了一份芝加哥钢琴调音师的名单，上面一共有83人，表明这次估算已经相对准确了。

3. 数据收集

数据收集是按照数据分析框架收集数据，包括结构化的数据和非结构化的数据。当通过数据分析揭示变化趋势时，数据量越大越好。对于任何类型的统计分析而言，样本量越大，所得到的结果越精确。例如，仅仅追踪电商企业1周的销售数据很难看出未来的发展趋势，追踪3个月的销售数据会好一些，6个月的更佳。数据分析人员要试着弄清楚获得所需最优数据的途径，然后开始数据收集。

数据收集是将数据记录下来的环节。在这个环节中需要着重说明的两个原则是全量而非抽样、多维而非单维。

（1）全量而非抽样。数据分析人员要设法对商务活动的全部数据进行收集和分析。

（2）多维而非单维。数据分析人员要将数据针对客户行为实现5W1H（Why、What、Where、When、Who、How）的全面细化，将交互过程的时间、地点、人物、原因、事件全面记录下来，再进一步细化。例如，时间可以从起始时间、结束时间、中断时间、周期间隔时间等细分，地点可以从城市、小区等细分，人可以从多渠道注册账号、家庭成员、薪资、个人成长阶段等细分，原因可以从爱好、需求层级等细分，事件可以从主题、步骤、质量、效率等细分。这些细分维度可增强分析的多样性，并有助于从中挖掘规律。

有目的地收集数据是确保数据分析过程有效的基础，数据分析人员需要对收集数据的内容、渠道、方法进行策划，主要考虑：①将识别的数据分析需求转化为更具体的要求，如评价供方的供应能力时，需要收集的数据可以包括生产能力、测量系统不确定性等；②明确由谁在何时、何地通过何种渠道（内部渠道或外部渠道）和何种方式（线上方式或线下方式）收集数据；③记录表应便于使用；④采取有效措施，防止数据丢失和虚假数据对系统产生干扰。

4. 数据处理

数据处理是对已经收集到的数据进行适当的处理，包括清洗去噪及进一步的集成存储。常用的数据处理方法有脏数据清洗、数据抽取、数据转换、数据计算、数据排序和数据分组等。

（1）脏数据清洗

脏数据是指不规范数据（如数据的日期格式有的是 2022/2/20，有的则是 2/20/2022）、标准不统一数据（如客户对同一售后问题的描述不一致）、重复数据、缺失数据、错误数据、异常数据等。常用的脏数据清洗方法有查找替换、填充、映射、透视、去重、补缺、纠错等。如果脏数据呈现很强的规律性，数据量又很大，可以采用 VBA 编程的方式来清洗。

对重复数据进行去重处理，能够减少其对后续数据分析步骤的干扰。去重工作可采用 WPS 表格工具进行，具体步骤如下。

步骤 1　从网上获取原始空调型号 12 个，如表 1-1 所示。

表 1-1　原始空调型号

序号	原始空调型号
1	Midea/ 美的 KFR-26GW/WCBD3@
2	AUX/ 奥克斯 KFR-35GW/NFI19+3
3	Midea/ 美的 KFR-35GW/WDBD3@
4	Midea/ 美的 KFR-26GW/WCBD3@
5	Midea/ 美的 KFR-23GW/DY-PC400（D3）
6	Midea/ 美的 KFR-26GW/WCAB3@
7	Gree/ 格力 KFR-26GW/（26592）NhAc-3
8	TCL KFRd-23GW/BF33-I
9	Midea/ 美的 KFR-35GW/WCBD3@
10	TCL 移动水冷气扇小空调
11	Midea/ 美的 KFR-26GW/WCBD3@
12	AUX/ 奥克斯 KFR-35GW/BpNFI19+3

去重的第一步是标识重复项，单击"数据"选项下的"高亮重复项"按钮，结果显示"Midea/ 美的 KFR-26GW/WCBD3@"有 2 条重复项，如图 1-7 所示。

步骤 2　单击"数据"选项下的"删除重复项"按钮，打开"删除重复项"对话框。在"删除重复项"对话框的列中选中"空调型号"复选框，单击"删除重复项"按钮，删除 2 条重复项，如图 1-8 所示。

图 1-7　高亮重复项　　　　图 1-8　删除重复项

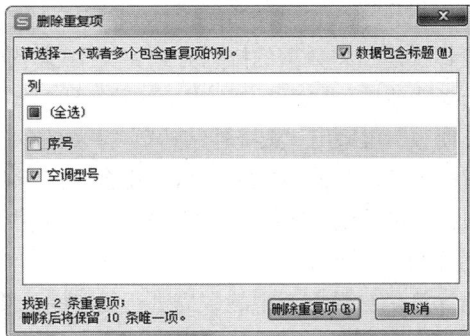

步骤 3　删除后保留 10 条唯一项，将 B2 单元格中"原始空调型号"改成"去重后的空调型号"，修改序号，如图 1-9 所示。

图 1-9　去重后的空调型号

去重可以节省存储空间，大大减少需要的存储介质数量，进而降低成本，提升磁盘的写入性能，节省网络带宽。

（2）数据抽取

数据抽取是指从原始数据表中抽取某些字段的部分信息，形成一个新的字段。数据抽取可以采用"数据"选项卡里的分列工具或者文本函数进行。图 1-10 所示为"文本分列向导"对话框，其根据分隔符号或固定宽度对原始数据进行分列。图 1-11 所示为使用 MID 函数从身份证号码中抽取出生日期。

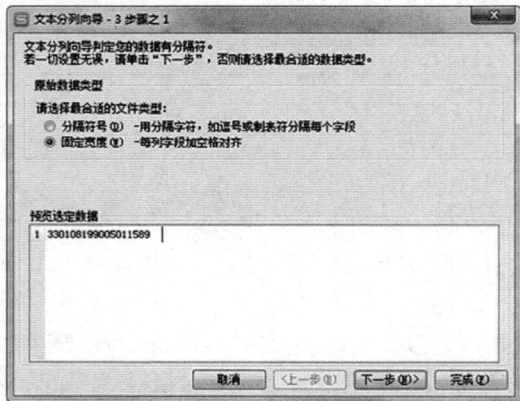

图 1-10　"文本分列向导"对话框

图 1-11　使用 MID 函数抽取数据

（3）数据转换

数据转换是指将数据的排列方式和类型进行转换，包括行列转置、数据类型转化等。行列转置可在"选择性粘贴"对话框中选中"转置"选项实现。数据类型转化包括文本转数值、数值转文本、数值转日期等，可采用"选择性粘贴"工具或分列工具。例如选中文本型数据单元格区域进行复制，再单击目标单元格，按"Ctrl+Alt+V"组合键打开"选择性粘贴"对话框，选择"加"运算，单击"确定"按钮，即可转化为数值型数据。在分列工具中将"列数据格式"设置为"常规"也可实现。

（4）数据计算

数据计算是对数据表中的数据进行简单的计算，计算方法包括加、减、乘、除、数据标准化、加权求和等。在多指标评价体系中，各评价指标由于性质不同，通常具有不同的量纲和数量级，不适合做直接的比较，而需要对原始指标数据进行标准化处理。数据标准化的常用方法有"0-1 标准化"和"Z-score 标准化"等。

0-1 标准化的计算公式为 $X^{*} = \dfrac{X - \min}{\max - \min}$，可以消除变量间的量纲，使数据具有可比性。

Z-score 标准化的计算公式为 $X^* = \dfrac{X - \mu}{\sigma}$，其中 μ 为平均值，σ 为标准差。

（5）数据排序

整理数据时，排序也是重要的方法之一，因为数据经过排序后会方便商家从中识别哪个数据最大，哪个数据最小，进而发现数据反映出的问题。数据排序的具体操作步骤如下。

步骤 1 打开各类型空调月销量数据表，如表 1-2 所示。单击"数据"选项卡下的"排序"按钮，开始排序。

表 1-2 各类型空调月销量

序号	空调型号	销量 / 台
1	Midea/ 美的 KFR-26GW/WCBD3@	8742
2	AUX/ 奥克斯 KFR-35GW/NFI19+3	7674
3	Midea/ 美的 KFR-35GW/WDBD3@	5213
4	Midea/ 美的 KFR-23GW/DY-PC400（D3）	3125
5	Midea/ 美的 KFR-26GW/WCAB3@	2189
6	Gree/ 格力 KFR-26GW/（26592）NhAc-3	1908
7	TCL KFRd-23GW/BF33-I	1324
8	Midea/ 美的 KFR-35GW/WCBD3@	3174
9	TCL 移动水冷气扇小空调	14106
10	AUX/ 奥克斯 KFR-35GW/BpNFI19+3	2349

步骤 2 打开"排序"对话框，将列的主要关键字设为"月销量"，排序依据设为"数值"，次序设为"降序"，单击"确定"按钮进行排序，如图 1-12 所示。

图 1-12 排序设置

排序结果如表 1-3 所示，可以发现 TCL 移动水冷气扇小空调月销量最高，TCL KFRd-23GW/BF33-I 月销量最低。

表 1-3 排序结果

序号	空调型号	月销量 / 台
1	TCL 移动水冷气扇小空调	14106
2	Midea/ 美的 KFR-26GW/WCBD3@	8742
3	AUX/ 奥克斯 KFR-35GW/NFI19+3	7674
4	Midea/ 美的 KFR-35GW/WDBD3@	5213
5	Midea/ 美的 KFR-35GW/WCBD3@	3174
6	Midea/ 美的 KFR-23GW/DY-PC400（D3）	3125
7	AUX/ 奥克斯 KFR-35GW/BpNFI19+3	2349
8	Midea/ 美的 KFR-26GW/WCAB3@	2189
9	Gree/ 格力 KFR-26GW/（26592）NhAc-3	1908
10	TCL KFRd-23GW/BF33-I	1324

（6）数据分组

商家日常会收集数据，日积月累，数据量就会变得很大。面对这些毫无规律的数据，商家会不知如何进行数据分析。如果能对这些数据进行分组，分析时就容易找到头绪。下面介绍通过建立数据透视表来对数据进行分组的方法。

步骤1 打开空调销售记录表，如图1-13所示。单击"数据"选项卡下的"数据透视表"按钮，打开"创建数据透视表"对话框。

图1-13 空调销售记录表

步骤2 设置"创建数据透视表"对话框，选择放置数据透视表的位置为"新工作表"，单击"确定"按钮，如图1-14所示，创建数据透视表。

步骤3 设置"数据透视表"任务窗格，字段列表选中"日期""空调型号""成交件数""成交金额"，将"日期"字段拖入"筛选器"区域、"空调型号"字段拖入"行"区域、"成交件数"和"成交金额"字段拖入"值"区域，如图1-15所示。

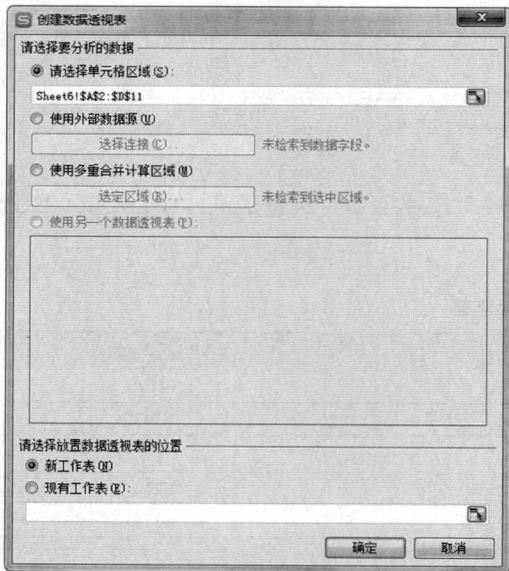

图1-14 创建数据透视表

图1-15 设置数据透视表

步骤4 生成的数据透视表如图1-16所示。5月15日—17日，AUX/奥克斯KFR-35GW/NFI19+3空调的成交件数为37件，成交金额为73963元；Midea/美的KFR-26GW/WCBD3@空调的成交件数为 67 件，成交金额为 140633 元，TCL KFRd-23GW/BF33-I 空调的成交件数为 23 件，成交金额为 39077 元。

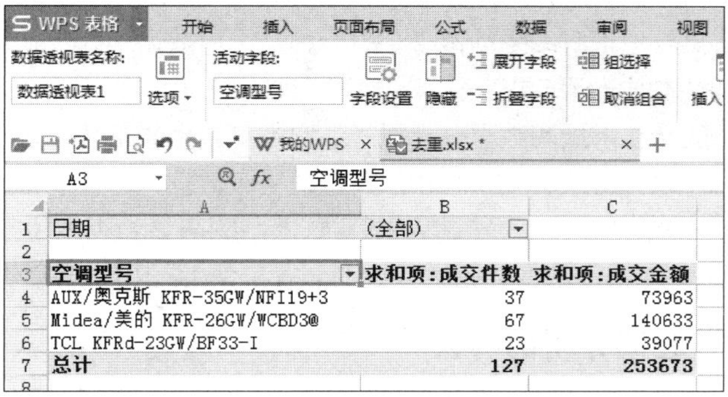

	A	B	C
1	日期	(全部)	
2			
3	空调型号	求和项:成交件数	求和项:成交金额
4	AUX/奥克斯 KFR-35GW/NFI19+3	37	73963
5	Midea/美的 KFR-26GW/WCBD3@	67	140633
6	TCL KFRd-23GW/BF33-I	23	39077
7	总计	127	253673

图 1-16　生成的数据透视表

5. 数据分析

数据处理好之后，数据分析人员就可以对其展开分析，结合实际业务从中获取有价值的信息，并提供给管理层做决策。因此，数据分析人员需要充分了解公司的业务活动，熟练掌握数据分析方法，以确保数据分析结论是可靠的和最优的。

常用的数据分析方法有回归分析法、相关分析法、交叉分析法、趋势分析法、对比分析法等。如果数据过于庞大和复杂，需要发现深层次的原因或隐含的未知关系，则应采用人工智能、机器学习、模式识别、统计学、专家系统等技术进行数据挖掘，从中找出潜在的模式或趋势，帮助管理层及时调整市场策略，减少风险，做出正确的决策。数据挖掘常用的算法包括神经网络法、决策树法、聚类分析法、遗传算法、粗糙集法、模糊集法、关联规则法等。

6. 数据解释与展现

广大的数据信息客户最关心的并非是数据的分析处理过程，而是对数据分析结果的解释与展现。因此，在一个完善的数据分析流程中，数据分析结果的解释与展现至关重要。如果数据分析的结果正确，但是没有采用适当的方法解释或者没有运用合适的图表展现，那么所得到的结果很可能会让客户难以理解，甚至会误导客户。

数据解释与展现的方法有很多，比较传统的就是以文本形式输出结果或者直接在计算机上显示结果。这种方法在面对小数据量时是一种很好的选择，但是大数据时代的数据往往是海量的，同时结果之间的关联关系极其复杂，传统的解释与展现方法基本不可行。数据分析人员可以考虑从下列两个方面提升数据解释与展现能力。

（1）引入可视化技术

可视化技术作为解释与展现大量数据最有效的手段之一，率先被科学与工程计算领域采用。通过对分析结果的可视化，数据分析人员可以用更形象的方式向客户展示结果，同时图形化的方式比文字更易让人理解和接受。

常见的可视化技术有排列图、因果图、分层法、调查表、散布图、直方图、控制图、关联图、系统图、矩阵图、KJ 法、计划评审技术、PDPC 法、矩阵数据图、标签云、历史流、空间信息流等。数据可视化工具中，报表类工具有 JReport、Excel、水晶报表、FineReport 等，商业智能分析工具有 Style Intelligence、BO、BIEE、象形科技 ETHINK、Yonghong Z-Suite 等。国内的数据可视化工具有 BDP 商业数据平台、大数据魔镜、数据观、FineBI 商业智能软件等。数据分析人员可以根据具体的应用需要选择合适的可视化技术和数据可视化工具。

（2）让客户参与分析过程

让客户在一定程度上了解和参与具体的分析过程，能够提升数据解释效果。客户参与分析过程有两种方式：一种是采用人机交互技术，利用交互式的数据分析过程来引导客户逐步进行分析，使客户在得到结果的同时更好地理解结果的由来；另一种是采用数据起源技术，通过追溯整个数据分析的过程，帮助客户理解数据分析结果。

数据分析完成后一般会要求撰写数据分析报告，它是对整个数据分析过程的总结，是提供给企业决策者的参考报告，可以为决策者提供科学、严谨的决策依据。一份优秀的数据分析报告，需要有一个明确的主题、一个简洁的背景、一个清晰的目录、图文并茂的数据阐述及逻辑严密的内容呈现，最后加上有理有据的结论和建议，并提供解决问题的方案和想法，以便决策者在决策时作为参考。

（三）电子商务数据分析的方法

从根本目的来说，数据分析的任务在于通过抽象数据形成对业务有意义的结论。单纯的数据是毫无意义的，直接看数据是很难发现其中规律的，只有通过使用分析方法将数据抽象处理后，人们才能看到隐藏在数据背后的规律。

1. 数据分析方法分类

选取恰当的数据分析方法是整个数据处理过程中的关键步骤，从分析方法复杂度来讲，一般可以将数据分析方法分为3个层级，即常规分析方法、统计学分析方法和自建模型。

（1）常规分析方法

常规分析方法不对数据做抽象的处理，主要是直接呈现原始数据，多用于针对固定的指标且具有周期性的分析主题。常规分析方法直接通过原始数据呈现业务意义，主要的分析方法有两种——趋势分析和占比分析，其对应的分析方法分别为同环比分析和帕累托分析。同环比分析的核心目的在于呈现本期与往期之间的差异，如销售量增长趋势；而帕累托分析则是呈现单一维度中的各个要素占比的排名，如"各个城市本期的销售量增长趋势的排名"，以及"前80%的增长量由哪几个城市贡献"这样的结论。常规分析方法已经成为最基础的分析方法，在此不再详细介绍。

（2）统计学分析方法

统计学分析方法能够基于以往数据的规律来推导未来的趋势，通常有3种分析策略：描述性统计分析、探索性统计分析和推断性统计分析。描述性统计分析侧重于对数据的描述，凸显数据的统计特征，如数据的频数、集中趋势、离散程度、分布状况等。探索性统计分析主要用于发现数据背后隐藏的内在规律或联系，挖掘数据中出现异常的原因。例如，探索分析两个变量之间是否存在一定的相关性，两组样本之间是否存在显著性差异，广告点击率没有达标的原因，以及预测销售额变化趋势等。推断性统计分析是指根据样本特征推断总体的情况，例如运用t检验推断样本均值是否满足某个常数，或者用卡方检验推断两个离散型变量之间的独立性。

（3）自建模型

自建模型在数据分析方法中是最高阶也是最有挖掘价值的，多用于金融领域。业界专门为自建模型的人群起了一个名字——"宽客"，这些人就是靠数学模型来分析金融市场的。统计学分析方法所使用的算法是具有局限性的，虽然能够运用于各种场景中，但是存在不精准的问题，在有指导和没有指导的学习算法中，得出的结论很多都不精准。而在金融领域中，这种算法显然不能满足需求的精准度，因此数学家在这个领域专门自建模型，通过输入数据得出投资建议。

2. 对比分析

对比分析也称比较分析，是指将客观的事物进行比较，以认识事物的本质和规律，进而判断其优劣的研究方法。对比分析是识别事物最基本的数据分析方法之一，也是其他数据分析方法的基础。

在使用对比分析时，首先必须有两个事物或同一事物的两个状态，其次必须要有一个对比的标准或指标。对比的两个事物，一个是对比的主体，另一个是对比的客体。对比的标准或指标被称为对比的度量。对比分析根据对比事物的不同可以分为纵向对比和横向对比两种。

纵向对比是对同一事物不同时期的状态或特征进行比较，是基于时间维度的对比方法，目的是认识事物的过去、现在及未来的发展趋势。其主要包括环比（如本月销售额与上月销售额之间的对比）、同比（如本月销售额与去年同月销售额之间的对比）和定基比（如每月销售额与本年1月销售额做对比）。

横向对比是指同类型的不同对象在统一的标准或指标下进行比较，是基于空间维度的对比方法，目的是从对比中找到差距、判断优劣。例如不同等级客户在客单价上的差异，不同品类利润率的高低，不同渠道流量的支付转化率比较。

在对比分析中，选择合适的对比标准或指标是十分关键的步骤。对比标准或指标选择合适，才能做出客观的评价；选择不合适，则可能得出错误的结论。

3. 分类分析

分类分析是按照某种标准给对象贴标签，再根据标签进行分类，然后使用汇总或对比进行分析的方法。其本质是把事物分开，归到不同的类别中加以识别，以获得对事物的重新认知。它是人类认知事物的基本方法。

例如服装行业中常用于分类分析的标签有"年份""季度""折扣带""类目"等。从"年份""季度"维度对商品库存进行分类分析，可以获知每种商品的库存量，可以知道哪些商品属于适销品，哪些商品属于滞销品；从"折扣带"维度对销售流水进行分类分析，可以获知盈利情况；从"类目"维度对销售流水和库存同时进行分类分析，可以获知各品类的销售状况与库存状况。

知识链接：分类分析示例

某电商企业6—8月在各渠道的销售额如表1-4所示，请用百分比堆积条形图对比分析各渠道销售额变化趋势。

表1-4 某电商企业6—8月在各渠道的销售额

单位：万元

月份	苏宁易购	天猫	京东	抖音	拼多多
6	62	138	124	105	78
7	58	119	96	133	95
8	60	127	83	158	116

4. 矩阵分析

矩阵分析是指从两个维度对事物进行分类分析的方法。例如，波士顿矩阵从市场增长率和市场占有率两个维度将公司业务分成4类，如图1-17所示。市场增长率和市场占有率"双高"的业务被称为明星型业务；市场增长率和市场占有率"双低"的业务被称为瘦狗型业务；市场增长率高但市场占有率低的业务被称为问题型业务；市场增长率低但市场占有率高的业务被称为金牛型业务。

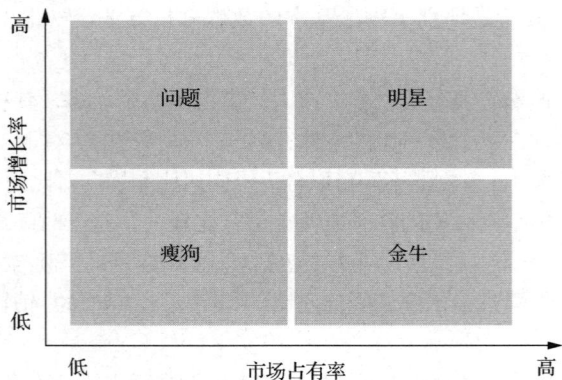

图1-17　波士顿矩阵

5. 杜邦分析法

杜邦分析法是衡量企业经营业绩常用的方法，其核心是将企业净资产收益率逐级分解为多项财务比率的乘积，如图1-18所示。通过这些财务指标，分析者可全面深入了解企业的经营业绩与盈利状况。在电商领域，杜邦分析法常被应用于查找店铺经营过程中存在的问题。

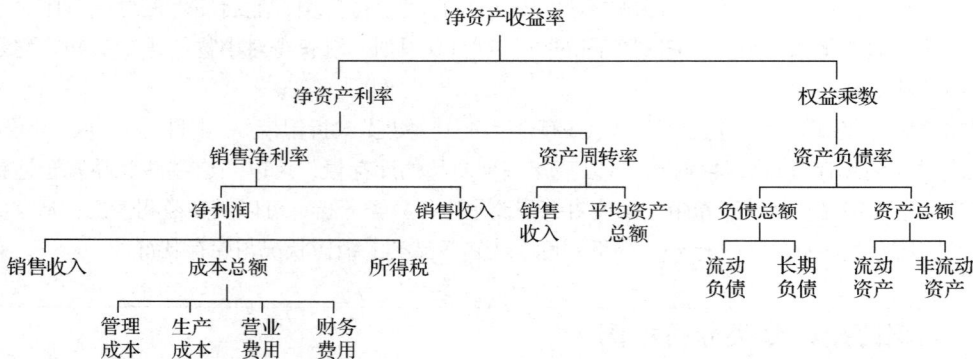

图1-18　杜邦分析法

6. 回归分析

回归分析（Regression Analysis）是研究一个随机变量（Y）对另一个（X）或一组（X_1，X_2，…，X_k）变量的相依关系的统计分析方法。回归分析是确定两种或两种以上变数间相互依赖的定量关系的一种统计分析方法，其运用十分广泛。回归分析按照涉及的自变量多少，可分为一元回归分析和多元回归分析；按照自变量和因变量之间的关系类型，可分为线性回归分析和非线性回归分析。

（1）线性回归模型

线性回归是最为人熟知的建模技术，是人们学习如何预测模型时的首选技术之一。在此技术中，因变量是连续的；自变量可以是连续的，也可以是离散的。回归的本质是线性的。

一元线性回归模型为$Y=a+bX+\varepsilon$。其中Y为因变量；X为自变量；a为常数项，是回归直线在纵坐标上的截距；b为回归系数，是回归直线的斜率；ε为随机误差，是随机因素对因变量所产生的影响。

（2）回归分析应用

回归分析工具是一种非常有用的预测工具，既可以对一元线性或多元线性问题进行预测分析，也可以针对某些可以转化为线性问题的非线性问题预测其未来的发展趋势。一般线性回归预测分析主要有以下 5 个步骤。

① 根据预测目标，确定自变量和因变量。

② 绘制散点图，确定回归模型类型。

③ 估计模型参数，建立回归模型。

④ 对回归模型进行检验。

⑤ 利用回归模型进行预测。

（3）回归分析案例

某网店某商品 1—7 月的支付商品件数、件单价、支付金额如表 1-5 所示，将表格中的时间作为自变量，支付商品件数作为因变量，并假设它们之间存在线性关系 $Y=a+bX+\varepsilon$，Y 表示支付商品件数，X 表示月份，要求利用回归分析预测下一个月的支付商品件数。

表 1-5　某网店某商品 1—7 月销售统计

月份	支付商品件数	件单价 / 元	支付金额 / 元
1	557	2884	1606312
2	485	2573	1247674
3	349	1680	586407
4	347	2100	728572
5	355	2036	722650
6	291	1884	548147
7	240	1885	452418

注：支付金额与（支付商品件数 × 件单价）稍有差异是由件单价取整造成的。

知识链接：表格类型

日常数据分析中，数据类表格通常分成 3 类：一维表、二维表、三维表。

一维表是指表格的每一行都是一条完整而独立的信息，主要用于基础数据的存储。

二维表是指表格的行与列上的字段相结合才能形成一条完整而独立的数据，主要用于简单场景的数据分析，如表 1-5 所示。

三维表是指表格的行与列上的两个字段相结合才能形成一条完整而独立的数据，如针对不同品类商品的月销售统计表。

步骤 1　在 Excel 中单击"数据"选项卡，在"分析"组中单击"数据分析"按钮，在弹出的"数据分析"对话框中选择"回归"选项，单击"确定"按钮，如图 1-19 所示。

步骤 2　弹出"回归"对话框，单击"输入"选项下的"Y 值输入区域"文本框右侧的按钮，选择 B2:B8 单元格区域，再单击"X 值输入区域"文本框右侧的按钮，选择 A2:A8 单元格区域，如图 1-20 所示。

步骤 3　选中"置信度"复选框，其数值通常设置为 95%；取消选中"标志"复选框（如果"Y 值输入区域"和"X 值输入区域"包含 A1 和 B1 单元格则需要勾选）。在"输出选项"下选中"输出区域"单选按钮，再单击"输出区域"文本框右侧的按钮，在工作表中选择 F1 单元格，接着选中"残差"选项区与"正态分布"选项区中的所有复选框，并单击"确定"按钮，如图 1-21 所示。

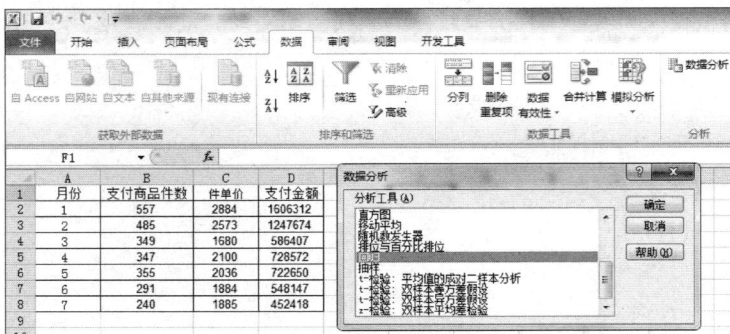

图 1-19　选择回归分析工具

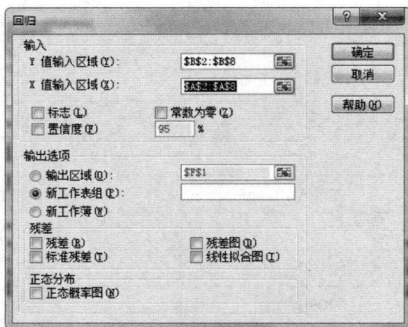

图 1-20　选择输入区域　　　　　　　　图 1-21　回归设置

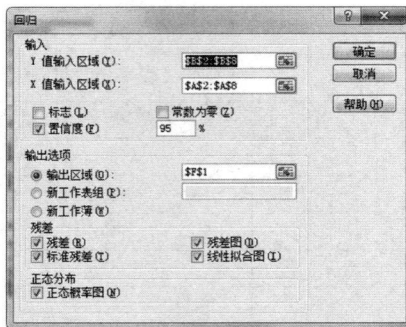

知识链接：回归设置

残差——称为剩余值，为观测值与预测值之间的差值。

标准残差——由"（残差－残差的均值）/残差的标准差"得到。

残差图——以回归模型的自变量为横坐标、因变量为纵坐标绘制的散点图。

线性拟合图——以回归模型的自变量为横坐标、因变量和预测值为纵坐标绘制的散点图。

正态概率图——以百分位排名的因变量为横坐标、自变量为纵坐标绘制的散点图。

步骤 4　在工作表中输出回归分析要点，回归分析完成，如图 1-22 所示。

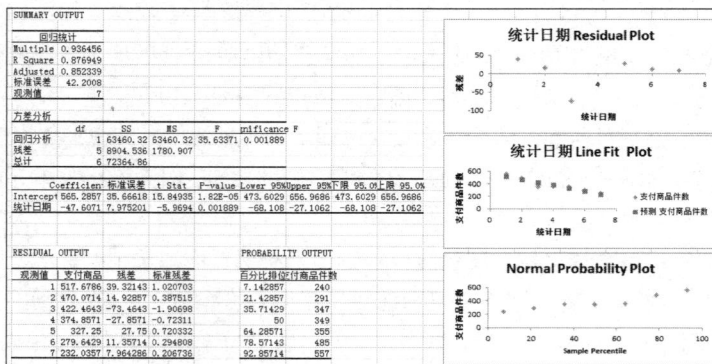

图 1-22　回归分析结果

知识链接：回归统计表中的指标解释

Multiple R——相关系数，用来衡量自变量 x 与因变量 y 之间的相关程度。

R Square——判定系数，是相关系数 R 的平方，其数值越接近 1，表示拟合效果越好。

Adjusted R Square——矫正测定系数，用于多元回归分析。

df——自由度（Degree of Freedom），通常 $df=n-k$，其中 n 为样本数量，k 为变量个数。

SS——误差平方和，也称变差。

MS——均方差，它是误差平方和除以相应的自由度得到的数值。

F——F 值，用于对所有自变量整体显著性的检验。

Significance F——显著性水平下的 F_α 临界值，其实等于 P 值。

Coefficients——回归模型中各自变量系数及常量，包括截距和斜率。

标准误差——各自变量系数及常量的标准误差，误差值越小，表明参数的精确度越高。

t Stat——回归系数的 t 检验数值，用于判断参数的显著程度，需要查表才能决定。

P-value——各自变量系数及常量对应的 P 值（双侧），即弃真概率，当 $P<0.05$ 时，可以认为模型在 $\alpha=0.05$ 的水平上显著或者置信度达到 95%。

步骤 5 从回归分析结果中，可以得到时间与支付商品件数的一元线性回归分析方程为 $Y=565.2857-47.6071X$，其中判定系数 $R^2=0.876949$，回归模型 F 检验与回归系数的 t 检验相应的 P 值都小于 0.01，即有显著线性关系；再将自变量"8"代入回归分析方程，得到 8 月份预测的支付商品件数为 184 件。

回归分析方法可以应用到市场营销的各个方面，方便管理者了解用户、深度分析用户行为，从而实施相应的预防措施和解决办法。

7. 聚类分析

聚类分析（Cluster Analysis）是指按照一定的方法将杂乱无章的事物根据某些特征的相似性聚集成几类，类与类之间差异较大，而同一类中的事物具有较高的相似性。分类是把一个事物拆分成不同的部分，而聚类是将分散的多个事物归集到不同类别，两者本质相同，都是为了实现对事物的分类管理。分类与聚类都是人类认知事物的基本思路之一。

针对复杂事物，一般采用聚类算法来实现对事物或者对象的聚类。R 型聚类是指针对描述事物的变量进行聚类，让具有相似性的变量聚集成一类。Q 型聚类是指根据对象的属性对对象进行聚类。我们把聚成的各个类称为"簇"。

聚类分析是数据挖掘的主要任务之一，而且聚类分析能够作为一个独立的工具获得数据的分布状况，观察每一簇数据的特征，再对特定的簇展开进一步分析。常用的聚类算法包括 K-means（K 均值）算法、DBSCAN 算法、CURE 算法等。

知识链接：聚类分析案例

宝洁旗下的洗发水品牌有很多，如澳丝、海飞丝、植感哲学、潘婷、飘柔、沙宣等，这实际上是宝洁对消费者需求进行聚类分析的结果。消费者对洗发水的需求聚集成多种类型，如敏感型、时尚型、经济型、舒爽型、营养型、柔顺型、染发保护型、飘逸型等。宝洁根据细分需求开发的产品更加符合消费者的喜好，使消费者更加忠诚，这也是宝洁成功的关键所在。

8. 相关分析

相关分析（Correlation Analysis）是研究两个或两个以上随机变量之间相互依存关系的方向和密切程度的方法，可以用相关系数反映变量之间相关关系的密切程度。相关系数 r 的取值范围为 $[-1,1]$。

（1）相关关系分类

① 根据相关程度，相关关系分成以下 3 类。

如果相关系数 $0<|r| \leqslant 0.3$，则相关程度为低度相关。

如果相关系数 $0.3<|r| \leqslant 0.8$，则相关程度为中度相关。

如果相关系数 $0.8<|r| \leqslant 1$，则相关程度为高度相关。

② 根据相关方向，相关关系分成以下两类。

当 $-1 \leqslant r<0$ 时，为负相关。

当 $1 \geqslant r>0$ 时，为正相关。

当 $r=0$ 时，变量之间无相关关系。

（2）相关分析案例

某网店某商品 1—7 月的支付商品件数、推广费用如表 1-6 所示。假设支付商品件数与推广费用之间存在线性相关关系，要求计算支付商品件数与推广费用的相关系数。

表 1-6 某网店某商品 1—7 月的支付商品件数及推广费用

月份	支付商品件数	推广费用 / 元
1	240	512
2	291	668
3	355	887
4	347	869
5	349	1053
6	485	985
7	557	1532

步骤 1 在 Excel 中单击"数据"选项卡，在"分析"组中单击"数据分析"按钮，在弹出的"数据分析"对话框中选择"相关系数"选项，单击"确定"按钮，如图 1-23 所示。

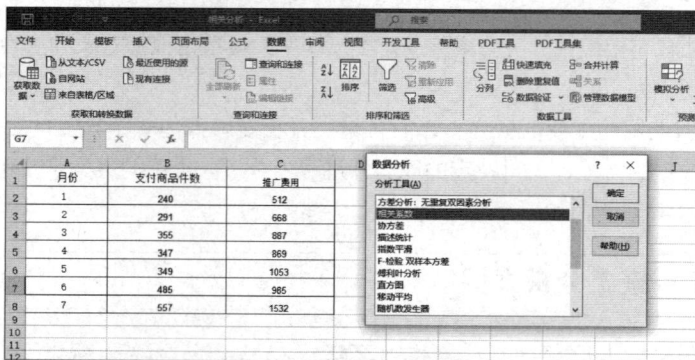

图 1-23 选择相关系数分析工具

步骤 2 打开"相关系数"对话框，单击"输入区域"文本框右侧的按钮，在工作表中选择 B1:C8 单元格区域，并在"分组方式"栏中选中"逐列"单选按钮，选中"标志位于第一行"复选框，并在"输出选项"下方单击"输出区域"文本框右侧的按钮，在工作表中选择 E1 单元格，如图 1-24 所示。

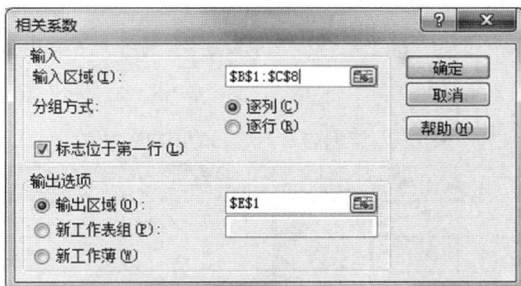

图 1-24 相关系数设置

步骤 3 单击"确定"按钮之后，相关分析即完成，计算得到的相关系数如表 1-7 所示。支付商品件数与推广费用的相关系数为 0.906243768，属于高度正相关。

表 1-7 相关系数

	支付商品件数	推广费用
支付商品件数	1	
推广费用	0.906243768	1

知识链接：关联分析

关联分析是分析事物间依存关系的方法，它是指从大量数据中发现项集之间的关联和相关联系。关联是指多个数据项之间联系的规律。关联规则挖掘可以发现数据库中两个或者多个数据项之间的关系，可以用来寻找大量数据之间的相关性或者关联性，进而对事物某些属性同时出现的规律和模式进行描述。由于其不受因变量的限制，所以有着十分广泛的应用。常用的关联分析算法有 Apriori 算法、FP 增长算法等。

关联分析隶属于灰色系统方法，相关分析则包含在数理统计的范畴之内。灰色系统意指因素间具有不确定性的系统，数理统计是揭示不确定性的随机现象的统计规律的学科，因此对于因素间具有不确定性的系统，如社会、经济、农业等领域的大量因素分析问题，既可应用相关分析方法，也可应用关联分析方法。

9. 描述性统计分析

描述性统计分析是指运用制表和分类、图形及概括性数据计算来描述数据特征的方法。描述性统计分析是对调查总体所有变量的有关数据进行统计性描述。

描述性统计分析在表示数量的中心位置的同时，还能表示数量的变异程度（离散程度）。描述性统计分析一般包括两种方法：频数分布分析和列联表分析。

（1）描述性统计分析项目

描述性统计分析是最基本、最常见的数据分析形式，常用的描述性统计分析项目如下。

①描述数据的集中趋势：计算平均数、众数、中位数等。

②描述数据的离散程度：计算最大值、最小值、平均差、极差、方差、标准差等。

③描述数据的分布形状：计算偏态与峰度。

描述性统计分析通常是其他数据分析的起点，它对于生成客户交易数据报告和 KPI 仪表板等非常有用。

（2）描述性统计分析案例

某网店 8 月 8 日共成交 30 笔订单，每个用户的客单价如表 1-8 所示，要求对客单价进行描述性统计分析。

表1-8　某网店8月8日的用户客单价

序号	用户 ID	客单价／元	序号	用户 ID	客单价／元
1	10012523	2305	16	10015548	2999
2	10013500	5169	17	10017829	2699
3	10014486	3208	18	10016716	1099
4	10016500	1756	19	10019980	1899
5	10018001	1899	20	10022180	7599
6	10016520	4859	21	10011543	1298
7	10015863	355	22	10014456	3799
8	10013562	8513	23	10015572	9995
9	10018853	2499	24	10012204	6498
10	10019864	4099	25	10016238	5465
11	10013552	3998	26	10013925	3699
12	10020107	2399	27	10020016	3099
13	10017589	1599	28	10018457	2798
14	10018247	4798	29	10014501	3000
15	10020261	1999	30	10015263	4000

步骤 1　在 Excel 中单击"数据"选项卡，在"分析"组中单击"数据分析"按钮，在弹出的"数据分析"对话框中选择"描述统计"选项，单击"确定"按钮，如图 1-25 所示。

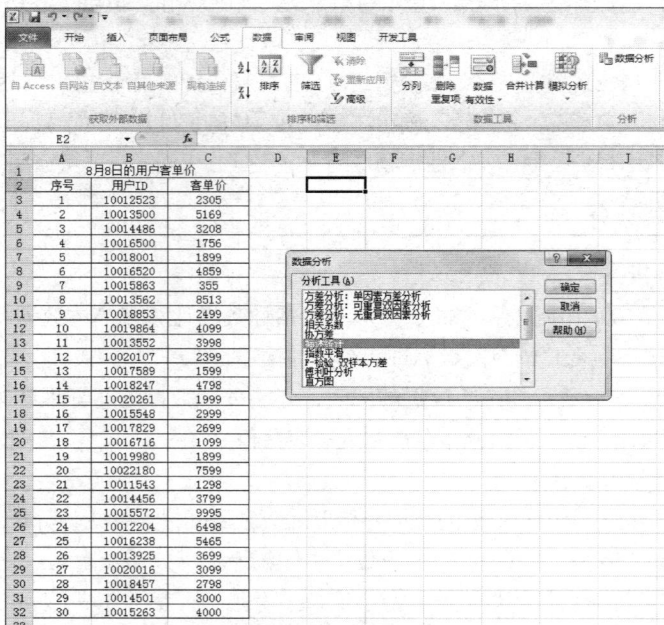

图 1-25　选择描述统计分析工具

步骤 2 打开"描述统计"对话框，单击"输入区域"文本框右侧的按钮，在工作表中选择 C2:C32 单元格区域，并在"分组方式"栏中选中"逐列"单选按钮，选中"标志位于第一行"复选框，如图 1-26 所示。

步骤 3 单击"输出区域"文本框右侧的按钮，选择 E2 单元格并选中"汇总统计""平均数置信度""第 K 大值""第 K 小值"复选框；将"平均数置信度"设为 95%、"第 K 大值"和"第 K 小值"分别设为 5，如图 1-27 所示。

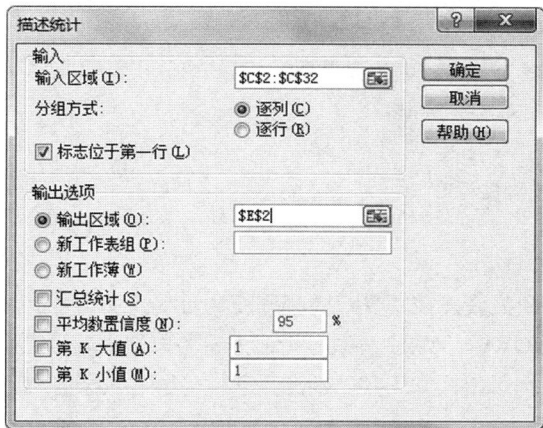

图 1-26 描述统计输入 | 图 1-27 描述统计设置

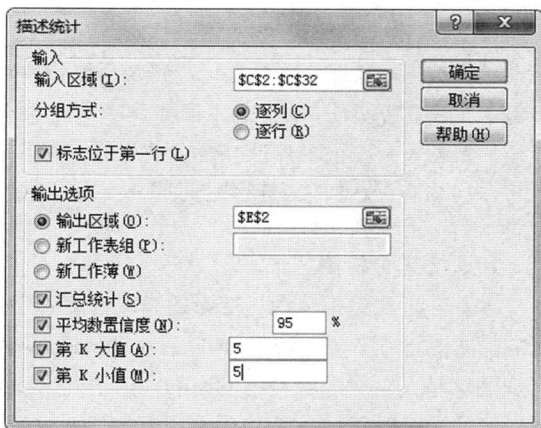

步骤 4 单击"确定"按钮之后，即完成了客单价的描述性统计分析，如表 1-9 所示。从客单价的描述性统计结果可得出用户的消费能力，其中最高客单价为 9995 元，最低客单价为 355 元，平均客单价为 3646.7 元，客单价数据呈现尖峭峰高度偏态分布。

表 1-9 客单价的描述性统计结果

客单价 / 元	
平均数	3646.7
标准误差	406.3953094
中位数	3049.5
众数	1899
标准差	2225.918782
方差	4954714.424
峰度	1.450612548
偏度	1.223575471
区域	9640
最小值	355
最大值	9995
求和	109401
观测数	30
最大（5）	5465
最小（5）	1756
置信度（95.0%）	831.1717331

知识链接：描述性统计指标

平均数——N 个数相加除以 N。

中位数——一组数据按大小顺序排列，排在中间位置的数据。

众数——一组数据中出现次数最多的数。

峰度——一种对称分布曲线峰顶尖峭程度指标，峰度系数 <0，则呈现平阔峰分布；峰度系数 >0，则呈现尖峭峰分布。

偏度——数据对称性指标，偏度系数 <0，负偏态分布；偏度系数 >0，正偏态分布；偏度系数 >1，高度偏态分布；0.5 <偏度系数< 1，中等偏态分布。

方差——各个数据分别与其平均数之差的平方的平均数。

标准差——方差的算术平方根，反映一组数据的离散程度。

10．方差分析法

方差分析法是指从观测变量的离散程度入手，研究诸多控制变量中哪些变量对观测变量有显著影响的方法。方差分析法（Analysis of Variance，ANOVA）又称变异数分析或 F 检验，是由现代统计科学的奠基人之一的费希尔发明的，用于两个及两个以上样本均数差别的显著性检验。由于各种因素的影响，运用方差分析法研究所得的数据呈现波动状。

造成波动的因素可分成两类：一类是不可控的随机因素，另一类是研究中施加的对结果形成影响的可控因素。

11．交叉分析法

交叉分析法通常是把纵向对比和横向对比综合起来，对数据进行多角度的综合分析的方法。案例如下。

① 交叉分析角度：客户端 + 时间。

某 App 第二季度（4 月、5 月、6 月）的 iOS 端和 Android 端的客户数如表 1-10 所示。

表 1-10 某 App 第二季度客户数

分析角度	4 月	5 月	6 月	总计
iOS	36000	45000	60000	141000
Android	150000	140000	130000	420000
总计	186000	185000	190000	561000

从表 1-10 可以看出，iOS 端每个月的客户数在增加，而 Android 端每个月的客户数在减少，总计数据几乎没有增长的主要原因在于 Android 端数据的下降。

接下来分析为什么 Android 端第二季度的新增客户数在减少，这时一般需要加入渠道维度。

② 交叉分析角度：客户端 + 时间 + 渠道。

某 App 第二季度（4 月、5 月、6 月）的 iOS 端和 Android 端的客户来源渠道分布如表 1-11 所示。

表 1-11 某 App 第二季度客户来源渠道分布

分析角度	渠道	4 月	5 月	6 月	总计
iOS	AppStore	35000	43500	58000	136500
	其他渠道	1000	1500	2000	4500
	总计	36000	45000	60000	141000

续表

分析角度	渠道	4 月	5 月	6 月	总计
Android	A 预装渠道	100000	80000	70000	250000
	B 市场渠道	40000	49500	48500	138000
	C 地推渠道	6000	6000	7000	19000
	D 广告渠道	4000	4500	4500	13000
	总计	150000	140000	130000	420000
总计		186000	185000	190000	561000

从表 1-11 可以看出，Android 端 A 预装渠道占比比较高，而且呈现下降趋势，其他渠道的变化并不明显。

由此得出结论：Android 端第二季度新增客户数减少主要是因为 A 预装渠道的新增客户数减少。

所以说，交叉分析法的主要作用是从多个角度细分数据，从中发现数据变化的具体原因。

12. 时间序列分析法

时间序列是指按时间顺序进行排列的一组数字序列。时间序列分析法就是应用数理统计方法对相关序列进行处理，以预测未来事物的发展。时间序列分析法是定量预测方法之一，它遵循两个基本原理：一是承认事物发展的延续性，应用过去的数据就能推测事物的发展趋势；二是考虑到事物发展的随机性，任何事物的发展都可能受偶然因素的影响，为此要利用统计分析中的加权平均法对历史数据进行处理。该方法简单易行、便于掌握，但准确性差，一般只适用于短期预测。时间序列预测一般反映 3 种实际变化规律：趋势变化、周期性变化、随机性变化。

一个时间序列通常由 4 种要素组成：趋势、季节变动、循环波动和不规则波动。

① 趋势是时间序列在一段较长的时期内呈现出来的持续向上或向下的变动状况。

② 季节变动是时间序列在一年内重复出现的周期性波动，它是受气候条件、生产条件、节假日或人们的风俗习惯等各种因素影响的结果。

③ 循环波动是时间序列呈现出的非固定长度的周期性变动。循环波动可能会持续一段时间，但与趋势不同，它不是朝着单一方向的持续变动，而是涨落幅度相同的交替波动。

④ 不规则波动是时间序列中除去趋势、季节变动和循环波动之后的随机波动。不规则波动通常夹杂在时间序列中，使时间序列产生一种波浪形或振荡式的变动。

13. 文本分析法

文本分析（也称为文字分析或数据挖掘）法是指使用自然语言处理（Natural Language Processing，NLP）和机器学习探索、处理和分析非结构化文本数据，以便可以对其进行适当分析以获取有价值的信息的方法。文本分析是定性分析的一种形式，它不仅仅涉及统计信息和数值。

通过将人类语言转换为机器可读数据，文本分析工具可以按主题对文本进行排序，提取关键字并进行阅读。它以特定的、主观的数据告诉我们"正在发生的事情"，能够提供更深入、更有针对性的观点。例如，电商企业可以使用文本分析法来检测客户反馈中的意图，并了解品牌的哪些方面对客户来说很重要。

情感分析也是一种文本分析法，用于分析数据并将其分类为肯定、否定或中性，以获取客户对相关方面的情感倾向。百度开发了基于深度学习的中文情感分析工具 Senta。

（四）电子商务数据分析的工具

1. R 语言

R 语言是一个用于统计计算和统计制图的优秀工具，它既是一种用于统计分析、绘图的语言，也是一种操作环境。R 语言被广泛应用于数据挖掘、统计软件开发和数据分析中，Eclipse 和 Visual Studio 等集成开发环境均支持这种语言。近年来，R 语言因具有较好的易用性和可扩展性大大提高了知名度。除了数据，它还提供统计和制图技术，包括线性和非线性建模，经典的统计测试，时间序列分析、分类、收集等。其分析速度可媲美 GNU Octave，甚至商业数学软件 MATLAB。RStudio 是 R 语言的一个集成开发环境，在安装好 R 语言的官方版本后安装 RStudio 可以方便地使用 R 语言。RStudio 界面如图 1-28 所示。

① R 语言完全免费、开源。用户可在官方网站及其镜像网站中下载任何有关的安装程序、源代码、文档资料等，标准的安装文件自身带有许多模块和内嵌统计函数，安装好后可以直接实现许多常用的统计功能。

② R 语言是一种可编程的语言。R 语言拥有开放的统计编程环境，语法通俗易懂，而且目前大多数新的统计方法和技术都可以在 R 语言中找到。

③ R 语言具有很强的互动性。除了图形输出在另外的窗口，它的输入输出都是在一个窗口进行的；输入语法如果有错，马上就会在窗口中给出提示；对以前输入过的命令有记忆功能，可以随时再现、编辑、修改，以满足用户的需要；输出的图形可以直接保存为 JPG、BMP、PNG 等图片格式，还可以直接保存为 PDF 文件。此外，R 语言和其他编程语言及数据库有很好的接口。

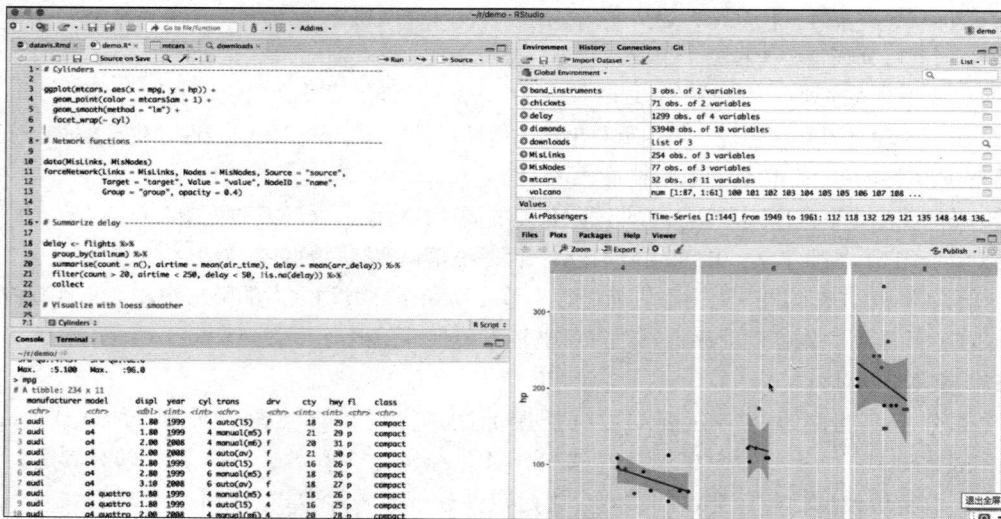

图 1-28　RStudio 界面

2. SPSS

SPSS 软件平台提供高级统计分析、大量机器学习算法、文本分析等功能，具备开源可扩展性，可与大数据集成，并能够无缝部署到应用程序中。它的易用性、灵活性和可扩展性使得各种技能水平的用户均能使用。此外，它还适合各种规模和复杂程度的项目，可帮助企业找到新商机、提高效率并最大限度降低风险。在 SPSS 软件产品系列中，SPSS Statistics 支持利用自上而下的假设测试方法处理数据，而 SPSS Modeler 可通过自下而上的假设生成方法揭示隐藏在数据中的模式和模型。SPSS 官网界面如图 1-29 所示。

SPSS 是世界上最早采用图形菜单驱动界面的统计软件，它最突出的特点就是操作界面极为友好，输出结果美观漂亮。它将几乎所有的功能都以统一、规范的界面展现出来，使用 Windows 的窗口方式展示各种管理和分析数据方法的功能，使用对话框展示各种功能选择项。用户只要掌握一定的 Windows 操作技能，了解统计分析原理，就可以使用该软件。

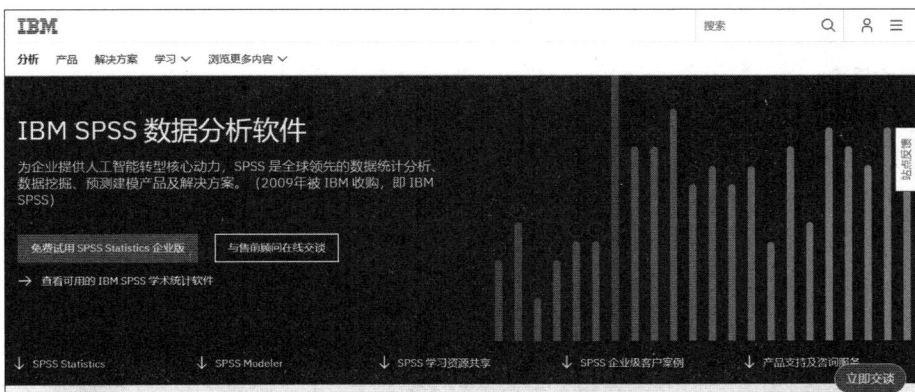

图 1-29　SPSS 官网界面

3. MATLAB

MATLAB 是数百万工程师和科学家都在使用的编程和数值计算平台，支持数据分析、算法开发和建模。MATLAB 官网界面如图 1-30 所示。

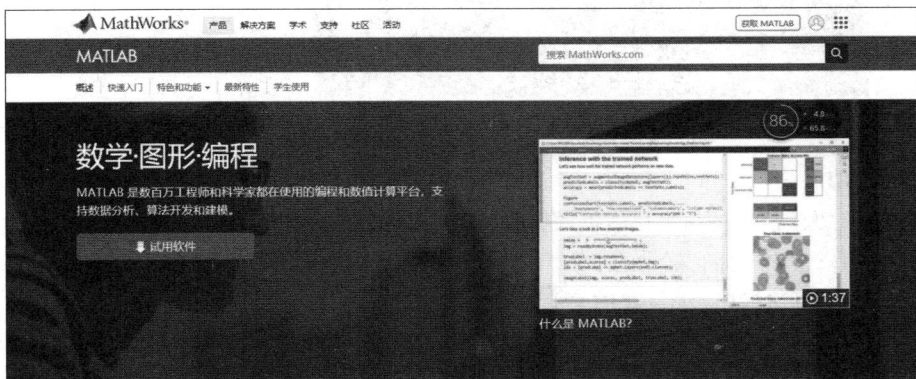

图 1-30　MATLAB 官网界面

MATLAB 将适合迭代分析和设计过程的桌面环境与直接表达矩阵和数组运算的编程语言相结合，可让用户看到不同的算法如何处理数据。MATLAB 包括假设检验（参数检验和非参数检验）、回归分析（一元回归和多元回归、线性回归和非线性回归）、方差分析（单因子、多因子、一般线性模型等）、时间序列分析、图表（散点图、点图、矩阵图、直方图、茎叶图、箱线图、概率图、概率分布图、边际图、单值图、饼图、区间图、Pareto、Fishbone、运行图等）、并行计算、蒙特卡罗模拟和仿真、统计过程控制（Statistical Process Control，SPC）、可靠性分析（分布拟合、检验计划、加速寿命测试等）等功能。

4. Excel

Excel 是常用的数据分析工具，在制图方面也较为优秀。与当前流行的数据处理图形软件 MATLAB、SigmaPlot、SPSS 等相比，Excel 不需要用户具备一定的编程知识和矩阵知识，图表类型多样，图形精确、细致、美观，操作灵活、快捷，图形随数据变化呈即改即现的效果，既能用于绘制简单图形，也能用于绘制较为复杂的专业图形。Excel 与 SPSS 之间可以进行数据、分析结果的相互调用。

Excel 作为数据分析的入门级工具，是快速分析数据的理想工具，但是用 Excel 分析出的结果包含的信息量少，且在颜色、线条和样式等方面的选择有限，这也意味着用 Excel 很难制作出符合专业出版物和网站需要的数据图。

5. 水晶易表

水晶易表（Crystal Reports）为小型企业提供智能报表功能，可以创建、设计和交付格式化的动态业务报表，进而简化并加速决策流程。水晶易表利用简单的拖放功能即可创建直观的报表，并提供排序和分组指导。水晶易表采用高度格式化的内容，提供视觉效果较好的文档和表单，可嵌入动态图像和条形码。对于超出常规的业务报表，水晶易表可创建发票、信函、销售和运营报告、促销活动和会员卡报告等，并可即时分享。水晶易表官网界面如图 1-31 所示。

图 1-31　水晶易表官网界面

6. Power BI

Power BI 是微软推出的可视化数据探索和交互式报告工具，包含一系列的组件和工具。它的核心理念就是让用户不需要拥有强大的技术背景，只需要掌握 Excel 这样简单的工具就能快速进行商业数据分析及实现数据可视化。Power BI 界面如图 1-32 所示。

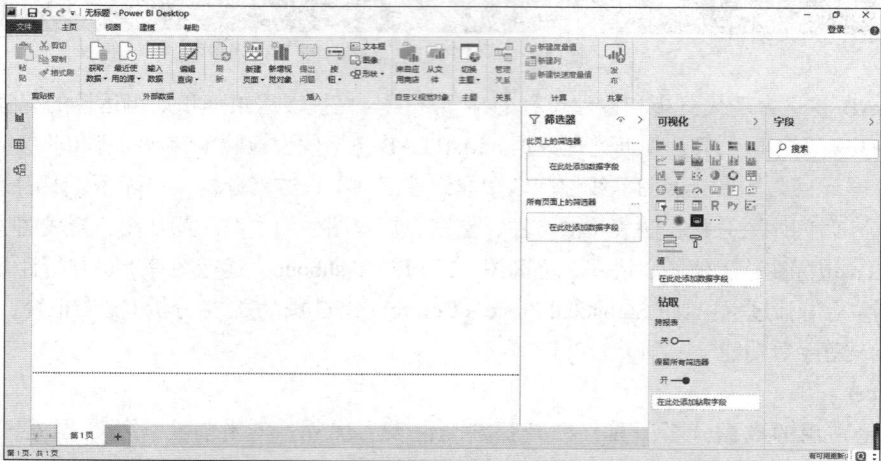

图 1-32　Power BI 界面

7. 百度统计

百度统计是百度推出的一款稳定、免费、专业、安全的数据统计分析工具，它能够为 Web 系统管理者提供准确、实时的流量质量和访客行为分析，帮助监控日常指标，为实现系统优化、提高投资回报率等目标提供指导。百度统计界面如图 1-33 所示。

图 1-33 百度统计界面

百度统计目前能为用户提供几十种图形化报告，帮助用户完成以下工作。

（1）监控网站运营状态

网站分析最基本的应用就是监控网站运营状态。百度统计能收集网站日常产生的各类数据，包括浏览和访客数据等，并通过统计这些数据生成网站分析报表，对网站的运营状态进行系统的展现。从浏览数据的变化趋势到比较新老用户比率等，运营者可以利用数据从多角度观察网站状况是否良好。

（2）提升网站推广效果

常见网站推广方式主要包括 SEO（Search Engine Optimization，搜索引擎优化）、SEM（Search Engine Marketing，搜索引擎营销）和广告投放推广。SEO 分析主要是分析网站在各搜索引擎上的搜索词排名和点击情况，以及网站在各搜索引擎上的收录、排名和展现情况。SEM 分析是通过了解从搜索引擎商业推广结果页导入的流量后续表现，进而调整网页在搜索结果页上的排名，并针对搜索引擎用户展开营销活动。另外，网站分析可以定制化地细分来源和访客，从而进行有针对性的广告投放推广。

（3）优化网站结构和体验

百度统计通过分析网站的转化路径，定位访客流失环节，有针对性地查漏补缺，后续通过热力图等工具有效地分析点击分布和细分点击属性，摸清访客的常规行为和人口学属性，从而提升网站的吸引力和易用性。

8. Google Analytics

Google Analytics（谷歌分析）是 Google 为网站提供的数据统计服务工具，其提供的各种 API（Application Programming Interface，应用程序接口）能帮助企业收集、配置及报告用户与网站内容进行互动的数据。开发者可通过丰富的界面、客户端库和 API 与数据处理过程互动并对其施加影响。这些界面、库和 API 可分为 4 个主要组件：数据收集、配置、数据处理和报告。Google Analytics 界面如图 1-34 所示。

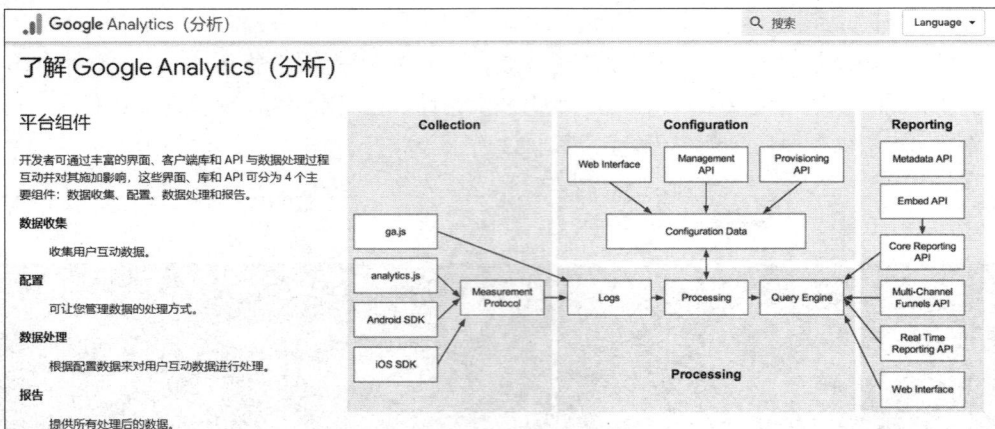

图1-34 Google Analytics 界面

（五）电子商务数据分析的模型

常用的电子商务数据分析模型主要有 AIPL 模型、AARRR 模型、漏斗模型等。漏斗模型将在任务四进行详细讲解。

1. AIPL 模型

AIPL 模型即用户人群分类模型，将品牌人群细分为如下 4 类。

A（Awareness）：品牌认知人群，一般指与品牌被动发生接触的人群，如品牌广告触达和用品类词搜索的人。

I（Interest）：品牌兴趣人群，一般指与品牌主动发生接触的人群，如广告点击、浏览品牌/店铺主页、参与品牌互动、浏览商品详情页、用品牌词搜索、领取试用、订阅/关注/入会、加购收藏的人。

P（Purchase）：品牌购买人群，包括发生过购买行为的人。

L（Loyalty）：品牌忠诚人群，如购买人群中发生了复购行为或对品牌有正面评价、分享的人。

AIPL 模型本质上是将各类电商行为数据进行清洗，建立一个综合模型。行为数据包括品牌商品的曝光、点击、浏览，用户的搜索、成交、加购、分享等行为形成的数据。AIPL 模型属于一个综合的计算模型。表 1-12 以阿里 AIPL 为例，展示其计算逻辑。

表1-12 阿里 AIPL 的计算逻辑

链路	行为	定义
Awareness（认知）	曝光 & 点击	5 天内，被阿里妈妈广告曝光过或点击过阿里妈妈广告； 被优酷广告曝光过； 被超级公共屏曝光过； 被手淘导购平台（有好货、生活研究所）的商品曝光过； 点击过必买清单的商品； 点击过猜你喜欢的商品； 被淘宝头条内容曝光过（阅读了淘宝头条文章）； 被微淘内容曝光过； 参与彩蛋计划扫一扫被曝光； 在每日好店被店铺曝光或点击店铺； 在阿里体育点击品牌商品、品牌展示广告； 被欢聚日活动曝光过； 被淘抢购曝光过； 被超级品牌日天猫手机客户端的资源位曝光过； 被线下公共屏曝光过；

续表

链路	行为	定义
Awareness（认知）	曝光 & 点击	被天合计划资源曝光过； 参与天猫码上抢扫码支付页面被品牌曝光过； 参与云码扫一扫被曝光过； 被 UC 开机图或品牌信息流曝光过； 参与摇一摇被曝光等
	浏览	15 天内，浏览过天猫超市大牌狂欢活动页； 在试用中心浏览过品牌商品； 浏览过全明星计划活动页面； 浏览过天猫新人礼商品； 浏览过品牌旗舰店； 浏览过 1 次品牌商品； 浏览过 iStore 小程序主页等
	观看	15 天内，观看过淘宝短视频； 观看过品牌的直播等
Interest（兴趣）	会员	品牌号会员； 品牌授权店铺的会员
	粉丝	品牌号订阅粉丝、微淘粉丝（同时收藏了授权店铺）
	互动	15 天内，在试用中心申请过品牌商品试用； 参与了淘宝头条互动（对淘宝头条内容进行了评论、点赞、分享、收藏，参与过淘宝头条的提问、投票）； 参与了微淘互动（对微淘内容进行了评论、点赞、收藏、转发）； 参与了天猫快闪店的品牌互动； 发生了有品牌倾向的搜索行为； 参与了天猫母婴室互动（领样、加会员粉丝）； 参与了天猫码上抢互动（入会、关注、领券）； 参与了云码活动（领取优惠券、加会员、加粉丝）； 观看过门店直播并进行点赞、评论等
	浏览	15 天内，浏览过品牌商品的天数大于等于 2 天
	收藏 / 加购	15 天内，收藏 / 加购过品牌商品； 预售付定金
	领取试用装 / 样品	在试用中心申请过商品试用； 在淘鲜达领取了样品； 领取了天猫 U 先样品
Purchase（购买）		最近两年半（2×365 天 +180 天）内购买了品牌商品的所有消费者（包括预售付尾款的消费者、购买商品后淘宝彩蛋扫码人群、线下云 POS 支付的消费者、通过 iStore 小程序购买商品的消费者、在淘鲜达购买商品的消费者）减去"Loyalty"的消费者
Loyalty（忠诚）		365 天内有过正向的评论或正向的追评； 365 天内购买该品牌商品的次数大于等于 2 次

在 AIPL 计算逻辑的基础上，计算某个品牌有多少认知用户、多少兴趣用户、多少购买用户、多少忠诚用户，这 4 类用户的总和就是该品牌的消费者资产。电商企业可据此对消费者资产进行数据监控，以衡量各营销活动的效果。与传统营销活动相比，它有了量化的衡量尺度，规范了营销活动的评价标准。阿里巴巴品牌数据银行就是基于该模型进行多维度的洞察分析。

2. AARRR 模型

AARRR 模型是产品经理需要掌握的一个数据分析模型，是由硅谷的风险投资人戴维·麦克鲁尔在 2008 年创建的。AARRR 分别是指获取（Acquisition）、激活（Activation）、留存（Retention）、收入（Revenue）和推荐（Refer），分别对应某一款产品生命周期中的 5 个重要环节，如图 1-35 所示。

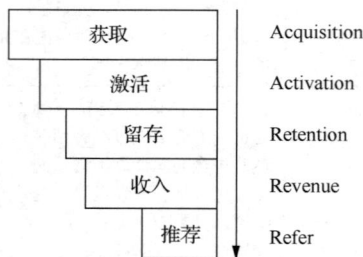

获取	Acquisition
激活	Activation
留存	Retention
收入	Revenue
推荐	Refer

图 1-35 AARRR 模型

（1）获取

运营一款产品的第一步，毫无疑问是获取用户；没有用户，就谈不上运营。

所谓获取用户，其实就是商家从各个渠道发布产品的相关信息，然后吸引用户前来访问的过程。既然是从各个渠道获取用户，那么每个渠道获取用户的数量和质量都是不一样的，这个时候商家就要留心每个渠道转化过来的用户数量和质量，重点关注那些投资回报率比较高的推广渠道。

（2）激活

获取用户后，如何把他们转化为活跃用户，是商家面临的第一个问题。用户能否被激活，一个重要的因素是推广渠道的质量。质量差的推广渠道带来的是大量的一次性用户，即只访问一个页面就离开的用户。严格意义上说，这种用户不能算是真正的用户。质量好的推广渠道往往能有针对性地圈定目标人群，其带来的用户和网店设定的目标人群有很高的吻合度，这样的用户通常比较容易被激活，成为活跃用户。另外，商家在挑选推广渠道的时候一定要先分析自己网店的特性（如销售的产品的品牌是否为小众品牌）及目标人群，可能某一推广渠道对有的网店来说很不错，但对另外一些网店不一定合适。

用户能否被激活的另一个重要因素是产品本身是否能在用户访问之初的几秒内吸引用户。再好的产品，如果给人的第一印象不好，也可能会无人问津。

用户被激活，说明产品对于用户是有吸引力的，用户愿意在网店里发生一系列行为。

（3）留存

用户被激活后，又会出现另外一个问题——"用户来得快，走得也快"，即用户没有黏性，因此商家需要考虑如何留住用户。

保留一个老用户的成本通常要远远低于获取一个新用户的成本，"狗熊掰玉米"（掰一个、丢一个）的情况是网店运营的大忌。但是很多商家并不清楚用户是在什么时候流失的，于是一方面不断地开拓新用户，另一方面又不断地有大量用户流失。

要想解决这个问题，商家首先需要通过日留存率、周留存率、月留存率等指标监控网店的用户流失情况，并在用户流失之前采取相应的手段，激励这些用户继续光顾网店。

（4）收入

商家可以通过很多种方法增加收入，如通过营销手段获取更多的用户来购买产品，拓展广告业务，通过提高单个用户的价值来增加收入等。

获取收入是电商运营最核心的部分，所以运营人员要关注一个指标——投资回报率（Return on

Investment，ROI），计算公式为：

$$投资回报率＝某个时间周期的利润/投入成本×100\%$$

从公式可以看出，商家可以通过降低投入成本提高投资回报率，或者通过提高单位投入的产出提高投资回报率。投资回报率的优点是计算简单，它往往具有时效性——回报通常是基于某些特定时间段的。

前面提到的激活用户、提高留存率对获取收入来说是必需的，只有用户基数大了，收入才有可能大规模增加。

（5）推荐

随着社交网络的兴起，运营增加了一个推荐环节，就是基于社交网络的病毒式传播，这已经成为商家获取用户的一个新途径。推荐的成本很低，但效果可能非常好；推荐的前提是产品自身要足够好，有很好的口碑。推荐效果可用 K 因子（K-factor）来衡量，它是指一个发起推荐的用户可以带来多少个新用户，计算公式为：

$$K\text{-}factor＝客均邀请人数×受邀转化率$$

当 K-factor>1 时，新增用户数会像滚雪球一样增大，电商运营就形成一个螺旋式上升的轨道。而那些优秀的商家就可以很好地利用这个轨道，不断扩大自己的用户群体，被更多的用户所熟知和认可。

通过 AARRR 模型，我们看到获取用户只是整个电商运营中的第一步。如果电商企业只注重推广，不重视运营中的其他几个层次，那么电商企业的前景必定是暗淡的。

下面我们通过一个例子来展示如何用 AARRR 模型来衡量一个渠道的流量质量。

某网店通过渠道 A 和渠道 B 引流的情况如图 1-36 所示。

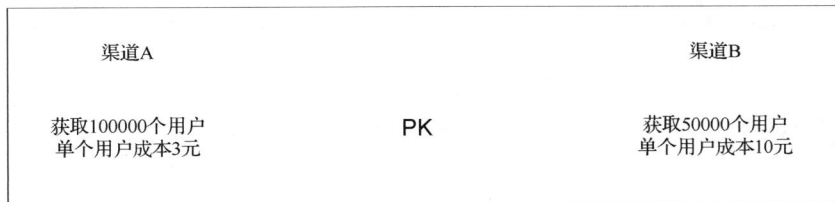

图 1-36　渠道 A 和渠道 B 引流的情况

仅从表面数据来看，渠道 A 会更划算，但实际上这个结论是有问题的；用 AARRR 模型具体分析如下。

渠道 A 的 AARRR 模型如图 1-37 所示，单个激活用户成本（Cost Per Activation，CPA）是 6 元，单个留存用户成本（Cost Per Retention，CPR）是 60 元，单个付费用户成本（Customer Acquisition Cost，CAC）是 300 元。渠道 A 有 500 个用户在朋友圈里推荐该网店的产品，假设每个用户的朋友圈人数平均为 100 人，朋友圈里的朋友看到推荐后转化为新客户的转化率为 10%。那么渠道 A 的 K 因子为 K-factor ＝（500×100）/100000×10%=0.05，这说明渠道 A 通过老用户推荐引进新用户的能力偏弱。

渠道 B 的 AARRR 模型如图 1-38 所示，单个激活用户成本是 11 元，单个留存用户成本是 20 元，单个付费用户成本是 33 元。渠道 B 有 10000 个用户推荐了该网店的产品，则 K-factor ＝（10000×100）/50000×10%=2，这说明渠道 B 通过老用户推荐引进新用户的能力强，新增用户数呈现滚雪球式增长。

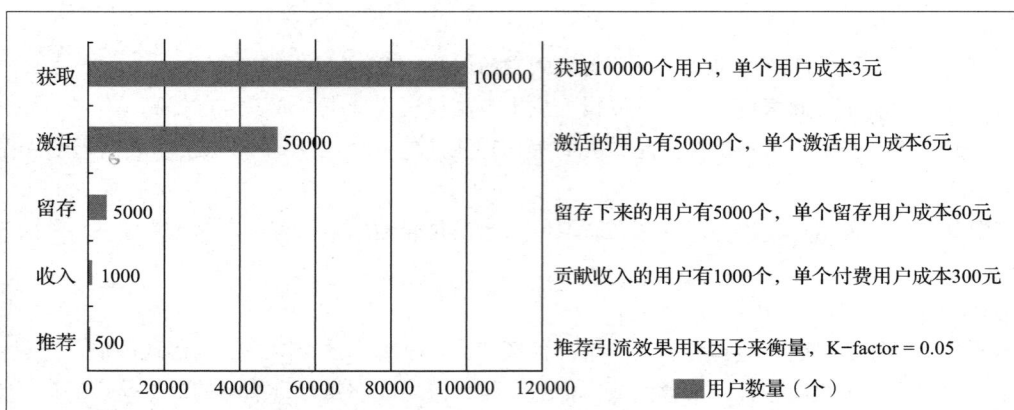

图 1-37　渠道 A 的 AARRR 模型

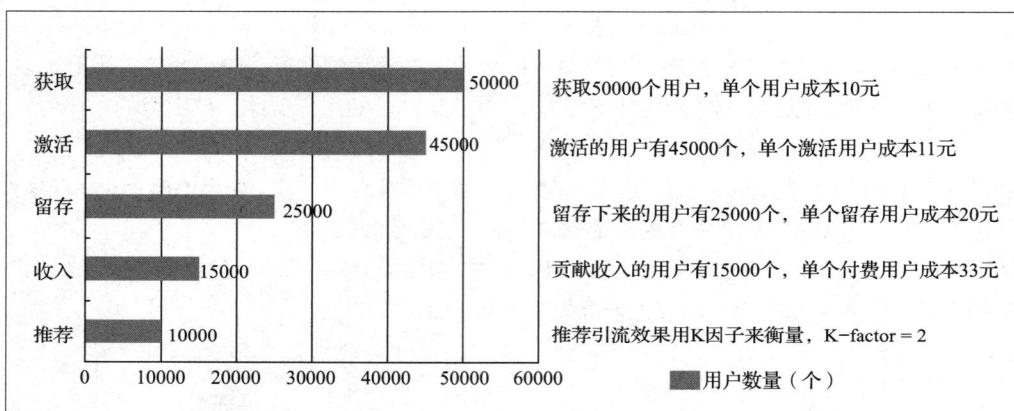

图 1-38　渠道 B 的 AARRR 模型

通过对比可以发现，渠道 B 的流量质量远远优于渠道 A 的流量质量，因此建议该网店在渠道 B 投入更多的营销资源。

三、任务实战

（一）绘制生意参谋数据分析的功能架构

1. 理论知识

生意参谋（见图 1-39）是阿里巴巴推出的商家统一数据平台，主要面向商家提供一站式、个性化、可定制的数据服务。其核心功能有流量纵横、市场洞察、品类罗盘、服务洞察、物流洞察、自助分析等。

流量纵横旨在解决商家一盘生意背后的一盘流量的数据化运营问题，并为商家提供一站式全媒介、全链路、多维度的流量数据分析平台。

市场洞察是一款为中高端商家打造的市场分析数据产品，专业版可帮助初创期商家快速破局，为流量获取的研究及对市场"爆款"的研究提供决策支持。

品类罗盘为商家提供场景化、定制化的智能数据方案，帮助商家落地商品和品类的精细化运营策略。

服务洞察是零售电商客服团队工作的轻量级和全链路工具，重点面向店长、客服主管、运营主管等角色，提供数据监测分析、客服管理协同、客服辅助支持3个方面的产品服务，旨在帮助商家提升客服管理与执行能力，全方位优化服务体验。

图 1-39　生意参谋首页

物流洞察是菜鸟和生意参谋合作推出的店铺物流数据分析工具，通过监控物流异常包裹，提供最优的解决方案。

自助分析集成了生意参谋多个功能模块的店铺运营数据，以及 Quick BI 的一站式在线报表构建工具。

2. 任务内容

运用思维导图绘制生意参谋数据分析的功能架构，逐级展开直至具体指标，思维导图工具可以选用百度脑图。

3. 任务要求

两名学生一组，合作完成并提交《生意参谋数据分析的功能架构》，字数不限，要求从频道开始逐级展开，层层分解，条理清晰，逻辑严密。

4. 任务实施

步骤1：用百度脑图绘制实时频道的功能架构。

步骤2：用百度脑图绘制作战室频道的功能架构。

步骤3：用百度脑图绘制流量频道的功能架构。

步骤4：用百度脑图绘制品类频道的功能架构。

步骤5：用百度脑图绘制交易频道的功能架构。

步骤6：用百度脑图绘制营销频道的功能架构。

步骤7：根据需要绘制其他频道的功能架构。

步骤8：做好汇报的准备。

5. 参考报告

生意参谋数据分析的功能架构

因为篇幅限制，绘制的生意参谋数据分析的功能架构仅展开到"实时"频道下的"实时概况"栏目，如图 1-40 所示。其余部分需要学习者按功能层次逐级展开，一直到具体指标。

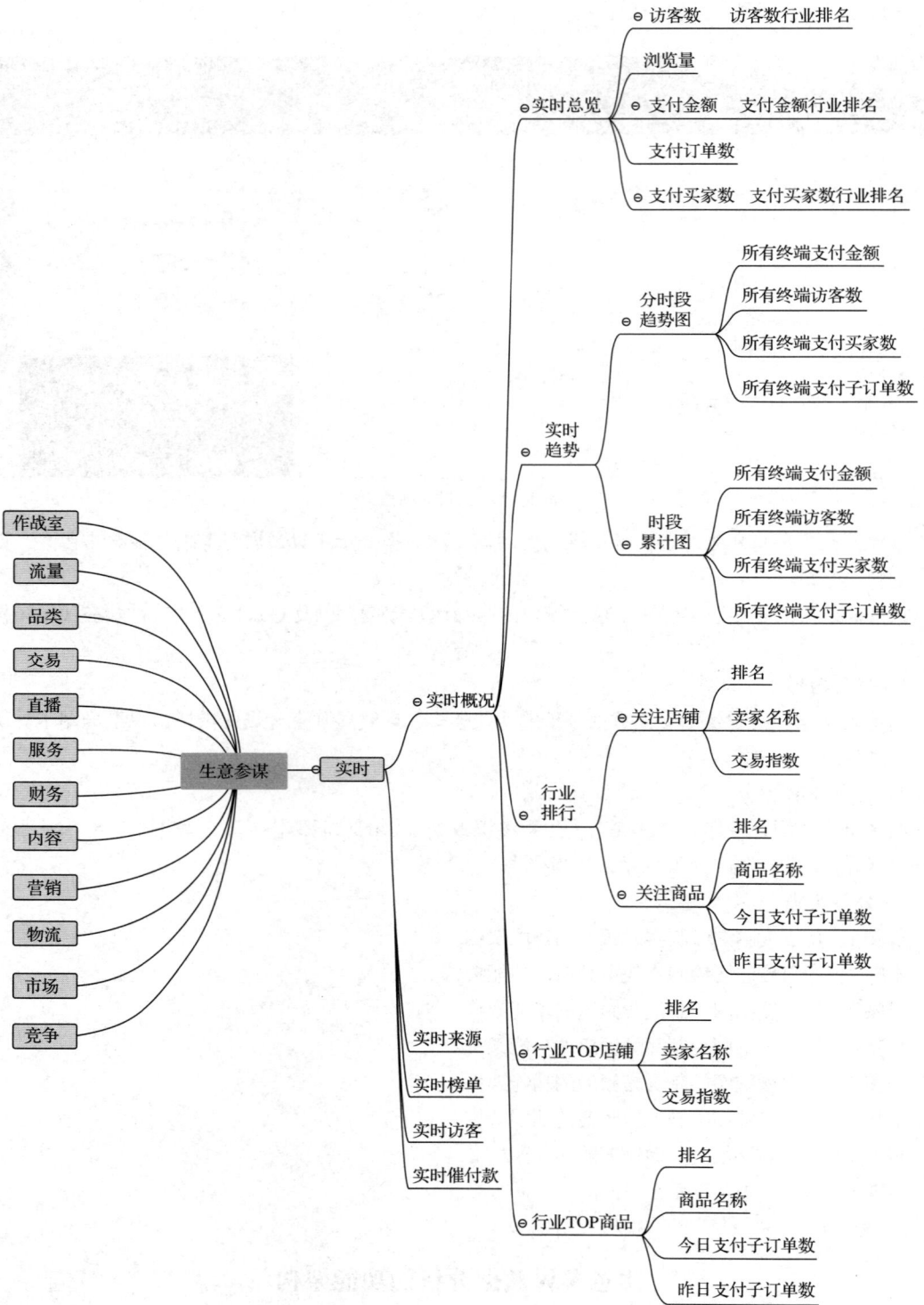

图 1-40　生意参谋数据分析的功能架构

（二）基于 AARRR 模型分析社交电商 / 直播电商 / 兴趣电商

1. 理论知识

社交电商是指借助社交网站、微博等传播途径，通过社交互动、用户自生内容等手段辅助商品销售的模式。这种模式中，消费者起初并没有明确和强烈的消费需求，只是在社会交往过程中受到商品信息的刺激而产生了消费需求。另外，买卖双方本质上是利益对立的，而社交电商恰恰可以通过社会化关系的介入对买卖双方产生影响。社交电商有蘑菇街、美丽说、大众点评、拼多多、云集、小红书、宝宝树等。

直播电商是指直播与电商相结合的一种电子商务模式。从上下游来看，直播电商产业链包括上游商家、厂家、批发商，中游 MCN 机构、主播（知名人士 /KOL/ 带货"达人" / 导购）、直播场景（电商平台、直播平台、社交平台、短视频平台），下游消费者（C 端和 B 端消费者）。直播电商按照场景可划分为：电商平台 + 直播带货，如淘宝网、京东、拼多多、苏宁易购、考拉海购等；视频平台（短视频 / 视频直播）+ 直播带货，如抖音、花椒直播、虎牙直播、斗鱼等；社交平台 + 直播带货，如快手、微信小程序直播、小红书等。直播电商按照运营模式可划分为"电商平台 + 直播"和"内容平台 + 直播"模式。

兴趣电商是一种基于人们对美好生活的向往，满足消费者潜在购物兴趣，提升消费者生活品质的电商模式，其核心是主动帮助消费者发现他们的潜在需求。现在消费者到主流电商平台购物，基本都是有确定性需求后通过精准搜索寻找商品，而兴趣电商则是要抓住消费者刚需以外的潜在需求。

2. 任务内容

基于 AARRR 模型分析 ××× 社交电商 / 直播电商 / 兴趣电商，首先需要了解社交电商 / 直播电商 / 兴趣电商当前的运营状况，然后深入分析社交电商 / 直播电商 / 兴趣电商如何获取用户，如何激活用户，如何留存用户，如何获取收入，以及如何激发用户推荐自己，最终完成《基于 AARRR 模型的 ××× 社交电商 / 直播电商 / 兴趣电商分析报告》。社交电商 / 直播电商 / 兴趣电商可以任选其一完成。

3. 任务要求

两名学生一组，合作完成并提交《基于 AARRR 模型的 ××× 社交电商 / 直播电商 / 兴趣电商分析报告》，字数不限，要求条理清晰、数据准确、分析到位、逻辑严密、格式规范。

4. 任务实施

步骤 1：分析社交电商 / 直播电商 / 兴趣电商如何获取用户。

步骤 2：分析社交电商 / 直播电商 / 兴趣电商如何激活用户。

步骤 3：分析社交电商 / 直播电商 / 兴趣电商如何留存用户。

步骤 4：分析社交电商 / 直播电商 / 兴趣电商如何获取收入。

步骤 5：分析社交电商 / 直播电商 / 兴趣电商如何让用户推荐自己。

步骤 6：撰写《基于 AARRR 模型的 ××× 社交电商 / 直播电商 / 兴趣电商分析报告》。

步骤 7：做好汇报的准备。

5. 参考报告

基于 AARRR 模型的云集分析报告

云集（见图 1-41）是一家由社交驱动的精品会员电商平台，通过聚焦商品的极致性价比，为会员提供美妆个护、手机数码、母婴玩具、水果生鲜等全品类精选商品，服务中国家庭的消费升级。

在云集，会员不仅能以批发价一站购齐 80% 的日常家用，还能分享商品给好友，获得收益。

图 1-41　云集

1. 云集获取用户

云集通过分享返佣机制，激励用户借助社交关系进行流量拓展及拉新，同时以健全的会员晋升制度和丰富的会员权益吸引用户不断分销拉新，提升会员等级，以此实现流量和销量的快速增长。"自购省钱、分享赚钱"是分销模式转变进程中，平台用户作为独立个体，既是卖家，也是消费者的身份转变的必然结果。

2. 云集激活用户

一方面，云集设法激活会员，为会员提供采购自品牌方、全国总代理及专柜的高品质正品商品，同时由中华联合财产保险股份有限公司承保，支持 7 天无理由退货，让会员放心分享云集的商品；云集的会员还享受无须压货、一件代发的便利，并有专属客服为其解决售前售后问题；对于不懂微商的会员，云集还安排专属客服手把手培训，全程提供指导。

另一方面，云集与一线大牌品牌方、源头工厂直接合作，或通过"官方自营 ＋ 品牌商直供"的模式，在保证正品的前提下实现了价格的优惠与透明化。而云集会员不仅能够以优惠的价格购买到全球优质好物，还可以通过购物或分享购物获得一定的报酬。当会员通过各种方式在线上分享平台购物链接并达成交易后，就可以从中获得一定的收益，这种分享获利的方式提高了云集会员的积极性，也促进了平台的发展。

公开资料显示，截至 2020 年 12 月 31 日，云集过去 12 个月的交易会员增长至 1330 万人，同比增幅为 38.5%。

3. 云集留存用户

云集通过模式设计，包括分成拉新体系、商品销售返佣、会员成长制度，构建了自发式的拉新推广模型，形成封闭的会员体系，会员的黏性和忠诚度也显著优于其他电商平台。云集在选品上贴近家庭主流消费的特点，在消费的品类上，SPU（Standard Product Unit，标准化产品单元）架构日趋多元化，食品生鲜、美妆护肤、家居用品、数码产品的销量都很高，这说明了用户对云集商品的认可。

云集此前公布的上市招股书显示，云集用户的复购率高达 93.6%。

4. 云集获取收入

云集的营收主要包括商品销售收入、会员业务收入、商城业务收入及其他收入，而云集的 GMV（Gross Merchandise Volume，商品交易总额）大部分仍然由会员贡献。财报显示，云集 2020 年全年 GMV 增长至 359 亿元。

5. 云集用户推荐

云集的会员分为 VIP 会员和钻石会员。云集鼓励会员推广云集，其他用户可以通过会员获取邀请码，并可直接成为 VIP 会员，无须支付任何费用。同时云集会对做推广的会员给予一定额度的奖励。

云集是在共享经济背景下成立的社交零售平台，会员与其朋友圈内的普通消费者形成了一种联系很紧密的关系链，朋友圈内的普通消费者之间也形成了一种联系很紧密的关系链，社交传播效果好，利于消费者之间的推荐。

四、拓展实训

实训 1　AIPL 模型与 FAST 模型应用

1. 实训背景

FAST 模型即消费者运营健康度指标体系，其能在大数据、云计算、物联网、人工智能等数字化时代中，以及新零售线上线下进一步融合的背景下，为数字化导向的消费者管理体系赋能，旨在在传统流量运营之上进一步挖掘消费者价值，解决过去 GMV 指标无法考虑消费者转化时间和消费者质量等维度的问题。

F（Fertility），指全网消费人群总量，即 AIPL 总量。

A（Advancing），指 AIPL 人群转化率，即消费者从认知，到产生兴趣，再到购买，并成为忠诚用户各个阶段的转化率。品牌方依据 AIPL 人群转化率，可以实现品牌内沉淀人群细分，对消费者进行分层运营、差异化营销，促进整体消费者的流转与转化。

S（Superiority），高价值人群总量，即会员总量。会员/粉丝人群对于品牌而言价值巨大，能够为品牌大促提供惊人的爆发力。品牌方可通过线上线下联动、联合品牌营销，以及借助平台的新零售等场景扩大品牌的会员/粉丝量级，为后续的会员/粉丝运营打下基础。

T（Thriving），高价值人群活跃率，即会员活跃率。品牌方需要借势大促，提高会员/粉丝的活跃度，激发会员/粉丝的潜在价值，为品牌完成 GMV 目标提供助力。

FAST 模型能够更加准确地衡量品牌营销运营效率，同时也将品牌运营的视角从一时的输赢（GMV）转向对品牌价值健康、持久的维护。

2. 实训内容

某品牌在 7 月拟采用 AIPL 模型和 FAST 模型对本年"双十一"GMV 目标进行拆解。拆解思路是先把总的 GMV 目标拆解成新客销售目标和老客销售目标，然后将新客销售目标拆解为 A 的销售额和 I 的销售额，再根据以往对等量级的大促活动中 A 人群和 I 人群的销售转化率和客单价，推算出这次的 A 人群体量需求和 I 人群体量需求；同理也可以反推出 P、L 人群的体量需求，再与当前该品牌已有的 AIPL 人群进行对比，找到缺口并提出对策。

已知该品牌本年 GMV 目标为 6000 万元，上年"双十一"实际 GMV 为 3800 万元。其中，新客销售额占比 62%，老客销售额占比 38%。新客销售额中 A 人群占比 60%，销售转化率均值为 2.2%，客单价为 120 元；新客销售额中 I 人群占比 40%，销售转化率均值为 3.8%，客单价为 180 元。老客销售额中 P 人群占比 80%，销售转化率均值为 9.5%，客单价为 230 元；老客销售额中 L 人群占比 20%，销售转化率均值为 18%，客单价为 280 元。该品牌本年 7 月 A 人群总量为 400 万人，预计月均增加 8%；I 人群总量为 150 万人，预计月均增加 6%；P 人群总量为 80 万人，预计月均增加 6%；

L 人群总量为 9 万人，预计月均增加 5%。

3. 实训要求

本实训要求学生单独完成并提交《GMV 目标拆解报告》，形式为 Excel 表格，字数不限，要求准确应用 AIPL 模型和 FAST 模型，计算过程清晰，数据准确，逻辑严密。

实训 2　大数据相关工作岗位招聘信息分析

1. 实训背景

目前大数据行业人才缺口较大，而且大数据覆盖各行各业，应用领域十分广泛。近年来，人工智能、物联网也发展迅速，而大数据是这些新兴技术的基础。未来大数据还将成为全行业的基石。

大数据行业的薪资普遍较高。IT 行业本就是薪资较高的行业，而大数据作为 IT 行业的新宠，高薪也是很常见的。目前，大数据行业的平均月薪为 15000 ~ 20000 元，非常优秀的大数据人才的月薪可达 30000 元。

大数据专业的就业方向实际上可以划分为 3 个大类：大数据开发、系统研发、大数据分析。而对应的基础岗位为大数据开发工程师、大数据系统研发工程师、大数据分析师。

2. 实训内容

学生自主选择一家招聘网站，获取 30 个大数据相关工作岗位的招聘信息，统计分析招聘公司的主营业务、员工规模，以及招聘岗位、招聘人数、学历要求、经验要求、岗位内容、技能要求等。2 ~ 3 名学生一组，完成后提交《大数据相关工作岗位招聘信息分析报告》。

3. 实训要求

2 ~ 3 名学生一组，合作完成并提交《大数据相关工作岗位招聘信息分析报告》，字数不限，要求合法获取大数据相关工作岗位的招聘信息，数据精确，用图文展示，分析到位，逻辑严密。

任务小结

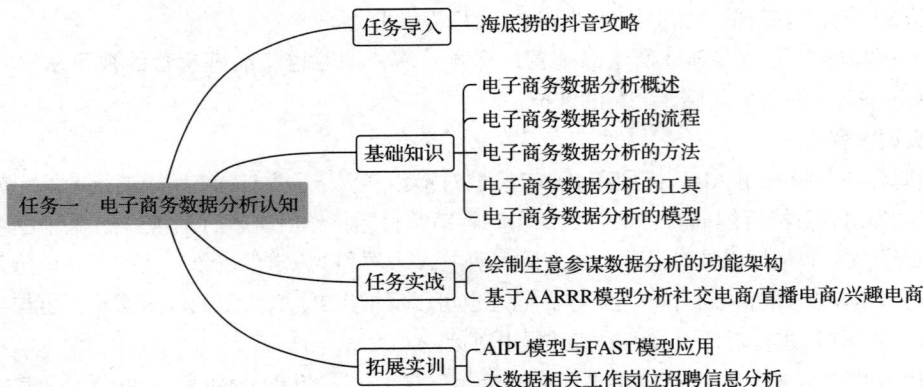

同步习题

（一）判断题

1. 数据分析只有有了大数据才能做。（　　　）

2. EDA 属于归纳法，有别于从理论出发的演绎法。（　　　）

3. 聚类分析是指将物理或抽象对象的集合分组成为由类似的对象组成的多个类的分析过程。（　　　）

4. SPSS 是采用图形菜单驱动界面的统计软件，无须编程。（　　　）

5. 探索性统计分析侧重于对数据的描述，凸显数据的统计特征。（　　　）

（二）不定项选择题

1. 下列不属于大数据的特点的是（　　　）。
   A. 规模性　　　　　　　　B. 多样性　　　　　　C. 高速性　　　　　　D. 有效性

2. 元数据可以分为（　　　）。
   A. 固有性元数据　　　　　　　　　　　　　B. 管理性元数据
   C. 描述性元数据　　　　　　　　　　　　　D. 操作性元数据

3. 从分析方法复杂度来讲，数据分析方法可以分为（　　　）。
   A. 常规分析方法　　　　B. 统计学分析方法　　　C. 聚类分析方法　　　D. 自建模型

4. AARRR 模型的重要环节有（　　　）和推荐。
   A. 获取　　　　　　　　B. 激活　　　　　　　C. 留存　　　　　　　D. 收入

5. 下列关于回归分析结果中"P-value"描述正确的是（　　　）。
   A. 参数的 P 值，即弃真概率
   B. 当 $P<0.01$ 时，可认为模型在 $\alpha=0.01$ 的水平上显著
   C. 参数的 P 值，即弃假概率
   D. 当 $P<0.01$ 时，可认为模型的置信度达到了 99%

6. AIPL 模型将品牌人群细分为（　　　）。
   A. 品牌认知人群　　　　　　　　　　　　　B. 品牌兴趣人群
   C. 品牌购买人群　　　　　　　　　　　　　D. 品牌忠诚人群

（三）简答题

1. 简述数据分析在电商企业日常经营分析中的作用。

2. 数据分析师应具备哪些能力？

3. 简述电子商务数据分析的流程。

4. 一般线性回归分析主要有哪几个步骤？

5. FAST 模型的指标体系由哪些指标构成？

运营数据体检——做好店铺诊断

学习目标

知识目标

- 理解运营数据体检的相关概念；
- 熟悉运营数据分析的工具；
- 理解和掌握运营数据体检的指标。

技能目标

- 具备店铺综合诊断分析的能力；
- 具备直通车ROI计算与分析的能力；
- 具备用户留存诊断的能力；
- 具备直通车创意报表优化的能力。

素养目标

- 具备对已完成任务进行复盘的能力；
- 具备较强的逻辑分析能力；
- 具备耐心细致的工作态度；
- 具备团队协作意识，加强协同创新观念。

一、任务导入

伊利抖音直播数据复盘

伊利集团是中国规模较大、产品品类较全的乳制品企业，曾为 2008 年北京奥运会和 2010 年上海世博会提供服务。布局抖音兴趣电商渠道是其重要战略举措。在抖音平台上，伊利建立账号矩阵，即在伊利主品牌账号下绑定了 5 个直播账号：@伊利官方旗舰店，@金领冠，@伊利奶粉之家，@伊利牛奶旗舰店，@伊利奶酪。金领冠主要针对母婴群体；伊利奶粉之家更多针对奶粉品类下的不同细分人群，包括儿童、学生、中老年群体等；伊利牛奶旗舰店更像是"大管家"；伊利奶酪则针对奶酪细分品类。

伊利抖音日常的直播运营中，最重要的分析就是监控每场直播的关键指标，对直播进行复盘，找到不足之处并进行优化。

1. 抖音用户增长逻辑

抖音电商之所以受品牌青睐，是因为它拥有滚雪球式的用户增长逻辑，如图 2-1 所示。当直播间活跃用户下单购买时，平台会将直播间推荐给更多新用户，然后会有更多活跃用户下单购买，平台则继续推荐，从而达到了用户滚雪球式增长的效果。

2. 获取直播数据

用户进入直播间，然后参与直播间互动，再点击选购商品，最后下单购买。在此过程中，累计观看人数、平均观看时长、互动率、UV（Unique Visitor，独立访客）价值、购买转化率是核心指标，直接影响直播效果。6 月 6 日—13 日的直播数据如表 2-1 所示。

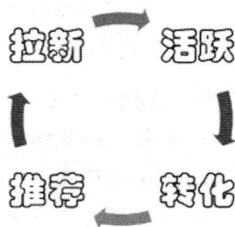

图 2-1 抖音用户增长逻辑

表 2-1 伊利直播数据

日期	累计观看人数	平均在线人数	最高在线人数	平均观看时长/秒	互动率	转粉率	销量/件	销售额/元	GPM	UV价值	购买转化率
6月13日	3951000	2907	42000	104	2.58%	2.71%	112000	6046000	1530	1.53	2.23%
6月12日	211000	144	807	39	1.31%	0.51%	4454	226200	1072	1.07	1.87%
6月11日	325000	587	2223	59	2.83%	1.61%	11000	589300	1811	1.81	3.11%
6月10日	205000	138	912	42	2.13%	0.53%	3928	221600	1081	1.08	1.89%
6月9日	1247000	1059	7681	51	1.52%	1.24%	15000	900500	724	0.72	1.16%
6月8日	260000	313	1390	70	0.71%	1.27%	5183	355700	1368	1.37	1.44%
6月7日	288000	574	1504	115	3.67%	1.79%	7045	489500	1701	1.70	1.10%
6月6日	961000	1223	3146	84	6.24%	1.07%	30000	1506600	1568	1.57	2.86%

注：GPM（GMV Per Mille，千人观看成交金额）。

从购买转化率指标来看，6 月 9 日与 6 月 7 日的购买转化率是最低的；6 月 9 日的累计观看人数要比 6 月 6 日的多约 30%，但销售额却下降了约 40%。所以本次复盘主要针对 6 月 9 日展开，找到问题并进行改进。

3. 对比分析

再将直播过程中的平均观看时长、互动率、转粉率、UV 价值、购买转化率等指标进行对比，如图 2-2 所示。可以发现 6 月 9 日的直播存在两个问题：一是 6 月 9 日的平均观看时长与互动率都大幅低于 6 月 6 日，说明用户对该日的直播不感兴趣；二是与 6 月 6 日相比，6 月 9 日的 UV 价值与购买转化率均出现大幅下降，说明该日用户购买商品的意愿不强。

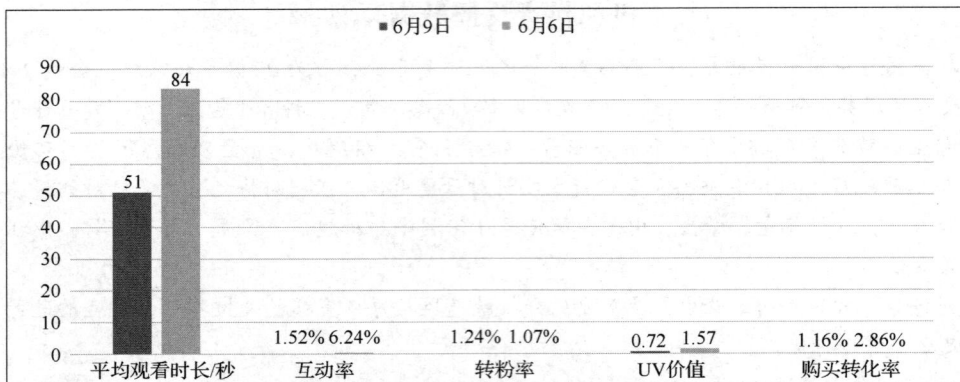

图 2-2　6 月 9 日与 6 月 6 日直播分析指标对比

4. 查找用户对 6 月 9 日的直播不感兴趣的原因

让直播间气氛活跃的方法一般是发福袋，如让用户领取牛奶、手机、气泡水，参与条件是用户在直播间发送相关评论，并且要等 10 分钟后才能领奖，这样就提高了互动率和平均观看时长。

进一步对两场直播福袋发放数据展开分析，发现两场直播的时长均为 18 小时，但 6 月 9 日的发福袋次数与福袋参与率均值都明显低于 6 月 6 日，而福袋发放间隔时间要比 6 月 6 日多出一倍多，如图 2-3 所示。

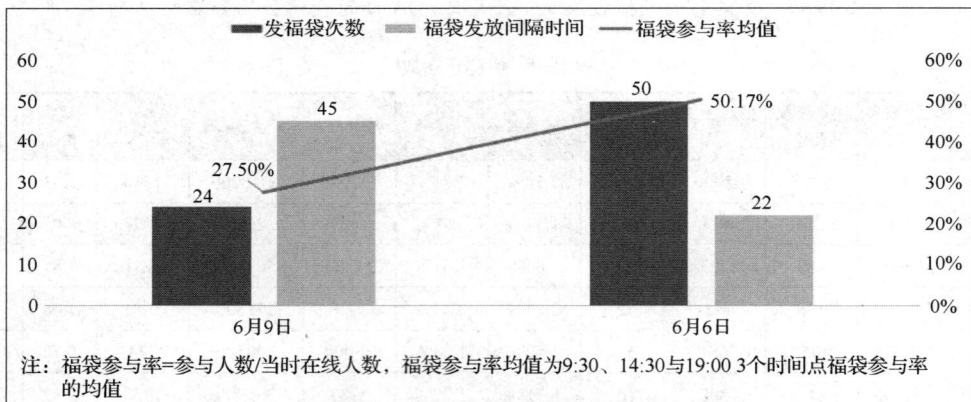

注：福袋参与率=参与人数/当时在线人数，福袋参与率均值为9:30、14:30与19:00 3个时间点福袋参与率的均值

图 2-3　6 月 9 日与 6 月 6 日直播福袋发放数据

根据上述数据分析，可以确定用户对 6 月 9 日的直播不感兴趣，平均观看时长与互动率不高的主要原因是发福袋次数比较少且用户对福袋的喜爱程度不高，建议在之后的直播中对福袋选品与福袋发放方式进行优化。

5. 查找 6 月 9 日用户购买商品意愿不强的原因

选择两场直播的 TOP3 销售额商品做对比分析，6 月 9 日 TOP1 商品的曝光-购买转化率约为 6 月 6 日的 28.4%，6 月 9 日 TOP3 商品的曝光-购买转化率只有 6 月 6 日的近 10.4%，如图 2-4 所示。这说明 6 月 9 日的直播选品出现了问题，需要进行优化。

通过直播数据复盘，伊利找到了 6 月 9 日直播购买转化率下降的原因，并在之后的直播中采用优化措施，取得了较好的效果。

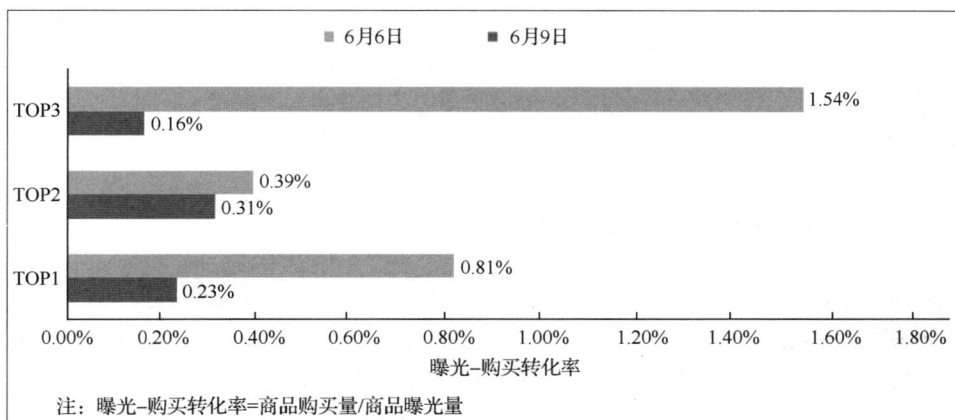

注：曝光-购买转化率=商品购买量/商品曝光量

图 2-4 两场直播 TOP3 销售额商品的曝光-购买转化率

思考：

1. 请描述伊利抖音直播数据复盘的过程。

2. 曝光-购买转化率与曝光-点击转化率（商品点击量/商品曝光量）、点击-购买转化率（商品购买量/商品点击量）是什么关系？

二、基础知识

（一）运营数据体检概述

基于数据分析，商家能够掌握客户想要干什么、想要得到什么，甚至可以比客户更了解他们自己。

1. 运营数据体检

运营数据体检是指根据店铺运营过程中产生的数据及最终的成效数据，分析目前店铺运营中存在的问题并查找问题的成因。开展运营数据体检的目的是发现当前店铺运营过程中存在的薄弱环节，再设计和实施优化方案加以改进。通过 PDCA（Plan、Do、Check、Act）循环，商家可以持续优化店铺运营的效果。

2. 电商运营公式

电商运营是围绕销售收入的计算公式展开的：

$$销售收入＝访客数 × 转化率 × 客单价$$

对于运营人员来说，提高销售收入要做好这 3 项工作：提高访客数，提高转化率，提高客单价。对于数据分析师来说，这个公式是电商数据分析的基础，也是监控店铺运营状态的关键指标；如果某一指标出现异常波动，则需要查明原因。

3. 老客户销售收入计算公式

$$老客户销售收入＝老客户数量 × 复购率 × 老客户客单价$$

要增加老客户销售收入，一是要增加老客户数量，即设法将新客户变成老客户；二是要提高老客户的复购率；三是要提高老客户的客单价。这 3 项指标均与客户关系管理密切相关。

4. 利润计算公式

店铺运营过程中，利润计算公式为：

$$毛利润＝销售收入－销售成本$$

$$营业利润＝销售收入－销售成本－期间费用$$

$$净利润＝销售收入－销售成本－期间费用－所得税$$

对于运营人员来说，可以通过增加销售收入、降低销售成本和期间费用来提高店铺的利润。

知识链接：销售成本与期间费用

销售成本是指已销售产品的生产成本或已提供劳务的劳务成本以及其他销售的业务成本，包括主营业务成本和其他业务成本两部分。其中，主营业务成本是企业销售产品、半成品及提供劳务等业务所形成的成本，其他业务成本是指企业销售材料、出租包装物、出租固定资产等业务所形成的成本。

期间费用是指企业本期发生的不能直接或间接归入销售成本，而是直接计入当期损益的各项费用，包括营销费用、物流费用、管理费用和财务费用等。

5. 投资回报率

投资回报率（Return on Investment，ROI）是指投资后所得的收益与成本间的百分比率，计算公式为：

$$投资回报率＝利润 / 投入成本 ×100\%$$

运营人员需要时刻关注每一元的广告费用可以产生多少利润，即投入产出比。

知识链接：淘宝直通车的 ROI 计算

淘宝直通车的 ROI 是运营人员必须重视的指标，因为它关系到付费推广能否带来盈利。其计算公式为：

$$直通车 ROI= 直通车销售额 / 直通车花费$$

当直通车 ROI× 毛利率 >1，为盈利；

当直通车 ROI× 毛利率 =1，为保本；

当直通车 ROI× 毛利率 <1，为亏本。

例如某次直通车推广销售额为 1500 元，毛利率为 30%，花费为 500 元。

先计算直通车 ROI=1500/500=3。

再计算直通车 ROI× 毛利率 =3×0.3=0.9<1，所以本次直通车推广为亏本。

6. 毛利率

毛利率是毛利润占销售收入的百分比，计算公式为：

$$毛利率＝（销售收入－销售成本）/ 销售收入 ×100\%$$

假如某店铺的销售收入为 150 万元，已销售商品的直接成本为 100 万元，则毛利润为 50 万元，毛利率 =（50/150）×100% ≈ 33.3%。

7. 成本

成本是商品经济的价值范畴，是商品价值的组成部分，也称为费用。店铺在开展经营活动的过程中需要耗费一定的资源（人力、物力和财力），其所耗费资源的货币表现及其对象化称为成本。

知识链接：网店运营成本构成

网店运营成本是指店铺运营过程中的总花费，包括推广成本、经营成本、IT建维成本、管理成本、人员成本、商品折损成本、退换货成本、物流成本、库存成本等。

（二）运营数据分析的工具

运营数据分析已成为每位运营人员的必修课，它可以帮助运营人员准确地了解客户动向和店铺的实际状况。但运营数据分析是一个非常复杂的过程，运营人员需要借助合适的工具来简化工作。电商运营常用的数据分析工具有生意参谋、京东商智、店侦探、微热点等。

1. 生意参谋

生意参谋是阿里巴巴推出的商家统一数据平台，如图2-5所示，主要面向商家提供一站式、个性化、可定制的数据服务，涵盖实时直播、数据作战室、流量纵横、品类罗盘、交易分析、直播分析、内容分析、服务洞察、营销分析、物流分析、财务分析、市场分析、竞争分析等。

新版生意参谋的智能诊断功能已经做了全面升级，面向淘宝Lv1 ~ Lv4层级的商家，构建了淘宝层级增长诊断，帮助商家通过完成必做任务快速提升店铺层级；面向商品日常运营，通过商品访客数、支付转化率和客单价3个数据进行诊断，提供标题优化、主图优化、活动报名等不同运营工具的使用方式；面向营销推广运营，基于商品点击率、支付转化率和访客数的诊断，提供直通车、超级推荐、极速推和万相台的最佳投放方式。

图2-5 生意参谋首页

2. 京东商智

京东商智是京东面向商家提供的一站式运营数据开放平台，如图2-6所示。京东商智拥有六大核心功能。①实时数据汇总，包括实时销售数据、流量数据、商品明细、成交转化，有助于商家及时发现问题。②流量分析，涵盖流量来源与去向细分，涉及付费与免费流量，提供丰富的流量数量、质量、转化指标，支持评估引流效果和搜索排名分析。③商品分析，全方位展现商品表现数据，如流量、销量、关注、加购、评价等，并对单品流量来源、客户画像等进行深度解读，助力商品运营。④交易分析，全面汇总订单明细、下单转化漏斗等数据，多维度剖析交易构成，为客户制定营销策略提供合理的科学理论依据。⑤行业分析，全面开放类目、品牌、属性、客户数据，帮助商家实时掌握行业特征，了解行业动态，跟踪TOP商家运营进展，洞察行业客户的消费需求，为运营决策提供数据支持。⑥竞争分析，全程跟踪竞店、竞品的核心数据，知己知彼，良性角逐，洞悉流失问题，辅助精细化运营。

京东商智是官方运营的数据开放平台，提供全方位、全链路的数据解决方案。所有数据接口均经过严格校验，保障业务数据更通用、更精准。京东商智提供完善、专业的数据分析方案，多维度展示运营数据及行业现状。

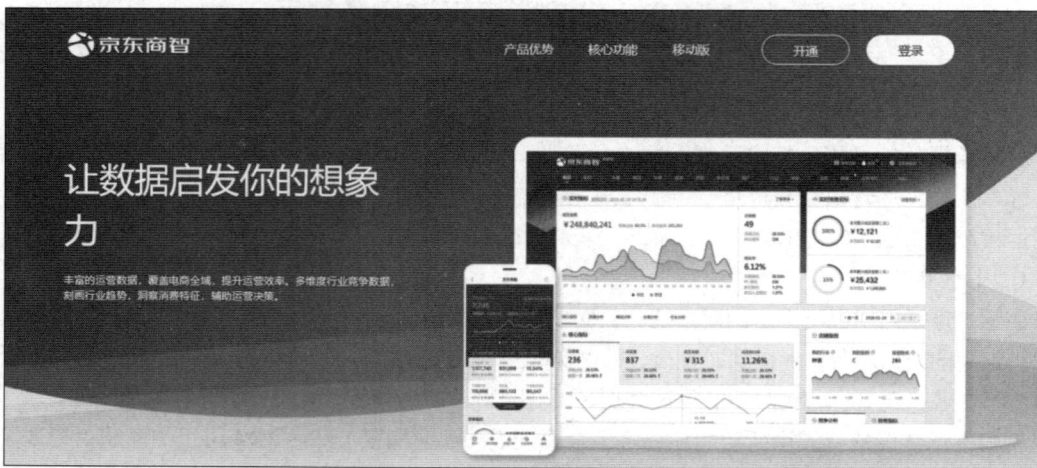

图2-6　京东商智首页

3. 店侦探

店侦探是一款专门为淘宝及天猫卖家提供数据查询、数据分析的工具，如图2-7所示。店侦探通过对各个店铺的商品运用数据分析技术进行深度挖掘，帮助商家掌控竞争对手店铺的销售数据、引流手段、广告投放、活动推广、买家购买行为，做到深度了解行业数据，从而为商家的营销策略制定提供可靠、持续的数据支持。

图2-7　店侦探首页

4. 微热点

微热点以中文互联网大数据及新浪微博的官方数据为基础，专注于帮助政府、企业、媒体及自媒体从业者发现正在发生的全网热点，致力于打造"热点发现—热点分析—传播效果评估—热点事件案例库"的新媒体大数据应用平台，如图2-8所示。

图 2-8 微热点首页

（三）运营数据体检的指标

店铺运营体系主要涵盖运营管理、商品管理、营销策划、视觉设计、客户服务、物流服务 6 项业务。商家通过对每项业务的关键指标进行体检，即可诊断店铺当前的运营状态。

第一项业务：运营管理数据体检指标

运营管理团队负责制订销售目标和销售计划，监控的重点是计划完成情况和成本控制情况。

1. 计划完成情况分析指标

（1）销售计划完成率

计算公式：销售计划完成率 = 实际销售额 / 计划销售额 ×100%。

指标意义：这一指标主要考核企业销售计划的完成情况，也可将计划销售额换算为去年同期实际数值，考核销售量的变化情况。

指标用法：通过分析销售计划完成率，企业可以快速了解销售进度，及时调整销售策略。

（2）销售增长率

计算公式：销售增长率 =（本期销售收入 − 上期销售收入）/ 上期销售收入 ×100%。

指标意义：销售增长率是衡量企业经营状况和发展能力，预测企业经营业务拓展趋势的重要指标。

指标用法：销售增长率越大，表明增长速度越快，企业市场前景越好。

2. 成本控制情况分析指标

（1）销售成本

计算公式：销售成本 = 产品成本 + 推广费用 + 物流费用 + 平台扣点 + 人工费用 + 办公费用。

指标意义：销售成本核算有助于企业了解运营各个环节的成本投入，掌握总体变动趋势。

指标用法：对比分析销售成本与销售收入变化趋势，如果销售成本增长低于销售收入增长，意味着利润增加。

（2）平均销售折扣

计算公式：平均销售折扣 = 总销售额 / 总吊牌额。

指标意义：平均销售折扣是指企业为促进销售而在商品标价上给予减让的均值；销售折扣在销售时即已发生，企业实现销售时，按扣除销售折扣后的净额确认销售收入，不需要做单独的账务处理。

指标用法：平均销售折扣越大，利润率越低，但销售额会增加。

（3）退款率

计算公式：退款率 = 退款成功笔数 / 支付订单数 ×100%。

指标意义：该指标反映店铺商品的品质、商品的性价比及客服的服务态度，该指标直接影响店铺的搜索排名，也会影响企业运营成本。

指标用法：一旦店铺的退款率大于行业均值，则说明店铺的商品质量或性价比存在问题，也可能是售中和售后服务存在问题，企业应及时予以处理。

（4）销售利润

计算公式：销售利润 = 销售收入 – 销售成本。

指标意义：销售利润是指企业在其全部销售业务中实现的利润。

指标用法：该指标主要用于考核企业通过销售获利的能力。

（5）销售利润率

计算公式：销售利润率 = 销售利润 / 销售收入 ×100%。

指标意义：通过销售利润率的计算可以分析出销售利润与销售收入的比重大小，它反映了企业的盈利能力。

指标用法：通过销售利润率的变化可以了解企业经营动态和经营成果的变化情况。

（6）成本利润率

计算公式：成本利润率 = 企业利润 / 成本总额 ×100%。

指标意义：该指标反映了企业的投入产出水平，即每付出一元成本费用可获得多少利润，是考核企业经营业绩最重要的指标。

指标用法：一般来说，成本费用越低，企业的盈利水平越高；成本费用越高，企业的盈利水平越低。将企业的成本利润率指标与同行业其他企业的相关指标进行比较，可以对企业的经营效益和工作业绩做出合理判断；通过对成本利润率指标与计划偏差的各因素进行分析，有利于找到问题的症结，提高企业的经营管理水平。影响成本利润率的因素有销售结构、销售价格、销售税金、销售成本等。

知识链接：利润指标应用示例

例如，某店铺 8 月份销售收入为 1000000 元，销售成本为 800000 元，销售利润为 200000 元，则该企业的销售利润率 =（200000/1000000）×100%=20%，成本利润率 =（200000/800000）×100%=25%。对销售利润率和成本利润率进行计算，可以分析出该企业的收入、支出与利润的比例关系，从而为考核该企业的经营业绩提供依据。

第二项业务：商品管理数据体检指标

商品管理团队承担着商品企划和商品运营两大职能。商品企划重点关注销售进度，商品运营则关注商品的动销率、售罄率、库存周转天数。

1. 商品企划数据分析指标

（1）销售进度

计算公式：销售进度 = 实际销售额 / 目标销售额。

指标意义：该指标可反映各品类商品的销售状况。

指标用法：对比各品类或主推款商品的销售进度与预期进度是否一致，如果超出预期则需要及时补货，如果不达预期则需要加大促销力度。

（2）存销比

计算公式：存销比 = 期末库存金额 / 当期销售额（均按吊牌价计算）。

指标意义：该指标可反映商品库存状况和资金使用状况。

指标用法：畅销商品的存销比较小，库存周转率较高；滞销商品的存销比较大，库存周转率较低；该指标还与商品生命周期有关。

2. 商品运营数据分析指标

（1）支付商品件数

指标意义：支付商品件数是指在统计时间内买家完成支付的商品数量。例如，买家购买篮球鞋2双、足球鞋1双，那么支付商品件数为3件。

指标用法：支付商品件数就是店铺的销量，支付商品件数的变动趋势反映店铺销量的变化趋势；如果支付商品件数趋于增长，则对店铺有利，如果支付商品件数趋于下降，则需要运营人员查找原因，及时改进。

（2）动销率

计算公式：动销率 = 动销品种数 / 店铺商品总品种数 ×100%。

指标意义：动销率是用于评价店铺中各种类商品销售情况的指标。

指标用法：如果动销率 >100%，则说明在某段时间内该分类出现了商品脱销的现象；如果动销率 ≤ 100%，则说明在某段时间内商品销售出现滞销现象。通过对动销率的分析比较，可以加强对低动销率商品的关注。

（3）售罄率

计算公式：售罄率 = 某段时间内商品销售数量 /（期初库存数量 + 期中进货数量）×100%。

指标意义：售罄率是指某段时间内某种商品的销量占总进货量的比例，可用于评估销售进度。

指标用法：当前售罄率低于计划售罄率，则说明该商品存在库存风险。

知识链接：售罄率标杆

售罄率可以反映出商品在某段时间内的销售速度。数据分析师可以依据以下基本标杆来分析售罄率。

当 0 ≤ 售罄率 <50% 时，库存商品为滞销品，原因可能为季节因素影响、销售天数不够等。

当 50% ≤ 售罄率 <75% 时，库存商品为平销品，店铺员工应调整商品的销售周期，密切关注库存平销品的动态。

当售罄率 ≥ 75% 时，库存商品为畅销品，店铺员工应及时补货。

（4）库存周转率

计算公式：库存周转率 = 销售数量 /［（期初库存数量 + 期末库存数量）/2］×100%。

指标意义：库存周转率是一个偏财务的指标，一般用于审视库存的安全性问题；在电子商务数据分析中，库存周转率高则商品畅销，库存周转率低则商品有滞销风险。

指标用法：该指标可作为店铺判断和调整采购策略与销售策略的依据。

（5）库存周转天数

计算公式：库存周转天数 =365 天 / 库存周转率。

指标意义：库存周转天数是指商品从进料入库到全部售出所耗用的天数，库存周转天数越少，说明库存变现速度越快。

指标用法：通过与企业历史上或同行业其他企业的库存周转天数对比，可以判断本企业库存周转速度和销售状况；另外，库存周转天数加上应收账款周转天数再减去应付账款周转天数，即可得出企业的现金周转天数这一重要指标。

（6）金额退货率

计算公式：金额退货率 = 某段时间内的退货金额 / 总销售金额 ×100%。

指标意义：金额退货率是商品售出后由于各种原因被退回的商品金额与同期总销售金额的比率。

指标用法：通过金额退货率的变动趋势，企业可以从退货金额方面来判断店铺的商品质量和售后服务质量。

（7）数量退货率

计算公式：数量退货率 = 某段时间内的商品退货数量 / 总销售数量 ×100%。

指标意义：数量退货率是商品售出后由于各种原因被退回的数量与同期售出的商品总数量的比率。

指标用法：通过数量退货率的变动趋势，企业可以从商品退货数量方面来判断店铺的商品质量和售后服务质量。

第三项业务：营销策划数据体检指标

营销策划团队根据销售计划展开市场推广、客户维护。市场推广是为了获取新客户，客户维护旨在留存老客户。

1. 市场推广数据分析指标

（1）独立访客数（Unique Visitor，UV）

计算公式：UV= 当天 0 点截至当前时间访问店铺页面或商品详情页的去重人数。

指标意义：统计访问某店铺的访客数量，电商平台提供的访客数量均为独立访客数。

指标用法：在店铺流量分析中，该指标可用来分析市场推广效果。

（2）浏览量（Page View，PV）

计算公式：PV= 店铺或商品详情页被访问的次数。

指标意义：反映店铺或商品详情页对客户的吸引力。

指标用法：当一家店铺的浏览量低于行业平均水平，说明店铺内容不受客户喜欢，因此该指标可以作为店铺运营改进的依据。

（3）支付金额

计算公式：支付金额 = 统计时间内客户拍下商品后支付的总金额。

指标意义：支付金额即店铺总销售金额，反映店铺销售情况。

指标用法：通过支付金额的同比和环比，可以了解店铺的销售变动情况；通过支付金额的行业排名，可以了解店铺在行业中所处的地位；通过计算付费流量支付金额，可以判断广告投入带来的产出是否在增加。

（4）ROI

计算公式：ROI= 利润 / 投资总额 ×100%。

指标意义：ROI 是指企业从一项投资活动中取得的收益与成本的比率，可反映投资的综合盈利能力。

指标用法：ROI 越高，说明投资回报越大，盈利能力越强；ROI 为负，说明成本高于收入，此时利润为负。

（5）成交转化率

计算公式：成交转化率 = 成交人数 / 访客人数 ×100%。

指标意义：成交转化率用于衡量店铺的购物流程是否顺畅、客户体验是否够好。

指标用法：通过分析成交转化率变动趋势，可以判断成交转化率是否存在问题，如果成交转化率一直呈现下降趋势，那就需要查找原因并加以改进；通过计算付费流量成交转化率，可以判断付费引流效果。

2. 客户维护数据分析指标

（1）下单买家数

计算公式：下单买家数 = 统计时间内拍下商品的去重买家人数。

指标意义：反映店铺销售情况。

指标用法：通过下单买家数的同比和环比，可以了解店铺的销售变动情况。

（2）支付买家数

计算公式：支付买家数 = 统计时间内完成支付的去重买家人数。

指标意义：反映店铺销售情况。

指标用法：通过支付买家数的同比和环比，可以了解店铺的销售变动情况；通过支付买家数的行业排名，可以了解店铺在行业中所处的地位。

（3）新客户占比

计算公式：新客户占比 = 新客户数量 / 客户总数。

指标意义：反映店铺的市场推广能力与客户维护能力。

指标用法：新客户占比有一个合理范围，如果新客户占比过低，则说明店铺曝光偏少；如果新客户占比过高，则意味着客户维护能力偏弱。

（4）日活跃客户数（Daily Active Users，DAU）和月活跃客户数（Monthly Active Users，MAU）

计算公式：DAU= 当日达到活跃客户标准的人数，MAU= 当月达到活跃客户标准的人数（不同企业的活跃客户标准会有差异）。

指标意义：只有活跃客户才能为店铺持续创造商业价值，DAU 反映短期客户活跃程度，MAU 反映长期客户活跃程度。

指标用法：通过 DAU 与 MAU 的变化趋势，可以判断客户活跃程度是上升还是下降。

（5）客户活跃度

计算公式：客户活跃度 = 活跃客户数 / 客户总数。

指标意义：活跃客户数量占全部客户的比例，反映客户黏度。

指标用法：通过客户活跃度可以识别客户黏度的变化趋势，如果客户活跃度下降，则说明客户对商品的兴趣在减弱。

（6）复购率

计算公式：复购率 = 复购客户数 / 客户总数 ×100%。

指标意义：复购率是指复购客户数量占全部客户的比例，能够反映客户对该商品或服务的忠诚度。

指标用法：复购率越高，则客户忠诚度越高，反之则越低。

知识链接：复购率与收益

京东对大量商家的复购率和收益的分析结果显示：

1 次购物比例为 93%，收入占比 83%；

2 次购物比例为 5%，收入占比 11%；

3 次购物比例为 1%，收入占比 3%；

3 次以上购物比例为 1%，收入占比 3%。

这些数据表明，商家要维持业绩的增长，需要吸引新客户，更要关注老客户的存留和复购。

（7）客单价

计算公式：客单价＝统计时间内支付金额／支付买家数。

指标意义：衡量统计时间内每位支付买家的消费金额大小，是构成销售额的重要指标。

指标用法：如果本店铺的客单价低于行业平均水平，则说明店铺在关联销售、商品促销等环节存在不足，需要改进。

（8）连带率

计算公式：连带率＝销售商品总数量／成交订单总数×100%。

指标意义：连带率也称效益比、附加值、购物篮系数等，它可以反映客户每次购买商品的深度。

指标用法：店铺的连带率越高，客单价越高，越有助于提升全店的销售额；通过连带率的变化趋势，可以发现客户购买商品深度的变化，以及关联推荐效果和客服水平的变化。

（9）客户生命周期价值（Life Time Value，LTV）

计算公式：LTV＝月客单价／月流失率。

指标意义：商品从客户获取到流失所得到的全部收益的总和。

指标用法：LTV用于衡量客户对商品所产生的价值，是所有运营手段的最终衡量指标。

第四项业务：视觉设计数据体检指标

视觉设计团队负责店铺的装修风格设计、页面逻辑与框架设计、详情页设计。装修风格设计的目标是建立访客对商品的好感与信任，提高转化率。页面逻辑与框架设计要求符合客户的浏览习惯，帮助客户精确且快速地找到商品，突出主推款的陈列等。

详情页是文案、构图、配色、排版、字体、氛围等多种元素的组合，设计要突出产品价值，吸引访客的注意力，并促使其下单。

1. 装修风格设计数据分析指标

（1）跳失率

计算公式：跳失率＝访客中没有发生点击行为的人数／总访客数×100%。

指标意义：其亦等于"1－点击人数／总访客数"，该值越低，表示所获取流量的质量越好。

指标用法：当一家店铺的跳失率高于行业平均水平时，意味着目标人群定位不精准，或者商品卖点与访客需求不匹配，或者装修风格设计有问题；店铺需要加强精准引流，或者改进商品卖点，或者修改装修风格设计。

（2）平均访问深度

计算公式：平均访问深度＝PV/UV。

指标意义：这项指标是指平均一个访客浏览页面的数量，代表店铺内容的吸引力。

指标用法：平均访问深度越深，说明店铺对访客的吸引力越大，访客黏性越强。

2. 页面逻辑与框架设计数据分析指标

（1）转化漏斗

转化漏斗用于对动线中关键路径的转化率展开分析，以确定整个页面逻辑的设计是否合理，各路径节点是否存在优化空间等。某天猫官方旗舰店交易总览显示的转化漏斗如图2-9所示。

（2）页面热力图

页面热力图是以特殊高亮的形式或模块形式显示客户页面点击位置的图示，可以直观地展示客户的总体访问情况和点击偏好。某天猫官方旗舰店首页热力图如图2-10所示。

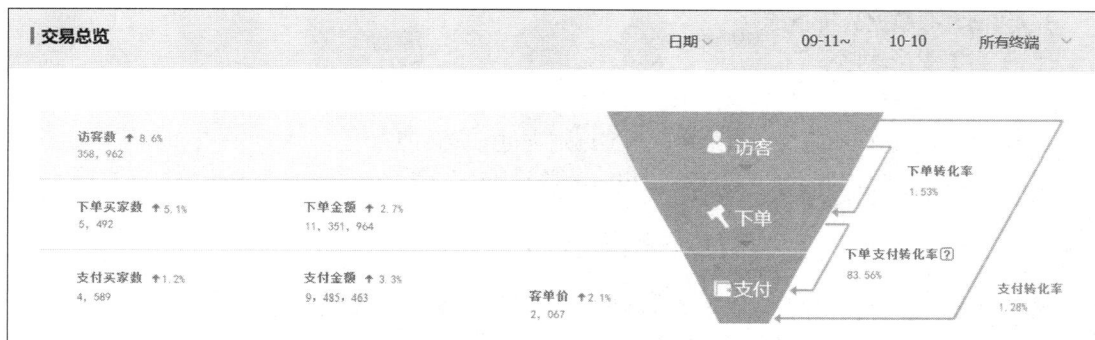

图2-9　某天猫官方旗舰店交易转化漏斗

图2-10　某天猫官方旗舰店首页热力图

3. 详情页设计数据分析指标

（1）平均停留时长

计算公式：平均停留时长 = 来访店铺的所有访客总的停留时长 / 访客数。

指标意义：该指标用来表现访客对店铺商品的关注度，也能反映店铺商品的吸引力。

指标用法：访客在商品详情页的平均停留时长越长，则店铺黏性越强，实现访客价值转化的机会也就越大；当一家店铺的平均停留时长低于行业平均水平时，说明店铺黏性不足，客户体验不好，需要改进。

（2）详情页跳出率

计算公式：详情页跳出率 = 访客在详情页中没有发生点击行为的人数 / 详情页访客数 ×100%。

指标意义：该指标直接体现详情页是否有足够的吸引力让访客深入访问下去，能否达到营销的目的。

指标用法：详情页跳出率越小，代表店铺越受欢迎，客户愿意访问更多的页面。

第五项业务：客户服务数据体检指标

客服团队负责客户进店之后的咨询和成交引导，以及客户购买之后的售后服务。售前客服重在及时响应客户咨询，有良好的服务态度，同时促使客户下单；售后客服则重在处理好退货业务。

1. 售前客服数据分析指标

（1）咨单支付转化率

计算公式：咨单支付转化率 = 询单且下单支付的人数 / 总询单人数 × 100%。

指标意义：该指标反映客服引导客户从咨询到支付的转化能力。

指标用法：咨单支付转化率用于评价客服的接待能力，能力偏弱的客服要设法提升自己的接待能力。

（2）平均响应时长

计算公式：平均响应时长 = 人工客服回复时长之和 / 咨询对话轮次。

指标意义：该指标反映客服接待客户的效率。

指标用法：平均响应时长越长，代表人工客服的接待效率越低。

（3）服务质量评分

计算公式：服务质量评分 = 客户咨询体验评分之和 / 评分次数。

指标意义：该指标主要受好评数、差评数、投诉率等影响，反映店铺客服的服务态度和客户的咨询体验。

指标用法：如果服务质量评分低于同行业平均水平，店铺需要查找原因并加以改进。

图 2-11 所示为韩都衣舍的服务质量评分，可以看到该店铺半年内的商品描述、服务态度、物流服务的动态评分均高于同行业平均水平。

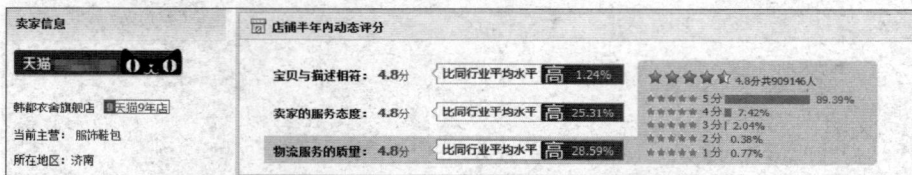

图 2-11　韩都衣舍的服务质量评分

（4）人效

计算公式：人效 = 咨询下单支付金额 / 客服人数。

指标意义：人效是评价客服团队贡献值的重要指标。

指标用法：人效越高，说明客服团队创造的贡献值越大；本店铺客服团队人效还可与第三方服务公司进行比较，从而决定是否将客服团队外包。

2. 售后客服数据分析指标

（1）纠纷退款率

计算公式：纠纷退款率 = 判定商家责任退款生效笔数 / 支付成交笔数 × 100%。

指标意义：纠纷退款率反映商家和客户协商退款失败的比例，会直接影响商品的搜索权重。

指标用法：纠纷退款率如果高于行业均值，会导致搜索权重下降、店铺排名靠后，使店铺失去展示的机会。

（2）退货退款完结时长

计算公式：退货退款完结时长 = 退货退款完结总时长 / 退货退款完结笔数。

指标意义：该指标反映店铺办理退货退款的速度，会影响店铺的售后服务综合评分。

指标用法：如果退货退款完结时长长于行业均值，说明本店铺的售后服务水平较低。

第六项业务：物流服务数据体检指标

物流服务团队主要承担商品的仓储和配送两项业务。仓储业务重点关注缺货率和库存准确率，配送业务重点关注日均发货单数和平均发货时长。

1. 仓储业务数据分析指标

（1）缺货率

计算公式：缺货率 = 缺货的单品数 / 总销售单品数 ×100%。

指标意义：缺货率是考核库存管理水平的重要指标，直接影响店铺的经营业绩及客户的购物体验。

指标用法：缺货率越高，意味着店铺失去的成交机会越多，缺货率一般要求控制在 5% 以内；店铺的 A 类商品对控制缺货率的要求会更高。

（2）库存准确率

计算公式：库存准确率 = 真实库存量（件数或金额）/ 账务库存量（件数或金额）×100%。

指标意义：该指标反映店铺真实库存和账务库存相符的程度，是店铺库存管理水平的体现。

指标用法：当库存准确率低于目标值时，需要寻找和分析造成库存数量差异的原因。

2. 配送业务数据分析指标

（1）日均发货单数

计算公式：日均发货单数 = 统计周期内发货单数合计 / 统计周期天数。

指标意义：在满负荷工作状态下，日均发货单数可用于评估店铺的配送能力。

指标用法：日均发货单数要求满足销售部的需求，如某店铺常规状态下的日均订单数量为 1000 单，其要求仓库日均发货至少 800 单，大促时需要达到 1500 单。

（2）平均发货时长

计算公式：平均发货时长 = 发货总时长 / 发货的包裹数（发货总时长是全部包裹的发货时间减去支付时间的累加）。

指标意义：平均发货时长考核店铺的物流响应速度，阿里巴巴规定天猫商家一般在 48 小时内发货，淘宝集市商家一般在 72 小时内发货。

指标用法：发货时长超过平台规定会影响店铺的物流服务 DSR 评分。

知识链接：指标与维度

在数据分析过程中，用来衡量某一事物发展程度的数据都可以被称为指标。例如衡量店铺业绩的指标有销量、销售额、销售计划完成率、销售增长率等，其中销量和销售额被称为绝对指标，销售计划完成率、销售增长率被称为相对指标。维度则用来衡量某一事物的不同特征，如衡量销售业绩的空间维度有"行业""竞品""本店铺"等，衡量销售业绩的时间维度有"月份""季度""年度"等。

三、任务实战

（一）店铺综合诊断

1. 理论知识

店铺综合诊断是针对引起销售收入变化的关键因素展开分析，分析的数据有访客数、转化率、客单价 3 项指标，通过与行业均值或竞争对手的数据做对比，来判断店铺运营中存在的问题，再查找原因，提出对策，实施优化。店铺综合诊断的依据是销售收入 = 访客数 × 转化率 × 客单价。

2. 任务内容

选择一家店铺，从后台获取该店铺最近 3 个月的经营数据，查看销售收入的变化趋势，在此基础上对店铺的访客数、转化率、客单价 3 项指标展开分析并做出诊断，并根据诊断结果提出优化对策。

3. 任务要求

本任务要求学生单独完成并提交《××店铺综合诊断报告》，字数不限，要求分析到位、诊断准确、逻辑严密。

4. 任务实施

步骤 1：获取店铺运营相关数据。

步骤 2：与行业数据进行对比分析，找出差距。

步骤 3：思考对策，提出优化措施。

步骤 4：撰写《××店铺综合诊断报告》。

步骤 5：做好汇报的准备。

5. 参考报告

×× 店铺综合诊断报告

1. 销售收入诊断

某店铺是一家天猫店铺，主营大家电类目，最近 12 周的支付金额变化趋势如图 2-12 所示。数据显示本店铺的支付金额在第 28 周达到最高峰，之后逐渐下降，第 35 周的支付金额较前一周下降 9.69%，较去年同期下降 27.35%。再与同行同层平均数对比，可以发现同行同层平均支付金额并没有出现单边下跌的情况。因此可以诊断本店铺销售收入存在问题，情况比较严重，需要进一步分析支付金额下降的原因。

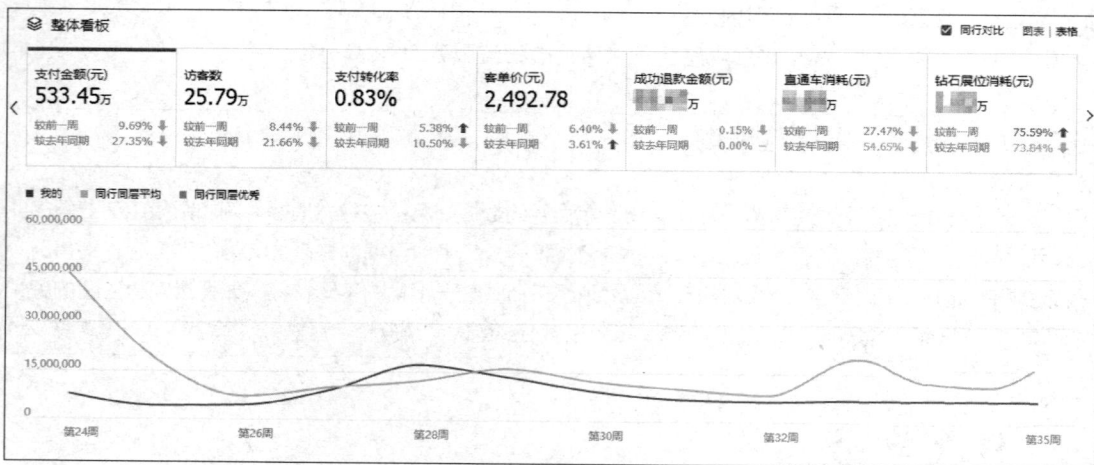

图 2-12　店铺支付金额变化趋势

2. 访客数诊断

本店铺最近 12 周的访客数变化趋势如图 2-13 所示。数据显示本店铺的访客数在第 28 周达到最高峰，之后开始下降，呈现单边下跌趋势，第 35 周的访客数较前一周下降 8.44%，较去年同期下降 21.66%，情况不理想。再与同行同层平均数对比，可以发现同行同层平均访客数同样出现单边下跌的情况，两者的变化趋势基本保持同步。因此访客数下降属于行业趋势，不是本店铺经营存在问题。

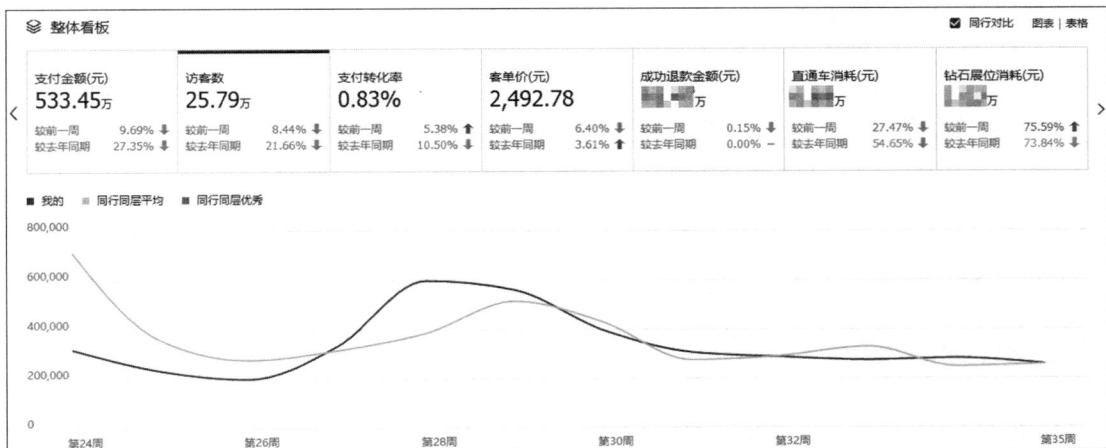

图2-13　店铺访客数变化趋势

3. 转化率诊断

本店铺最近12周的转化率变化趋势如图2-14所示。数据显示本店铺的转化率在12周内出现了小幅度的下降，第24周的支付转化率为1.11%，第35周的支付转化率为0.83%，下降幅度为25.23%。再来看同行同层平均转化率，其在一定范围内波动，但保持基本稳定，而且转化率整体水平明显高于本店铺，这说明本店铺的内部运营和管理尚有不足。因此可以诊断本店铺的转化率偏低，呈现小幅下降趋势，店铺需要对转化过程展开进一步分析，查找导致转化率下降的原因，再设法进行优化。

图2-14　店铺转化率变化趋势

4. 客单价诊断

本店铺最近12周的客单价变化趋势如图2-15所示。数据显示本店铺的客单价在12周内基本保持均衡，没有呈现明显的上升或下降的趋势。再来看同行同层平均客单价，其同样是在一定范围内波动，基本保持均衡，但客单价整体水平明显高于本店铺，这说明本店铺在关联销售或客户服务等方面存在问题。因此可以诊断本店铺的客单价整体偏低，店铺需要改进关联销售技巧或提升客户服务水平。

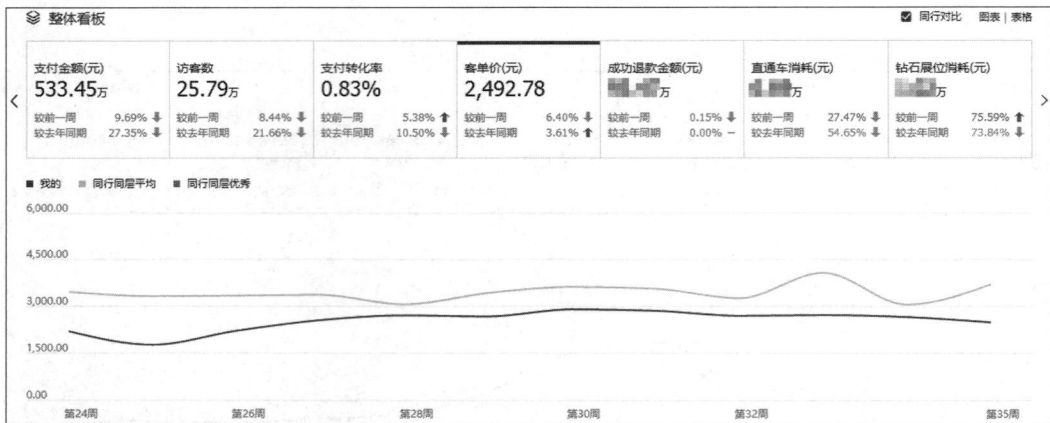

图 2-15　店铺客单价变化趋势

5. 综合诊断

本店铺的销售收入下降，一方面是行业整体的访客数下降导致的，另一方面是转化率小幅下跌引起的。转化率是衡量店铺运营健康与否的重要指标，也关系到店铺的盈利能力，因此店铺的当务之急是提高转化率，同时设法提高客单价，这样才能在同行同层的店铺竞争中占据有利位置。

（二）直通车 ROI 分析

1. 理论知识

在电商运营过程中，ROI 是一个重要的指标，很多推广工作都将 ROI 作为评估手段。ROI 通常有以下两种形式。

直接 ROI：通过单一的投放商品所产生的销售额来测算 ROI。直接 ROI 获得数据的有效性往往比较差，有时候会影响正常的营销策略判断，可参考性不佳。

间接 ROI：店铺运营除了要关注本身投放广告所产生的销售额外，还要考虑关联销售所带来的销售额，以及销售持续增长导致的搜索权重增加带来的自然搜索流量所产生的销售额。

ROI 的计算公式为 ROI=利润 / 投入成本 ×100%。但直通车将其进行简化，直通车 ROI= 成交金额 / 直通车花费，如图 2-16 所示。从直通车的角度来看，"直接 ROI=1"也许是亏本的，但是持续的直通车投放能带来持续的销售和关联销售，销量达到一定权重，就能获得更多的自然搜索流量。因此从间接 ROI 来看，往往 ROI > 1 的时候，直通车是值得投放的，而且要持续投放。

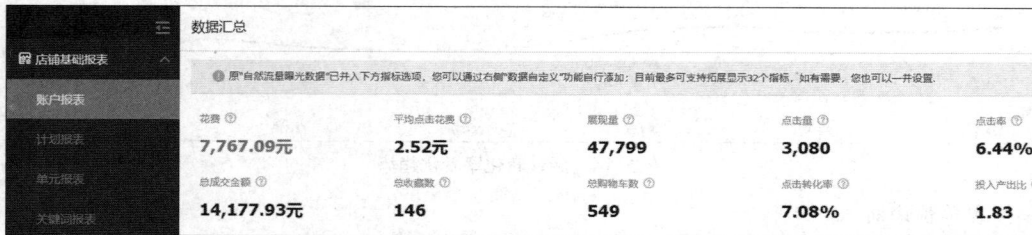

图 2-16　直通车 ROI

2. 任务内容

某店铺专营丝网印刷衬衫，该店主从 1688 平台上以每件 24 元的价格采购了 50 件丝网印刷衬衫，共花费 1200 元；然后在淘宝店铺中销售，在直通车上投放广告花费 600 元，卖出这批衬衫的销售额为 2400 元。请计算直通车 ROI，并判断是否盈利。

3. 任务实施

根据公式，直通车 ROI= 成交金额 / 直通车花费

$$=2400/600$$

$$=4$$

盈利判断：直通车 ROI× 毛利率 =4×［（2400-1200）/2400×100%］=4×50%=2>1，可见本次直通车推广是盈利的。

四、拓展实训

实训 1　社交平台用户留存诊断

1. 实训背景

某社交平台数据团队发现很多用户注册之后就不再使用该产品，留下来的活跃用户很少。于是数据团队收集了 3 月份新注册用户数据（见表 2-2），跟踪他们在次月的留存情况，其中次月留存用户数是指在次月使用过该产品的人数。数据团队还将每月至少使用 7 次该产品的用户定义为核心用户，将注册后在 2 个月内只有 1 次使用记录的用户定义为流失用户，将其他用户定义为普通用户。

表 2-2　某社交平台 3 月份新注册用户数据

新注册用户分组	用户数量 / 人	次月留存用户数量 / 人
使用 1 天组	13345	158
使用 2 天组	8552	195
使用 3 天组	6319	263
使用 4 天组	5217	515
使用 5 天组	3975	1274
使用 6 天组	3383	1759
使用 7 天组	2868	2442
使用 8 天组	2526	2325
使用 9 天组	2139	2011
使用 10 天组	1441	1366
使用 10 天以上组	3642	3537
合计	53407	15845

2. 实训内容

请根据该社交平台 3 月份新注册用户数据，分析用户使用产品天数与用户留存率的关系，再判断导致用户留存率低的主要原因，然后统计该社交平台 3 月份新注册用户中核心用户、普通用户和流失用户的占比。数据团队要想提高用户留存率，应该选择哪类用户做进一步分析？需要做哪些分析？

3. 实训要求

本实训是一个团队任务，两名学生一组分工协作完成，完成后上交《×× 社交平台用户留存诊断报告》，并做好汇报的准备。

实训 2　直通车创意报表优化

1. 实训背景

直通车创意报表展示最近一个数据周期每个创意的数据对比，对于优化点击率有重要的参考作

用。其核心指标有展现量、点击量、点击率、花费、平均点击花费、点击转化率等。

展现量是指推广商品在直通车展示位被买家看到的次数。

点击量是指推广商品在直通车展示位上被点击的次数。

点击率是指推广商品展现后被点击的比率（点击率 = 点击量 / 展现量 ×100%）。

点击转化率是指推广商品被点击后成交的比率（点击转化率 = 总成交笔数 / 点击量 ×100%）。

2. 实训内容

某店铺选择 A、B 两个商品做直通车推广，一个月后查看直通车创意报表，数据如表 2-3 所示。请计算商品 A 与 B 的 ROI，再判断商品 A 与 B 的直通车推广是否盈利，然后选择效果更优的创意重点投放。

表 2-3　某店铺直通车创意报表

创意信息	商品单价	毛利率	展现量	点击量	点击率	花费	平均点击花费	点击转化率	支付件数
A	59 元	60%	22678	856	3.77%	2284 元	2.67 元	5.26%	75
B	63 元	40%	9829	388	3.95%	1232 元	3.18 元	6.51%	25

3. 实训要求

本实训是一个独立任务，每名学生单独完成，完成后上交《直通车创意报表优化报告》，并做好汇报的准备。

任务小结

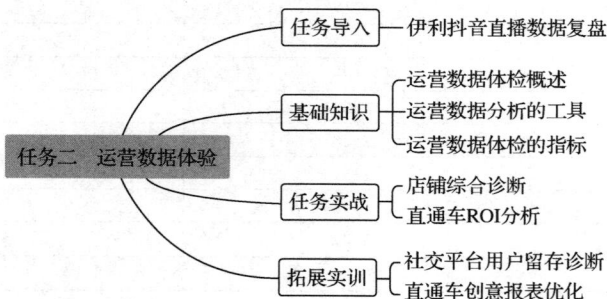

同步习题

（一）判断题

1. 当直通车 ROI× 毛利率 >1 时，本次直通车推广为亏损。（　　　）

2. 净利润 = 销售收入 − 销售成本 − 期间费用 − 所得税。（　　　）

3. 销售增长率是衡量企业经营状况和发展能力的指标。（　　　）

4. 售罄率反映了企业的投入产出水平。（　　　）

5. 跳失率越低，表示所获取流量的质量越好。（　　　）

（二）不定项选择题

1. 对于店铺运营人员来说，提高销售额要做好的工作有（　　　）。

    A. 提高访客数　　　B. 提高转化率　　　C. 提高客单价　　　D. 提高利润率

2. 网店运营成本由（　　　）等构成。

    A. 推广成本　　　　　B. 经营成本　　　　　C. IT 建维成本　　　D. 人员成本

3.（　　　）反映店铺商品的品质好坏和商品的性价比。

    A. 退款率　　　　　　B. 跳失率　　　　　　C. 连带率　　　　　D. 售罄率

4. 店铺的连带率越高，（　　　）越高，越有助于提升全店的销售额。

    A. 访客数　　　　　　B. 转化率　　　　　　C. 客单价　　　　　D. 浏览量

5. 如果动销率 >（　　　），则说明在某段时间内该分类出现了商品脱销的现象。

    A. 100%　　　　　　B. 75%　　　　　　C. 50%　　　　　　D. 0

6. 某店铺 3 月的销售收入为 200 万元，直接成本为 100 万元，期间费用为 40 万元，毛利率为（　　　）。

    A. 20%　　　　　　B. 40%　　　　　　C. 50%　　　　　　D. 以上都不对

（三）简答与计算题

1. 对于运营人员来说，要怎样做才能增加店铺的利润？

2. 数据分析师应具备哪些能力？

3. 商品管理数据体检包含哪几项指标？

4. 某电商企业 3 月份的销售收入为 30000 元，销售成本为 20000 元，利润为 8000 元，请计算该企业的销售利润率和成本利润率。

5. 某店铺本月的访客数为 50000，浏览量为 150000，转化率为 2%，客单价为 158 元，请计算该店铺的本月销售收入。

流量数据分析——实现精准引流

学习目标

知识目标

- 掌握流量来源分析方法；
- 掌握流量趋势分析方法；
- 掌握流量质量评估方法；
- 掌握流量价值计算方法；
- 掌握打造爆款实现引流方法；
- 理解千人千面的原理。

技能目标

- 具备流量来源对比分析的能力；
- 具备SEO标题优化的能力；
- 具备屏效分析的能力；
- 具备商品类目优化的能力。

素养目标

- 具备互联网流量思维；
- 具备较强的逻辑分析能力；
- 具备利用数据驱动创新的理念；
- 树立民族自信心，增强民族自豪感。

一、任务导入

安踏的私域引流策略

现如今，我国成为名副其实的全球体育用品生产大国。越来越多的中国运动鞋服品牌在国际赛场上亮相，为中国队队员和其他国家队队员提供领奖服、参赛装备等，这使人们意识到"中国体育品牌的翅膀硬了"。

安踏集团是一家专门从事设计、生产、销售运动鞋服、配饰等运动装备的综合性、多品牌的体育用品集团，其创立于1991年，现已成为国内最大的体育用品集团，具有现代化治理结构和国际竞争能力。安踏官网如图3-1所示。

图3-1 安踏官网

社群是私域中促活最有效也是最常见的场景，安踏针对用户的兴趣爱好建立不同性质的社群，拉近品牌与用户的距离，实现精细化运营。安踏的私域引流策略主要体现在以下5个方面。

1. 微信公众号引流

安踏微信公众号经过多次更新升级，现作为品牌的内容阵地，具有品牌宣传推广、企业信任背书、商品及活动图文展示的重要功能，可以用于沉淀私域用户。

引流路径：点击微信公众号菜单栏【找他】中的【安踏跑步社区】或【安踏篮球社区】，跳转到相关页面，扫码添加企业微信，由企业微信拉入社群。

2. 小程序引流

安踏基于小程序商城和门店的打通实现门店会员的私域沉淀，用户在安踏线下门店购物结账时，即可通过扫描收银台外屏显示的付款太阳码在小程序上进行支付。

引流路径1：在小程序首页，设有【安踏官网会员俱乐部】社群添加入口，点击跳转到企业微信页面，扫码即可添加企业微信。添加成功后，企业微信自动发送进入社群的二维码，用户扫码即可进入社群。

引流路径2：在小程序的运动社区，有【跑步社群】入口，用户扫码即可添加企业微信。

3. 微信视频号引流

微信视频号带货直播可帮助品牌通过运营的杠杆撬动公域流量，安踏背靠月活规模突破8亿的微信视频号，可将公域流量沉淀进私域，实现品牌拉新与转化。

引流路径：在微信视频号首页设置有企业微信添加入口，点击【添加微信】即可跳转到相应页面，添加企业微信【福利官-小TA】。添加成功后，企业微信会自动发送社群邀请二维码，用户扫码即可进入社群。

4. 抖音引流

安踏在抖音的主账号【安踏体育】拥有 626 万粉丝，在子品牌账号【安踏官方旗舰店】拥有 265 万粉丝。在抖音账号首页设置有店铺和粉丝群入口，点击即可跳转到相应页面。

安踏抖音主账号的内容主要是产品介绍、福利活动介绍、直播推广。安踏的主账号和子品牌账号都会定期开启直播，直播中主播会引导用户点击会员入口，加入会员享受折扣。

在抖音拥有流量红利的背景下，品牌要在用户群体有可能看到品牌的地方，尽可能多地露出品牌，帮助品牌把这群有着搜索习惯的用户群体，划到自己的圈子里来。

5. 微博引流

安踏在微博的主账号有 313.3 万粉丝。安踏微博的内容主要是品牌宣传、活动宣传、产品推广等。在安踏微博首页设置有粉丝群引流入口，用户点击即可免审核加入社群。另外，微博会通过活动将用户引流到微信。

安踏以会员体系建设作为私域战略的重点。安踏成立会员运营中心，覆盖全域会员，并以直接触达消费者的理念建立会员体系，对线上及线下客户都建立单独的用户档案。目前安踏私域沉淀会员去重后已超 3000 万，日均成交金额超千万元，夯实了数字化转型下全域经营的"品效合一"。

思考：

1. 安踏私域引流的途径有哪些？具有什么特点？
2. 请你谈谈安踏多个渠道的私域流量如何实现统一管理？
3. 请你评价安踏私域引流策略的成功之处与不足之处。

二、基础知识

（一）流量来源分析

流量是店铺生存的根本，其重要性不言而喻。对于数据分析师来说，他首先要清晰了解店铺流量来自哪里。

流量来源根据终端类型可以分为 PC 端流量和移动端流量。

流量来源根据渠道的不同可以分为站内流量和站外流量。站内流量和站外流量的区别在于，站内流量是平台已经培育好的，客户本身是有购买需求的，所以成交的概率大，属于高质量流量；而站外流量不一定有明确的购买需求，所以成交的概率相对小，流量质量不可控。

站内流量根据付费情况分成站内免费流量和站内付费流量。

1. 站内免费流量

（1）淘内免费流量

淘内免费流量的主要渠道有手淘搜索、猫客搜索、手淘首页、手淘旺信、手淘问大家、手淘拍立淘、手淘淘宝直播、手淘淘抢购、日常营销活动、淘内免费其他等。

淘内免费流量中的搜索流量和类目流量是每个商家发布商品时都可获取的，如果客户通过搜索找商品，说明他们有需求、目的性强，这样就容易生成订单，所以从此渠道获得的流量转化率较高，复购率也比较高。自然搜索流量的主要影响因素有商品的相关性、上下架时间、商品的最高权重、DSR 评分、人气排名、转化率、收藏量、成交量、回头客等。图 3-2 所示为某网店最近一周的淘内免费流量来源，访客数达到 420699，排在前三位的是手淘搜索、淘内免费其他和手淘淘抢购。

淘宝还会举办一些免费的促销活动，如淘金币、淘抢购、淘宝试用、淘宝清仓、天天特价等。此类活动引入的往往是对价格敏感的人群。商家参加促销活动是有条件的，这需要商家在日常经营中打好基础，有活动机会时及时报名。活动流量与报名的商品的竞争力有关，商家要争取多报名一些活动，多参加淘宝"帮派"活动。

淘内免费流量还包括阿里旺旺的非广告流量，如店铺街、淘宝画报、淘宝街掌柜说、淘宝专辑、新品中心、试用中心、淘女郎、淘宝婚庆、拍卖会、喵鲜生、阿里飞猪、积分俱乐部、淘宝足迹以及淘宝论坛等互动交流平台。

流量来源	访客数		支付转化率		支付金额		客单价		操作
◉ 淘内免费	420,699	5.48%⬆	0.91%	14.71%⬇	10,187,944	19.31%⬇	2,675.40	0.11%⬆	趋势
手淘搜索	223,436	0.48%⬆	0.80%	19.96%⬇	4,736,890	18.28%⬇	2,638.93	1.62%⬆	趋势 详情 商品效果
淘内免费其他	103,334	13.40%⬇	2.50%	6.23%⬇	6,847,774	19.57%⬇	2,645.97	0.96%⬇	趋势 详情 商品效果
手淘淘抢购	64,176	23.97%⬇	0.12%	40.00%⬇	192,757	58.92%⬇	2,471.24	9.94%⬇	趋势 商品效果
手淘首页	29,909	26.20%⬆	0.24%	3.73%⬇	193,326	39.24%⬆	2,685.08	6.36%⬆	趋势 商品效果
手淘问大家	19,003	12.09%⬇	4.61%	10.00%⬇	2,271,017	21.84%⬇	2,595.44	1.21%⬇	趋势 商品效果
手淘旺信	16,887	7.03%⬇	12.22%	12.02%⬇	5,847,264	18.71%⬇	2,834.35	0.63%⬇	趋势 商品效果
猫客搜索	13,473	10.93%⬆	0.94%	21.66%⬇	355,994	12.73%⬇	2,825.34	0.43%⬇	趋势 商品效果

图 3-2　淘内免费流量来源

免费流量占比高，代表商家的 SEO 标题优化做得不错，店铺的评分、商品的排名都很好。免费流量与店铺的层级密切相关。

（2）自主访问流量

自主访问流量是指淘宝买家主动访问店铺时产生的流量，属于老客户流量，其来源包括购物车、我的淘宝、直接访问。这种流量是所有流量中质量最好的，其稳定性好，成交转化率高。提升自主访问流量的关键是做好客户关系管理、店铺或商品链接地址的推广以及回头客的口碑营销。图 3-3 所示为某网店最近一周的自主访问流量来源，访客数为 36284，其中从"购物车"来的访客数最多，从"我的淘宝"来的访客的支付转化率最高。

流量来源	访客数		支付转化率		支付金额		客单价		操作
◉ 自主访问	36,284	0.34%⬇	10.29%	18.57%⬇	10,069,880	20.15%⬇	2,697.53	1.60%⬇	趋势
购物车	24,294	4.54%⬇	11.85%	14.86%⬇	7,682,499	20.77%⬇	2,668.46	2.52%⬇	趋势 商品效果
我的淘宝	15,852	2.64%⬆	16.69%	21.76%⬇	7,474,495	19.67%⬇	2,824.82	0.04%⬆	趋势 商品效果
直接访问	429	13.49%⬆	1.17%	120.28%⬆	13,894	223.27%⬆	2,778.80	29.31%⬆	趋势 商品效果

图 3-3　自主访问流量来源

自主访问流量越大，代表店铺的老客户越多，说明店铺具有一定的品牌效应。因为自主访问流量的支付转化率通常比较高，所以很多商家都会鼓励客户收藏自己的店铺或店铺中的商品。如果自主访问流量下降，商家就需要注意店铺的经营策略是否伤害到了老客户。

不同店铺的规模、经营的商品种类不同，自主访问流量占比也会不同，但这其实是有规律可循的，如奶粉、化妆品的客户忠诚度高，这类店铺的自主访问流量占比就高。"网红"店铺销售的商品往往有自己的特色和个性，拥有一批粉丝，复购率高，自主访问流量占比也高。而像销售大家电、家具这种客户不需要经常购买的商品的店铺，老客户相对较少，因此自主访问流量占比小。

2. 站内付费流量

站内付费流量是指商家通过付费方式获得的流量，它们在店铺流量中占比越大，意味着商家的成本越高，因此在使用这些流量前一定要明确引入流量的目的，制定好推广策略，做好访客价值的估算。付费流量的特点是容易获取，精准度高。站内付费流量是店铺流量不可缺少的一部分，来源主要包括直通车、聚划算、淘宝客、智钻、超级推荐、万相台、极速推等。图3-4所示为某网店最近一周的付费流量来源，访客数为131045，可以看出该网店的广告投入集中在直通车、聚划算和淘宝客。

（1）直通车

直通车是按点击付费（Cost Per Click，CPC）的效果营销工具，可帮助商家实现商品的精准推广。通过直通车，商家的商品就可以出现在搜索页的显眼位置，以优先的排序来获得客户的关注。只有当客户点击商品时商家才需要付费，而且系统能智能过滤无效点击，为商家精确定位合适的客户人群。图3-5所示为某网店最近一周的直通车流量细分来源，直通车引流的关键词主要是空调、电视、美的变频空调。

流量来源	访客数		支付转化率		支付金额		客单价		操作
● 付费流量	131,045	12.72%↓	0.84%	17.09%↓	3,018,226	27.18%↓	2,731.42	0.63%↑	趋势
直通车	71,158	20.03%↓	0.60%	23.68%↓	1,098,701	41.61%↓	2,579.11	4.32%↓	趋势 详情 商品效果
聚划算	45,163	3.26%↓	0.80%	12.24%↓	1,037,415	11.49%↓	2,881.70	4.25%↓	趋势 详情 商品效果
淘宝客	15,385	21.79%↑	2.35%	35.00%↓	1,025,457	17.57%↓	2,840.60	4.13%↓	趋势 商品效果
智钻	838	78.93%↓	0.12%	5.06%↓	3,299	73.38%↓	3,299.00	33.08%↑	趋势 商品效果

图3-4 付费流量来源

流量来源	访客数	支付转化率	支付金额	客单价	操作
其他	14,741	1.98%	743,209	2,545.23	趋势
空调	5,407	0.65%	75,264	2,150.40	趋势
电视	2,501	0.40%	18,890	1,889.00	趋势
美的变频空调	2,174	0.87%	72,874	3,835.47	趋势
电视机	1,270	0.47%	9,793	1,632.16	趋势
美的空调	851	0.82%	17,593	2,513.28	趋势
奥克斯空调 1.5匹	726	1.10%	16,792	2,099.00	趋势
志高 空调	487	0.41%	6,597	3,298.50	趋势

图3-5 直通车流量细分来源

直通车通过与搜索关键词相匹配，为客户推荐直通车商品，当客户浏览到直通车上的商品时，可能被图片和价格所吸引，从而激发购买兴趣并点击进入店铺。因此直通车为店铺带来的流量是精准有效的，吸引的是优质客户，而且客户进入店铺后会产生一次或者多次的流量跳转，促成店铺其他商品成交。这有助于降低店铺的推广成本，提升店铺的整体营销效果。

（2）聚划算

聚划算是阿里巴巴集团旗下的团购网站，是一个定位精准、以C2B电商驱动的营销平台，是由淘宝官方开发并由淘宝官方组织的一种线上团购活动形式。除了主打的商品团和本地化服务，为了更好地为消费者服务，聚划算还陆续推出了品牌团、聚名品、聚设计、聚新品等业务频道。聚划算的基本收费模式为"基础费用＋费率佣金"。图3-4显示某网店最近一周付费流量中聚划算渠道引流45163人，支付转化率为0.80%，支付金额超过100万元。

（3）淘宝客

淘宝客是一种按成交计费（Cost Per Sales，CPS）的推广模式，属于效果类广告推广，卖家无须预先投入成本，在实际的交易完成后按一定比例向淘宝客支付佣金，没有成交就没有佣金。

淘宝客推广由淘宝联盟、淘宝卖家、淘宝客和淘宝买家4种角色合作完成。淘宝联盟是淘宝官方的专业推广平台。淘宝卖家可以在淘宝联盟上招募淘宝客，淘宝客能帮助推广店铺及商品。淘宝客利用淘宝联盟找到需要推广的卖家，然后获取商品代码，任何客户经过淘宝客的推广（链接、个人网站、博客或者社区发的帖子）进入淘宝卖家店铺完成购买后，淘宝客就可得到由卖家支付的佣金。简单地说，淘宝客就是指帮助卖家推广商品并获取佣金的人。

淘宝客的性价比最高，因为只有成交才会产生佣金。同时，性价比越高就意味着推广的门槛和难度越大。卖家在选择淘宝客时应考虑店铺的综合利润，当店铺商品的转化率或佣金较低时，淘宝客的动力就会减弱。图3-6所示为某网店最近12周的淘宝客流量趋势，总体上不及同行同层平均访客数。

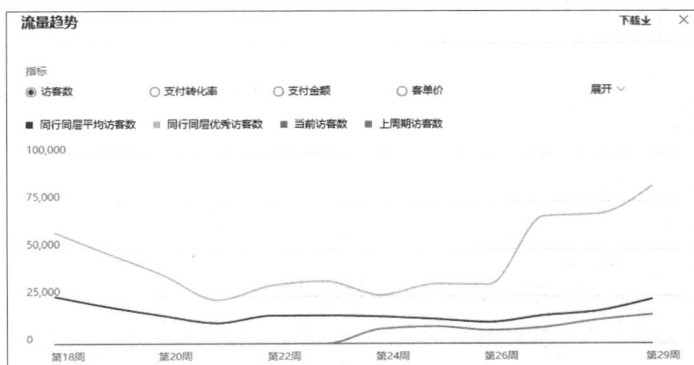

图3-6 淘宝客流量趋势

（4）智钻

智钻是按千人印象成本（Cost Per Mille，CPM）收费的推广方式，展现位置有淘宝首页、类目首页、门户、画报等多个淘宝站内广告展位，以及大型门户网站、垂直媒体、视频站、搜索引擎等淘宝站外各类媒体广告展位。智钻主要依靠图片的创意吸引客户，以此获取巨大的流量。智钻可以提供人群定向和店铺定向功能，定向包括地域、访客和兴趣点3个维度，主动把广告投放给潜在的目标客户。如果说直通车是布点，那么智钻就是铺面，商家可以自己分析客户需求，判断出目标客户具有哪些特征，哪些店铺的客户同样是自己的客户，然后通过定向将广告展现在这些客户面前。智钻或者硬广的引流花费相对比较高，但是吸引来的流量通常是比较精准有效的，这样的方式能够更大面积地覆盖网络，增加商品展现在客户面前的机会。图3-7所示为某网店最近12周的智钻流量趋势，从数据上看，智钻不是该网店的主要推广方式，投入较少，可能与支付转化率偏低有关。

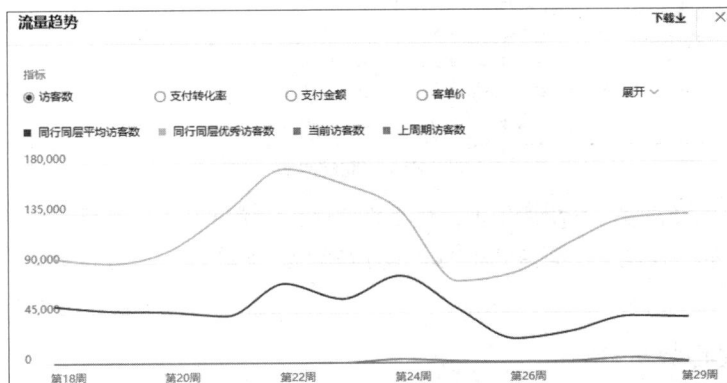

图3-7 智钻流量趋势

智钻既可以做单品推广，也可以做店铺推广。单品推广一般适合需要长期引流的商品或不断提高单品成交转化率的商家。店铺推广主要针对有一定活动运营能力或者短时间内需要大量流量的大中型商家。

3. 站外流量

站外流量是指访客从淘宝以外的途径点击链接进入店铺所产生的流量，随着淘宝对店铺的站外流量越来越重视，获取更多站外流量逐渐成为商家关注的焦点。站外流量主要来自各大知名网站，如百度、360搜索、一淘、搜狗、1688批发平台、新浪微博、美丽说、蘑菇街、腾讯微博、QQ空间、爱奇艺、折800、米折网、卷皮网、嗨淘、人人逛街、优酷、必应、有道等。图3-8所示为某网店最近一周的淘外网站流量来源，其中搜狗的访客数相对较多，但淘外网站流量的支付转化率均为零，说明引流不精准。

流量来源	访客数		支付转化率		支付金额		客单价		操作
● 淘外网站	307	9.97%↓	0.00%	0.00%	0	0.00%	0.00	0.00%	趋势
搜狗	232	5.69%↓	0.00%	0.00%	0	0.00%	0.00	0.00%	趋势 商品效果
淘外网站其他	70	21.35%↓	0.00%	0.00%	0	0.00%	0.00	0.00%	详情 趋势 商品效果
百度	5	16.67%↓	0.00%	0.00%	0	0.00%	0.00	0.00%	趋势 商品效果

图3-8　淘外网站流量来源

站外流量大，代表商家在淘宝站外做的推广多。站外流量转化率往往比较低，如果占比过大，容易造成店铺整体转化率下降，进而影响店铺的搜索权重。

4. 移动端流量

移动互联网时代来临，消费者会更多地选择用手机购物，流量也因此变得更加碎片化，商家的流量主战场也因此转移到移动端上。当前移动端流量已经成为流量的主要来源，在淘宝的很多类目中，移动端访客数占比达到80%甚至更高。图3-9所示为某网店最近一周的移动端流量。

构成	分析	对比	同行					周（07-17~ 07-23）∨		移动端∨

流量来源构成　　　　　　　　　　　　　　　　　　　　　　　　　　　☑ 隐藏空数据　下载↓

☑ 访客数　　☑ 支付转化率　　☑ 支付金额　　☑ 客单价　　□ 下单金额　　□ 下单买家数　　已选 4/4 重置
□ 下单转化率　　□ 支付买家数　　□ UV价值

流量来源	访客数		支付转化率		支付金额		客单价		操作
● 淘内免费	420,699	5.48%↓	0.91%	14.71%↓	10,187,944	19.31%↓	2,675.40	0.11%↑	趋势
● 付费流量	131,045	12.72%↓	0.84%	17.09%↓	3,018,226	27.18%↓	2,731.42	0.63%↑	趋势
● 自主访问	36,284	0.34%↓	10.29%	18.57%↓	10,069,880	20.15%↓	2,697.53	1.60%↓	趋势
● 淘外网站	307	9.97%↓	0.00%	0.00%	0	0.00%	0.00	0.00%	趋势
● 其他来源	26	36.84%↑	0.00%	0.00%	0	0.00%	0.00	0.00%	趋势

图3-9　移动端流量

有了流量数据，接着需要分析店铺的流量是否健康，访客的行为特征是怎样的，各个渠道获得的流量质量如何。如果发现某个渠道获得的流量存在问题，则应进一步分析影响该渠道流量的各个相关因素。

（二）流量趋势分析

流量是网店的生命线，没有流量就意味着没有订单。然而流量入口众多、类型各异，网店流量趋势出现了问题往往很难理清头绪,此时网店运营人员需要保持清醒的头脑,有一个清晰的解决思路,以快速找到问题症结所在,一招制胜。

图 3-10 所示为网店流量趋势出现问题时的解决思路。当商家发现店铺流量趋势出现问题时,应首先与本行业的流量趋势进行对比,确认流量呈现下降趋势是否是店铺自己的原因;如果确认是店铺自己的原因,接下来要查看各种类型的流量数据,分析不同类型流量的变化趋势,找出有问题的流量,然后思考可能导致这种类型流量出现波动的因素有哪些,找到问题症结所在,再对症下药解决问题。

图 3-10 网店流量趋势出现问题时的解决思路

流量变动趋势问题的解决思路是一条主线,其中可以拓展出很多的细分思路。例如,商家发现免费流量下降是导致店铺流量呈现下降趋势的主因,那么就要深入分析与免费流量相关的因素,包括关键词、商品标题、店铺评分、市场变化等,仅市场变化这一项就可以拓展出许多节点,如季节、天气影响或者淘宝推广动态变化等。不仅如此,流量趋势的变动可能不是由一个因素导致的,而是由多个因素导致的。例如,自主访问流量和店铺免费流量都发生了变化,与自主访问流量相关的是老客户因素,与店铺免费流量相关的是新客户因素,那么商家就要考虑是不是店铺的某种改变让老客户和新客户都不喜欢,或者是由店铺的整体风格或者模特等的变化引起的。

1. 发现流量变动趋势

某网店最近一个月的访客数变化趋势显示:流量自 7 月 22 日达到最高点后开始下降,在 8 月 14 日降到最低点,流量变动趋势明显,如图 3-11 所示。

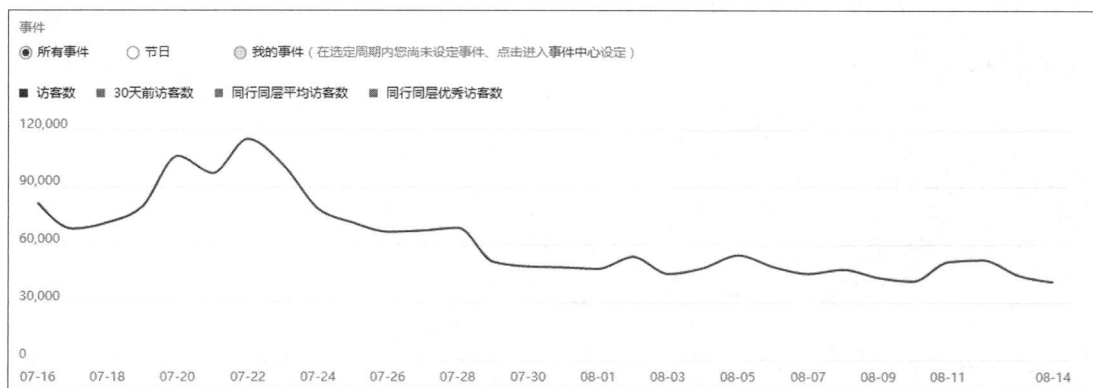

图 3-11 访客数变化趋势

2. 对比行业流量趋势

选择与同行同层平均访客数进行比较,同行同层平均访客数自 7 月 23 日达到最高点后也呈下降趋势(见图 3-12),两者的访客数变化基本同步;同行同层平均访客数在 8 月 10 日降到最低点,之后开始上升;在 8 月 14 日,同行同层平均访客数为 72349 人,该网店的访客数为 40694 人,两者差距明显。因此需要对 8 月 14 日的流量进行深入分析。

3. 分析流量来源数据

8 月 14 日该网店的访客数为 40694,较前 1 日下降了 7.67%,如图 3-13 所示。再来查看流量来源细分的变化。

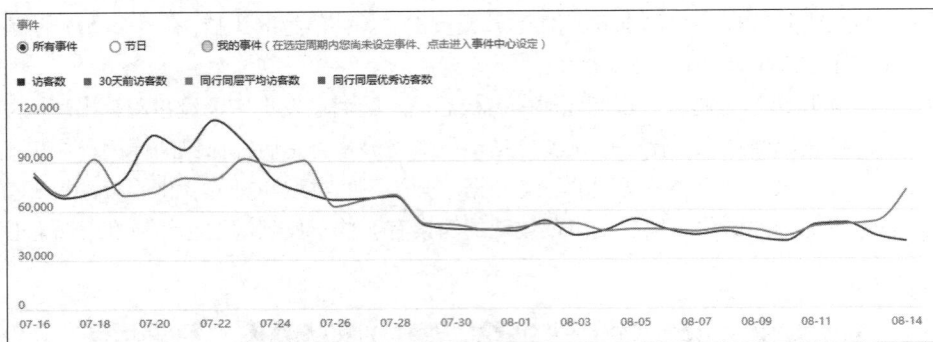

图 3-12　同行同层平均访客数变化趋势

图 3-13　网店的访客数

8月14日该网店移动端流量来源排行 TOP10 如图 3-14 所示，手淘搜索访客数较前1日下降8.06%，人数减少 1397 人；直通车访客数下降 6.28%，人数减少 449 人；手淘首页访客数下降 5.79%，人数减少 192 人；手淘问大家访客数下降 8.95%，人数减少 108 人；猫客搜索访客数下降 28.45%，人数减少 272 人；其他流量来源是增长的。可见，手淘搜索访客数减少是网店流量下降的主要原因，需要对手淘搜索访客数下降的原因展开进一步的分析。

图 3-14　移动端流量来源排行 TOP10

4. 找到问题症结所在

8月14日手淘搜索流量细分来源显示，排在前三位的是："空调"搜索访客数为605，"容声冰箱旗舰店官方店"搜索访客数为594，"电视"搜索访客数为245，如图3-15所示。

细分来源　商品效果　人群透视				日（ 08-14～ 08-14 ）∨
☑ 访客数　　☑ 支付转化率　　☑ 支付金额　　☑ 客单价　　☐ 下单金额　　☐ 下单买家数				已选 4/5 重置
☐ 下单转化率　☐ 支付买家数　☐ UV价值				
流量来源	访客数 ⇕	支付转化率 ⇕	支付金额 ⇕	客单价 ⇕　操作
空调	605	0.33%	6,297	3,148.50　趋势
容声冰箱旗舰店官方店	594	1.35%	14,892	1,861.50　趋势
电视	245	0.00%	0	0.00　趋势
海信电视官方旗舰店	219	0.00%	0	0.00　趋势
美的变频空调	202	0.00%	0	0.00　趋势
冰箱	174	0.00%	0	0.00　趋势
奥克斯旗舰店官方旗舰	160	0.63%	2,099	2,099.00　趋势
空调挂机	147	0.00%	0	0.00　趋势
美的空调	140	0.00%	0	0.00　趋势
其他	126	0.00%	0	0.00　趋势

图3-15　8月14日手淘搜索流量细分来源

8月13日手淘搜索流量细分来源显示，排在前三位的是："空调"搜索访客数为778，"容声冰箱旗舰店官方店"搜索访客数为689，"海信电视官方旗舰店"搜索访客数为340，如图3-16所示。

细分来源　商品效果　人群透视				日（ 08-13～ 08-13 ）∨
☑ 访客数　　☑ 支付转化率　　☑ 支付金额　　☑ 客单价　　☐ 下单金额　　☐ 下单买家数				已选 4/5 重置
☐ 下单转化率　☐ 支付买家数　☐ UV价值				
流量来源	访客数 ⇕	支付转化率 ⇕	支付金额 ⇕	客单价 ⇕　操作
空调	778	0.00%	0	0.00　趋势
容声冰箱旗舰店官方店	689	0.44%	3,476	1,158.66　趋势
海信电视官方旗舰店	340	0.59%	3,498	1,749.00　趋势
美的变频空调	310	0.00%	0	0.00　趋势
冰箱	251	0.00%	0	0.00　趋势
电视	247	0.41%	1,099	1,099.00　趋势
空调挂机	237	0.42%	2,999	2,999.00　趋势
奥克斯旗舰店官方旗舰	184	1.63%	8,297	2,765.66　趋势
乐视官方旗舰店	179	0.56%	2,099	2,099.00　趋势
美的空调	164	0.00%	0	0.00　趋势
〈上一项　1　2　3　4　…　100　下一页〉　　跳转				

图3-16　8月13日手淘搜索流量细分来源

8月14日大家电行业热词榜如图3-17所示，搜索人气排在前三位的是空调、冰箱和洗衣机，相对应的点击人气分别为25353、27500、20890。

8月13日大家电行业热词榜如图3-18所示，搜索人气排在前三位的是空调、冰箱和洗衣机，相对应的点击人气分别为 24629、27842、20790。

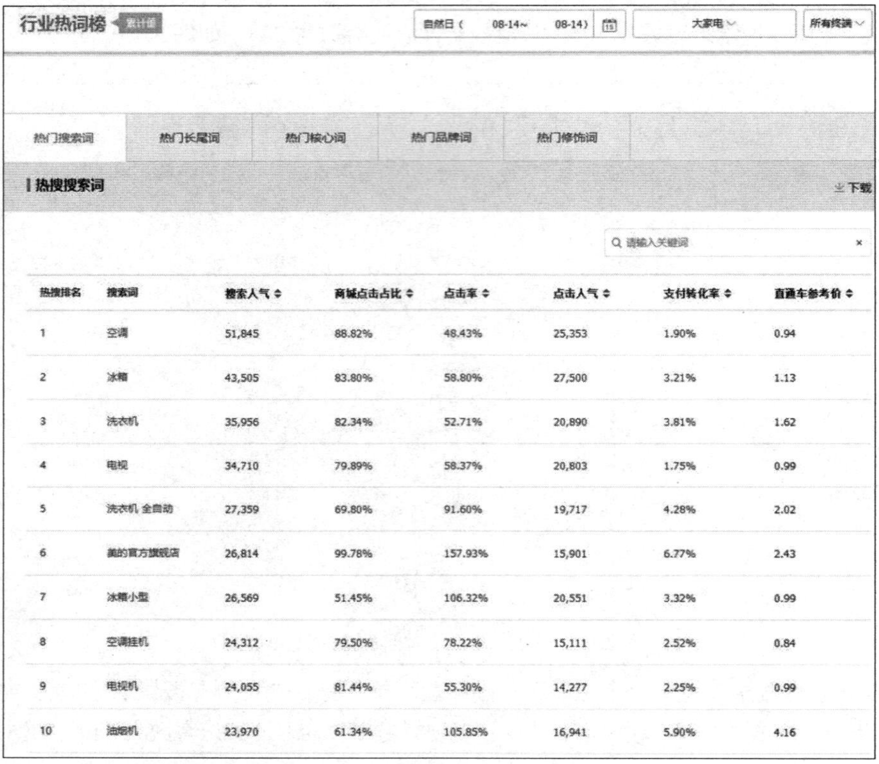

热搜排名	搜索词	搜索人气	商城点击占比	点击率	点击人气	支付转化率	直通车参考价
1	空调	51,845	88.82%	48.43%	25,353	1.90%	0.94
2	冰箱	43,505	83.80%	58.80%	27,500	3.21%	1.13
3	洗衣机	35,956	82.34%	52.71%	20,890	3.81%	1.62
4	电视	34,710	79.89%	58.37%	20,803	1.75%	0.99
5	洗衣机 全自动	27,359	69.80%	91.60%	19,717	4.28%	2.02
6	美的官方旗舰店	26,814	99.78%	157.93%	15,901	6.77%	2.43
7	冰箱小型	26,569	51.45%	106.32%	20,551	3.32%	0.99
8	空调挂机	24,312	79.50%	78.22%	15,111	2.52%	0.84
9	电视机	24,055	81.44%	55.30%	14,277	2.25%	0.99
10	油烟机	23,970	61.34%	105.85%	16,941	5.90%	4.16

图 3-17　8 月 14 日大家电行业热词榜

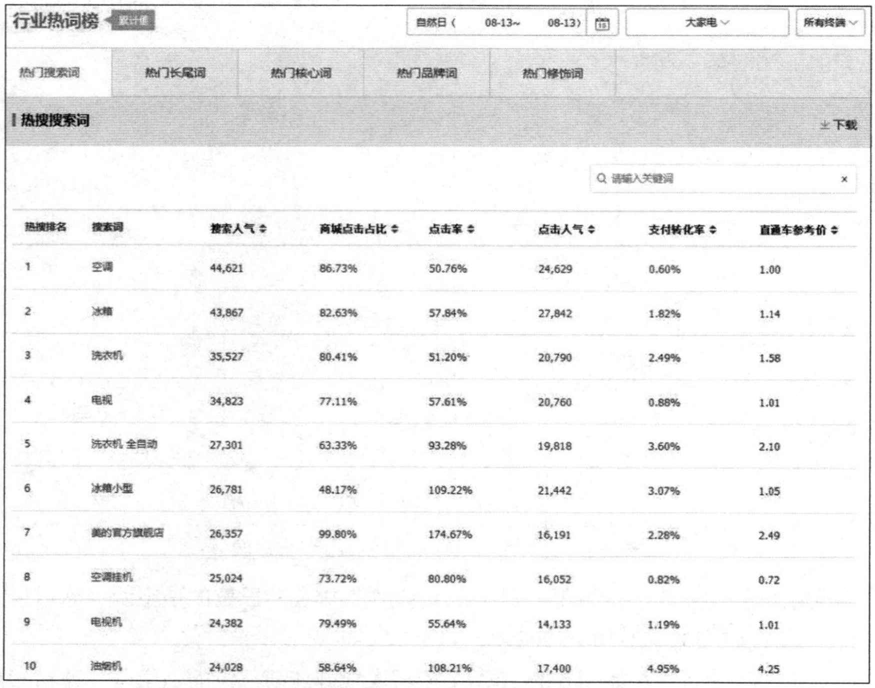

热搜排名	搜索词	搜索人气	商城点击占比	点击率	点击人气	支付转化率	直通车参考价
1	空调	44,621	86.73%	50.76%	24,629	0.60%	1.00
2	冰箱	43,867	82.63%	57.84%	27,842	1.82%	1.14
3	洗衣机	35,527	80.41%	51.20%	20,790	2.49%	1.58
4	电视	34,823	77.11%	57.61%	20,760	0.88%	1.01
5	洗衣机 全自动	27,301	63.33%	93.28%	19,818	3.60%	2.10
6	冰箱小型	26,781	48.17%	109.22%	21,442	3.07%	1.05
7	美的官方旗舰店	26,357	99.80%	174.67%	16,191	2.28%	2.49
8	空调挂机	25,024	73.72%	80.80%	16,052	0.82%	0.72
9	电视机	24,382	79.49%	55.64%	14,133	1.19%	1.01
10	油烟机	24,028	58.64%	108.21%	17,400	4.95%	4.25

图 3-18　8 月 13 日大家电行业热词榜

8月14日与8月13日细分来源访客数与行业搜索点击人气对比分析如表3-1所示。其中，总体占比=（8月14日手淘搜索关键词访客数 − 8月13日手淘搜索关键词访客数）/8月14日手淘搜索访客数较前1日下降人数。

表3-1 细分来源访客数与行业搜索点击人气对比分析

手淘搜索关键词	本店访客数/人				行业搜索点击人气		
	8月14日	8月13日	环比	总体占比	8月14日	8月13日	环比
空调	605	778	−22.24%	−12.38%	25353	24629	2.94%
容声冰箱旗舰店官方店	594	689	−13.79%	−6.80%	4993	5244	−4.79%
电视	245	247	−0.81%	−0.14%	20803	20760	0.21%
海信电视官方旗舰店	219	340	−35.59%	−8.66%	7574	6878	10.12%
美的变频空调	202	310	−34.84%	−7.73%	5859	6083	−3.68%
冰箱	174	251	−30.68%	−5.51%	27500	27842	−1.23%
奥克斯旗舰店官方旗舰	160	184	−13.04%	−1.72%	3193	3120	2.34%
空调挂机	147	237	−37.97%	−6.44%	15111	16052	−5.86%
美的空调	140	164	−14.63%	−1.72%	6430	6155	4.47%
合计	2486	3200	—	−51.11%	—	—	—

通过对比分析可以发现，手淘搜索关键词访客数均出现下降趋势，其中"空调""海信电视官方旗舰店""美的变频空调""容声冰箱旗舰店官方店""空调挂机""冰箱"访客数下降较多，环比下降幅度较大，总体占比较大。这6个关键词的搜索人数下降是引起手淘搜索流量下降的关键因素。

再对比行业搜索点击人气，"空调"和"海信电视官方旗舰店"的行业搜索点击人气环比是上升的，但本店访客数却出现较大比例的下降，说明本店在这两个关键词上的竞争力在下降，这就是问题的症结所在。

5. 对症下药解决问题

找到流量下降的原因后，商家把改进的重点放在提升"空调"和"海信电视官方旗舰店"这两个关键词的竞争力上，经过一段时间的运营后取得明显成效，店铺流量恢复到同行同层平均水平。

（三）流量质量评估

网店获取的流量来自多个不同的渠道，不同渠道获得的流量有高质量和低质量的区别。高质量的流量能够给网店带来优质的潜在客户，而低质量的流量对网店的作用非常有限。对于网店来说，最终的目的是获取利润，产生经济效益，所以对流量质量的评估关键在于流量本身的有效性，看流量是否能带来价值。

对一个网店从各个渠道获得的流量进行评估时，需要关注几个重要指标：免费流量与付费流量之比、真实流量占比、有效流量占比和高质量流量占比。

免费流量是通过免费渠道来获得访客的，而付费流量是通过付费方式来获得访客的。真实流量是剔除虚假流量之后的流量。有效流量是进入网店后没有立即离开的这部分流量，是由在网店有二次跳转的访客带来的。这些访客真正访问了网店，但并不一定产生购买行为。高质量流量是指与网店有互动行为的流量，包括下单、支付、加购、收藏、咨询及浏览较多网页的访客。

流量质量的评估通常采用转化率、活跃客户率和参与指数作为衡量流量有效性的3项宏观指标。

转化率是指流量带来的访客中成交客户的比例，它直接衡量流量的效果。

活跃客户率是指流量带来的访客中活跃客户的比例，它衡量流量的潜在价值。

参与指数是指一段时间内流量带来的访客平均访问网店的次数，它衡量流量带来的访客的黏性。

如果某个渠道带来的流量的这3项指标都很高，那么这些流量就可以定性为高质量；如果某个渠道带来的流量在这3项指标上有高有低，那么就以转化率作为主要指标。

案例：

某网店移动端7月主要流量来源有5个，每个流量来源的访客数、转化率、活跃客户率和参与指数如表3-2所示，请评估5个渠道所获取流量的质量。

表3-2　某网店移动端7月主要流量来源

流量来源	访客数/人	转化率	活跃客户率	参与指数
淘内免费	965047	1.39%	1.93%	1.86
付费流量	291207	1.28%	1.37%	1.24
自主访问	87462	15.06%	3.51%	2.73
淘外网站	765	0.25%	0.51%	1.22
淘外App	538	0.13%	2.78%	1.95

（四）流量价值计算

现在，淘宝/天猫平台商家正越来越多使用直通车、智钻、超级推荐等付费流量方式来增加店铺的流量。但如何确定引入的流量到底有没有价值呢？这就需要进行计算了。计算流量的价值，可以帮助商家知道店铺整体流量的健康状态，尤其是店铺经营进入稳定期后，每一个流量能产生多少价值商家要做到心中有数；如果流量价值开始下降，商家就需要考虑是不是在错误的引流渠道上投入了太多的资源。

1. 流量价值计算公式

流量价值通常用UV价值来衡量，UV价值定义为一个UV能带来多少支付金额，计算公式为：

$$UV 价值 = 店铺的支付金额 /UV \tag{1}$$

$$= UV \times 转化率 \times 客单价 /UV \tag{2}$$

$$= 转化率 \times 客单价 \tag{3}$$

店铺流量的价值也可以用PV价值（浏览量价值）指标来衡量，PV价值是指一个浏览量能带来多少支付金额，计算公式为：

$$PV 价值 = 店铺的支付金额 / 浏览量 \tag{4}$$

2. 获取数据

根据公式，计算流量价值需要获取的数据包括店铺的支付金额、访客数、转化率、客单价、浏览量。在生意参谋首页的运营视窗的整体看板中可以获取每日的交易、流量、商品、推广、服务相关的数据，如图3-19所示。

3. 计算流量价值

数据获取之后，输入Excel表格，再按照公式计算UV价值。某网店6月3日—6日的流量价值计算如表3-3所示。

根据流量价值公式（1）计算得到该店铺的UV价值，6月6日的UV价值最高，每个UV产生的支付金额为60.75元，6月3日的UV价值也达到32.66元/人，6月5日最低，每个UV产生的支付金额仅为3.24元；再根据UV价值公式（3）计算得到该店铺的UV价值（误差由转化率与客单价数值经四舍五入导致），从中发现 6 月 5 日 UV 价值较低的原因是转化率和客单价均出现大幅下降，建议商家进一步查明 6 月 5 日转化率和客单价出现大幅下降的原因；接着按照公式（4）计算 PV 价值，6 月 6 日的 PV 价值最高，每个浏览量产生的支付金额为 18.56 元，6 月 3 日的每个浏览量产生的支付金额为 10.65 元，6 月 5 日最低，每个浏览量产生的支付金额仅为 1.04 元，建议商家查找原因。

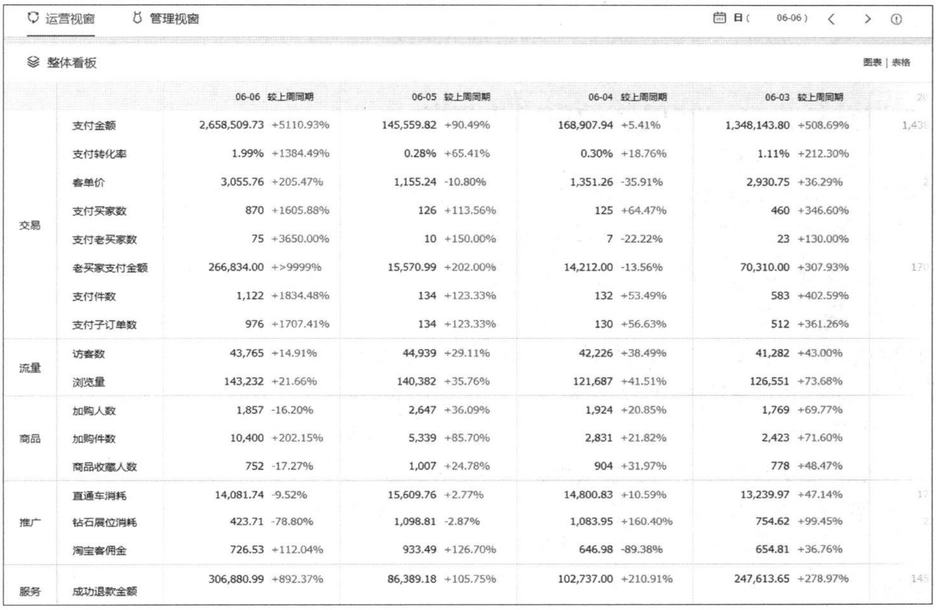

		06-06	较上周同期	06-05	较上周同期	06-04	较上周同期	06-03	较上周同期
交易	支付金额	2,658,509.73	+5110.93%	145,559.82	+90.49%	168,907.94	+5.41%	1,348,143.80	+508.69%
	支付转化率	1.99%	+1384.49%	0.28%	+65.41%	0.30%	+18.76%	1.11%	+212.30%
	客单价	3,055.76	+205.47%	1,155.24	-10.80%	1,351.26	-35.91%	2,930.75	+36.29%
	支付买家数	870	+1605.88%	126	+113.56%	125	+64.47%	460	+346.60%
	支付老买家数	75	+3650.00%	10	+150.00%	7	-22.22%	23	+130.00%
	老买家支付金额	266,834.00	+>9999%	15,570.99	+202.00%	14,212.00	-13.56%	70,310.00	+307.93%
	支付件数	1,122	+1834.48%	134	+123.33%	132	+53.49%	583	+402.59%
	支付子订单数	976	+1707.41%	134	+123.33%	130	+56.63%	512	+361.26%
流量	访客数	43,765	+14.91%	44,939	+29.11%	42,226	+38.49%	41,282	+43.00%
	浏览量	143,232	+21.66%	140,382	+35.76%	121,687	+41.51%	126,551	+73.68%
商品	加购人数	1,857	-16.20%	2,647	+36.09%	1,924	+20.85%	1,769	+69.77%
	加购件数	10,400	+202.15%	5,339	+85.70%	2,831	+21.82%	2,423	+71.60%
	商品收藏人数	752	-17.27%	1,007	+24.78%	904	+31.97%	778	+48.47%
推广	直通车消耗	14,081.74	-9.52%	15,609.76	+2.77%	14,800.83	+10.59%	13,239.97	+47.14%
	钻石展位消耗	423.71	-78.80%	1,098.81	-2.87%	1,083.95	+160.40%	754.62	+99.45%
	淘宝客佣金	726.53	+112.04%	933.49	+126.70%	646.98	-89.38%	654.81	+36.76%
服务	成功退款金额	306,880.99	+892.37%	86,389.18	+105.75%	102,737.00	+210.91%	247,613.65	+278.97%

图 3-19 整体看板

表 3-3 某店铺 UV 价值计算

项目	日期			
	6月3日	6月4日	6月5日	6月6日
支付金额 / 元	1348143	168907	145559	2658509
访客数 / 人	41282	42226	44939	43765
UV 价值 /（元 / 人）	32.66	4.00	3.24	60.75
转化率	1.11%	0.30%	0.28%	1.99%
客单价 /（元 / 人）	2930	1351	1155	3055
UV 价值 /（元 / 人）	32.52	4.05	3.23	60.79
浏览量 / 页	126551	121687	140382	143232
PV 价值 /（元 / 页）	10.65	1.39	1.04	18.56

（五）爆款引流

爆款是指人气指数极高、销售量很旺、供不应求的商品。爆款的具体表现是高流量、高曝光率、高成交转化率。从严格意义上讲，爆款可以分成两种：引流爆款和盈利爆款。引流爆款也叫小爆款，盈利爆款也叫大爆款。从成本上讲，引流爆款的利润一般比较低。

爆款之所以引起众多商家的关注，是因为某件商品的热销能够拉动店铺的成交额快速增长，甚至影响整个季度的销售额。在成功打造爆款商品之后，商家可以从整个爆款销售周期中获得收益。

淘宝网上的商品多如牛毛，如何打造一款爆款呢？如何让客户从众多商品中找到自己喜爱的商品呢？什么样的商品才算是爆款商品？这是万千商家的疑惑。

1. 全盘分析

全盘分析是指对整个市场进行综合的考察分析。商家想要把某一类目的某件单品打造成爆款，首先必须了解这一类目商品在整个市场中的销售潜力以及消费群体对此类商品的需求和购买意向。只有拥有大量潜在客户的商品，才有"爆"起来的可能，这就是常说的商品"有后劲"。其次，商家要把控好自己的商品，商品质量要经得住考验。最后，一定要做到心中有数，对人力、物力、财力的投入要有计划地进行，对要达到的目标有合理的预期。

知识链接：预调鸡尾酒如何成为爆款

百润香精公司初做酒生意,不知如何突破。洋酒有轩尼诗、人头马、芝华士、帝王伏特加、威士忌等，啤酒有百威、喜力、青岛等，饮料有可口可乐、康师傅、汇源等。要想有所突破，就必须找到洋酒、啤酒、饮料等传统酒水之外的新饮品。经过大量的市场调查，百润香精公司别出心裁地把伏特加和果汁搭配在一起，一种酒不是酒、饮料不是饮料的新产品——锐澳预调鸡尾酒诞生了。

但锐澳预调鸡尾酒的推广渠道在哪里? 如果还是用传统渠道，肯定无法冲出重围。而此时，国内电商日益兴起。百润香精公司总裁突发奇想，把产品都搬到网络上售卖，并且把原先30元一瓶的价格降到10元，这样产品的性价比优势就十分明显。锐澳依靠绚丽的色彩、丰富的品种，加上鸡尾酒的招牌，在网络上一亮相，就吸引了大量年轻客户的关注。网友们特别喜欢把锐澳的图片发到网络上"晒一晒"，感觉颇有格调。仅一年时间，锐澳的销量就突破了3000万瓶。

2. 选款

爆款的挑选和推广是决定爆款成败的关键因素，直接关系到是否能成功打造出爆款。

一个商品要成为爆款需要具备哪些条件呢? 能够成为爆款的商品大多是高附加值的、具有鲜明特色的、卖点独特、口感或者包装形态有创新的商品。爆款应该在5个指标上有出色的表现，分别为浏览量、平均停留时长、跳出率、支付转化率和收藏量，如图3-20所示。

图3-20　挑选潜力爆款

没有浏览量的商品是不具备成为爆款的基本潜质的，但是浏览量高的商品就一定能成为爆款吗? 换一个角度来思考，有一款商品，它的浏览量在全店商品中最高，但销量却处于中下水平，这就说明其转化能力低，不适合被打造成爆款。

平均停留时长代表访客对商品的感兴趣程度，平均停留时长越长，说明商品对访客的吸引力越强。

跳出率与支付转化率的大小同样代表商品被销售出去的概率的大小。打造爆款，一定要选择跳出率低、支付转化率高的商品。

收藏量代表一款商品被多少买家关注，关注的买家越多，这款商品就越有可能在后期增加销量。所以在选择爆款商品时，其收藏量也是一个必须考虑的因素。

某网店通过上述几个指标筛选潜力爆款商品的步骤如下。

（1）平均停留时长筛选

从生意参谋的商品效果分析获取商品的绩效数据，然后选择"平均停留时长"进行降序排列。由于平均停留时长越长越好，所以要筛选出平均停留时长较长的商品。本案例以平均停留时长大于等于 60 秒的数据为优质数据，将这些优质数据所在的单元格用灰色进行填充，如图 3-21 所示。

	A 商品标题	B 浏览量	C 平均停留时长/秒	D 详情页跳出率	E 支付转化率	F 收藏人数
2	LG WD-N12430D 6公斤滚筒洗衣机 全自动变频超薄智能静音特价包邮	42	314.05	28.75%	0.00%	0
3	Philips/飞利浦 32PHF5081/T3 32英寸液晶电视智能网络平板电视机	29	155.39	0.00%	0.00%	0
4	AUX/奥克斯 KFR-25GW/F01A+3 正1匹冷暖定速节能空调挂机	56	154.39	0.00%	0.00%	0
5	Midea/美的 KF66/150L-MI(E4) 空气能热水器家用150升空气源热泵	40	122.9	60.42%	0.00%	0
6	大1匹挂机变频冷暖空调Galanz/格兰仕 KFR-26GW/RDVDLL9-150(2)	63	109.57	49.44%	0.00%	0
7	Sanyo/三洋 XQB70-M1055M 7KG全自动洗衣机 送货上门 包邮	46	109.36	15.00%	0.00%	0
8	沙宣电吹风家用大功率 吹风机宿舍发廊不伤发冷热风恒温吹风筒	52	108.99	56.03%	0.00%	0
9	Midea/美的 KF66/200L-MI(E4) 空气能热水器 200升家用空气源热泵	53	108.1	64.44%	0.00%	0
10	大1.5匹变频冷暖空调Gree/格力 KFR-35GW/(35596)FNaa-A3 Q铂	70	102.14	29.45%	0.00%	3
11	SIEMENS/西门子 SC73E610TI进口全嵌入式家用全自动洗碗机独立式	681	91.98	66.81%	0.24%	7
12	Galanz/格兰仕 KFR-35GW/RDVdLD9-150(2)大1.5匹变频冷暖空调挂机	35	84.23	0.00%	0.00%	0
13	AUX/奥克斯廊中中央空调家用一拖五6匹变频冷暖型DLR-160W/DCZ2	781	84.04	64.21%	0.00%	5
14	Joyoung/九阳 K15-F626电热水壶304不锈钢家用烧水壶保温自动断电	46	83.83	0.00%	0.00%	0
15	Hisense/海信 LED43EC660US 43英寸4K超高清智能平板液晶电视机42	57	80.99	27.71%	0.00%	0
16	SIEMENS/西门子 SK23E800TI 洗碗机 家用进口嵌入式立式	238	79.27	50.45%	0.00%	3
17	伊莱特 EB-IC4A4L智能变频IH电饭煲4L迷你电饭锅家用饭品3～6人	111	78.96	39.31%	0.00%	4
18	Bear/小熊 SNJ-530酸奶机家用全自动自制米酒机大容量陶瓷内胆	46	76.59	48.33%	0.00%	0
19	LG WD-A12411D 8公斤变频滚筒洗衣机 全自动烘干机/家用	29	76.34	10.00%	0.00%	1
20	变频小1.5匹壁挂空调Gree/格力 KFR-32GW/(32592)FNhDa-A3品圆	28	76.28	0.00%	0.00%	0
21	AUX/奥克斯 中央空调 家用 一拖六 6匹 变频冷暖型DLR-160W/DCZ2	910	73.77	67.12%	0.16%	7
22	TCL小1匹单冷节能静音高效挂壁空调定速挂机TCL KF-23GW/BF33-I	68	73.53	26.11%	0.00%	1
23	志高空调大2匹变频冷暖柜机家用立式园柜Chigo/志高 NEW-LV18C1H3	170	73.53	50.92%	0.00%	1
24	伊莱特 EB-FCM48A 全智能电饭煲4L预约定时号饭锅5～6人	224	73.28	67.15%	0.00%	0
25	3匹高端柜机组立式空调Gree/格力 KFR-72LW/(72551)NhAa-3 i酷	54	72.94	26.67%	0.00%	1
26	万禾EMD6T+HT8EE云魔方顶吸式抽油烟机燃气灶套餐烟灶套装特价	247	71.45	57.28%	0.00%	4
27	SIEMENS/西门子 KG23F1830W 大容量时尚金 三门零度保鲜冰箱	43	71.19	10.00%	0.00%	1
28	Bear/小熊 YSH-A03U1迷你养生壶自动加厚玻璃 电热杯煮花茶壶	82	70.7	30.18%	1.89%	1
29	Midea/美的 RSJ-20/150RD 空气能热水器150升一体机 家用 节能 电	84	70	59.52%	0.00%	0
30	海信空调元件极指定型号900元!	40	69.92	35.37%	3.33%	0
31	风管机空调家用变频中央空调大1.5匹 AUX/奥克斯GR-36DW/BPDC6-C	725	69.78	62.14%	0.00%	7
32	大1匹挂机变频壁挂空调Gree/格力 KFR-26GW/(26592)FNhDa-A3品圆	157	69.14	58.98%	0.00%	6
33	大匹美的中央空调家用变频一拖五MDVH-V160W/N1-612P(E1) Midea	111	69.1	52.65%	0.00%	0
34	Sharp/夏普 LCD-65TX83A 液晶电视机65英寸4K高清智能网络平板70	2900	68.49	71.39%	0.36%	9
35	Fotile/方太 JSG25-13DBESW燃气热水器天然气液化气平衡式智能新款	289	67.14	58.48%	0.00%	5
36	Philips/飞利浦 32PHF5050/T3 32英寸平板网络智能Wi-Fi液晶电视机	80	67.1	1.31%	0.00%	3
37	德国SIEMENS/西门子 SN23E832TI 全自动洗碗机用消毒嵌碗筷嵌入	1118	66.87	64.21%	0.16%	16
38	TCL 55A880C 55英寸4K超高清曲面4K LED液晶语音能电视机彩电	188	66.73	71.09%	0.00%	1
39	Haier/海尔E900T6A+QE636B欧式顶吸 吸油烟机 燃气灶 蓄餐	689	66.7	68.89%	0.83%	13
40	Changhong/长虹 50D3P 50英寸32核4K智能 HDR平板液晶电视机55	494	66.45	63.78%	0.00%	2

图 3-21 平均停留时长筛选

（2）详情页跳出率筛选

跳出率越小越好。在商品的绩效数据中选择"详情页跳出率"进行升序排列。本案例以详情页跳出率小于 60% 的数据为优质数据，将这些优质数据所在的单元格用灰色进行填充，如图 3-22 所示。

	A 商品标题	B 浏览量	C 平均停留时长/秒	D 详情页跳出率	E 支付转化率	F 收藏人数
2	Philips/飞利浦 32PHF5081/T3 32英寸液晶电视智能网络平板电视机	29	155.39	0.00%	0.00%	0
3	AUX/奥克斯 KFR-25GW/F01A+3 正1匹冷暖定速节能空调挂机	56	154.39	0.00%	0.00%	0
4	Galanz/格兰仕 KFR-35GW/RDVdLD9-150(2)大1.5匹变频冷暖空调挂机	35	84.23	0.00%	0.00%	0
5	Joyoung/九阳 K15-F626电热水壶304不锈钢家用烧水壶保温自动断电	46	83.83	0.00%	0.00%	0
6	变频小1.5匹壁挂空调Gree/格力 KFR-32GW/(32592)FNhDa-A3品圆	28	76.28	0.00%	0.00%	1
7	Ronshen/容声 BD/BC-145MB 家用 单温 冷柜 强冷冻力顶开门多模式	58	61.53	0.00%	0.00%	2
8	Sanyo/三洋 DG-F75266BC07.5kg变频滚筒空气洗衣机全自动消毒防污	78	59.63	0.00%	0.00%	1
9	Galanz/格兰仕 KF-23GW/LP47-150(2) 小1匹单冷节能空调挂机	28	34.18	0.00%	0.00%	1
10	格力小1.5匹智能变频空调 Gree/格力 KFR-32GW/(32559)FNAc-A3	37	29.71	0.00%	0.00%	0
11	Littleswan/小天鹅 TB60-V1059H 6kg全自动波轮洗衣机小型	28	21.96	0.00%	0.00%	0
12	Hisense/海信 BCD-171F/Q 电冰箱时尚家用小型节能静音双门式冰箱	31	20.41	0.00%	0.00%	0
13	AUX/奥克斯 KFR-32GW/HU+3 小1.5匹定频节能静音冷暖挂机空调	27	18.56	0.00%	0.00%	0
14	Galanz/格兰仕 XQG70-Q710滚筒洗衣机公斤全自动家用节能烘干	38	15.27	0.00%	0.00%	0
15	AUX/奥克斯 KFR-50GW/SA+3 大2匹冷暖节能静音智能大2p空调挂机	30	14.9	0.00%	0.00%	0
16	Fotile万太补偿/配公专用链接	27	12.74	0.00%	22.22%	0
17	AUX/奥克斯 KF-26GW/AFF600+3大1匹单冷达人壁挂式空调挂机	33	12.66	1.11%	0.00%	0
18	TCL D32E161 32英寸液晶电视机 LED卧室Wi-Fi平板彩电	52	19.08	1.18%	0.00%	1
19	Philips/飞利浦 32PHF5050/T3 32英寸平板网络智能Wi-Fi液晶电视机	39	67.1	1.31%	0.00%	3
20	美的电风扇FS40-13GR遥控落地扇 家庭预约定时家用风扇学生扇	58	20.43	1.67%	2.22%	0
21	Bear/小熊 DKX-230UB 30L家用多功能烘培电烤箱上下独立控温	46	15.77	1.67%	0.00%	0
22	Philips/飞利浦吸尘器FC5822无尘袋家用卧式吸尘器1400W 全国包邮	48	12.83	5.00%	0.00%	0
23	Hisense/海信 BCD-206D/Q1三门冰箱小型家庭家用冷藏冷冻电冰箱	50	18.83	6.43%	0.00%	0
24	大1匹定速挂机冷暖空调Gree/格力 KFR-26GW/(26592)NhAa 品圆	50	50.74	7.22%	0.00%	0
25	Bear/小熊 QSJ-B03D1 料理机绞肉机家用电动碎肉机搅拌打肉器	58	30.8	7.22%	0.00%	1
26	LG WD-A12411D 8公斤变频滚筒洗衣机/家用干	29	76.37	10.00%	0.00%	0
27	SIEMENS/西门子 KG23F1830W 大容量时尚金 三门零度保鲜冰箱	43	71.19	10.00%	0.00%	3
28	SIEMENS/西门子 BCD-610W(KA92NV41TI)对开门双门电冰箱变频无霜	51	41.6	10.00%	0.00%	0
29	SIEMENS/西门子 XQG70-WM12E2680W 7公斤全自动智能滚筒洗衣机	55	31.22	10.00%	0.00%	0
30	Galanz/格兰仕 BCD-217T三门小冰箱家用三开门电冰箱节能静音	30	30.00	10.00%	0.00%	0
31	FSJ-A05E2小熊细辣粉碎机家用打粉机中药材磨粉机超细磨研磨机	36	27.46	10.00%	0.00%	0
32	1匹机壁挂冷暖空调 Gree/格力 KFR-32GW/(23592)NhDa-3 品圆	65	25.37	10.00%	0.00%	2
33	大1.5匹节能Hisense/海信 KFR-35GW/ER09N3(1L04) 冷暖空调挂机	60	28.28	10.30%	0.00%	0
34	乐视TV Letv Max70 70英寸超级安卓智能网络3D平板电视机液晶	53	51.37	11.19%	0.00%	1
35	3匹定频式圆柱机柜机空调格力 KFR-72LW/(725511)NhAaD-3	38	24.01	11.67%	0.00%	2
36	MeiLing/美菱 BCD-448ZP9CX对开门电冰箱家用电冰箱门双频多开	49	41.25	12.78%	0.00%	3
37	Bear/小熊 SNJ-B15D1家用全自动不锈钢6分杯纳豆米酒酸奶机品	30	13.29	12.78%	0.00%	0
38	美的电风扇FS40-11L1落地扇家用电风扇清凉学生扇摇头电扇	45	12.89	13.57%	0.00%	1
39	Haier/海尔 EC6005-T+ 60升电热水器 洗澡淋浴 防电墙 送货入户	68	38.02	14.17%	0.00%	1
40	AUX/奥克斯 KFR-26GW/BpHBV+2 大1匹挂机变频冷暖壁挂式空调2级	75	22.69	14.17%	0.00%	0

图 3-22 详情页跳出率筛选

（3）支付转化率筛选

商品支付转化率越高越好。在商品的绩效数据中选择"支付转化率"进行降序排列。本案例以支付转化率大于1%的数据为优质数据，将这些优质数据所在的单元格用灰色进行填充，如图3-23所示。

图 3-23　支付转化率筛选

（4）收藏人数筛选

商品的收藏量也是越高越好，这里需要对收藏人数进行降序排列。对于排序后的收藏人数，商家可根据全店平均水平选择优质数据范围。本案例以收藏人数大于100的数据为优质数据，将优质数据所在的单元格用灰色进行填充，如图3-24所示。

图 3-24　收藏人数筛选

（5）找出潜力爆款

先将商品的绩效数据按浏览量进行降序排列，但浏览量并不是越高越好，也不是越低越好，需要做综合判断。总体而言，平均停留时长长、详情页跳出率低、支付转化率高、收藏量大、浏览量适中的商品是潜力爆款的首选。

图 3-25 中的"Xiaomi/ 小米 小米电视 4A 43 英寸智能网络 Wi-Fi 平板液晶电视机 42 40""乐视 TV 超 4 X50 英寸乐视电视机液晶智能网络 55 官方旗舰店 49 超级 60""Joyoung/ 九阳 DJ13B-C85SG 免滤豆浆机全自动家用多功能果汁米糊"的数据满足这 5 个指标的要求,适合做潜力爆款,可以跟进监控,将其打造成爆款商品。"Midea/ 美的 KFR-35GW/WCBD3@ 大 1.5 匹智能静音冷暖壁挂式空调挂机"也满足这 5 个指标的要求,但由于其有很强的季节性,所以在打造爆款时要选择好时机。

A 商品标题	B 浏览量	C 平均停留时长/秒	详情页跳出率	E 支付转化率	F 收藏人数
Xiaomi/小米 小米电视4A 55英寸液晶电视机超高清网络4K智能网络60 50	196042	29.64	60.00%	0.88%	1428
Midea/美的 KFR-26GW/WCBD3@大1匹智能冷暖智能壁挂式空调挂机	157789	29.17	59.90%	0.92%	1397
大1.5匹智能变频空调壁挂式冷暖挂机Midea/美的 KFR-35GW/WCBA3@	119344	37.54	62.18%	0.65%	915
Hisense/海信 LED43T11N 43英寸智能液晶彩电网络平板电视机42 40	86504	27.91	59.70%	0.57%	772
Xiaomi/小米 小米电视4A 43英寸网络Wi-F1平板液晶电视机42 40	81575	31	57.62%	1.72%	574
Hisense/海信 LED65EC780UC 65英寸曲面4K超高清液晶电视机60	78804	29.58	60.42%	0.21%	681
Joyoung/九阳 DJ13B-C85SG免滤豆浆机全自动家用多功能果汁米糊	77199	33.08	59.08%	2.18%	846
Skyworth/创维 42E5ERS 42英寸高清电视机 监控液晶彩电40 43 55	69020	26.94	60.97%	0.63%	511
Midea/美的 KFR-72LW/WPCD3@大3匹静音冷暖客厅立式柜机空调	65075	28.68	62.31%	0.79%	609
Midea/美的 KFR-26GW/WCBA3@大1匹智能变频壁挂机空调冷暖空调	64187	26.8	61.29%	0.62%	561
TCL L32F3301B 32英寸高清液晶平板蓝光电视机老人机40 39	63541	25.03	63.16%	0.72%	448
Ronshen/容声 BCD-218D11N 三门式电冰箱三开门家用冷冻冷藏	50167	28.69	62.30%	2.45%	459
Midea/美的 KFR-35GW/WCBD3@大1.5匹智能冷暖壁挂式空调挂机	49787	34.37	58.22%	1.09%	502
TCL D43A810 43英寸高清智能Wi-F1液晶平板电视机LED彩电39 40 42	45038	27.55	59.84%	0.81%	370
Midea/美的 KFR-51LW/WPCD3@大2匹静音客厅立式柜机空调	40018	27.1	63.88%	0.67%	368
乐视TV 超4 X43英寸超级乐视电视机液晶智能Wi-F1官方旗舰店40 42	38827	31.16	56.01%	0.87%	251
Xiaomi/小米 小米电视4A 65英寸4K高清智能网络液晶电视机60 70	37132	32.57	60.21%	0.59%	311
Hisense/海信 LED32EC200 32英寸高清平板液晶LED电视机40	36710	20.8	63.44%	0.36%	326
Changhong/长虹 39M1 39英寸彩电LED高清蓝光平板电视机40	34706	29.29	58.58%	1.17%	298
Midea/美的 KFR-35GW/BP3DN8Y-PC200(B1)大1.5匹新变频空调挂机	33259	30.36	61.09%	0.27%	243
Hisense/海信 LED55EC780UC 55英寸曲面4K超高清液晶电视机60	31831	31.71	63.22%	0.30%	260
乐视TV 超4 X55乐视电视机55英寸液晶4K智能网络官方旗舰店 60 65	31570	32.57	56.82%	0.66%	272
Midea/美的 KFR-35GW/WXAA2@大1.5匹二级变频冷暖壁挂式空调	30176	31.41	56%	0.39%	269
TCL 1匹壁挂静音冷暖节能省电定速挂机空调TCL KFRd-25GW/EP13	28555	22.04	57.99%	0.70%	278
Skyworth/创维 42X5 42英寸高清智能Wi-F1网络液晶彩电40 43	28377	25.14	53.28%	1.11%	236
大2匹二级Hisense/海信 KFR-50LW/85F-N2(2N14)客厅空调圆柱柜机	28080	26.23	58.44%	0.40%	290
AUX/奥克斯 KFR-26GW/BpNFII9+3大1匹冷暖型变频挂式挂机家用空调	27309	26.79	66.70%	0.89%	251
Skyworth/创维 50M6 50英寸4K超高清智能网络液晶平板电视机49 55	26430	28.33	57.15%	0.78%	183
Sony/索尼 KD-65X7500D 65英寸超高清4K液晶智能电视机60 70	26153	29.36	62.65%	0.10%	223
Sony/索尼 KD-55X7000D 55英寸超高清4K液晶智能电视机 50 60	25321	29.25	60.31%	0.22%	378
Skyworth/创维 32X5 32英寸高清LED液晶电视机40	24865	27.43	59.20%	1.74%	219
Ronshen/容声 BCD-456WD11FP 十字多门双变频变温静音风冷电冰箱	24410	34.56	61.60%	0.51%	265
Changhong/长虹 32D3F 32英寸平板电视智能网络LED液晶彩电40 42	23294	25.74	64.72%	0.74%	142
Midea/美的 KFR-26GW/BP3DN8Y-PC200(B1)大1一级变频壁挂式空调	22888	32.96	61.51%	0.22%	177
Hisense/海信 LED60EC660US 60英寸4K高清智能电视机液晶60	22628	29.57	60.54%	0.23%	251
Hisense/海信 KFR-35GW/EF19A3(1N10) 大1.5匹变频冷暖空调挂机	22478	22.68	64.41%	0.10%	141
Haier/海尔 BCD-160TMPQ双门式家用电冰箱冷藏冷冻节能电水箱小型	22460	24.54	63.40%	1.63%	225
乐视TV 超4 X50英寸乐视电视机液晶智能网络55官方旗舰店49超级60	21910	30.89	57.23%	1.09%	272
Hisense/海信 LED55EC720US 55英寸4K液晶电视网络电视机60	21662	30.35	60.59%	0.19%	199

图 3-25　找出潜力爆款

在筛选潜力爆款商品时,还要注意商品的生命周期。如果一个商品在浏览量、平均停留时长、跳出率、支付转化率和收藏量这 5 个指标上的表现都很好,但已经处于衰退期,也是不合适打造成爆款商品的。

3. 提炼卖点

款式选好了,接下来应该做什么?拍照?发布商品?优化关键搜索字?软文发布?渠道推广?都不是。提炼卖点获取消费者的大量关注,打造某一个概念来吸引消费者,这才是关键。具体来说,需要关注以下 3 个方面。

一是"痛点"才是爆款的卖点。能够在短时间内吸引众多消费者眼球的卖点,一定是消费者感兴趣的;能够引发消费者疯狂转载的卖点,一定是真正击中消费者痛点的。这样的卖点才使商品有成为爆款的可能。因此把握消费者痛点是打造爆款商品的基础。二是要让消费者感到"痛快",就是既要让消费者用得好,能抓住其痛点,也要能够快速传播,瞬间引爆市场。三是制造能在网络上形成共鸣的爆点,并借助强大的口碑和强关系的推动,利用熟人关系产生裂变,引发病毒式传播,这也是打造爆款商品必不可少的利器之一。

例如,在家电市场上,免拆洗是继大吸力、低噪声后受消费者关注的第 3 个热点,也是消费者的痛点。家电的清洗历来是个难题,在生活中,总是能听到不少消费者抱怨自家的家电有污垢,但又苦于清洗无方。拥有自清洗功能的家电产品一经推出,就广受"图省事"的消费者的青睐。特别是在选择清洗烦琐的洗衣机与抽油烟机时,拥有自清洗功能成为时下消费者选择家电产品的一个重要指标，自清洗功能也成为家电产品的一大卖点。

以往企业推出的自清洗洗衣机多以"高温杀菌"为卖点，利用洗衣机滚筒底部散发的蒸气，快速消除异味、杀菌。但具有新理念的自清洗洗衣机通过重新改进洗衣机的内在结构，使用特殊柔性纳米物质在洗衣机内外桶夹层之间不断运动，同时在运动过程中形成"动水"水流，使得洗涤水中的污渍不易在内外桶壁上附着和沉积。换句话说，每洗一次衣服，就等于为洗衣机的内外桶壁洗了一次澡。

具体而言，提炼卖点可以从以下几个方面着手。

① 看市场容量，大家都在做的别做，有很强劲竞争对手的不做，要做一个相对细分的领域。

② 卖点首先要从消费者的认知角度去找，不要从商人的角度去找（站在消费者的角度描述你的产品）。

③ 拒绝含糊不清、定义模糊的字眼。

④ 文字简洁有力，一句话代替千言万语。

4. 定价

如何制定最具"吸金力"和"吸睛力"的价格呢？

首先，比较三大网站的自营最低价，包括天猫、京东和苏宁易购，并且通过大宗采购做到全网最低价，让消费者可直接在门店自行比价。

其次，调研竞争对手，除了线上店铺，主要竞争对手来自本区域和周边地区其他家电零售卖场，主要为国美和苏宁电器。制定价格时一定要保障自己的利益，要反复强调厂家的价格管控，不能因为价格过低而"只赚了吆喝"。

再次，对各品牌同尺寸、相似功能的机型价格做纵向比较，再确定价格。

最后，设计大型活动中的价格时要在本系统内部做横向比较，包括内购会、"双十一"以及国庆、元旦等大型活动的价格，以形成最具性价比的爆款价格。

性价比也是消费者关注的重点，因此，爆款商品的初期定价一定要在同类商品中具有优势。只有被消费者关注并认可，商品才有"爆"的希望。

商家还可以在爆款商品下做关联购买的商品推荐，尽可能吸引消费者组合购买商品，提升客单价，这也是弥补爆款商品利润不高的办法。总之，商家在选择爆款商品时要把握好质量和盈利的中间点，要注重性价比，靠超优价格取胜。

5. 商品预热

全盘分析、选款、提炼卖点、定价，这些准备工作做好后，就进入商品预热阶段。在这一阶段，网店工作人员需要拥有丰富的电商销售经验以及对店铺后台数据的分析能力。销售经验是必备的硬件，后台数据分析能力是软件，同时也是核心。在这一过程中，网店工作人员需要对店铺流量、商品被访排行、进店搜索关键词、客户咨询量、成交率和跳失率的变化等进行深入研究，最终通过预热所得到的数据预测商品的销售趋势，同时也为后面的商品优化奠定基础。

6. 促销方式

在这个商品无限丰富的时代，商品销售竞争十分激烈。大部分的消费需求都正在被满足或者已经被满足，所以爆款必须有新、奇、特的亮点，能够创造消费需求而且需要不断变化促销方式、避免沉闷，以多变、快变取胜，否则就很容易被市场淹没。

传统线下的商家有可能做好一条广告后，在几个月的时间里都循环播放这条广告。但在电商平台上，活动更新的频率可能要以"天"为单位，每天的活动都要变换，这样才能让消费者感到"新鲜""过瘾"。

在移动互联网时代，3 个月相当于过去的 1 年，1 年相当于过去的 5 年。商家要以最快的速度变换促销方式，防止消费者出现审美疲劳。

因为网络的转换成本很低，所以商家要尽快更新爆款商品的促销主题、促销方式，最终增强消费者的黏性。通过变换促销方式来激发消费者积极地参与互动，这是把商品打造成爆款的重要方式。

7. 口碑营销

要想打造出爆款商品，口碑营销非常重要。进行口碑营销比较快捷的方式是创作高质量的口碑信息，然后抓住意见领袖并获得认可，再利用口碑传播驱动工具和意见领袖的影响力迅速影响广大消费者。

在互联网时代，朗朗上口的广告语已经不能打动要求越来越高的消费者，他们注重性价比，希望对自己即将要使用的商品有更深入的了解，他们知道自己想要用什么样的手机。在这种观念下，小米成功地用优越的配置与低廉的价格赢得了一大批手机"发烧友"（意见领袖），并用这个理念不断地制造话题，让消费者更加有参与感、代入感，与消费者一起研发、设计、营销，利用大规模的粉丝效应，最终经过口口相传赢得市场。

当然，爆款商品能否持续，关键要看能不能将粉丝（忠诚消费者）沉淀下来，让他们重复使用商家的商品。粉丝是打造爆款的基础，也是让爆款持续的关键。网店运营需要将品牌美誉度、产品体验、售后服务等方面做好，这样才能让粉丝产生良好的体验。

8. 商品优化

在商品预热、促销和营销之后，市场对拟打造的爆款商品的反应数据就产生了，接着需要做的就是不断优化商品的运营。

如果店铺整体流量少，则应结合进店搜索关键词对商品大标题进行优化，在尽可能多地使用搜索热词的同时不要偏离商品自身的属性，而且要充分利用微博、微信、QQ 空间等多种推广渠道。

当出现商品浏览量低的情况时，首先要确定主推商品处在店铺中最明显的位置，然后对其大标题进行优化，这是淘宝搜索的重点。

如果进店搜索关键词少，则首先要了解主推商品所属类目的热词，将这些热词尽可能多地添加到自己的店铺中。毕竟，只有吸引访客进入店铺，才有可能销售自己的商品。

当客户跳失率高，店铺出现咨询量大但是成交量少的问题时，运营人员就需要多和客服沟通，了解是什么原因让客户打消了购买商品的意图。

持续优化商品详情页，加入好评截图、文案描述等，也能够带动销售气氛，提高转化率。

9. 拓展商品

经过上面几步之后，如果效果不错，商品的销量会慢慢提高，商品就会成为小爆款、爆款。然而一个店铺不能只依靠单一的爆款，还需要想办法提高流量的利用率。商家通过对店铺内其他商品进行及时的更新、优化等，可以提高通过爆款带来的这些访客的二次购买率和提高其单次购买消费金额，从而实现热销商品从点到线、从线到面的带动效果。

（六）千人千面

千人千面是指基于淘宝网庞大的数据库，构建出买家的兴趣模型，再从细分类目中抓取那些特征与买家兴趣点匹配的推广商品，展现在买家浏览的网页上，帮助店铺锁定潜在买家，实现精准营销。

千人千面实际上是对流量的划分，针对不同的人推荐不同的商品，即根据买家的特征(年龄、性别、地域、消费能力等)和行为习惯（经常浏览的商品、购买过的商品、收藏、加购以及消费水平等）为买家匹配、推荐合适的商品。访客打开淘宝网搜索一个关键词两次，两次的展现内容并不是完全相同的，这就是千人千面导致的。淘宝网首页的"热卖单品""必买清单""猜你喜欢"窗口是根据访客最近的浏览、收藏、加购、购买等一系列行为去推荐合适商品的。如果推荐的商品不是访客想买的，甚至是访客根本就不会关注的，访客会点进去浏览、购买吗？答案显而易见。淘宝网也希望有更多的人达成更多的交易，所以对流量进行了划分，使相应的流量匹配相应的商品，从而大大提高流量的价值。

1. "猜你喜欢"

"猜你喜欢"就是通过访客的访问、收藏、购买等一系列行为来判断访客"需要什么样的商品"，进而给访客进行精准推荐，向访客实时推荐最合适的商品。从图 3-26 可知，淘宝网向该访客推荐最多的是手机，可见淘宝网认为该访客对购买手机有很强的意愿。

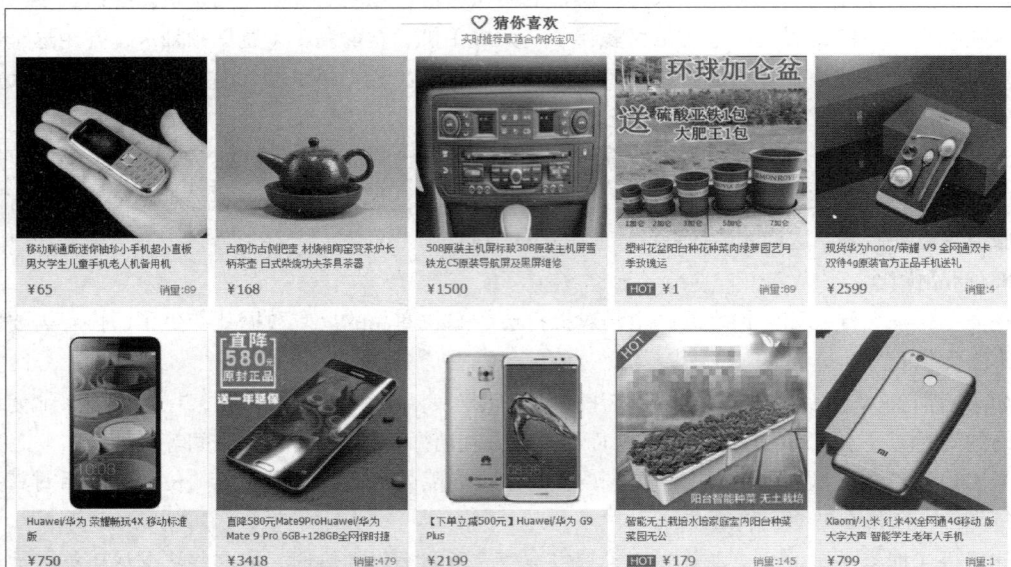

图 3-26 "猜你喜欢"

那么作为商家，如何能让自己的商品展现在这个板块上呢？

首先，商家要知道淘宝网是怎么制定"猜你喜欢"的规则的。

第一是直接相关。例如访客有搜索、收藏、加购、购买某种商品等行为，访客的手淘首页就会出现这类商品。访客购买过的商品，属于明确的消费；加入购物车的商品，表明访客有明确的消费意向，但还未完成交易；加入收藏夹的商品，表明访客对其有明确的兴趣爱好。现在很多访客在购物时会将感兴趣的商品加入收藏夹，再从收藏夹里选择自己想要的商品。

假设访客搜索过手机，那么手淘首页就会出现访客之前没有搜索过的手机；如果访客搜索了没买，或者收藏了没买，那么就有必要给访客做相关的推荐。

第二是间接相关。以牛仔裤为例，淘宝网除了给访客推荐牛仔裤商品，还会给访客推荐与之相关的商品，如运动裤。淘宝网认为访客搜索了牛仔裤，可能也会需要运动裤。

淘宝网推荐商品的核心规则是投其所好，即根据访客的行为习惯，给访客推荐他们喜欢或者很可能喜欢的商品，增加访客购买的可能性。

不过淘宝网不会将每个店铺的商品都推荐给访客，它只会推荐卖得好的商家的商品。所以想要让淘宝网推荐自己的店铺，商家就需使自己店铺的商品有高于同行的点击率、收藏量、加购数和转化率等。

2. 店铺标签

店铺标签就是构成店铺特征的人群画像。人群画像显示客户的两个属性（即标签），一个是基本属性，另一个是行为属性。客户的基本属性有年龄性别占比、地理位置爱好占比、会员等级、消费层级、价格带构成、天气因素等。客户的行为属性有浏览过的痕迹、已购买、已收藏、主搜关键词等。千人千面的淘宝网搜索结果是客户的标签与店铺和商品的标签的双向交叉选择。

店铺标签不是短期之内形成的，而是长期作用的结果。想要了解自己的店铺标签，或者给自己的店铺打上不错的标签，就要对数据进行统计。如果一个店铺的标签没打好，引入的流量和标签不匹配，引进来的流量不精准，转化就无从谈起。店铺标签主要是通过每天的访客情况和已购客户的情况形成的，所以每一个进店的客户都会对店铺造成潜移默化的影响。很多店铺用淘宝客推广了不少商品，但效果很差，甚至自然搜索的流量还在减少，这就是没有做好店铺的标签，甚至打乱了本来的标签导致的。

那么怎么给自己的店铺打上合适的标签呢？怎样才能引入精准的流量呢？最重要的就是分析店铺商品的特点，分析商品适合什么样的人群，并确定商品针对哪类人；分析完商品的特点以后，可以用直通车的定向推广把商品展示到这些人的面前，而不是盲目地推广，否则会花费大量的资金，且不一定有多大的效果。

千人千面的出现意味着店铺在引流的时候是有所选择的，店铺的工作重点是引进那些与店铺定位相契合的流量。如果引进的流量与店铺定位不符，就会影响店铺的定位，使店铺的标签变得不清晰，店铺自然很难得到淘宝网的推荐。

三、任务实战

（一）流量来源对比分析

1. 理论知识

流量纵横旨在解决商家一盘生意背后的一盘流量的数据化运营问题，并为商家提供一站式全媒介、全链路、多维度的流量数据分析平台。其专业版是在标准版的基础上新增人群特征洞察和淘外媒介效果监控，并整合装修分析，结合渠道消费者画像，帮助商家多维度分析渠道效果，建立以消费者为驱动的流量运营体系。新版流量纵横的特点如下。

（1）全媒介流量渠道布局。覆盖淘系官方线上线下运营渠道超 288 个，支持不同流量渠道效果横向对比，差异化渠道运营支持视频、社交、搜索、EDM/SMS、App 等淘外全部媒介平台推广效果跟踪。

（2）消费者动线全链路分析。来源可追溯至搜索关键词、访问 URL 链接、竞品店铺等，精细化渠道运营提供消费者流量动线全链路数据，转化环节层层解析，把握消费者行为动向。

（3）流量承接精准评估。支持店铺首页、自定义页、商品详情页等流量承接页面，分析最近 30 天页面访问、点击、转化数据排行及趋势；支持单品模块点击数据监控，分析页面引导商品成交效果。

（4）自定义消费者分析。支持自定义不同消费者人群，追踪不同人群的分层营销效果，支持不同人群特征对比分析、不同人群特征与历史对比分析及老客户质量评估。

2. 任务内容

请以自家经营的网店为分析对象，获取最近一周或一个月流量来源的细分数据并绘制 4 张饼图。

第一张为自家网店的 PC 端流量来源饼图，第二张为同行的 PC 端流量来源饼图，第三张为自家网店的移动端流量来源饼图，第四张为同行的移动端流量来源饼图。将4张饼图做对比并分析，以发现自家网店流量来源与同行的差异，并提出改进意见。

3. 任务要求

本任务要求学生单独完成并提交《××网店流量来源对比分析报告》，字数不限，要求数据准确、图形清晰、分析到位、逻辑严密。

4. 任务实施

步骤1：登录自家网店的生意参谋，从流量地图中下载自家网店和同行最近一个月的流量来源细分数据。

步骤2：对获取的流量来源细分数据进行整理，剔除访客数为零的流量来源，将访客数较少的流量来源进行合并，删除重复数据。

步骤3：按店铺和终端分类绘制4张饼图。

步骤4：分类做对比分析，发现流量来源的差异。

步骤5：提出改进意见。

步骤6：撰写《××网店流量来源对比分析报告》。

步骤7：做好汇报的准备。

5. 参考报告

×× 网店流量来源对比分析报告

1. ×× 网店10月份 PC 端流量来源占比分布

×× 网店10月份 PC 端流量来源占比分布如图3-27所示，数据显示该网店的流量主要来自天猫搜索、直通车、淘宝搜索、直接访问、聚划算，合计占比为83%。该网店淘内免费流量合计占比为51%，付费流量合计占比为36%，自主访问流量合计占比为12%，站外流量合计占比为1%。

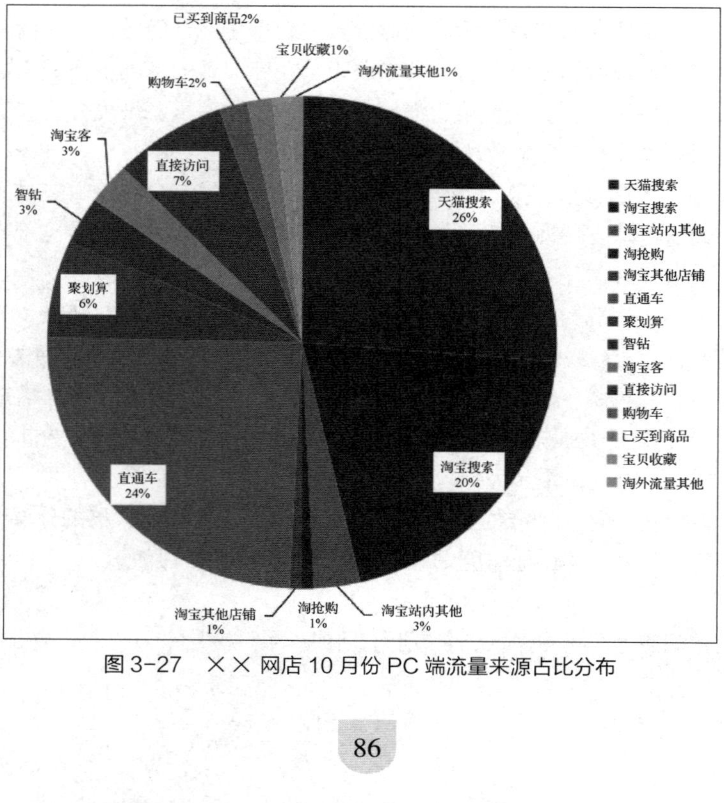

图3-27 ×× 网店10月份 PC 端流量来源占比分布

2. 同行 10 月份 PC 端流量来源占比分布

同行 10 月份 PC 端流量来源占比分布如图 3-28 所示，数据显示同行流量主要来源有天猫搜索、淘宝搜索、直通车、聚划算、直接访问、淘抢购，合计占比为 79%。同行淘内免费流量合计占比为56%，付费流量合计占比为 30%，自主访问流量合计占比为 9%，站外流量合计占比为 5%。

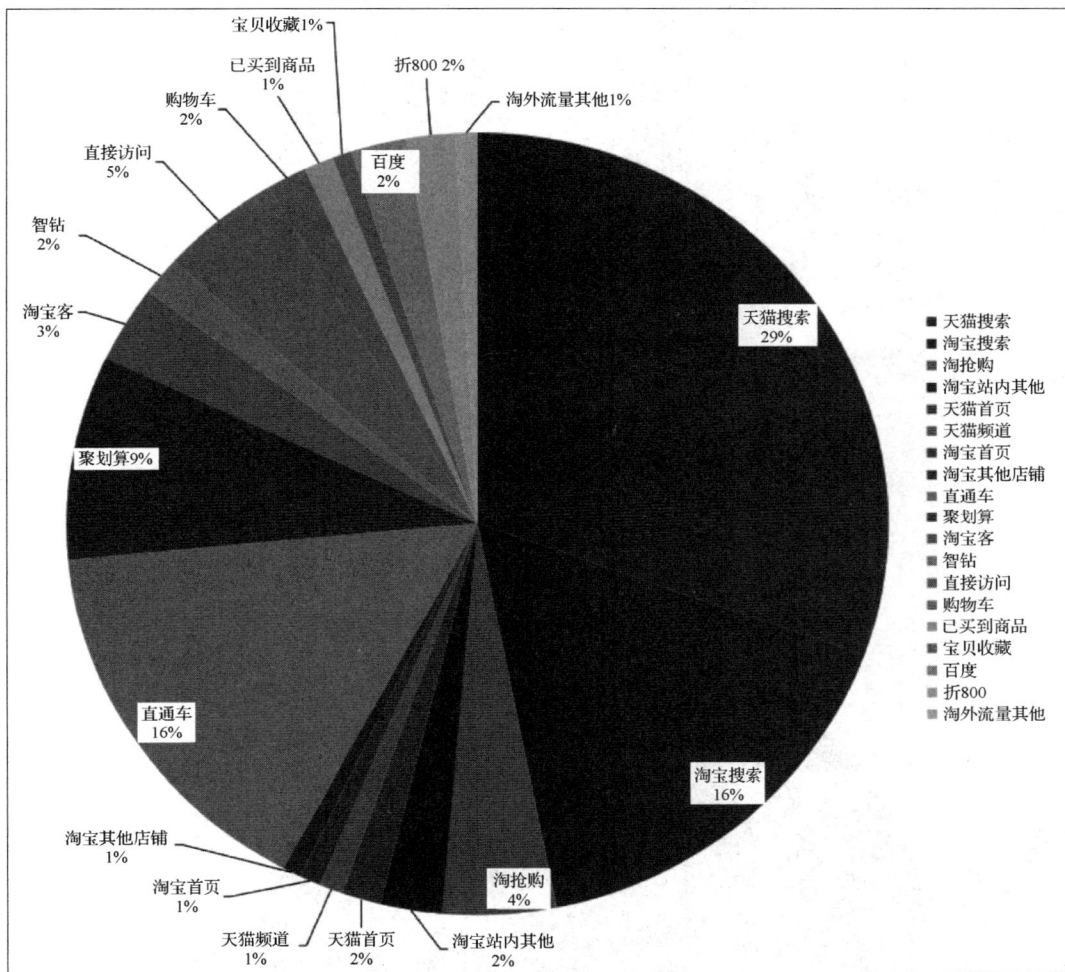

图 3-28 同行 10 月份 PC 端流量来源占比分布

3. ××网店 10 月份移动端流量来源占比分布

××网店 10 月份移动端流量来源占比分布如图 3-29 所示，数据显示手淘搜索、淘内免费其他、直通车、手淘淘抢购、购物车是主要流量来源，合计占比为 77%。该网店淘内免费流量合计占比为75%，付费流量合计占比为 19%，自主访问流量合计占比为 6%；淘外网站、淘外 App 和其他来源占比非常低，可以忽略不计。

4. 同行 10 月份移动端流量来源占比分布

同行 10 月份移动端流量来源占比分布如图 3-30 所示，数据显示手淘搜索、直通车、手淘淘抢购、智钻、淘内免费其他、手淘首页是主要流量来源，合计占比为 76%。同行淘内免费流量合计占比为62%，付费流量合计占比为 33%，自主访问流量合计占比为 5%；淘外网站、淘外 App 和其他来源占比非常低，可以忽略不计。

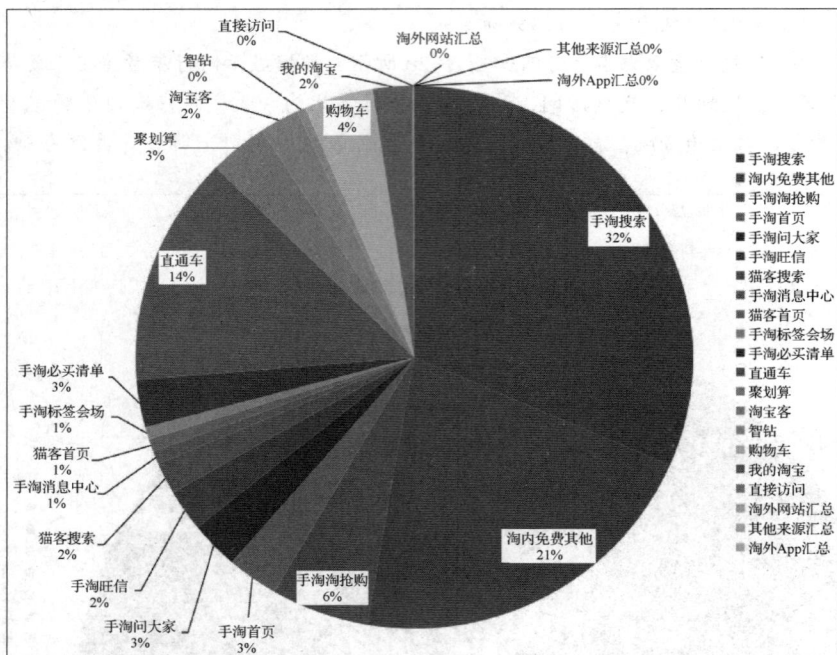

图 3-29 ××网店 10 月份移动端流量来源占比分布

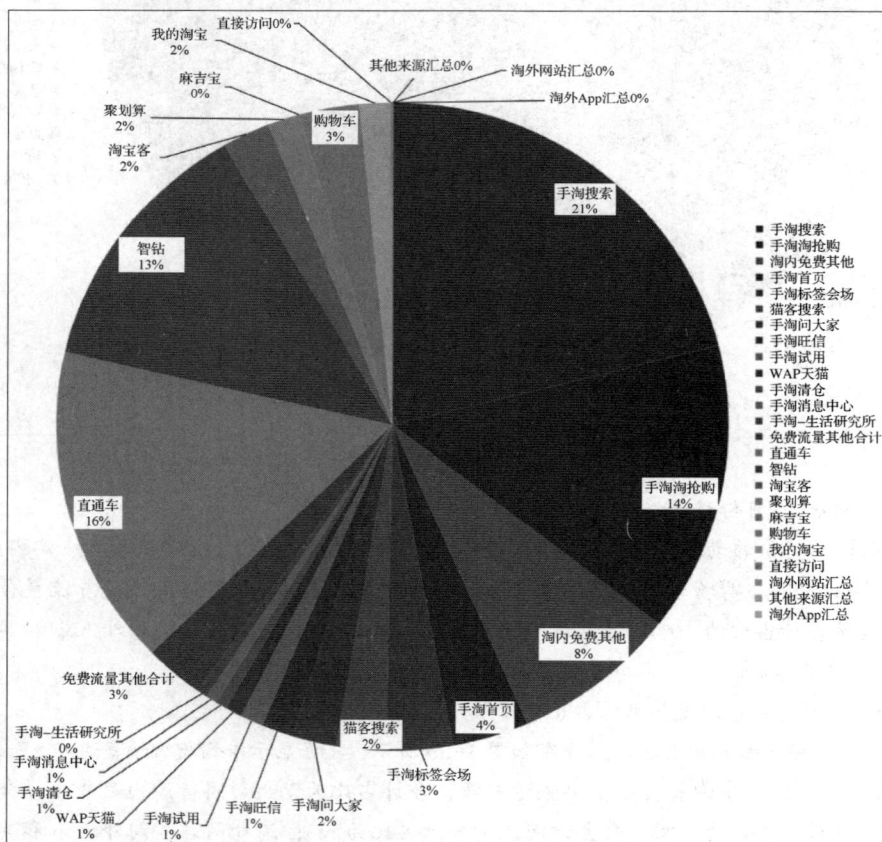

图 3-30 同行 10 月份移动端流量来源占比分布

5. 对比分析

（1）10 月份 PC 端流量来源对比分析

从图 3-27 和图 3-28 的数据来看，该网店与同行在 PC 端的主要流量来源基本一致，稍有差别的是淘抢购在同行的流量结构中占比更高一些；该网店与同行在 PC 端流量结构方面的差别主要体现在站外流量，该网店的站外流量只占 1%，而同行占到 5%。同行的站外流量主要来自百度和折 800，因此建议该网店可以从这两个方面入手，尝试做站外引流。

（2）10 月份移动端流量来源对比分析

从图 3-29 和图 3-30 的数据来看，该网店与同行在移动端的主要流量来源差别比较大，相对来说，同行从智钻获取的流量比较多，比例高达 13%，而该网店通过智钻获取的流量不足 1%；该网店与同行在移动端流量结构方面的差别主要体现在免费流量和付费流量占比，该网店的免费流量占比高于同行 13%，而同行的付费流量占比高于该网店 14%。同行付费流量占比高的主要原因在智钻的应用上，因此建议该网店可以从智钻入手，加大智钻付费引流的投入。

（二）SEO 标题优化

1. 理论知识

SEO 是 Search Engine Optimization 的缩写，意思是搜索引擎优化，是一种利用搜索引擎的规则来提高网站或商品自然搜索排名的一项技术。调查显示，87% 的访客会利用搜索引擎查找商品，其中有近 70% 的访客会直接在搜索结果第一页选购商品。如果商家想获得更多的自然搜索流量，SEO 是必备的技能。

淘宝的搜索规则是不对外公开的，但影响商品排名的主要因素是已知的，主要有 5 个：DSR 动态评分、人气因子、作弊因子、系统机制、搜索相关性。

（1）DSR 动态评分主要包括宝贝与描述相符、卖家的服务态度、发货速度 3 项。

（2）人气因子包括销量、转化率、复购率等。

（3）作弊因子包括交易作弊（如刷单）、价格作弊、重复铺货等。

（4）系统机制包括加入消费者保障服务、橱窗推荐等。

（5）搜索相关性包括类目相关性和文本相关性。类目相关性要求访客的搜索关键词与合适的类目相匹配，这要求商家在发布商品时要选择好类目。文本相关性要求访客的搜索关键词与商品标题相匹配，如果不匹配，则没有展现的机会。SEO 标题优化的目的是提高搜索相关性中的文本相关性。候选关键词取自淘宝搜索下拉框、淘宝排行榜、生意参谋、直通车关键词词表等。

2. 任务内容

选择网店中的一个商品，获取其当前的商品标题、流量数据和转化率数据，对商品的标题进行 SEO 优化，过一段时间后再获取新的流量数据和转化率数据，进行对比分析。

参考案例以某网店的小米 43 英寸液晶电视的标题作为优化对象，初定商品标题为 "Xiaomi/ 小米 小米电视 4A 43 英寸 32 英寸 48 英寸客厅平板智能网络电视机"。标题包含品牌、品名、类别、属性、功能及型号 6 类有效关键词，标题长度为 30 个汉字，日访客数在 200 左右，日成交 1 ~ 6 单。通过 SEO 标题优化，目标是实现日访客数超过 1000，日成交订单达到 30 单左右。

3. 任务要求

本任务要求学生单独完成并提交《××SEO 标题优化分析》，字数不限，要求选词准确，符合 SEO 匹配规则，标题具有可读性，逻辑严密，对比分析到位。

4．任务实施

步骤1：选择网店中的一个商品，获取其当前的商品标题、流量数据和转化率数据。

步骤2：从淘宝搜索下拉框、淘宝排行榜、生意参谋、直通车关键词词表等多个渠道获取和建立候选关键词词表。

步骤3：根据一定的规则筛选关键词。

步骤4：利用筛选出来的关键词组合新的标题。

步骤5：使用新的标题一段时间后，再次获取商品的流量数据和转化率数据，进行对比分析。

步骤6：撰写《××SEO 标题优化分析》。

步骤7：做好汇报的准备。

5．参考报告

小米电视 SEO 标题优化分析

1．选择商品，获取商品标题和绩效数据

选择"小米电视，43 英寸[1]，4A 智能网络电视，售价 1999 元，快递费 100 元，月销量 95 笔"，商品详情页如图 3-31 所示。

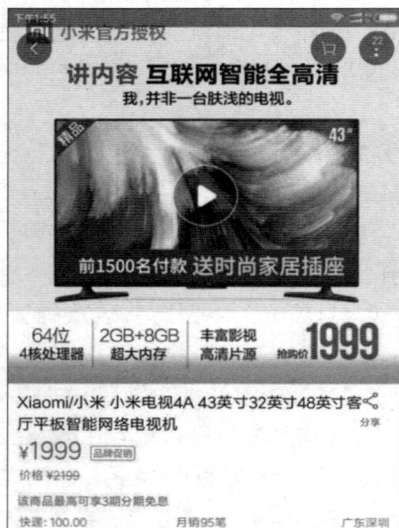

图 3-31　商品详情页

小米电视的初定标题与最近一周的访客数和支付件数如表 3-4 所示。

表 3-4　小米电视初定标题和一周绩效

商品标题	最近一周访客数 / 人	最近一周支付件数
Xiaomi/ 小米 小米电视 4A 43 英寸 32 英寸 48 英寸客厅平板智能网络电视机	1425	22

2．获取和建立候选关键词词表

从淘宝搜索下拉框、淘宝排行榜、生意参谋、直通车关键词词表获取大量与小米电视相关的关键词。按照搜索人气，部分候选关键词排行为电视、电视机、小米电视、液晶电视、平板电视、电

---

[1]　1 英寸≈0.0254 米。

视机 40 寸、网络电视、智能电视、小米电视 4A、Wi-Fi 电视、小米电视 32 寸、小米电视 43 寸，如图 3-32 所示。

关键词	搜索人气 ⇕	搜索人数占比 ⇕	搜索热度 ⇕	点击率 ⇕	商城点击占比 ⇕	在线商品数 ⇕	直通车参考价 ⇕
电视	104,383	14.40%	230,973	54.10%	76.39%	0	1.61
电视机	73,301	14.29%	167,524	53.03%	77.59%	827,977	1.61
小米电视	36,278	26.88%	67,884	129.88%	88.18%	23,874	1.21
液晶电视	36,054	2.34%	77,702	49.65%	76.10%	0	3.25
平板电视	32,753	1.99%	58,216	54.09%	86.56%	0	3.19
电视机40寸	29,402	3.03%	60,821	103.58%	47.61%	16,950	4.24
网络电视	22,333	1.05%	36,366	80.26%	53.86%	0	4.19
智能电视	13,108	0.43%	34,083	55.94%	79.36%	0	1.43
小米电视4A	7,552	2.01%	14,073	112.39%	82.62%	2,474	0.88
Wi-Fi电视	5,161	1.09%	10,394	95.46%	65.23%	222	1.76
小米电视32寸	4,007	0.73%	9,278	99.87%	73.06%	3,651	0.51
小米电视43寸	3,569	0.61%	9,273	108.77%	75.59%	2,253	1.29

图 3-32　候选关键词词表

3. 筛选关键词

根据关键词搜索人气、搜索热度、点击率、在线商品数筛选关键词，最终选择小米电视、小米电视 4A、小米电视 43 寸、智能电视、网络电视、Wi-Fi 电视、平板电视、液晶电视、电视机、电视机 40 寸、小米电视 32 寸。

4. 组合新标题

将筛选出来的关键词按照简洁易读的原则进行组合，新的商品标题如图 3-33 所示，为"Xiaomi/小米 小米电视 4A 43 英寸智能网络 Wi-Fi 平板液晶电视机 32 40"。

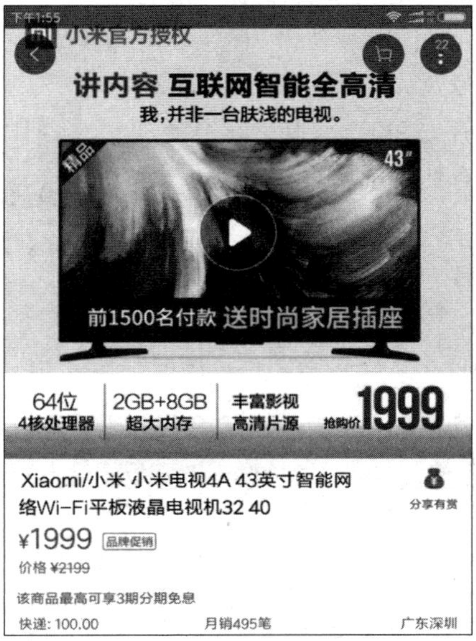

图 3-33　新的商品标题

5. 获取新的绩效数据做对比分析

该网店的小米电视新标题发布一个月后，商品绩效有了明显提升，最近一周的访客数和支付件数如表3-5所示。

表3-5　小米电视新标题和一周绩效

商品标题	最近一周访客数 / 人	最近一周支付件数
Xiaomi/ 小米 小米电视 4A 43 英寸智能网络 Wi-Fi 平板液晶电视机 32 40	7596	137

小米电视的 SEO 标题优化是成功的，商品绩效有了明显提升，最近一周访客数从 1425 上升到 7596，最近一周支付件数从 22 上升到 137，支付转化率从 1.54% 上升到 1.80%。

四、拓展实训

实训 1　屏效分析

1. 实训背景

虽然电商具有无限大的容量来陈列商品，但消费者并没有耐心浏览全部页面，往往只浏览淘宝首页、类目首页、活动页上排在前列的商品。这些消费者专注浏览的区域被称为有效陈列面积。由于消费者的浏览习惯，有效陈列面积事实上是很有限的，电商通常用屏效来衡量其销售产出。屏效是指电商店铺的页面显示在消费者计算机或手机屏幕上所产生的销售贡献。计算公式为屏效 = 一个计算机或手机屏幕所呈现商品的销售额 / 全店销售额。

屏效高，说明有效陈列面积上的商品转化率高，销售产出高；屏效低，则需要及时更换有效陈列面积上的商品。

2. 实训内容

某美妆店铺在"双十一"活动会场的第一屏页面上布置了6件商品，如图 3-34 所示。在凌晨 0—1 点期间，全店访客数为 187862，销售额为 554956 元。活动会场第一屏的UV 为 60115，客单价为 76 元。眼线液笔销量为 918 支，剩余库存为 82 支；粉饼销量为 359 盒，剩余库存为 641 盒；定妆喷雾销量为 87 瓶，剩余库存为 913 瓶；睫毛膏销量为124 支，剩余库存为 876 支；液体眼影销量为 308 支，剩余库存为 692 支；眉笔销量为 426 支，剩余库存为 574 支。已知在"双十一"活动期间，缺货库存无法得到补充。

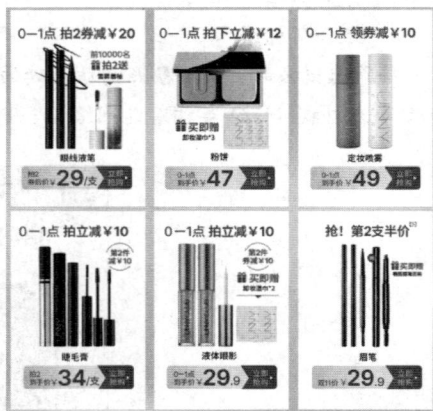

图 3-34　"双十一"活动会场第一屏页面

请参照表 3-6 分析"双十一"活动会场第一屏的屏效，再根据屏效分析结果提出针对活动会场第一屏页面上商品的调整建议。

表3-6　"双十一"活动会场第一屏屏效分析

屏数	位置	SPU	UV	销量	销售额	占全店业绩	库存量	单屏转化率

3. 实训要求

本实训是一个独立任务，每名学生单独完成，完成后上交《"双十一"活动会场第一屏屏效分析报告》，要求数据准确、思路清晰、逻辑严密、分析到位。

实训 2　商品类目优化

1. 实训背景

优化淘宝商品，是很多淘宝商家都要熟练掌握的技巧。不过大多数商家在优化商品的时候都把重点放在 SEO 方面，主要针对商品标题和商品详情页进行优化，很少有商家会注意对商品的一些细节进行优化，如对商品类目的优化。大部分买家是通过输入关键词来搜索淘宝商品的，所以商家在 SEO 方面花大力气没错。不过除此之外，还有部分买家是根据商品的类目进行搜索的，或者将两种搜索方式结合，先用关键词找出相关商品，再通过类目进一步筛选。

所以商家在上传商品的时候需要将商品放在特定的类目之下，而淘宝网也为每一个商品都提供了一个固定的类目存放路径，方便商家管理自己的商品。不过部分商家在选择类目的时候比较随意，殊不知，在后台上传商品的时候类目准确度越高、商品属性填写越完善，商品就越容易被买家精准搜索到。这也会增加店铺的流量，从而提高店铺商品的销量。所以商家在上传商品时，要多对细节加以留意。

2. 实训内容

检查网店全部商品的类目设置，采用生意参谋、市场行情或搜索词查询。将商品类目名称作为搜索词进行查询，在查询结果的类目构成里列出关联类目的点击人气和点击人数占比，在检查原来的商品类目时，看看是否选择了点击人气和点击人数占比最高的类目，如果没有应该及时做出修改。

3. 实训要求

本实训是一个独立任务，每名学生单独完成，完成后上交《商品类目优化报告》，并做好汇报的准备。

任务小结

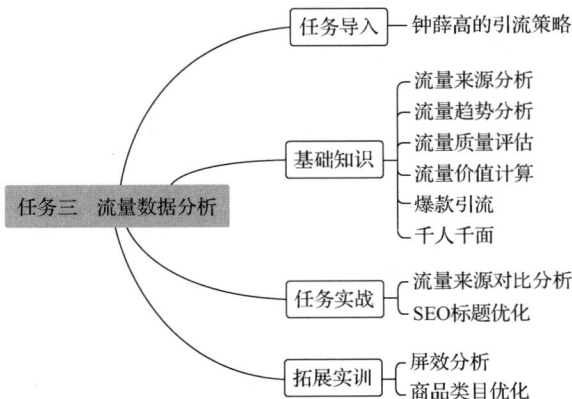

同步习题

（一）判断题

1. 直通车是按点击付费的效果营销工具，可帮助商家实现商品的精准推广。（　　　）

2. 淘宝客推广是一种按成交计费的推广模式，属于效果类广告推广。（   ）

3. 智钻推广是按展现收费的推广方式。（   ）

4. 爆款的具体表现是高浏览量、高跳失率、高支付转化率。（   ）

5. 在千人千面的背景下，店铺标签是可以在短期内形成的。（   ）

（二）不定项选择题

1. 流量来源根据渠道的不同可以分为（   ）。

    A. 站内流量   B. 站外流量   C. 免费流量   D. 付费流量

2. 自主访问流量来源包括（   ）。

    A. 购物车   B. 直通车   C. 我的淘宝   D. 直接访问

3. 流量质量的评估通常采用（   ）作为衡量流量有效性的宏观指标。

    A. 访客数   B. 转化率   C. 活跃客户率   D. 参与指数

4. （   ）属于淘宝平台的付费引流方式。

    A. 超级推荐   B. 万相台   C. 极速推   D. 直通车

5. 从 SEO 的角度编写商品标题时应该考虑（   ）这两方面的因素。

    A. 客户搜索关键词   B. 字体颜色

    C. 商品所在类目   D. 商品标题的诱惑力

（三）简答题

1. 自然搜索流量的主要影响因素有哪些？

2. 什么是千人千面？商家在千人千面的机制下应该如何引流？

3. 如何提高店铺的流量价值？

4. 如何打造爆款？

5. 简述淘宝网店的流量来源。

任务四

转化数据分析——诊断与优化

学习目标

知识目标

- 掌握与转化率相关的计算，理解转化率的重要性；
- 掌握成交转化漏斗模型；
- 熟悉客户购物转化路径；
- 熟悉转化率分析指标，掌握转化率分析指标的计算；
- 了解影响转化率的因素；
- 掌握直通车转化分析方法。

技能目标

- 具备转化漏斗对比分析的能力；
- 具备网店首页装修分析的能力；
- 具备点击率诊断与优化的能力；
- 具备商品详情页装修分析的能力。

素养目标

- 具备对关键业务流程进行层层分解的能力；
- 具备较强的逻辑分析能力；
- 具有精益求精、追求卓越的工匠精神；
- 树立中国企业国际形象，坚定民族自信心。

一、任务导入

拼多多提高购买转化率的秘诀

拼多多创立于 2015 年，以农副产品零售平台起家，深耕农业，开创了以"拼"为特色的农副产品零售新模式，逐步发展成为全品类综合性电商平台。拼多多于 2018 年 7 月在美国纳斯达克上市。截至 2021 年 6 月，平台年度活跃用户数达 8.499 亿人，商家数达 860 万家，平均每日在途包裹逾亿单，是中国用户数最多的电商平台之一，更是全世界最大的农副产品线上零售平台之一。拼多多的快速崛起与高购买转化率密不可分，那拼多多有什么秘诀呢？

1. 免费刺激

拼多多一开始广为流传的推广方式是助力免费拿商品，因为免费对于大多数客户的吸引力都是巨大的。这种推广方式一是完成了客户拉新；二是让客户在从下单到收货的过程中，增进了对拼多多电商的认知；三是培养了客户的购买习惯；四是让更多人开始知道和了解拼多多。

2. 低价促销活动

对于电商来说，低价促销活动总能够吸引一批潜在客户完成下单。拼多多上商品的价格相对较低，而且很多商品还包邮，一些低价促销活动的设计也很有特点，如百亿补贴、现金签到等。

（1）百亿补贴。百亿这个数字绝对有足够的吸引力，客户从中得到的认知有：拼多多真的很有钱，并且舍得给客户花钱；很多知名品牌的商品价格低，并且由中国人保财险承保，如果买到假货，一定能够获得赔偿；这个平台值得信赖，可以放心低价买入。这就推动了客户对拼多多从低价山寨商品平台到品质保证平台的认知转变。

（2）现金签到。一般情况下，客户签到，平台就给积分，然后客户可以用这些积分兑换商品。而拼多多的现金签到除了真的给客户现金，还给客户一个 12 小时的现金红包，用来吸引客户下单。

3. 红包吸引

收到红包总是让人激动和兴奋的，从当年微信红包的火爆中就可以看出大家都热爱红包。而拼多多的红包形式和微信红包很相似，比优惠券更具诱惑力。对于拼多多发放的红包，客户可以自由选择现金或优惠券，这带给客户很棒的体验。

4. 拼单模式

拼多多的购物模式里，有单独购买和拼单购买两种模式。这样设计有 3 个目的：一是价格相差明显，大部分客户不会选择贵的模式；二是拼多多的拼以 2～3 人模式居多，完成拼单相对容易；三是客户可以参与别人的拼单，实现快速下单。

客户在网购时会关注商品详情、评论等，在浏览过程中可能会遗忘商品的价格。但拼多多用两个价格数据做对比，让客户记得更加清楚，这样能引导客户快速下单。总之，拼多多在拼单页面的交互设计细节上将引导客户立即购买做到极致，让客户快速下单，完成购物转化。

5. 倒计时模式

拼单有倒计时，红包有倒计时，优惠券也有倒计时，这种模式确实加快了客户下单和做决策的速度。

6. 去掉购物车

拼多多去掉购物车模式，客户不需要凑齐很多商品，单独购买同样享受优惠。拼多多给客户足够低的价格、足够多的红包以及优惠券，促进客户下单。当然，如果客户选择一些特殊的商品，如服装，可能需要做多番比较，那么客户可以先把商品加入收藏夹，然后货比三家，再进入购买环节。

7. 个性化推荐

推荐系统的算法技术早已出现，常见的协同过滤算法可用来完成商品召回业务，主要分为基于

n7aml

客户的协同过滤算法和基于商品的协同过滤算法。

基于客户的协同过滤算法实现过程：根据历史数据收集客户偏好，找到相似的客户推荐买入的商品。该技术的原理在于，在广大的客户群体中，偏好相似的人总喜欢聚在一起。

基于商品的协同过滤算法实现过程：更关注客户的商品点击数据，找到客户更感兴趣的相似商品。该推荐技术更像是导购给客户推荐商品，即导购根据客户之前的购买行为识别其需求，再利用自身的经验和专业度为客户推荐商品。

拼多多的推荐系统非常实时，如果客户连续点击查看小龙虾，那就会在任何一个页面看到小龙虾商品推荐，然后系统推送红包，鼓励客户下单购买。

8. 排行榜

在畅销榜上，拼多多有自己的热卖指数，区别于传统的成交单数的显示，它给出的是一个具有相对性的综合指标。拼多多还说明数据的来源是最近7日的销量和成交总量数据，这给商家提供了更多的机会，也给客户推荐了更多更优质的备选商品。

在好评榜中，每一个商品底部都有一个评价条，用来显示客户的评价内容。有可能客户看到感兴趣的商品，就会在这些排行榜中选择一个销量榜和好评榜中数据都较高的商品下单。

9. 游戏导购

拼多多一开始就用了做游戏的思维去做电商，而且做得很专业。客户玩游戏的同时可以获取免费商品；客户完成闲逛的时候可以购买下单。

拼多多的成功是难以复制的，但是商家可以从中学习借鉴很多思维方式，用以改善自身商品的客户认知和提高购买转化率。

思考：
1. 请选择一种提高购买转化率的方式进行点评。
2. 请将拼多多提高购买转化率的方式与淘宝网及京东提高购买转化率的方式进行比较分析。
3. 如果一个客户是来平台闲逛的，那么平台适合采用哪种提高购买转化率的方式？

二、基础知识

网店引来流量，却没有成交，这说明引来的流量对商家没有价值。只有提高流量的转化率，商家才能真正赚到钱。

（一）转化率

1. 转化率公式

转化率是在一个统计周期内，完成转化行为的次数占推广信息总点击次数的比率。转化率高，说明进店的客户中成功交易的人数比例高。网店要想有销量，就要让进店的客户下单购买商品，提高转化率，这样才会有业绩。转化率高低是衡量网店运营健康与否的重要指标。转化率的计算公式为：

$$转化率＝（转化人数／点击人数）×100\%$$

例如，有100名访客访问某网店，其中有50名访客点击浏览了某商品的信息，最终2人购买了该商品，那么该商品的转化率为：转化率＝（2/50）×100%=4%。

知识链接：转化率相关数据

与转化率有关的网店数据主要有5个：全店转化率、单品转化率、转化笔数、转化金额、退款率。

商家在进行转化分析时，不仅要注意全店转化率，还要注意单品转化率。转化率高，并不代表网店的成交金额高，所以商家还要注意转化的笔数和转化的金额；同样的道理，如果转化率高，退款率也很高，那么出现退款情况的交易等于没有实现转化，而且它还会反过来影响网店的声誉。

2. 转化率的重要性

从销售收入和利润的公式中，可以看出转化率的重要性。

$$销售收入 = 访客数 \times 转化率 \times 客单价 \tag{1}$$

从公式（1）中可以看到，转化率是影响销售收入的因素之一。

$$利润 = 销售收入 \times 利润率 \tag{2}$$

$$= 访客数 \times 转化率 \times 客单价 \times 利润率 \tag{3}$$

从公式（3）可以推知，当网店访客数规模趋于稳定之后，要想增加利润，可提高转化率，或提高客单价，或提高利润率。但在激烈的市场竞争中，网店提高利润率会削弱自身的竞争力，而提高转化率却能增强自身的竞争力。因此提高转化率才是网店盈利的源泉，也是网店最终盈利的核心，提高转化率成为网店必须采取的战略决策。

知识链接：转化率还影响什么？

1. 影响商品的搜索权重。对于转化率低的商品，系统会判定它不受欢迎，进而降低该商品的搜索权重，流量相应减少。

2. 影响商品的直通车点击花费。衡量质量得分的因素主要包括相关性、点击率、转化率等。转化率低，会导致质量得分下降，相应扣费就会增多。

3. 影响网店的资金周转。随着转化率下降，商品销售不畅，导致库存占用大量资金。

（二）成交转化漏斗模型

世界上的任何东西，相互之间发生传递、转化时，一定会有损耗。换句话说，商家投入的资源不可能完全转化为订单。当客户通过展现进入网店开始，每一步访问都有可能产生客户流失，尤其是客户触达第一个页面（不一定是网店首页）的跳失率往往很高，这其中的因素有很多，如客户是被广告诱导进入，进入后发现与预期严重不符，造成流失。

从展现到成交，成交转化漏斗模型（见图4-1）有5个关键步骤。

1. 展现

要让客户看到推广信息，商家就要将商品的关键词展现给客户，那展现量与哪些因

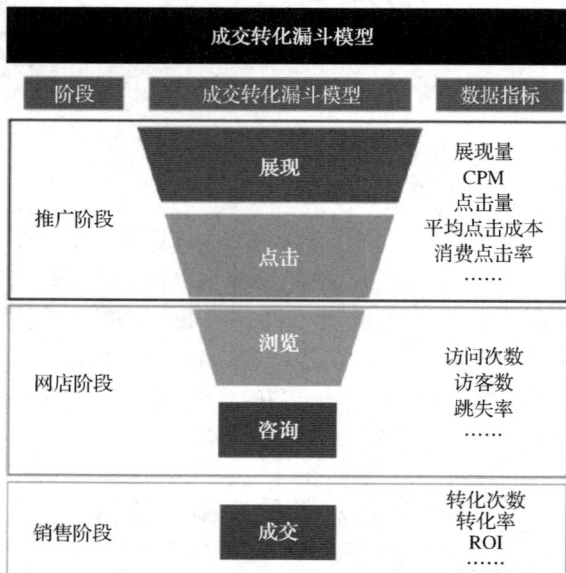

图4-1 成交转化漏斗模型

素有关呢?

（1）匹配模式

淘宝搜索关键词匹配模式有3种：一是精确匹配，客户搜索词与商家所设关键词完全相同；二是中心词匹配，客户搜索词包含商家所设关键词；三是广泛匹配，客户搜索词与商家所设关键词相关。从搜索权重来看，精确匹配＞中心词匹配＞广泛匹配。现分别举例说明。

① 当商家设置的关键词是"连衣裙"，而客户搜索"连衣裙"时，关键词匹配模式为精确匹配。

② 当商家设置的关键词是"连衣裙"，而客户搜索"针织连衣裙"时，关键词匹配模式为中心词匹配。

③ 当商家设置的关键词是"雪纺连衣裙"，而客户搜索"针织连衣裙"时，关键词匹配模式为广泛匹配。

（2）商品排名

客户搜索某个关键词，如手机、珍珠、空调时，搜索结果的商品排名顺序对展现量有直接的影响。商品排名越靠前，客户就越容易看到商家或商品的信息。在行业大词上，商品排名越靠前，则意味着商家在行业的影响力越大。

（3）关键词数量

关键词数量越多，商家或商品的展现机会就越多。需要注意的是，应根据检索词报告删去一些不相关的搜索词，并根据关键词报告删去一些低展现、低点击、无转化的关键词，否则将影响关键词的质量得分，导致关键词排名下降。直通车规定，一个商品最多能设置200个关键词。

（4）推广时限

在做SEM时，如果推广人员把账户推广的时间设置在白天，夜间就把账户暂停了，那么客户在夜间搜索关键词时就看不到该商家的推广信息，该商家的关键词也就得不到展现。

（5）推广地域

在做SEM时，商家设置的推广地域越广，覆盖的人群就越多。不同地区的点击率和成交转化率是不同的，如果选择的推广地域过多，一些地区的点击率和成交转化率低，也会影响关键词的质量得分，这将不利于提高关键词的排名。

（6）推广预算

在做SEM时，商家的SEM推广账户每天都会有一定的预算；当预算额度用完时，账户将会暂停，推广信息将不会再展现。

2. 点击

当商家或商品的关键词得到足够多的展现时，就要考虑怎样才能吸引访客点击推广信息。商家在做SEM时，需要考虑4个关键因素：一是主图的创意度，二是关键词与主图创意度的相关性，三是商品标题，四是付款人数。图4-2所示为"t恤 短袖 男"的搜索结果，图中显示的6件商品中，左边4件商品是自然搜索的结果，右边2件商品是淘宝直通车上的商品，吸引访客点击的因素首先是主图的创意度。

3. 浏览

当访客点击商家或商品的推广信息时，才算访问商家的店铺首页或商品详情页。这主要跟网站的访问速度和网页能否打开有关，还与商品详情页的设计有关。

图 4-2　"t 恤 短袖 男"的搜索结果

如果登录页是商品详情页，则访客看到的是商品的主图、价格、运费、销量、累计评价数、尺码表和颜色表等，如图 4-3 所示。当访客在登录页再次点击浏览、收藏、或发起旺旺咨询、或选择加入购物车（加购）、或下单购买时，该访客才算有效入店。

图 4-3　商品详情页

访客在浏览商品详情页的过程中，如果产生了购买的兴趣，那么他会发起咨询，或收藏，或加购。

4. 咨询

当访客有兴趣购买商家的商品时，就会联系客服，这时能否达成订单，主要看客服的能力和水平。

① 客服的回应速度——当有人咨询商品信息或相关服务时，客服应尽快回应，做出回答。

② 客服的服务态度——它反映了服务质量的基础，优质的服务是从优良的服务态度开始的。

③ 客服的专业性——客服要向访客专业地介绍商品或服务，回答访客的问题，这能够增加交易的成功率。

5. 成交

如果通过咨询客服，访客有了购买的欲望并选择下单，就进入销售阶段。在这个阶段，访客转化为成交客户，商家实现商品销售。这个阶段的关键指标有转化次数、转化率及 ROI 等。

（三）客户购物转化路径

客户在店铺浏览访问的每一步都有可能出现流失，因此对客户购物的转化路径进行分析，有助于提高客户在每一个页面跳转时的转化率。一般客户购物的转化路径如图 4-4 所示，图中路径仅为示例，实际运营过程中可根据情况调整。

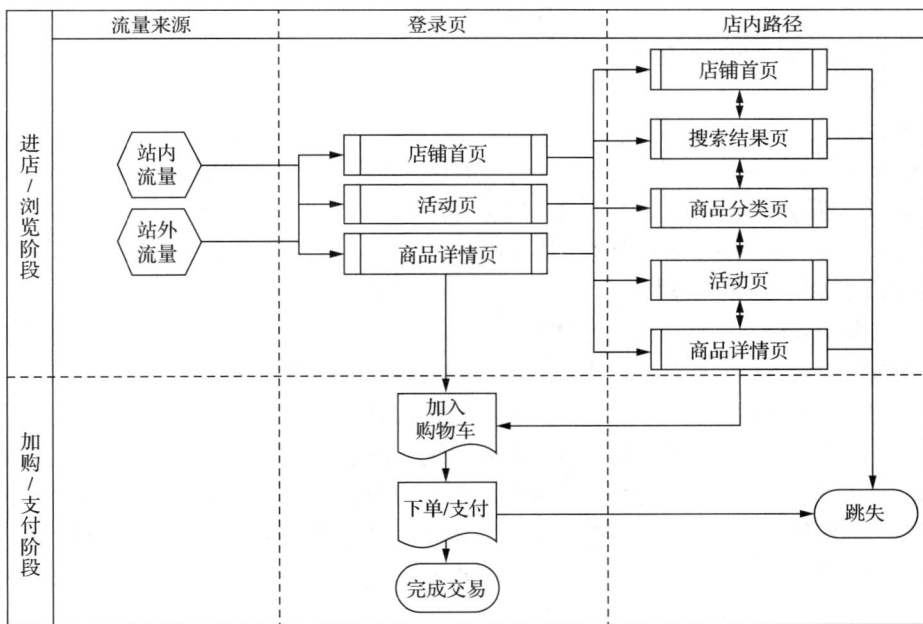

图 4-4　一般客户购物的转化路径

1. 登录页

无论是站内流量还是站外流量，客户到达店铺的第一个页面都为登录页。登录页通常有 3 个位置，即店铺首页、活动页及商品详情页。长期的数据跟踪结果显示，登录页以商品详情页为主，商品详情页流量通常占到登录页流量的 70% 以上。客户触达后登录页跳失率往往偏高，这与很多因素有关，如客户被广告诱导，进入后发现与预期严重不符，或登录后发现商品价格优惠力度不足，或商品缺货，或不喜欢店铺装修风格等。登录页关注的指标是跳失率和点击率。

2. 商品分类页与搜索结果页

客户触达登录页之后，如果对商品感兴趣，可以通过商品分类页或搜索结果页查找商品。商品分类页是店铺按商品类别展示商品的目录页面。搜索结果页包含一个搜索结果的列表，即商品目录。如果商品分类页或搜索结果页的展示不符合客户的要求，客户找不到想找的商品，那么客户就会流失。如果客户在商品分类页或搜索结果页中找到了想找的商品，他就会点击该商品，访问该商品的商品详情页。

3. 商品详情页

客户到达某商品详情页之后，如果店铺装修不美观、商品定价过高、销量过少、客户评价过低、详情页设计不合理等，客户就会失去兴趣，从而造成流失。反之，客户会选择收藏、加购或者直接下单。

4. 加入购物车

根据淘宝网的经验数据，平均 100 个人访问，只有 4 ~ 5 个人会把商品加入购物车；即使加入了购物车，依然有较大可能出现客户流失。

5. 下单 / 支付

如果客户下了订单，则表示其有强烈的购买欲望，但这还不等于成交，因为还有支付环节。当客户支付完货款，买卖双方达成交易，也并不意味着交易完成，因为从成交到交易完成还有物流配送与客户收货签收环节。如果客户在付款后取消交易，说明客户对达成的交易产生了疑虑或后悔；一些平台的应对策略是加快物流速度，尽量避免发生客户因后悔而取消交易的情况。如果一家店铺在客户下订单与支付之间的客户流失现象严重，则会严重影响销售额的增长，因此商家需要深入分析，注意每一个细节。

6. 完成交易

客户收货并签收，买卖双方交易完成。但网购有 7 天犹豫期，客户可以发起 7 天无理由退货。客户退货的理由包括质量问题、尺寸问题、描述不符问题，以及假冒品牌、发错货、商品破损等，这就需要商家做好诚信服务、售后服务、物流配送，并减少工作上的失误。交易完成后，客户使用了商品还可能会发表关于购物体验的评论，这会影响潜在客户的转化。

产品运营分析人员需要根据客户购物转化路径，整理出各个环节的漏斗模型数据，考量有可能造成客户流失的因素，再进行有针对性的优化。需要提醒的是，客户购物的转化过程以最终的商品转化为评价标准，与各环节的转化率息息相关。产品运营分析人员不能简单地只对某个环节的转化率进行提升，这样有可能会造成负面的客户体验，得不偿失。例如，某商家为了拉新，设计了有诱导性的 Tips 弹窗诱导客户进入，这种方式虽然在第一阶段可以带来很多流量，但对后面环节的转化率提升无益。再提醒一点，不同客户类别在漏斗模型中的转化率往往有较大差异，因此产品运营分析人员除了要进行整体客户的转化分析之外，还可以进行细分客户的漏斗模型分析，如针对不同流量渠道、不同性别、不同年龄的客户展开漏斗模型分析。

（四）转化率分析指标

从展现到成交的转化过程中，常用的指标有点击率、跳失率、有效入店率、详情页跳出率、收藏率 / 加购率 / 咨询率、咨询转化率、静默转化率、下单转化率、下单支付转化率、支付转化率等。

图 4-5 所示为某网店最近一周 PC 端的商品效果，支付金额排在第一名的是美的大 1.5 匹智能变频空调，点击率为 4.77%，详情页跳出率为 84.59%，下单转化率为 1.76%，下单支付转化率为 89.08%，支付转化率为 1.56%。

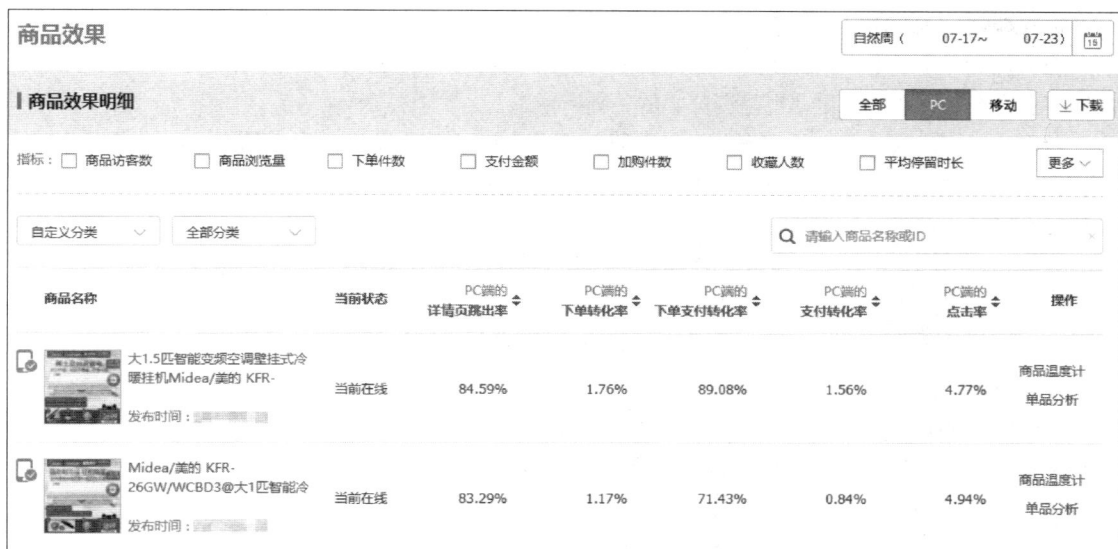

图 4-5　商品效果

1. 点击率

点击率是指统计日期内，网店展示内容的点击量与展现量之比。它采用百分比的形式，反映了网页上某一内容的受关注程度，经常用来衡量广告的吸引力。

$$点击率＝点击量／展现量×100\%$$

2. 跳失率

跳失率是指在统计时间内访客中没有发生点击行为的人占全部访客的比例，它反映了某个页面对访客的吸引力和访客黏性。跳失率越低，表示流量质量越好。它是成交转化漏斗模型中推广阶段的一个重要分析指标。

$$跳失率＝访客中没有发生点击行为的人数／总访客数×100\%$$

$$跳失率＝1-（点击人数／总访客数）$$

3. 有效入店率

有效入店率是衡量访客是否流失的一个很重要的指标，也是与跳失率相反的一个指标。有效入店人数是指至少访问了店铺的两个页面才离开的访客数。当访客到达店铺后，进行打开商品详情页、点击收藏店铺、发起旺旺咨询、将商品加入购物车、点击立即购买等操作后再离开店铺的，都算有效入店。

$$访客数＝有效入店人数＋跳失人数$$

$$有效入店率＝有效入店人数／访客数×100\%$$

对于一个店铺来说，商家要尽可能降低全店的跳失率，增加全店的有效入店人数。

4. 详情页跳出率

详情页跳出率是指统计时间内访客在详情页没有发生点击行为的人数占全部详情页访客的比例。该值越低越好。详情页跳出率如果比较高，则说明详情页的内容设计不能很好地留住访客。

$$详情页跳出率＝访客在详情页中没有发生点击行为的人数／详情页访客数$$

$$＝1-点击详情页人数／详情页访客数×100\%$$

在生意参谋品类频道的宏观监控板块，可以查到店铺商品的详情页跳出率。

5. 收藏率/加购率/咨询率

在浏览步骤中，客户产生了购买意向，可能会做3件事情——收藏、加购或咨询，因此收藏率、加购率、咨询率、下单转化率也是浏览中的关键指标。

收藏率是指访客中收藏人数的占比。加购率是指访客中加入购物车人数的占比。咨询率是指统计周期内访客中发起咨询的人数的占比。这3项指标越高，说明商品人气越高，也说明访客对该商品已经有了购买意愿。

$$收藏率 = 收藏人数 / 总访客数 \times 100\%$$
$$加购率 = 加购人数 / 总访客数 \times 100\%$$
$$咨询率 = 咨询人数 / 总访客数 \times 100\%$$

6. 咨询转化率

访客参与店铺活动，往往需要咨询客服来解决疑惑，转化率往往受到访客在咨询过程中所涉及的客服服务态度的影响。从访问到询单，到下单，再到付款，有一个最终付款成功率。最终付款成功率=最终付款人数/总访客数×100%。最终付款成功率与咨询转化率和静默转化率有关。

$$咨询转化率 = 咨询下单客户数 / 咨询人数 \times 100\%$$

影响咨询转化率的因素有5个：一是客服的服务意识，二是客服的专业技能（导购技能及对商品知识的了解程度），三是主动销售，四是客服的服务态度，五是客服的响应速度。

咨询转化率的产生过程如图4-6所示。

图4-6　咨询转化率的产生过程

7. 静默转化率

与咨询转化率相对应的是静默转化率。静默转化是指访客进入店铺后没有咨询客服，而是自发下单购买商品。静默成交客户是指未咨询客服就下单购买的客户。店铺里会有部分客户（特别是老客户），因为对店铺已经非常认可，在购买的时候常常不咨询客服就直接下单。静默转化率考察的是店铺的整体水平，包括店铺的装修、商品的描述、店铺的 DSR 动态评分及老客户关系维护水平等。

$$静默转化率 = 静默成交人数 / 总访客数 \times 100\%$$

静默转化是商家最喜欢的一种转化方式，因为它不需要推销就有订单上门。静默转化率产生的过程如图4-7所示。

图4-7　静默转化率产生的过程

8. 下单转化率

下单转化率是统计时间内下单买家数的占比，即来访客户转化为下单买家的比例，它是评估转化率的综合指标。下单转化率主要取决于店铺和商品带给访客的感受，如果两者都能给访客带来良好的感受，那么下单转化率就高。

$$下单转化率 = 下单人数 / 总访客数 \times 100\%$$

9. 下单支付转化率

下单支付转化率是指统计时间内，支付人数占下单人数的比例，即统计时间内下单买家中完成支付的比例。当下单支付转化率过低，如低到 80% 时，就代表有 100 个人下单，却只有 80 个人付款，商家就要思考为什么有 20 个人下单后又放弃购买了。其实到了下单这一步，说明买家的购买意向已经非常强烈了，但最终还是放弃付款，原因何在？是商品的问题，还是价格的问题？是否需要一个专门的客服进行催付款的工作呢？对于这些问题，商家需要仔细考虑。

$$下单支付转化率 = 支付人数 / 下单人数 \times 100\%$$

10. 支付转化率

支付转化率是指统计时间内，支付人数占总访客数的比例，即来访客户转化为支付买家的比例。它是评估转化效果的最终指标。

$$支付转化率 = 支付人数 / 总访客数 \times 100\%$$

（五）影响转化率的因素

转化率与广告展现、推广展现、搜索展现、购买展现有关。从消费者的角度出发，影响转化率的因素共有 12 个。

1. 商品价格

商品价格不仅影响商品的搜索权重，还影响进入店铺的消费者最终是否会下单购买。商品的价格并非越低越好，而是要在分析商品在整个行业中的成交价格和成交量的基础上来确定。图 4-8 所示为某网店的价格带，可以发现 1501 ~ 3500 元是该网店最容易被消费者接受的价格，支付买家占比达到 53.14%。

价格带	支付买家占比	支付买家数	支付金额	支付转化率	操作
0-150元	3.27%	72	7,204.77	2.29%	查看趋势
151-500元	5.59%	123	39,727.00	1.61%	查看趋势
501-1500元	21.36%	470	602,933.00	1.23%	查看趋势
1501-3500元	53.14%	1,169	2,835,921.00	0.94%	查看趋势
3501-6000元	15.05%	331	1,390,047.00	0.51%	查看趋势

图 4-8 价格带

2. 消费者评价

消费者在下单购买商品前一般都会去查看商品的消费者评价、DSR 动态评分及问大家，所以消费者评价的内容、DSR 分值和问大家中的消费者回复对转化率有重要的影响。图 4-9 所示为某旗舰店的动态评分和服务情况，3 项动态评分均高于同行业平均水平，5 分好评率达到 91.29%，纠纷退款率为 0，这足以证明这是一家让人放心的店铺。

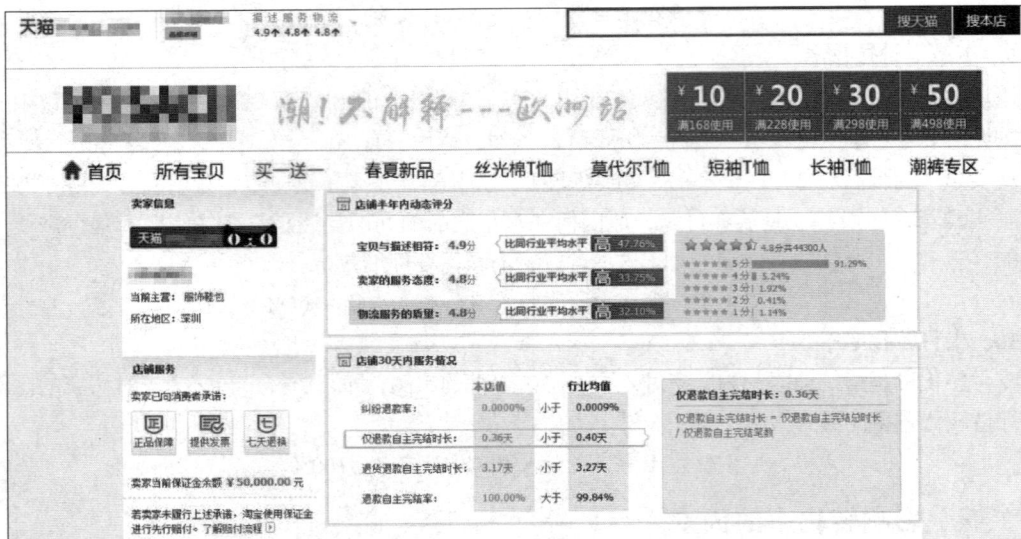

图4-9 某旗舰店的动态评分和服务情况

3. 商品详情页设计

消费者在网店购物与在实体店中购物体验是不同的，在实体店中消费者可以真实地触摸商品，判断它的质量，但在网店购物时，消费者对商品质量的判断在很大程度上取决于商品详情页的设计。在商品详情页中，内容板块一般含有商品主图展示区，用来向访客展示商品的各种属性效果；文字描述区，用来向访客介绍商品的特点和细节；其他功能区，用来引导访客继续访问和收藏商品。商品详情页的整体颜色、板块的布局设计都要尽量做到让访客消除在商品质量方面的疑虑，放心购物。

图4-10所示为某网店的商品详情页的部分截图，其通过向访客展示商品的细节，吸引访客下单购买。

图4-10 商品详情页的部分截图

4. 店铺装修

店铺装修美观、专业，会让访客从心理上产生一种信任感，从而吸引访客，这对提高转化率大有裨益。反之，如果店铺装修毫无风格可言，整体配色乱七八糟，访客的第一感觉就是店铺环境差，并认为商品质量应该也不好，这会造成访客流失、转化率降低。

图 4-11 所示为格力官方旗舰店的首页，其店铺装修比较美观，与格力品牌相符，很容易赢得访客的信赖。

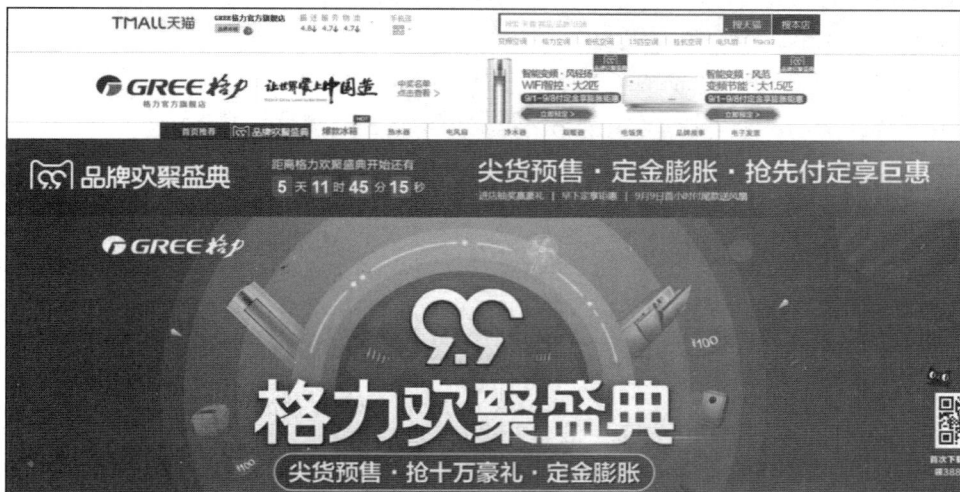

图 4-11　格力官方旗舰店的首页

5. 促销活动

消费者都有买便宜和得实惠的消费心理，商品的打折促销、一买就赠等活动往往会对消费者产生很大的吸引力，所以促销活动也是影响转化率的重要因素。常见的促销方式有指定促销、组合促销、借力促销、附加值促销、奖励促销、赠送类促销、时令促销、定价促销、回报促销、产品特性促销、临界点促销、限定式促销、名义主题促销、另类促销、纪念式促销等。

（1）指定促销

指定对象促销：先购买者减价，如前 10 名购买者专享半价；角色专享价，如母亲特惠价；老顾客优惠价，如二次购买特惠；新顾客优惠。

指定商品促销：赠送式促销，如买 A 送 B；品类限定促销，如儿童玩具限时打折。

（2）组合促销

捆绑式促销：赠送式促销，如买 A 送 B；附加式促销，如加 1 元多一件或者第二件半价。

搭配促销：A+B 优惠价，如衣服搭配裤子一起买，减 10 元。

连贯式促销：首次购买正价，第二次购买两件半价。

（3）借力促销

知名艺人促销：借用知名艺人的声誉进行促销，如某某同款 T 恤、某某挚爱款。

时事促销：利用时事热点促销。

依附式促销：依附于某个大品牌展开促销，如某某活动赞助品牌。

（4）附加值促销

口碑式促销：通过老顾客吸引新顾客，如邀请有礼、邀请返利、好评有礼、好评返利。

榜单排名式促销：以在商品榜单中占有一席之地的方式进行促销。

故事性促销：借用故事打动顾客，如"某某商品背后的故事"。

承诺式销售：向顾客提出承诺。

品牌型促销：利用品牌声誉促销，如"某某品牌，值得信赖"。

（5）奖励促销

抽奖式促销：采用抽奖方式促销，如购买抽奖、抽取幸运顾客。

互动式促销：利用与顾客互动的机会促销，如收藏有礼、介绍新客户有礼、签到有礼。

优惠券促销：通过向顾客发放优惠券的方式促销，如发放优惠券、抵价券、现金券、包邮券等。

（6）赠送类促销

礼品促销：以向顾客赠送礼品的方式促销，如有买有赠、满额赠送。

惠赠式促销：以向顾客惠赠的方式促销，如买一赠一、买多赠一、买多送多、买送红包、买送积分。

（7）时令促销

清仓类促销：用清仓吸引顾客，如换季清仓、季末清仓、反季促销。

季节性促销：利用季节特点促销当季商品，如春季热卖促销。

（8）定价促销

满额促销：以顾客购买金额达到一定限额后给予优惠的方式促销，如满就送、满立减。

特价式促销：以进行特价销售的方式促销，如一元拍、仅售某某价。

统一价促销：以按统一价格销售商品的方式促销，如全场2元。

（9）回报促销

免费式促销：利用免费方式吸引顾客，如免费试用、免单。

回扣返利促销：以向购买商品的顾客返利的方式促销，如满就减、返现。

拼单折扣促销：以对购买数量多的顾客给予优惠的方式促销，如满几件赠送、团购价、满几件包邮。

（10）产品特性促销

产品卖点促销：以向顾客展示产品卖点的方式促销，如质优产品、功能卖点。

引用举例式促销：以向顾客引用举例老顾客或社会评价的方式促销，如网友推荐。

新品促销：对新上线的产品展开促销，如新品折扣。

效果对比式促销：以向顾客展示和对比产品效果的方式促销，如比某某产品效果更好。

（11）临界点促销

最高额促销：以设定产品价格最高额的方式促销，如全场50元封顶。

最低额促销：以设定产品价格最低额的方式促销，如1折起、全场最低2折。

极端式促销：以设定产品极端价格的方式促销。

（12）限定式促销

限量促销：以限定产品销售数量的方式促销，如限量100件销售。

阶梯式促销：以设计一个优惠阶梯的方式促销。

单品促销：针对一个单品展开促销，如孤款独售。

限时促销：限定时间的促销，如逢时促销（整点免单）。

（13）名义主题促销

公益性促销：借用公益的名义来促销，如买就捐款。

配合平台的"主体性"促销：如"聚划算""天猫新风尚"。

联合促销：联合多个商家展开促销，如互补式促销、同类目促销（T恤促销专场）。

主题性促销：利用顾客喜欢的主题展开促销，如拼多多百亿元补贴大促。

（14）另类促销

稀缺性促销：将产品冠以稀缺的名号吸引顾客。

模糊式促销：采用模糊的方式促销，如全场促销。

纯视觉冲击促销：通过对电商网站平台的美化进行促销。

通告式促销：通过向顾客提前通告的方式促销，如预售日促销。图4-11中格力官方旗舰店的首页展示的是格力欢聚盛典的倒计时，广告语"尖货预售·定金膨胀·抢先付定享巨惠"促使顾客尽快支付定金，促成交易。

反促销式促销：以反促销的方式打动顾客，如原价售卖、绝不打折。

悬念式促销：以向顾客设计悬念的方式促销，如价格竞猜。

（15）纪念式促销

会员促销：针对店铺会员展开的促销，如VIP价、会员日特价、满额VIP升级。

节日促销：借用节日的名义促销，如"三八妇女节"促销、圣诞节促销。

纪念日促销：借用纪念日的名义促销，如生日特惠、店庆特惠。

特定周期促销：以设定特定优惠周期的方式促销，如周二新品促销、每月半价日。

6. 消费能力

访客的消费能力对商品转化率也有重要的影响。消费能力高的访客对商品价格不敏感，但对商品的品牌、质量和设计等方面的要求高，如果网店的商品在这些方面能够满足这部分访客的需求，则转化率就高；反之，转化率就低。消费能力低的访客对商品价格比较敏感，但由于消费观念不同，商家很难通过购买金额和数量直接判定访客的消费能力是较高、一般还是较低。有些网购者虽然消费能力一般，但由于其消费观念是注重享受，因而可能属于购买金额较大、购买数量较多的消费人群。

7. 消费观念

访客的消费观念分成3种：理性消费、感觉消费和感性消费。理性消费的购买标准是商品"好""坏"与"便宜""不便宜"，感觉消费的购买标准是"喜欢""不喜欢"，感性消费的购买标准是"满意""不满意"。第一种消费观念的指导思想是"节俭"，而后两种消费观念更侧重"享受"。

一般来说，消费能力较低的访客，消费观念更理性，即侧重于"节俭"；消费能力较高的访客，消费观念更感性，即侧重于"享受"。当然也有消费能力高的访客是理性访客、消费能力低的访客是感性访客的情况。

8. 访问目的

主动使用站内搜索查找和浏览商品信息的访客，其访问目的往往是计划内购物，而通过分类购物栏和引导购物栏浏览商品信息和在站内随意点击浏览信息的访客，其访问目的大多是闲逛。

显而易见，计划内购物者的转化率通常高于闲逛者的转化率。然而，大多数访客并没有明确的购买目标，即他们的访问目的就是闲逛。因此，为访客推荐购买目标，刺激他们的购买欲望，对于提高转化率尤为重要。

9. 浏览时间

我们处在一个信息爆炸的时代，广告无处不在，信息无孔不入，消费者每天会接触成千上万的营销信息。高密度的信息轰炸已经让消费者难以产生兴趣，所以促销信息要30秒就抓住消费者的心：第1个30秒引起注意，第2个30秒引发兴趣，第3个30秒引人入胜，第4个30秒引出行动。

经分析发现，访客在网店停留的时间在 30 ~ 60 秒，转化率为 0.5% ~ 1.5%；访客在网店停留 61 ~ 150 秒，转化率为 2% ~ 3%；访客在网店停留的时间超过 150 秒，转化率在 4% 以上。因此怎样延长访客在网店停留的时间，是值得电商从业者思考的问题。

一般来说，访问目的是闲逛或者网店对访客的吸引力较强，访客的页面浏览时间会较长；访问目的是计划内购物或者网店对访客的吸引力较弱，访客的页面浏览时间则较短。

10. 购物体验

访客的购物体验会严重影响成交转化率。对于访客的购物体验是优、良还是较差，商家主要可以通过反复测试和分析评价来了解。影响访客购物体验的因素主要包括搜索是否精准匹配、页面加载速度、页面是否简洁和操作的难易度、动线设计、图片是否清晰、客户服务、支付环节的流畅性、物流配送速度等。访客的反馈信息能较客观地反映其真实的购物感受，这对于优化电商网站十分重要。

一般来说，购物搜索匹配精准、页面加载速度快、动线设计合理、图片清晰、支付环节流畅、商品与描述相符、客服服务态度好、物流配送速度快，会带给访客好的购物体验。这些方面做得越好，访客的购物体验就越好，就越有可能重复购买。反之，访客的购物体验就越差，他们很可能不会再光顾，并且可能会将不好的购物经历分享给好友。

知识链接：影响访客购物体验的因素

1. 商品描述是否吸引人。商品详情页的图片要清晰、细节要突出，图文结合，排版要看着舒服，而且分布有序，不显得杂乱无章。

2. 页面打开速度是否够快。图片太大会影响页面响应速度，一般要求移动端响应时长短于 20 秒。

3. 客服服务态度如何。客服必须礼貌地回答访客的问题，而且能根据其需求做好相关推荐。

4. 价格是否合理。访客一般都喜欢低价，但定价不是越低越好。

5. 优惠力度是否够大。较大的优惠打折力度最能引发访客的购买欲望，商家要让访客觉得得到了实惠。

6. 差评。"情愿不赚钱，就怕有差评"，这句话商家应该是深有体会的。

11. 流量来源

根据流量来源可以把访客分成老访客和新访客，通常情况下，从自主访问流量入口进入的访客基本上都是老访客。当新访客转化率下降时，商家需要从商品价格、主图质量、店铺评分、客户服务、促销活动、竞争因素、装修风格、品牌价值、付款方式、物流方式、页面打开速度、销量、商品描述、售后服务等方面进行反思，查看哪些方面没有做到位。当老访客转化率出现问题时，商家需要从店铺风格、商品质量、老客户维护、促销活动、店铺上新频率等方面查找原因，确定是什么原因导致老访客不再进店购物。

12. 访客地域

不同地区的访客对不同店铺、不同商品的访问量不同，访客地域的不同也会影响转化率，但是访问量大并不代表转化率高。商家在全面分析店铺转化率数据时，不能遗漏访客地域这一因素。

图 4-12 所示为某网店销售美的空调的访客分析，地域 TOP5 显示，8 月 4 日浙江省的访客数最多，下单转化率也最高；湖南省的访客数排名第二，但下单转化率最低。如果商家做直通车推广，地域选择浙江省、江苏省和河南省就比较合适，因为这些地域的下单转化率高，能吸引更多的流量，有助于提高网店的成交业绩。

图 4-12　访客分析

此外，购物时间段、购物时同时正在做的另一件事、朋友的意见、性别、年龄、心情等因素也会影响转化率。

知识链接：转化率提升思路

当商家能够深入而客观地认识与店铺转化率相关的各项因素之后，就可以着手提高店铺的转化率了。转化率提升思路如图 4-13 所示，商家可以先找内因，后找外因，逐步解决存在的问题。

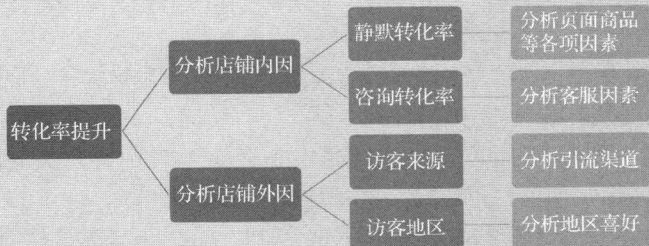

图 4-13　转化率提升思路

（六）直通车转化分析

1. 直通车的概念

直通车又称淘宝 / 天猫直通车，是运用搜索引擎营销原理通过关键词竞价推出的，以点击付费为计算方式，从而实现商品精准推广的营销工具。其基本原则是展现不收费，按点击次数收费，而且同一 IP 地址一个商品同一天被点击次数只计 1 次。

2. 直通车推广原理

直通车推广原理是通过给参加直通车推广的商品设置关键词，使该商品被潜在买家搜索到，从而促使买家点击该商品进入推广者的店铺，进而可能产生购买行为。直通车用精准的关键词搜索给商品带来潜在买家，同时用某个商品的点击量增多而带动其他商品的浏览量，从而带动整个店铺的流量甚至销量。由于直通车推广能带来大量的流量和成交量，它已成为淘宝卖家乐意接受的营销工具。

3. 直通车竞价公式

淘宝直通车实际扣费＝（下一名出价×下一名质量得分）/自己的质量得分+0.01元。从公式可以看出，质量得分直接影响直通车价格，竞价者可以通过改变自己的质量得分来调整扣费。提高质量得分的方式主要是对相关度、转化率、店铺状况进行优化。

相关度即一致性，是指商品标题、类目属性、商品描述等和所设定的关键词之间相关的程度。优化方法是找出最适合这个商品的几个关键词，在商品标题、商品详情页中进行有效配置。

转化率是通过计算店铺的成交量、收藏量、点击量等得出的，因此要提高转化率，就需要提高店铺的成交量、收藏量、点击量。例如，商家通过优化标题、图片、商品详情页来吸引访客点击、收藏乃至成交。影响直通车转化率的关键因素是创意质量和买家体验。创意质量是推广创意近期的关键词动态点击反馈。买家体验是买家根据在店铺的购买体验给出的动态反馈。

店铺状况主要看店铺是否有违反淘宝规则的商品出现，如有，店铺应及时予以纠正。

4. 直通车转化率

（1）直通车点击率

任何时候点击率都是影响质量得分的最重要的因素。点击率反映了买家对直通车商品的感兴趣程度，点击率高的商品，在相同数量的展现量下可以获得更多的点击量。直通车商品的点击率由创意图片、关键词排名、人群定位、商品等因素共同决定。

① 创意图片。买家搜索商品时，第一时间看的就是商品主图，就直通车而言就是创意图片。创意图片的主要作用就是突出商品的核心卖点，让买家能第一时间了解商品的价值，刺激买家点击。买家搜索商品时不是一个一个看的，而是一次浏览多个商品。因此，创意图片是很重要的，商品美不美观、能不能打动买家，有时候完全是由创意图片体现出来的，创意图片效果好，点击率自然不会低。

② 关键词排名。关键词排名的提升能够让店铺商品获得更多的展现量，展现量越多，说明商品越有可能被买家点击，越能为店铺带来流量。

买家在PC端看到的搜索结果页首排1、2、3排位是黄金位，右侧的1、2、3、4排位是直通车优质位，下方的5个排位也是直通车优质位，第二页点击率将呈下降的趋势。

移动端的直通车是和自然搜索排序展现在一起的，以"hot"为显著标志，前3名的排位是商家必争之地，排在前10名的商品也有机会被点击，但排在10名以后的商品展现的机会就很少了。

③ 人群定位。搜索人群的展现原理是当买家进行搜索的时候，淘宝会根据买家的浏览记录，筛选商家进行千人千面展示。直通车开通搜索人群后，在千人千面的关键词展示下，针对不同买家搜索的关键词进行议价权重，让这一类人群可以在更靠前的直通车展位看到商品展示，进而让店铺商品在精准的人群面前展示，从而可以进一步提升点击率和流量的精准性。

搜索人群的最终出价公式如下：

$$最终出价＝关键词出价＋关键词出价 × 溢价比例$$

当潜在买家搜索商品时，这个关键词就会以关键词出价加溢价的金额来竞争展现位置。例如，某关键词出价为1元，溢价比例设置为50%，那么最终出价是1+1×50%=1.5元。

搜索人群分为优质访客人群、自定义人群和天气人群，如图4-14所示。

优质访客人群（见图4-15）是指浏览、收藏、加购过本店铺商品的一些访客，这一类访客是非常精准的，当商品二次曝光时，这类访客很有可能会产生购买行为。购买过本店铺商品的访客对本店铺有一定的了解，店铺配合一些活动、优惠等也可以促成他们实现二次购买。相似店铺的访客就是本店铺的优质访客，这一块的流量是非常精准的。

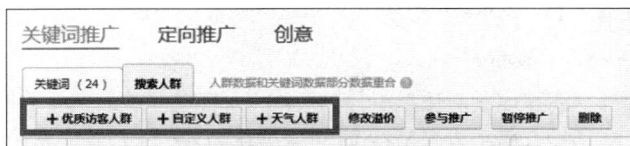

图 4-14　搜索人群

状态	搜索推广	溢价	展现量	点击量	点击率	平均点击花费	花费	投入产出比	总收藏数	总购物车数	点击转化率	总成交笔数	总成交金额
	优质人群												
推广中	店内商品放入购物车的访客	105%	632	115	18.20%	¥1.72	¥197.76	9.58	4	24	14.78%	17	¥1,895.13
推广中	收藏过店内商品的访客	5%	28	6	21.43%	¥1.85	¥11.12	—	—	—	—	—	—
推广中	购买过店内商品的访客	65%	48	2	4.17%	¥1.67	¥3.33	—	—	—	—	—	—
推广中	高购买频次的访客	5%	172	25	14.53%	¥1.54	¥38.59	2.47	2	5	4%	1	¥95.26
暂停	高消费金额的访客	5%	409	21	5.13%	¥1.87	¥39.23	1.88	0	1	4.76%	1	¥73.80
暂停	资深淘宝/天猫的访客	5%	—	—	—	—	—	—	—	—	—	—	—

图 4-15　优质访客人群

自定义人群（见图 4-16）是指可以精细划分、进行精准溢价的人群。商家可以先根据访客特征，选择多种人群进行投放；再根据不同人群的点击率、转化率和投入产出比，确定溢价比例，达到通过搜索人群的精准定位，实现直通车精准引流的效果。设置自定义人群的类目单价比、性别、年龄时，可参考生意参谋的人群画像。

	人口属性人群												
推广中	18—24岁健身男士	20%	1,482	137	9.24%	¥1.60	¥218.73	3.35	3	9	5.11%	7	¥733.26
推广中	30—34男	70%	29,389	3,759	12.79%	¥1.69	¥6,335.47	3.69	59	294	5.88%	221	¥23,396.42
暂停	18—24男	15%	—	—	—	—	—	—	—	—	—	—	—
推广中	25—29男	45%	24,986	2,597	10.39%	¥1.53	¥3,979.63	2.98	60	179	4.31%	112	¥11,864.66

图 4-16　自定义人群

天气人群（见图 4-17）可以选择的标签包括名称、天气状况、空气质量、温度及出价等，适合一些受天气影响比较大的商品。

	天气人群												
暂停	小雨	5%	526	55	10.46%	¥1.37	¥75.29	1.39	1	3	1.82%	1	¥104.40
暂停	阴或阵雨	5%	2,873	417	14.51%	¥1.58	¥657.61	1.90	7	47	3.60%	15	¥1,252.15
暂停	舒适	5%	—	—	—	—	—	—	—	—	—	—	—
暂停	大雨	25%	2,536	236	9.31%	¥1.36	¥320.31	2.86	5	11	3.81%	9	¥915.31
推广中	中雨	5%	15,203	1,909	12.56%	¥1.59	¥3,031.62	3.09	44	163	5.13%	98	¥9,355.04

图 4-17　天气人群

④ 商品。影响点击率高低的因素还有商品本身。如果商品的功能或设计对访客有吸引力，商品

自然能够获得更多的点击。

（2）直通车点击转化率

直通车官方强调要加强客户体验对质量得分的影响，而客户体验最重要的指标就是点击转化率。淘宝直通车的点击转化率是指直通车点击量在 15 天内转化为支付宝成交笔数的比例。它的公式是：

$$淘宝直通车点击转化率 = 总成交笔数 / 点击量 \times 100\%$$

点击转化率反映了客户对商品的接受度，更高的转化率可以支撑店铺的广告支出。点击转化率的影响因素主要包括款式、价格、商品详情页、销量和评价。

提高点击转化率的方法如下。

① 查看关键词列表（见图 4-18），对点击转化率高的词提高出价，以获得更优质的排名；反之则降低出价，或者去掉该关键词。

推广单元列表　创意列表　关键词列表　地域列表　　关键词　直通车报表

过滤条件：请选择　细分条件：请选择　　更多数据

状态	关键词	推广单元名称	推广单元类型	出价	展现量	点击量	点击率	花费	平均点击花费	点击转化率	操作
推广中	[illegible]器材	[illegible]一对	宝贝推广	¥0.05	14,952	1,699	11.36%	¥2,814.98	¥1.66	3.71%	分日详情
推广中	[illegible]铃男健身[illegible]	[illegible]一对	宝贝推广	¥0.05	11,652	1,455	12.49%	¥2,199.52	¥1.51	2.27%	分日详情
推广中	[illegible]铃男[illegible]身	[illegible]对	宝贝推广	¥0.05	11,063	990	8.95%	¥1,372.50	¥1.39	3.54%	分日详情
推广中	[illegible]男健身[illegible]	[illegible]一对	宝贝推广	¥0.05	7,730	1,188	15.37%	¥1,886.44	¥1.59	5.05%	分日详情
推广中	[illegible]哑铃男[illegible]	[illegible]一对	宝贝推广	¥0.05	5,348	669	12.51%	¥1,205.52	¥1.80	4.63%	分日详情

图 4-18　关键词列表

② 查看地域报表（见图 4-19），为商品选择接受度更高的地域，关闭投入产出比低的地域，以有效提高点击转化率。

过滤条件：请选择　　更多数据

省区市	展现量	点击量	点击率	花费	平均点击花费	投入产出比	总收藏数	总购物车数	点击转化率	操作
安徽	2,431	269	11.07%	¥389.24	¥1.45	4.41	8	26	5.95%	分日详情
北京	2,732	270	9.88%	¥407.17	¥1.51	3.11	3	18	5.19%	分日详情
福建	2,534	256	10.10%	¥411.26	¥1.61	2.63	3	10	3.13%	分日详情
甘肃	551	50	9.07%	¥62.05	¥1.24	0	0	3	0%	分日详情
广东	10,999	1,070	9.73%	¥1,675.66	¥1.57	2.41	26	73	3.55%	分日详情
广西	798	85	10.65%	¥120.98	¥1.42	0	1	2	0%	分日详情
贵州	1,327	171	12.89%	¥242.94	¥1.42	1.14	2	8	1.75%	分日详情
海南	1,188	175	14.73%	¥241.31	¥1.38	0.79	2	9	1.14%	分日详情
河北	6,219	706	11.35%	¥947.26	¥1.34	3.44	14	56	5.38%	分日详情
河南	5,167	616	11.92%	¥905.01	¥1.47	2.31	16	39	2.76%	分日详情
黑龙江	1,919	216	11.26%	¥334.95	¥1.55	2.61	4	10	2.78%	分日详情
湖北	1,419	152	10.71%	¥250.27	¥1.65	3.13	2	13	5.26%	分日详情
湖南	1,295	143	11.04%	¥239.41	¥1.67	1.69	0	11	1.40%	分日详情
吉林	1,240	149	12.02%	¥208.26	¥1.40	0.50	0	12	0.67%	分日详情
江苏	6,888	751	10.90%	¥1,229.61	¥1.64	1.70	9	41	2.13%	分日详情

图 4-19　地域报表

③ 从商品本身出发优化点击转化率，点击转化率与商品的选款、测款、定款、基础销量＋买家秀、商品详情页密切相关，如图 4-20 所示。

图 4-20　点击转化率相关因素

打造高点击转化率的商品需要经过以下操作。

第一步是选款。商家从店铺众多商品中选出潜力商品参加直通车推广。

第二步是测款。当商家选出多个有潜力的商品后，这些商品一定能销售火爆吗？当然不，商家还需要测款，测款的常用工具是直通车和智钻。测款通常看两个维度：第一个维度是展现量超过1000，点击率为本行业的 1.5 ～ 2 倍（这主要针对一个常规的类目，偏大或偏小的类目不在其中）；第二个维度是将点击量超过 100 的商品的加购量和收藏量的总和除以点击量，再乘以 100%，结果超过 10%，则可以将这款商品确定为潜力爆款。

第三步是定款。定款首先要看商品主图。平台给店铺的是展现机会，但能否获得流量就看访客是否点击了，而点击量与商品主图的"颜值"成正比。其实平台也会测款，即给所有商品一定量的展现。有些商品能消化展现，被点击，形成流量，平台就给它更多的展现；有些商品不能消化展现，没有被点击，也就没有流量，就会被淘汰。

第四步是关注基础销量＋买家秀。大部分访客都会先关注评价，再看买家秀，最后才看商品描述。第三方评价更能获得访客信任。基础销量和买家秀的地位越来越重要，甚至在商品详情页之上。

第五步是优化商品详情页。美观的商品详情页可以吸引访客的注意力，从而降低跳失率。美观的商品详情页通过图片与文字的结合，强化访客的购买兴趣，激发他们为商品买单的欲望，催促访客行动，达成交易。

三、任务实战

（一）转化漏斗对比分析

1. 任务背景

某电商企业开发了一款自营生鲜及提供配送服务的生活服务类 App。其提供的商品主要有蔬菜、豆制品、水果、肉禽蛋、水产海鲜、米面粮油、休闲食品等。

7 月有 725000 人打开 App，633000 人浏览商品详情页，258000 人将商品加入购物车，167000人确认下单购买商品，121000 人完成支付。

8 月有 834000 人打开 App，752000 人浏览商品详情页，399000 人将商品加入购物车，320000人确认下单购买商品，176000 人完成支付。

2. 任务内容

绘制该电商企业7月与8月的转化漏斗图，然后将5个环节的转化率指标进行对比分析，以评估8月各环节的转化效率，再针对具体问题提出改进措施，促进总体转化率的提升，并撰写《某电商企业转化漏斗对比分析报告》。

3. 任务要求

本任务要求学生单独完成并提交《某电商企业转化漏斗对比分析报告》，字数不限，要求数据准确、图形清晰、分析到位、逻辑严密。

4. 任务实施

步骤1：计算各环节转化率和总体转化率。

步骤2：绘制7月和8月的转化漏斗图。

步骤3：将两个转化漏斗图进行对比分析。

步骤4：提出改进措施。

步骤5：撰写《某电商企业转化漏斗对比分析报告》。

步骤6：做好汇报的准备。

5. 参考报告

某电商企业转化漏斗对比分析报告

1. 计算各环节转化率和总体转化率

某电商企业自营生鲜，自己开发App销售商品。7月和8月转化漏斗各环节的人数如表4-1所示。

表4-1　某电商企业7月和8月转化漏斗各环节的人数

转化环节	7月人数	8月人数
打开App	725000	834000
浏览商品详情页	633000	752000
加入购物车	258000	399000
下单购买	167000	320000
完成支付	121000	176000

接着计算7月和8月各环节转化率和总体转化率，环节转化率=本环节人数/上一环节人数×100%，第一个环节的环节转化率=100%；总体转化率=本环节人数/第一个环节人数×100%，如图4-21所示。

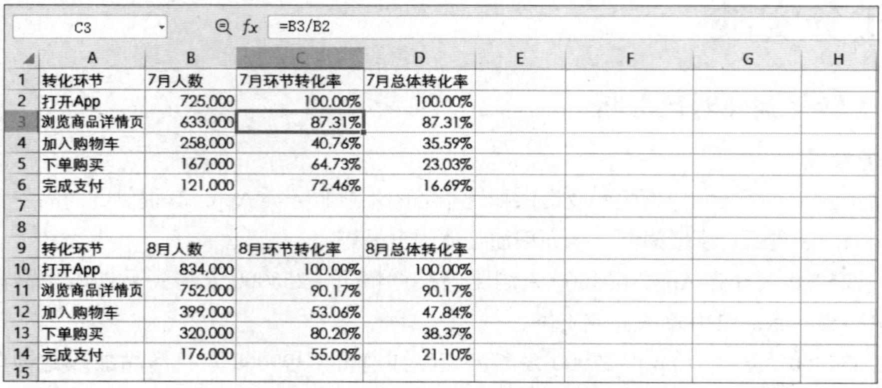

图4-21　计算7月和8月各环节转化率和总体转化率

2. 绘制 7 月和 8 月的转化漏斗图

（1）在 B 列之前插入一列辅助列，单元格 B3 的公式为"=（$C$2-C3）/2"，向下拖曳依次复制公式，完成 7 月和 8 月辅助列的计算，如图 4-22 所示。

	A	B	C	D	E	F	G	H
1	转化环节	7月辅助列	7月人数	7月环节转化率	7月总体转化率			
2	打开App	0	725,000	100.00%	100.00%			
3	浏览商品详情页	46000	633,000	87.31%	87.31%			
4	加入购物车	233500	258,000	40.76%	35.59%			
5	下单购买	279000	167,000	64.73%	23.03%			
6	完成支付	302000	121,000	72.46%	16.69%			
7								
8								
9	转化环节	8月辅助列	8月人数	8月环节转化率	8月总体转化率			
10	打开App	0	834,000	100.00%	100.00%			
11	浏览商品详情页	41000	752,000	90.17%	90.17%			
12	加入购物车	217500	399,000	53.06%	47.84%			
13	下单购买	257000	320,000	80.20%	38.37%			
14	完成支付	329000	176,000	55.00%	21.10%			
15								

图 4-22　计算 7 月和 8 月辅助列

（2）选择 A1：C6 单元格区域，插入堆积条形图，选择左侧坐标轴，单击鼠标右键，在弹出的快捷菜单中选择"设置坐标轴格式"命令，选中"坐标轴选项"栏中的"逆序类别（C）"复选框。

（3）选择图形中辅助列数据对应的横条，设置颜色填充方式为"无填充"。

（4）选择"7月人数"对应的横条，单击鼠标右键，在弹出的快捷菜单中选择"添加数据标签"命令，再选择数据标签，单击鼠标右键，在弹出的快捷菜单中选择"设置数据标签格式"命令，在标签选项中选中"单元格中的值"复选框，将"选择范围"设置成数据标签所在区域，如"E2：E6"，即可完成 7 月总体转化漏斗图，如图 4-23 所示。

（5）针对 8 月转化数据重复上述操作，完成 8 月总体转化漏斗图，如图 4-24 所示。

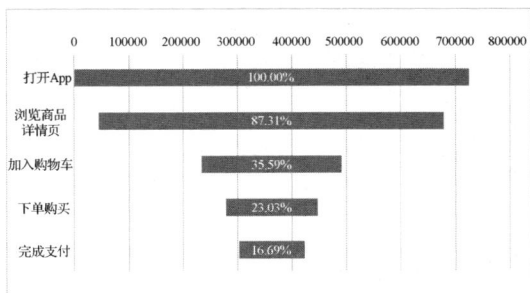

图 4-23　7 月总体转化漏斗图

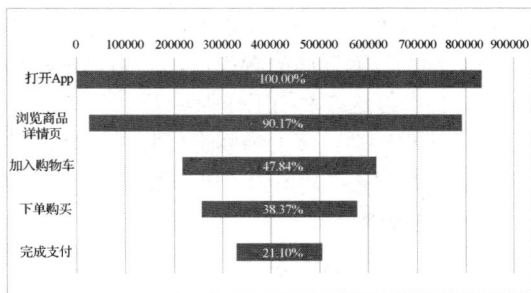

图 4-24　8 月总体转化漏斗图

3. 7 月与 8 月转化漏斗图对比分析

从图 4-23 和图 4-24 的总体转化率来看，8 月该电商企业在浏览商品详情页、加入购物车、下单购买、完成支付 4 个环节的总体转化率都明显高于 7 月这 4 个环节的总体转化率。特别是下单购买环节，总体转化率由 7 月的 23.03% 上升至 8 月的 38.37%，出现大幅增长。

从各环节转化率来看，7 月各环节转化漏斗图（见图 4-25）和 8 月各环节转化漏斗图（见图 4-26）显示，8 月该电商企业在浏览商品详情页、加入购物车、下单购买 3 个环节的环节转化率都比 7 月出现不同程度的上升，但在完成支付环节出现大幅下降，该电商企业需要进一步查明原因并提出改进措施。

4. 改进措施

该电商企业通过对下单购买后放弃支付的客户进行调查，发现客户放弃支付的原因主要有 3 个。

一是 8 月 App 上开展了店庆促销活动，但到了支付环节客户才发现要享受优惠必须先购买 300 元储值卡，因此部分客户选择放弃支付。二是部分客户发现领了优惠券，在支付时却不能使用，只好放弃支付。三是 App 不断邀请客户加入尊享会员，部分客户不胜其烦，就选择放弃支付。

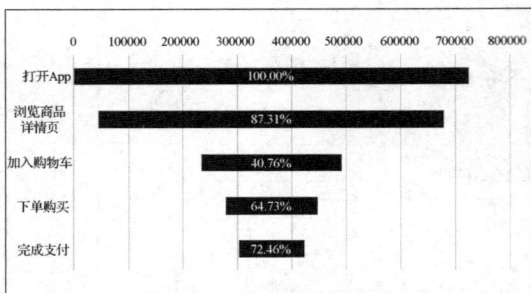

图 4-25　7 月各环节转化漏斗图

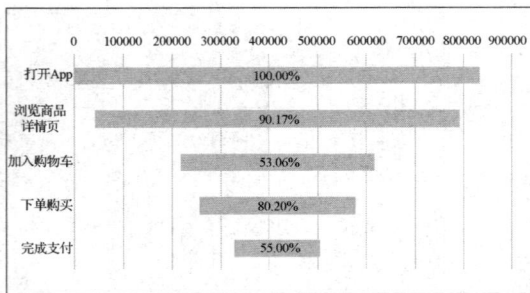

图 4-26　8 月各环节转化漏斗图

根据客户反馈，提出 3 项改进措施：一是将促销活动与储值卡优惠分离，客户不预先购买储值卡同样能够享受优惠，同时降低储值卡的使用门槛，并给予购买储值卡的客户更多福利；二是在支付环节增加限时优惠券的发放次数，给客户惊喜，促使客户完成支付；三是仅推荐高客单价客户加入尊享会员，会员福利以加倍积分返利的方式派发，减少对非尊享会员的影响。

（二）网店首页装修分析

1. 理论知识

访客进入网店，第一眼看到的就是网店的装修。网店整体的和谐布局、商品的合理布置，以及网店颜色的科学搭配都会带给访客良好的视觉体验。如果第一感觉不好，访客可能看一眼就走了，跳失率就会增加。

网店装修的好坏不仅直接影响访客进店的感受，而且会对销量的高低产生至关重要的影响。好的网店装修不仅能提高品牌溢价，也能增强访客的黏性。既然装修对一家网店来说如此重要，那么商家该如何做好这方面的工作呢？

对网店移动端首页的装修进行分析，首先要列出一个商品策划设计页面需求预期的列表，把这个预期列表与装修后的热力图进行对比，分析是否符合；如果不符合，需要对其进行哪些优化。

2. 任务内容

以一家网店的移动端首页为对象，获取其页面装修的各个元素与访客的点击情况，以及首页的转化情况和店内路径，然后对数据进行分析，挖掘出访客的偏好，再在此基础上提出优化方案，促进转化率的提升，并撰写《×× 网店移动端首页装修分析报告》。

3. 任务要求

本任务可安排两名学生一组，要求学生协助完成，完成后提交《×× 网店移动端首页装修分析报告》，字数不限，要求数据准确、分析到位、措施合理、逻辑严密。

4. 任务实施

步骤 1：获取首页热力图的点击次数。

步骤 2：获取首页的店内路径及转化数据。

步骤 3：获取首页的流量数据。

步骤 4：获取网店的流量数据。

步骤 5：分析数据，挖掘访客偏好。

步骤6：提出优化措施，促进转化率的提升。

步骤7：撰写《××网店移动端首页装修分析报告》。

步骤8：做好汇报的准备。

5. 参考报告

××网店移动端首页装修分析报告

1. 获取7月22日和7月23日首页热力图的点击次数

首先获取空调会场、彩电会场、方太厨电会场、洗衣机会场、冰箱会场和小家电会场的模块点击次数。从7月22日和7月23日连续两日的数据来看，空调、彩电和冰箱3个会场的点击次数排在前三，洗衣机、方太厨电和小家电3个会场的点击次数较少，如图4-27和图4-28所示。

图4-27 7月22日移动端首页热力图

图4-28 7月23日移动端首页热力图

在"今日必抢"板块，针对美的智能控温空调，访客根据自身需求可以选择"大1.5P"空调或"大1P"空调。从7月22日和7月23日连续两日的数据来看，"大1.5P"空调的点击次数略多于"大1P"空调的点击次数，如图4-29和图4-30所示。

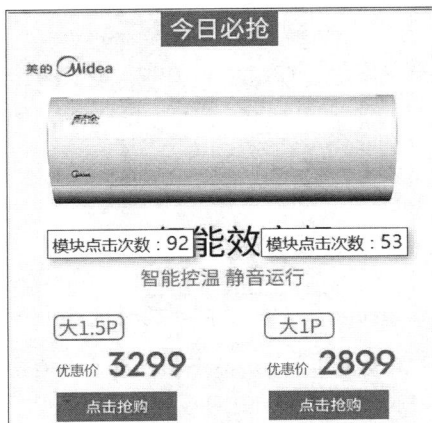

图4-29 7月22日"今日必抢"板块1热力图

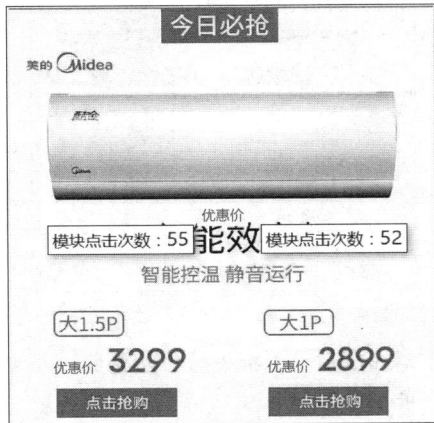

图4-30 7月23日"今日必抢"板块1热力图

"今日必抢"板块下还推荐了3款美的空调和1款九阳豆浆机。从7月22日和7月23日连续两日的数据来看，2台挂机的点击次数较高，1台柜机的点击次数相对较少，九阳豆浆机的点击次数最少，如图 4-31 和图 4-32 所示。

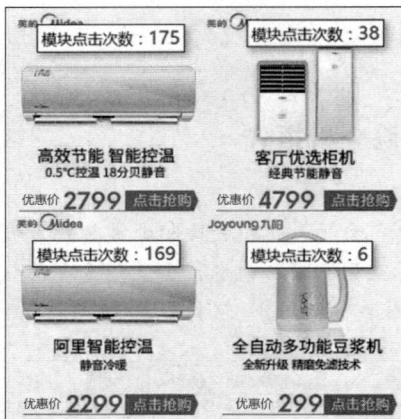

图 4-31　7月22日"今日必抢"板块2热力图　　图 4-32　7月23日"今日必抢"板块2热力图

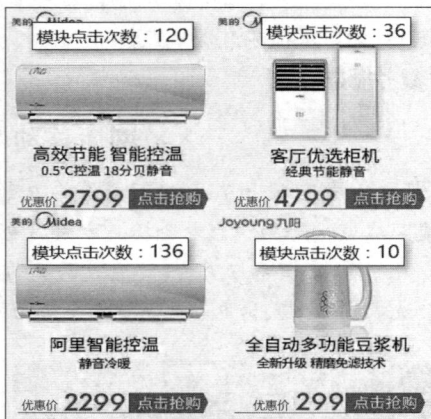

空调会场共展现4个品牌、6款空调，从7月22日和7月23日连续两日的数据来看，志高的正1匹空调、科龙的阿里智能空调、奥克斯的立式空调的点击次数排在前3位，科龙的立式空调、奥克斯的柜式空调、美的的立式空调点击次数较少，如图 4-33 和图 4-34 所示。

图 4-33　7月22日空调会场热力图　　　　图 4-34　7月23日空调会场热力图

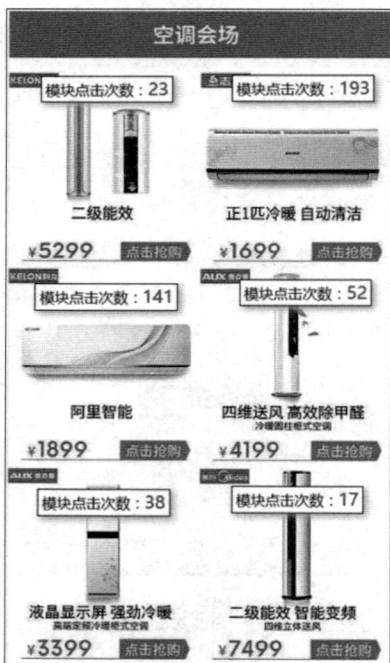

由于篇幅限制，本报告对彩电会场、方太厨电会场、洗衣机会场、冰箱会场和小家电会场不做进一步分析。

品牌区共展现了27个品牌，从7月22日和7月23日连续两日的数据来看，美的（55，43）、奥克斯（45，45）、志高（37，45）、海信（30，24）、海尔（23，14）的点击次数排在前5位，另外"查看所有宝贝"链接的点击次数比较多，如图 4-35 和图 4-36 所示。

模块点击次数 数：30	模块点击次数 数：8	模块点击次数 数：55
模块点击次数数：3	模块点击次数 数：8	模块点击次数 数：8
模块点击次数 数：4	模块点击次数 数：23	模块点击次数数：3
模块点击次数数：4	模块点击次数 数：2	模块点击次数 数：4
模块点击次数 数：1	模块点击次数 数：11	Joyoung九阳
模块点击次数 数：45	模块点击次数 数：37	模块点击次数 数：5
模块点击次数数：8	SHARP	模块点击次数 数：6
模块点击次数数：6	模块点击次数：3	SONY
模块点击次数 数：2		模块点击次数 数：3
	模块点击次数：39	

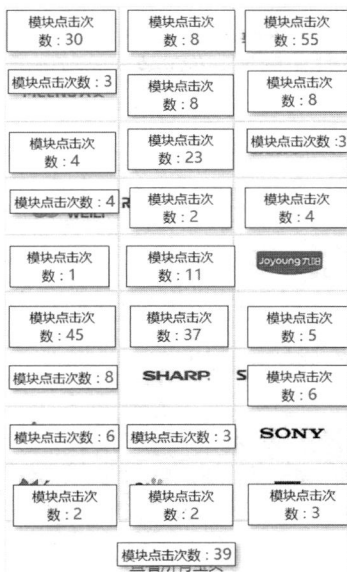

图4-35　7月22日品牌区热力图

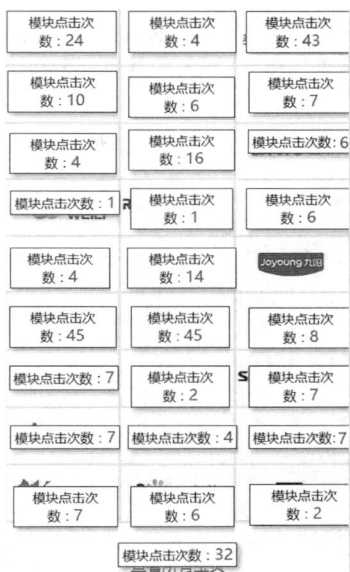

模块点击次数 数：24	模块点击次数 数：4	模块点击次数 数：43
模块点击次数 数：10	模块点击次数 数：6	模块点击次数 数：7
模块点击次数 数：4	模块点击次数 数：16	模块点击次数数：6
模块点击次数数：1	模块点击次数 数：1	模块点击次数 数：6
模块点击次数 数：4	模块点击次数 数：14	Joyoung九阳
模块点击次数 数：45	模块点击次数 数：45	模块点击次数 数：8
模块点击次数数：7	模块点击次数 数：2	模块点击次数 数：7
模块点击次数数：7	模块点击次数：4	模块点击次数数：7
模块点击次数 数：7	模块点击次数 数：6	模块点击次数 数：2
	模块点击次数：32	

图4-36　7月23日品牌区热力图

2. 获取首页的店内路径及转化数据

图4-37所示为淘宝App首页7月23日的店内路径，数据显示首页访客数为4261，占比为4.11%，流量来源主要有商品详情页、店外其他来源和店铺其他页，流量去向主要有商品详情页、离开店铺、商品分类页和店铺其他页。去往商品详情页的访客成交商品金额为153895元，去往商品分类页的访客成交商品金额为54428元，去往店铺首页的访客成交商品金额为7596元，共计215919元。

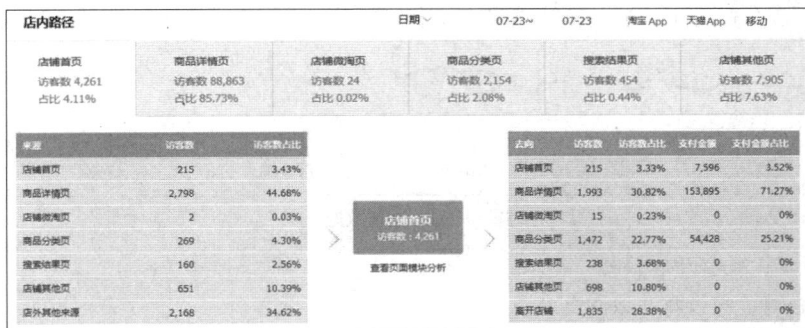

店内路径

| 店铺首页 访客数 4,261 占比 4.11% | 商品详情页 访客数 88,863 占比 85.73% | 店铺微淘页 访客数 24 占比 0.02% | 商品分类页 访客数 2,154 占比 2.08% | 搜索结果页 访客数 454 占比 0.44% | 店铺其他页 访客数 7,905 占比 7.63% |

来源	访客数	访客数占比
店铺首页	215	3.43%
商品详情页	2,798	44.68%
店铺微淘页	2	0.03%
商品分类页	269	4.30%
搜索结果页	160	2.56%
店铺其他页	651	10.39%
店外其他来源	2,168	34.62%

店铺首页 访客：4,261 查看页面模块分析

去向	访客数	访客数占比	支付金额	支付金额占比
店铺首页	215	3.33%	7,596	3.52%
商品详情页	1,993	30.82%	153,895	71.27%
店铺微淘页	15	0.23%	0	0%
商品分类页	1,472	22.77%	54,428	25.21%
搜索结果页	238	3.68%	0	0%
店铺其他页	698	10.80%	0	0%
离开店铺	1,835	28.38%		

图4-37　店内路径

3. 获取首页的流量数据

7月23日的淘宝App页面访问排行（见图4-38）显示，店铺首页访客数为4261，浏览量为9223，访问深度为2.16，平均停留时长为9.93秒。

页面访问排行

| 店铺首页 访客数 4,261 占比 4.11% | 商品详情页 访客数 88,863 占比 85.73% | 店铺微淘页 访客数 24 占比 0.02% | 商品分类页 访客数 2,154 占比 2.08% | 搜索结果页 访客数 454 占比 0.44% | 店铺其他页 访客数 7,905 占比 7.63% |

排名	访问页面	浏览量	访客数	平均停留时长
1	店铺首页	9,223	4,261	9.93

图4-38　页面访问排行

4. 获取网店的流量数据

从运营数据（见图4-39）来看，7月23日全店的支付金额为116.70万元，访客数为10.17万人，支付转化率为0.48%。

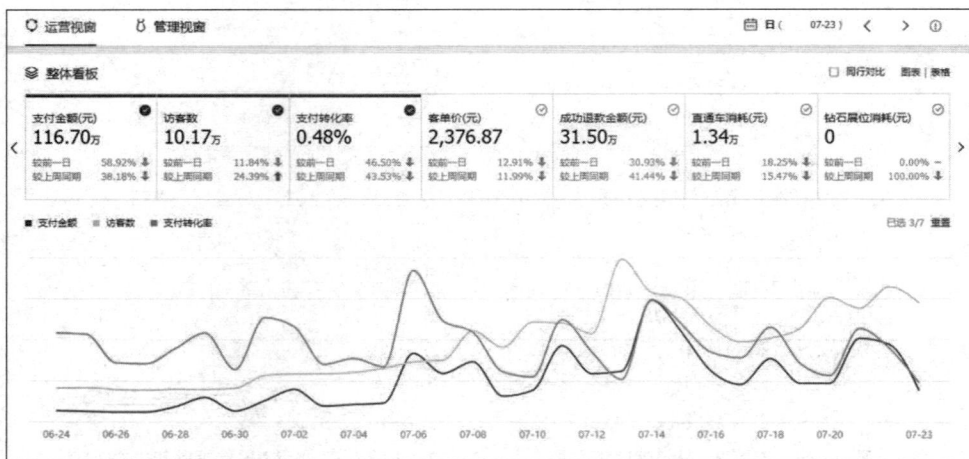

图4-39　运营数据1

全店的跳失率为58.68%，人均浏览量为3.06，平均停留时长为21.34秒，如图4-40所示。

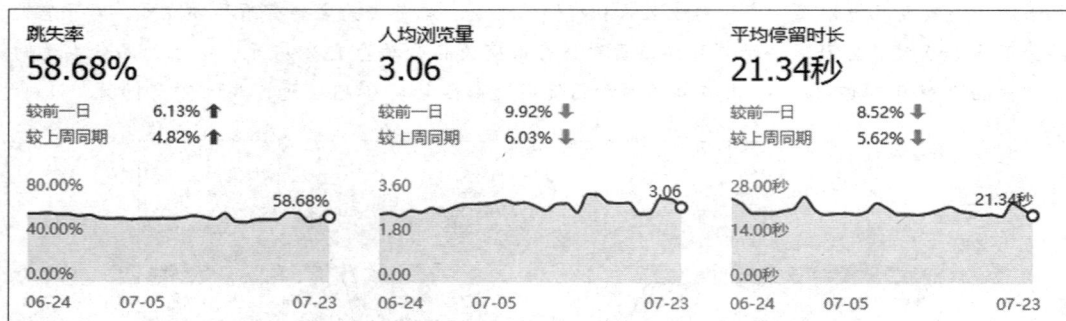

图4-40　运营数据2

5. 分析数据，挖掘访客偏好

分析上述数据，可以得出以下结论。

① 从6个会场的分类点击次数来看，访客的关注点在空调、彩电和冰箱3个会场，对洗衣机、方太厨电和小家电3个会场兴趣不大，这与商家试图力推方太厨电会场的预期有一定差距。

② 从"今日必抢"板块的数据来看，访客对美的挂机的需求量要大于对柜机的需求量，对九阳豆浆机兴趣不大。

③ 从空调会场的数据来看，访客比较喜欢志高的正1P空调、科龙的阿里智能空调、奥克斯的立式空调。科龙的立式空调是商家试图主推的，但未得到访客的重视。再来对比科龙的立式空调、奥克斯的立式空调、美的的立式空调，可以发现科龙立式空调主图的卖点并不突出，与另外两个立式空调对比没有体现出优势。

④ 从品牌区的数据来看，访客偏好的品牌有美的、奥克斯、志高、海信、海尔，在"今日必抢"板块和空调会场商家力推的品牌是美的、科龙、奥克斯、志高，二者基本吻合。另外，"查看所有宝贝"链接的点击次数比较多，说明访客所需的商品在会场分类和品牌分类中找不到，建议商家对这部分

需求进行深入分析。

⑤ 从首页的店内路径及转化数据来看，从首页离开的访客只占 28.38%，远低于全店跳失率 58.68%；通过首页引导成交金额超过 153895 元，平均每个首页访客创造的价值超过 36.12 元，远高于全店平均访客价值 11.47 元，这也体现出首页的价值。

⑥ 从首页的流量数据来看，首页访问深度 2.16 低于全店的访问深度 3.06，首页平均停留时长 9.93 秒短于全店平均停留时长 21.34 秒，这说明首页的黏性不够。

6. 提出优化措施，促进转化率的提升

商家的主营商品是空调、彩电和冰箱，如果要增加方太厨电，就需要加大对方太厨电的引流。访客对九阳豆浆机兴趣不大，建议在"今日必抢"板块将其更换为其他商品。如果商家想要主推科龙立式空调，建议优化科龙立式空调的主图，突出卖点以及与另外两款立式空调之间的差异。建议将"查看所有宝贝"链接的页面添加到装修分析中，进一步分析这部分访客的需求和行为。首页起到了吸引访客的作用，但黏性不足，商家应收集更多数据以优化首页的导航设计。

四、拓展实训

实训 1　点击率诊断与优化

1. 实训背景

点击率是商品展现后被点击的比率，它能够影响商品的自然搜索排名和展现量，从点击率的高低可以看出商家推广的商品是否吸引人。点击率越高，说明商品越吸引客户；点击率越低，说明商品对客户的吸引力也就越低。当点击率低时，商家就需要优化所推广的商品了——优化商品的图片和推广标题，或者优化商品详情页的信息，让商品在展现后尽量带来浏览量。影响点击率的因素主要有以下几个。

① 商品标题。商品标题中是否包含客户需求属性，这是决定客户是否选择点击进店的关键。

② 商品图片。商品图片也就是主图，高质量的主图是吸引客户点击的关键。

③ 商品排名。商品在系统中的排名会影响商品的曝光度。

④ 商品销量。两个相同的商品，如果一个的销量上万单，一个的销量只有几十单，那么即使销量低的商品比销量高的商品便宜，客户可能也不会选择它，这就是通常所说的"羊群效应"。

⑤ 商品价格。当两个同款商品在其他方面大致相同时，价格高低就决定了客户的选择。

⑥ 关键词。如果商品标题用错了关键词，例如把晾衣架写成雨衣并把它放到雨衣类目下，那么对晾衣架有需求的客户可能不会点击它。

2. 实训内容

选择一家网店的一个问题商品作为研究对象，进行点击率诊断。首先分析影响点击率的相关因素，然后确定导致商品点击率低的主要因素，最后提出优化措施。

3. 实训要求

本实训是一个独立任务，每名学生单独完成，完成后上交《××商品点击率诊断与优化报告》，并做好汇报的准备。

实训 2　商品详情页装修分析

1. 实训背景

一个好的商品如果没有好的商品详情页作为支撑，其转化率就会很低，获取的流量就会减少；

如果不能提高转化率，店铺就会面临淘汰。另外，商品详情页无论是在流量入口中所占的比重，还是在全店流量中所占的比重都是最大的，一般超过80%，因此做好商品详情页的装修分析，对提高全店转化率将会起到非常重要的作用。

商品详情页的作用是促进商品的转化成交，因此其基本遵循以下原则：①引发兴趣；②激发潜在需求；③从信任到信赖；④替客户做决定。特别要注意的是，由于客户不能真实体验商品，商品详情页要能打消客户的顾虑，从客户的角度出发展示客户关注的重点并不断强化。只有高质量的商品详情页才能带来高转化率。

商品详情页装修可以遵循一个基本流程：告诉客户我们是这个行业里的专家；我们的商品和服务非常值得信赖；客户在使用了我们的商品后大都给予了好评；我们的店铺中还有更多优惠的商品，您还可以再看看；近期我们的店铺将有更多折扣，还有很多活动正在进行。

2. 实训内容

在一家网店中选择一个移动端跳失率较高的商品，获取该商品详情页装修的各个元素与客户的点击情况、该商品的转化情况和转化因素检测情况、流量来源和去向、引流关键词效果、销售趋势、客户特征等，然后对数据进行分析，挖掘出客户的偏好，再在此基础上提出优化方案，促进转化率的提高。

3. 实训要求

本实训是一个团队任务，两名学生一组合作完成，完成后上交《××商品移动端商品详情页装修分析报告》，并做好汇报的准备。

任务小结

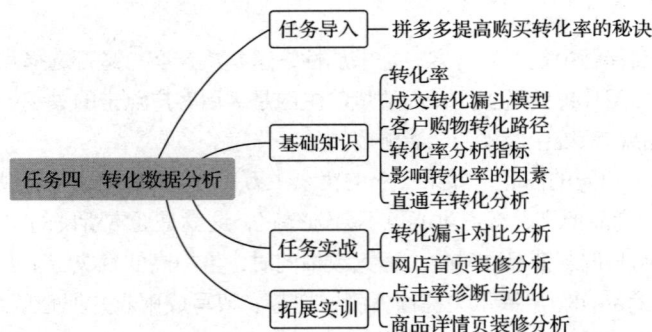

同步习题

（一）判断题

1. 转化率是指在一个统计周期内，完成转化行为的次数占推广信息总点击次数的比率。（　　　）

2. 无论是站内流量还是站外流量，客户到达店铺的第一个页面都是商品详情页。（　　　）

3. 跳失率反映了网页上某一内容的受关注程度，经常用来衡量广告的吸引力。（　　　）

4. 访客数 = 有效入店人数 + 跳失人数。（　　　）

5. 商品的价格并非越低越好，而是要在分析商品在整个行业中的成交价格和成交量的基础上来确定。（　　　）

（二）不定项选择题

1. 从展现到成交，成交转化漏斗模型的关键步骤有（　　　）。

　　A. 点击　　　　　B. 浏览　　　　　C. 展现　　　　　D. 成交

2. 若商家设置的关键词是"小米手机"，买家搜索"华为手机"时，关键词匹配方式为（　　　）。

　　A. 精确匹配　　　B. 中心词匹配　　　C. 广泛匹配　　　D. 以上都不对

3. 提高质量得分的方式主要是对（　　　）进行优化。

　　A. 客单价　　　B. 相关度　　　C. 转化率　　　D. 店铺状况

4. 直通车商品的点击率由（　　　）等因素共同决定。

　　A. 创意图片　　　B. 关键词排名　　　C. 人群定位　　　D. 商品

5. 利润的计算公式描述正确的是（　　　）。

　　A. 利润 = 销售额 × 净利润率

　　B. 利润 = 进店人数 × 购买转化率 × 客单价 × 净利润率

　　C. 利润 = 购买人数 × 客单价 × 净利润率

　　D. 利润 =（广告展现 × 广告转化率 + 推广展现 × 推广转化率 + 搜索展现 × 搜索转化率）×
　　　　　购买转化率 × 客单价 × 净利润率

（三）简答题

1. 简述客户购物转化路径。

2. 分 5 个步骤简述成交转化漏斗模型。

3. 影响访客购物体验的因素有哪些？

4. 影响直通车点击率的因素有哪些？

5. 简述直通车点击转化率的优化思路。

任务五

客单价数据分析——帮助提高销售额

学习目标

知识目标

- 理解和掌握客单价的基本概念和计算方法；
- 了解和掌握客单价的影响因素；
- 熟悉客单价的分析指标。

技能目标

- 具备关联分析能力；
- 具备导购路线设计能力；
- 具备分析提高客单价方法的能力；
- 具备分析关联销售策略的能力。

素养目标

- 具备运用关联思维分析问题的能力；
- 具备较强的逻辑分析能力；
- 具备全球化的视野和开拓创新的精神；
- 培育企业伦理道德，勇于承担社会责任。

一、任务导入

山姆与盒马的复购抓手

山姆会员商店（以下简称山姆）是世界500强企业沃尔玛旗下的高端会员制商店，盒马是阿里巴巴集团旗下以数据和技术驱动的新零售平台，如图5-1所示。它们同样是商超，满足会员全场景消费和个性化需求，让会员感受到品牌对自己的关注、尊重和认同。山姆与盒马在会员体系的搭建上各有心得，价格跟权益基本相似，但侧重点有所差别：山姆更注重对会员权益的保护，在产品质量和会员复购与续费上发力；盒马则大打优惠战，免费领蔬菜、免运费等都设置在显眼位置，为的是让会员复购。

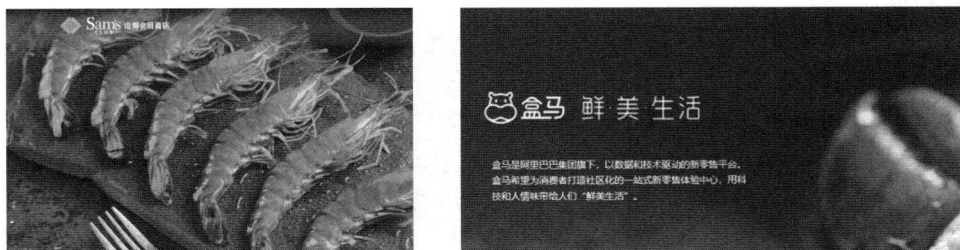

图5-1　山姆与盒马首页

复购的目的是不断增强用户黏性，提高用户购物频次及客单价。商超的目标受众一般会有定期采购的需求，但在固定需求之外，商超怎么激活更多的复购需求呢？

1. 山姆复购抓手

山姆的购物场景多集中在线下，但由于山姆门店离市区较远，线下购物涉及时间、车油成本，因此复购活动的设计集中于线上。优惠券、运费券、一小时内送达及产品自身的吸引力构成了山姆的复购抓手；让用户仅仅为了一盒瑞士卷驱车几十千米显然不可行，但线上下单则轻而易举。

山姆的会员等级分为普通及卓越两档。普通会员基本等同于入场券，作为目标用户的筛选门槛；卓越会员则能够额外享受积分换购、运费券、口腔护理、洗车等服务，针对复购频次高、更在意增值权益的高净值人群。卓越会员的积分返利为每消费1元返2积分，每集满1000分可兑换10元消费券，山姆借此提高客单价并促进二次消费。

此外，不定期推送的优惠券、积分过期通知和京东的快速送达给用户提供了不断消费的理由，高性价比的自有品牌产品也是用户不断复购的理由。

2. 盒马复购抓手

盒马的复购抓手除了每天领菜、每周固定会员日及线上免运费以外，还有会员积分外的一套通用的积分玩法——盒马小镇领盒花。盒马利用通用的积分结算方式建立用户社区，盒花可以兑换消费券、免费领线下购物袋甚至抽演唱会门票。用户想参与更高阶的活动，需要每天打卡。只要用户进入App，盒马就能不断刺激他们的复购意愿。

每周固定两天的会员日以及每周固定发放的优惠券，保证了用户一定的购买频次，并且不断刺激用户消费。目前盒马用户每周可以领取6张不同种类的优惠券，包括肉禽蛋、盒马烘焙、盒马工坊、餐饮熟食、牛奶饮品、时令水果的优惠券。每张优惠券的优惠金额为5～35元，用户使用2张优惠券，1周消费1次，1年可以优惠500元以上。

盒马提供了优质产品的会员价及积分体系（会员消费1元可以返2积分），用户消费越多，享受的优惠越多，这样就能提高客单价。同样的产品，用户肯定更愿意到能增加积分的地方购买。

思考：

1. 你认为山姆会员／盒马会员复购的理由有哪些？
2. 盒马会员复购与山姆会员复购有哪些差异？
3. 请你为山姆或盒马提出新的让会员复购的建议。

二、基础知识

（一）客单价概述

客单价（Average Transaction Value，ATV）是指每一位客户平均购买商品的金额，即平均每位客户在店里消费了多少金额，计算公式为：

$$客单价＝销售总额／客户总数$$

有时客户总数的真实数据不太容易获取，于是有些商家会用笔单价代替客单价。

笔单价是指平均每一笔生意的成交金额，计算公式为：

$$笔单价＝销售总额／成交总笔数$$

$$客单价＝笔单价×人均购买笔数$$

可见，客单价主要受到两个因素的影响：单笔购买金额和购买频次。客单价还与件单价和客单量有关。件单价是指平均每件支付商品的单价，计算公式为：

$$件单价＝销售总额／支付商品件数$$

客单量是指平均每位客户购买商品的数量，它是网店运营的重要指标，计算公式为：

$$客单量＝销售商品总件数／客户总数$$

$$客单价＝件单价×客单量$$

知识链接：客单价举例

> 某网店是一家品牌女装专营店，最近 7 天的访客数是 230000 人，支付客户数为 3000 人，销售额是 810000 元，计算该网店最近 7 天的客单价。
>
> 该网店最近 7 天的客单价 =810000/3000=270（元）

客单价的本质是在一定时期内，每位客户消费的平均价格，离开了"一定时期"这个范围，客单价这个指标是没有任何意义的。客单价的计算公式还有以下 3 个：

$$客单价＝商品平均单价×每位客户平均购买商品件数$$

$$客单价＝日均客单价×复购率$$

$$客单价＝动线长度×停留率×注目率×购买率×购买件数×商品单价$$

（二）客单价的影响因素

在网店的日常经营中，影响入店人流量、交易次数和客单价的因素有很多，如网店装修、商品类目的广度和深度、商品详情页的设计、商品储备、补货能力、促销活动、员工服务态度、员工对专业知识的熟悉程度、客服推销技巧、关联推荐、商品品质、商品定价、客户购买能力及竞争对手等。其中，对客单价影响比较大的因素有商品定价、关联推荐、促销活动、客服推销技巧、商品类目的广度和深度、客户购买能力。

1. 商品定价

商品定价是影响客单价的首要因素，一旦网店确定好商品价格，客单价的变化范围也就随之确定。

如果顾客买的是高价位商品，最后成交的金额有可能是平常一单的很多倍。因此，在顾客消费能力允许、个人意愿相差不大的情况下，商家可以推出更高价位的商品。即使顾客没有选择这些商品，商家在推荐高价位商品之后再去推荐其他商品，顾客在心理上也会更容易接受，觉得这些商品更便宜、更实惠。以女装 T 恤为例，在同等条件下有 52% 的人接受 34 ~ 93 元的价位，某商家设定的价位范围就是 69 ~ 89 元，生产成本在 30% 左右，为 20 ~ 30 元，利润可观，客单价也高。

2. 关联推荐

关联推荐是指通过向顾客推荐关联商品，促使其在购物中对多种商品产生兴趣，并最终购买多种商品的营销行为。以人群的行为特征进行细分，关联推荐可分为以下 3 类：商品功能存在互补关系、商品人群认可度较高、商品功能相似。关联推荐对提高客单价、增加回头客、提高回购率、降低跳失率、提升 PV、增加访问深度及提高转化率都有作用。

在促成顾客购买不同类商品的过程中，商家应重视关联性商品和非关联性商品的销售，利用这种具有互补性和暗示性的刺激购物促使顾客购买同类或异类商品。商家做关联推荐的目的是让店铺的其他商品获得更多的展现机会。关联推荐其实是一种非常常见的店铺营销手段，但想要做好关联推荐就必须了解顾客的心理，只有这样才能够更好地运用关联推荐。关联推荐对顾客来说可以实现功能互补，对商家来说则可以实现高客单价。例如，卖服装的可以搭配鞋子或者配饰等，这就是关联推荐。等到换季时，商家想要变换商品使其从夏季过渡到秋季，那么关联推荐就是一个很好的方法。商家可以在夏季款商品详情页后面的位置添加秋季款商品，推荐的商品如果能引起顾客的兴趣，那么就能够加深访问深度、促成成交。关联推荐常用的技巧有以下几种。

（1）关联展示

网店在经营过程中可以将关联的、可以搭配的商品进行关联展示或组合展示，以起到提高客单价的作用。

知识链接：啤酒和纸尿裤

啤酒和纸尿裤是两样完全不相关的商品，但美国沃尔玛的数据分析人员在做数据分析的时候发现，每到周末同时购买啤酒和纸尿裤的人较平时增加很多。他们感到很奇怪，本着数据分析溯源的原则，他们对数据进行了进一步挖掘并且走访了很多同时购买这两样商品的顾客。

他们发现这些顾客有几个共同的特点：他们以已婚男士为主，家中有孩子且不到两岁，有使用纸尿裤的刚需；他们喜欢看体育比赛节目，并且喜欢边喝啤酒边看，周末是体育比赛扎堆的日子，所以这种关联销售多在周末的时候出现。

发现这个秘密后，沃尔玛就大胆地将啤酒陈列在纸尿裤旁边，让这些顾客购买起来更方便，最后发现二者的销售量都有大幅度提升。这是一个典型的利用关联展示提升业绩的案例。

（2）关联销售

当顾客为选购某款服装发起咨询时，优秀的客服应该马上想到这款服装可以搭配哪些商品。客服在解答顾客疑问的同时需要主动、热情地为顾客进行服装搭配推荐，让顾客看到整套着装的效果。例如，如果顾客选择的是单裙，那客服可以帮她搭配合适的衬衣、毛衫等；如果顾客选择的是毛衣，那客服可以帮她搭配外套、裤装或裙子，甚至可以为她搭配精致的毛衣项链、皮包、胸针、皮带等。

3. 促销活动

开展促销活动是商家提高客单价常用的方式。通过促销活动促使顾客购买计划之外的商品或者多买想买的商品，商家就能提高客单价。提高客单价常见的促销方式有以下几种。

（1）捆绑销售

捆绑销售也称附带条件销售，即商家要求顾客在购买某个商品或者服务的同时也要购买其另一个商品或者服务，并且把顾客购买第一个商品或者服务作为其可以购买第二个商品或者服务的条件。捆绑销售其实是降价促销的变形，店铺里常做的捆绑销售是将两件衣服按照价格最高的那一件的价格出售，或者买第二件衣服时给予优惠，如图5-2所示。这些都可以增加同类商品的销量，大部分还可以增加单个顾客的销售额。

图 5-2　捆绑销售

（2）买赠活动

买赠活动是一种与捆绑销售类似的促销方式，这种促销方式常用于新品的搭赠促销，或者对一些即将过期商品、待处理商品进行处理，同样也能够刺激同类商品的销售。例如买一件衣服只需多加1元，就可以拿走比第一件衣服价格更低的衣服。图5-3所示为美的专卖店销售洗碗机的买赠活动——向顾客赠送双立人锅具。

图 5-3　买赠活动

（3）降价促销

降价促销是指通过降价刺激顾客多买。由于商品价格存在弹性，对于那些价格弹性大的商品，商家通过降价促销能有效增加顾客的购买量。图5-4所示为某网店新品上市的8折促销。

图 5-4　降价促销

（4）套餐搭配

顾客看到一款喜欢的商品后，就会注意商品的价格，看看价格是否在自己的消费承受范围内，是否还有比这更低的价格。这时商家如果能够抓住顾客的心理，清楚他们的消费需求，对商品进行套餐搭配，用更实惠的价格打动顾客，就能够为店铺增加销量和利润。

例如，一位顾客看上了店铺中一条热卖的裤子，他可能就会考虑一条裤子是否够穿，是不是还要买一件上衣搭配一下。这时商家如果能够提供搭配套餐供顾客选择，就有很大的机会把两款商品同时销售出去，这样店铺的客单价就提高了。图 5-5 所示为某网店销售的套餐搭配。

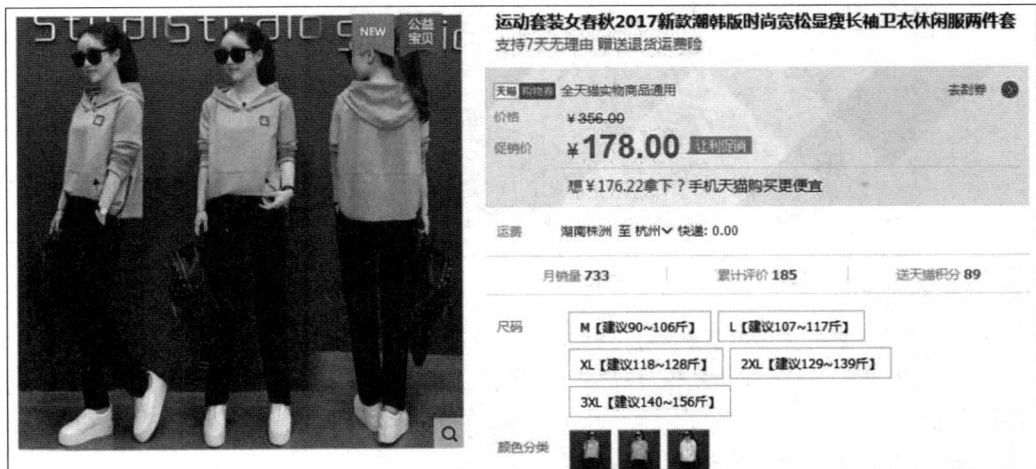

图 5-5　套餐搭配

假设衣服本来有 20 元的利润，裤子也有 20 元的利润，那么搭配套餐时可以适当地把总售价降低 10 元。当然，优惠的力度越大，成交的可能性就越高，如果店铺有新品需要提高基础销量，商家也可以采用这种方法，以薄利多销的形式提高客单价。

（5）店铺优惠券

店铺优惠券是商家为了提高销量和客单价常用的一种促销手段，即顾客消费满一定金额就赠送优惠券。这种促销手段不仅能够提高客单价，而且有助于顾客的维护；同时顾客的二次回购对商品的搜索权重提升也很有帮助；还能够让顾客对店铺更加了解，让他们成为店铺的优质客户。图 5-6 所示为店铺优惠券。

图 5-6　店铺优惠券

（6）满就送

满就送是指顾客消费满一定金额后商家就赠送一些小礼物、优惠券等。这种促销方式不仅能够提高店铺客单价，也能够提升顾客的购物体验。图 5-7 所示为某品牌采取的满就送促销活动——"单笔实付满 300 元送 300 元券"。

图 5-7　满就送促销活动

4. 客服推销技巧

对于店铺来说，客服的专业性和积极性对提高客单价作用明显。客服只有树立专业的顾问形象，才能取得顾客的信任，进而顾客才会听取客服的建议，采纳客服提供的方案，尤其是定制行业。利用客服的专业性提高客单价一般有以下两种情况。

（1）扩大商品组合提高客单价

客服通过给顾客提供合理搭配建议销售更多的商品，如某位顾客为购买大衣前来咨询，客服可以利用专业知识将店内的其他商品一并介绍给他；顾客来购买裤子，客服可以推荐几件小衫，同时将腰带、项链、衬衣等一起推荐给他。

（2）通过价位升级提高客单价

如顾客购买商品的预算为 300 元，客服通过专业的介绍与搭配建议，就可能会让顾客接受 500 元甚至更高价格的商品。如果顾客的消费预算是固定的，客服可以有效地利用陈列和促销手段推动顾客的消费升级，这也是一种比一般促销方式更有效的提高客单价的办法。

推销技巧的关键于在客服的专业能力。商家要想通过客服提高客单价，客服的绩效考核制度就要与之配套，将客服销售商品的连带率与客服的薪水结合在一起不失为提高客单价的一个好办法。

知识链接：推销技巧案例

某网店经理运用有差别的提成方式刺激客服整套销售商品：卖一件羽绒服，客服提成为 1%，顾客成交价为 8 折；卖羽绒服、内搭和裤子，客服提成为 1.2%，顾客成交价为 7.5 折；卖羽绒服、内搭、裤子、围巾和配饰，客服提成为 1.5%，顾客成交价为 7 折。这种导购提成分级与顾客成交价分级的方式既刺激了客服整套销售，也给了顾客很大的优惠，增加了商品的吸引力。通过这种双重刺激，客单价得到了很大的提高。

5. 商品类目的广度和深度

商家在网上开设店铺之初，一般已经决定了店铺的经营范围和主要类目。当店铺发展到一定阶段，商家需要开始考虑商品类目的广度和深度，以进一步提高客单价。

（1）商品类目的广度

商品类目的广度是指店铺经营的不同商品类目数量的多少。一般而言，店铺经营商品类目的广度越广，顾客的选择余地越大。如果商家对不同类目的商品进行有效搭配或关联营销，就能增加人均购买笔数，进而提高店铺的客单价。

淘宝是当今世界上销售商品类目最广的零售平台之一，这也是淘宝的竞争优势所在。具体到电商平台上的某一家店铺，其经营的商品类目广度是有限的。例如，海澜之家官方旗舰店经营的男装类目有 T 恤、POLO 衫、休闲裤、牛仔裤、配饰等，如图 5-8 所示。

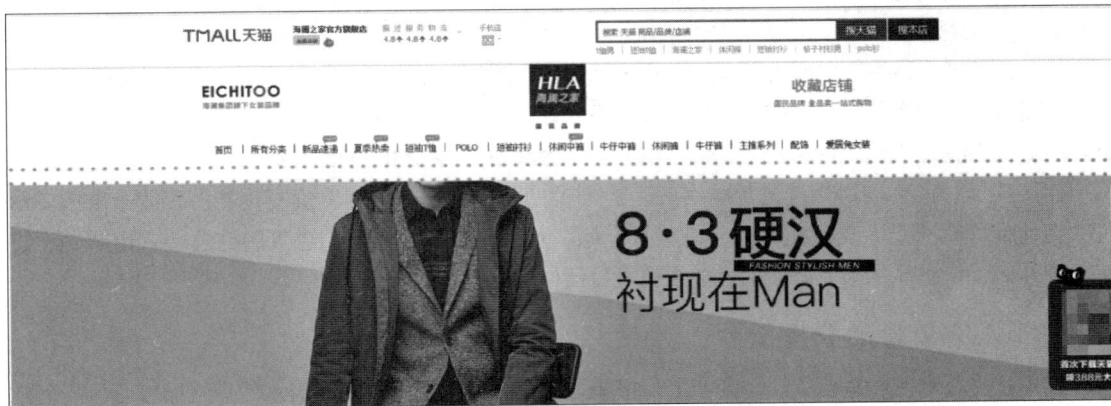

图 5-8　海澜之家官方旗舰店首页

（2）商品类目的深度

商品类目的深度是指一个商品类目下的 SKU（Stock Keeping Unit，存货单位）数。商品类目的深度能反映一家店铺的专业程度，类目下涵盖的 SKU 数越大，表示店铺越专业，顾客越容易精准找到自己所需的商品，店铺也就越容易赢得顾客对其专业程度的认可。

例如，海澜之家官方旗舰经营的男士 POLO 衫类目下有 120 个款式，平均每个款式有 3 个颜色、6 个尺码，其类目深度达到 2160 个 SKU；牛仔裤类目下有 21 个款式，每个款式有 12 个尺码，共有 252 个 SKU；配饰类目下有太阳镜、皮带、领带、袜子和内裤，仅皮带就有 97 个款式，每个款式下有 3 ~ 5 个尺码，皮带的 SKU 数达到 400 左右，如图 5-9 所示。

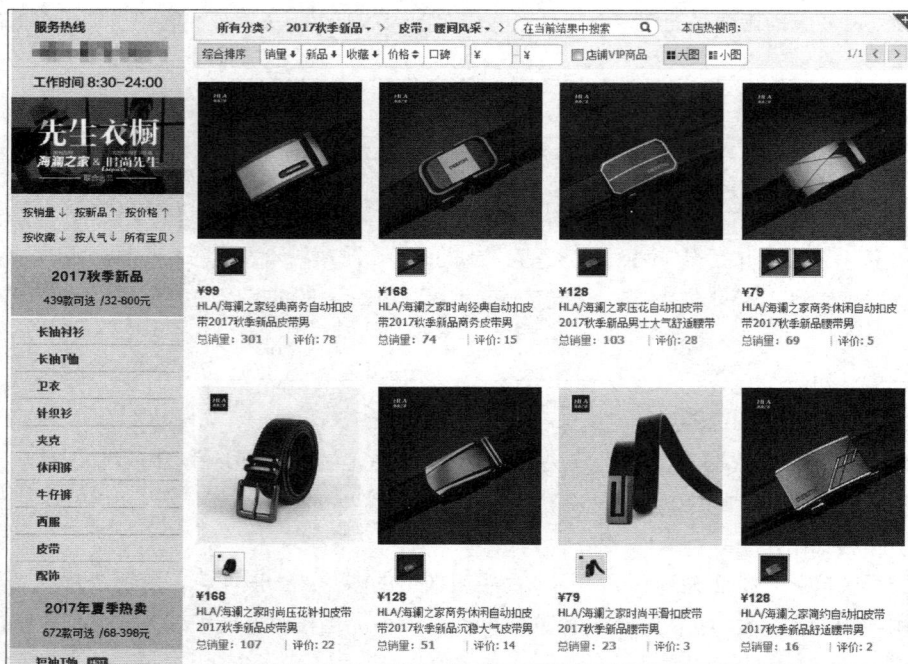

图 5-9　皮带

　　当网店经营的商品类目达到一定的广度和深度时，顾客的选择范围更广，顾客也能更方便地找到适合自己的商品，商品之间的搭配也会变得更容易。例如"POLO 衫 + 牛仔裤 + 皮带"就是一个不错的组合，这对客单价的提高非常有利。

6. 客户购买能力

　　客户购买能力是指客户购买商品的支付能力。客户对商品的需求和爱好与其购买能力有很大关系。需求和爱好要以购买能力为基础，客户的经济条件好，对商品的需求和爱好才能得到满足。客服要根据客户的购买能力判断其消费心理需求，再向他们介绍和推荐合适的商品，这样成交率往往较高。

　　购买能力强的客户是店铺的 VIP 客户，他们消费能力强、成交客单价高，能为店铺带来更多销售额。他们既有充足的支付能力，又有购买意愿。对客服来说，当他们进入店铺发起咨询时，要快速识别他们，获悉他们的偏好，然后加以引导，促使其成交。

（三）客单价的分析指标

　　客单价能否提高，主要取决于商家的价格策略、价格带的配置、商品展示的位置、客服的能力及商品的质量等因素。根据客单价计算公式（见任务二），作为顾客店内购买行为结果的客单价，一般包含 6 个关键指标——动线长度、停留率、注目率、购买率、购买件数和商品单价，如图 5-10 所示。商家在提高客单价的过程中，最重要的是根据这 6 个关键指标采取具体的、可操作的营销方法。

图 5-10　客单价的分析指标

1. 动线长度

　　动线指的是顾客的行为路径。从顾客进入店铺，开始搜索关键词、类目或者促销广告到打开商品详情页，再到加入购物车，直到结算离开，这就是一条动线。在顾客浏览页面的过程中，店铺的动线要在合适的地方向合适的顾客进行精准的推荐。合理的购物动线可以达到两个目的：提高客单价和提高转化率。

动线长度是指动线上陈列的不同商品的数量。店铺的动线设计要让顾客在店内购物的过程中尽可能访问更多的页面、看到更多的商品，从而促使顾客购买的商品件数增加，提高客单价。

商家通过合理的商品布局和元素组合，引导顾客按照尽可能长的浏览路径延长停留时间，以达到事先设定的运营指标。因此在进行店铺页面装修设计时，商家首先要考虑商品的整体布局。要想实现有效率的商品布局，商家必须注意以下内容：商品类目的广度和深度、各商品类目的购买率（区分计划购买率高的商品类目和非计划购买率高的商品类目）、各商品类目之间的购买关系、顾客的购买习惯和购买顺序、符合顾客生活习惯的商品组合、店内动线模式和客单价之间的联系、各商品类目之间的关联推荐。好的动线设计可以延长顾客在店内停留的时间。

知识链接：电影网络选座动线

随着网络技术的不断发展，人们去电影院看电影也可以直接通过网络选座。电影网络选座动线首先是确定去哪家电影院，其次是确定观看哪部电影，再次是选择观影时间、观看场次、座位，最后是购买结算。

2. 停留率

如果顾客在店内只浏览不下单，对于商家来说不会产生任何价值。顾客只有在商品详情页停留并仔细查看商品信息，才可能产生实际的购买动机。为了提高停留率，店铺装修时必须考虑以下内容：登录页的选择、商品详情页的设计、关联推荐、促销活动、商品分类页的设计、店铺首页的导航、商品展示方式等。

$$停留率＝总停留次数 / 动线长度 \times 100\%$$

顾客访问某个商品详情页可以确定为一次停留。

3. 注目率

注目率是指商品吸引顾客目光的能力，也称为"视线控制能力"。为了能更多地吸引顾客的注意，商家在商品展示上要注意以下几个方面：商品的分类、商品的表现形式、商品的展示位置、商品的色彩表现、商品的主图设计等。

$$注目率＝注目次数 / 总停留次数 \times 100\%$$

顾客访问某个商品详情页的停留时长超过一定时间就可以确定为一次顾客注目。

4. 购买率

如果停留下来的顾客中断了购买决策或者延期购买，停留就变得毫无意义。商家按顾客的购买习惯合理地进行商品的配置、商品色彩的组合、商品的展示、促销广告的设计等，都会起到刺激顾客购买商品的作用。

$$购买率＝购买次数 / 总注目次数 \times 100\%$$

5. 购买件数

顾客的购买件数越多，其客单价就越高。增加顾客购买件数的主要方法在于尽可能唤起顾客的购买欲望，具体的做法是通过大量展示、关联推荐、促销广告、品牌商品、新商品、季节商品和特卖品的合理配置等唤起顾客的兴趣，刺激顾客的联想购买和冲动购买。

6. 商品单价

商品单价主要取决于商家的价格策略、价格带的配置、商品展示的位置及商品的质量等。

网店在数据化运营方面有天然的优势，可以进行精确化管理和经营方法的设计，从而使客单价在商家可控制的范围内得到稳步提高。

三、任务实战

（一）关联分析

1. 理论知识

关联分析是从大量的数据中发现商品之间的关联关系，再利用这种关联关系设计商品组合，改进货架摆放的位置，促使顾客购买多件商品，从而提高客单价。

关联分析的目的是从交易数据库中挖掘出强关联规则。关联规则一般采用蕴含表达式，如$A \Rightarrow B$是一条关联规则，其中A、B不为空集，而A交B为空集。要确定一条关联规则是否为强关联规则，需要计算关联三度，即支持度、置信度和提升度。

某化妆品网店的交易数据如表 5-1 所示。每一条交易记录被称为一笔事务，包含一个唯一的标识——TID，如 TID=1 的事务表示顾客购买了精华乳、精华水和精华霜。所有事务的集合被称为事务库。在一个事务库中，每一种商品被称为一个项。项集（T）是指包含 0 个或者多个项的集合。如果一个项集只包含一个项，则称为一项集，如果一个项集包含 k 个项，则称为 k 项集。

表 5-1　某化妆品网店的交易数据

TID	精华乳（I1）	精华水（I2）	洁面乳（I3）	隔离乳（I4）	精华霜（I5）	爽肤水（I6）
1	1	1	0	0	1	0
2	1	1	1	1	1	1
3	0	0	1	0	0	1
4	1	1	1	0	1	0
5	1	1	0	1	1	0
6	1	0	1	0	1	0
7	1	1	0	0	1	1
8	0	1	0	0	1	0
9	1	1	0	0	1	0
10	1	1	0	1	1	0

（1）支持度计数

支持度计数是指项集在事务中出现的次数。例如，表 5-1 中 $I1$ 在 8 笔事务中出现，则支持度计数为 8。关联规则($I1 \Rightarrow I2$)的支持度计数 $= \text{num}(I1 \cap I2) = 7$。

（2）支持度

支持度用字母 S 表示，它是指包含项集的事务在所有事务中所占的比例。关联规则 $A \Rightarrow B$的支持度计算公式为：

$$S(A \Rightarrow B) = \frac{(A \Rightarrow B) \text{的支持度计数}}{\text{全部事务数量}} = \frac{\text{num}(A \cap B)}{\text{num}(all)}$$

表 5-1 中，关联规则($I1 \Rightarrow I2$)的支持度 =7/10=0.7。

（3）置信度

置信度用字母 C 表示。关联规则 $A \Rightarrow B$ 的置信度被定义为项集 A 在包含项集 B 的事务中出现的频繁程度。计算公式为：

$$C(A \Rightarrow B) = \frac{S(A \Rightarrow B)}{S(A)}$$

表 5-1 中，关联规则($I1 \Rightarrow I2$)的支持度等于 0.7，$I1$ 的支持度等于 0.8，则计算公式为：

$$C(I1 \Rightarrow I2) = \frac{S(I1 \Rightarrow I2)}{S(I1)} = \frac{0.7}{0.8} = 0.875$$

（4）提升度

提升度用字母 L 表示。关联规则 $A \Rightarrow B$ 的提升度被定义为项集 B 在包含项集 A 的事务中出现的频繁程度与项集 B 在全部事务中出现的频繁程度的比值。计算公式为：

$$L(A \Rightarrow B) = \frac{C(A \Rightarrow B)}{S(B)} = \frac{S(A \Rightarrow B)}{S(A) \times S(B)}$$

表 5-1 中，关联规则($I1 \Rightarrow I2$)的提升度为：

$$L(I1 \Rightarrow I2) = \frac{S(I1 \Rightarrow I2)}{S(I1) \times S(I2)} = \frac{0.7}{0.8 \times 0.8} = 1.09375$$

关联规则($I1 \Rightarrow I2$)的提升度等于 1.09375。

强关联规则是指支持度和置信度大于等于阈值，提升度大于 1 的关联规则；如果提升度小于等于 1，则为弱关联规则；当支持度或置信度小于阈值，则关联规则不成立。

2. 任务内容

请以表 5-1 中某化妆品网店的交易数据为例，采用关联分析找出其中的强关联规则。已知支持度阈值 α= 0.4，置信度阈值 β= 0.6。允许采用 Apriori 算法做关联分析。

3. 任务要求

本任务是一个团队任务，学生 4 人一组合作完成并提交《某化妆品网店商品关联分析报告》，字数不限，要求计算准确、过程清晰、逻辑严密、遵守规则。

4. 任务实施

步骤 1：列出所有可能的关联规则。

步骤 2：计算每条关联规则的关联三度。

步骤 3：根据强关联规则成立标准判断每条关联规则是否为强关联规则，如果采用 Apriori 算法，则遵循 Apriori 算法的运算步骤执行。

步骤 4：撰写《某化妆品网店商品关联分析报告》。

步骤 5：做好汇报的准备。

5. 参考报告

某化妆品网店商品关联分析报告

某化妆品网店商品关联分析如表 5-2 所示。已知支持度阈值 α=0.4，置信度阈值 β=0.6。

表 5-2 某化妆品网店商品关联分析

关联规则	支持度	置信度	提升度	是否为强关联规则
$I1 \Rightarrow I2$	0.7	0.875	1.09375	强关联规则

续表

关联规则	支持度	置信度	提升度	是否为强关联规则
$I1 \Rightarrow I3$				
$I1 \Rightarrow I4$				
$I1 \Rightarrow I5$				
$I1 \Rightarrow I6$				
$I2 \Rightarrow I3$				
……				

（二）导购路线设计

1. 理论知识

品牌专家马蒂曾说，衡量一名导购的销售能力是否过硬，要看他对同一顾客卖出了多少件商品，而不只是对不同顾客各卖出了一件商品。导购作为连接顾客与品牌的最直接的纽带，是品牌运作的基础组成人员。

从最直接的因素来讲，导购的关联销售技能在零售情景中是提高客单价的关键技能。对网店来说，这就需要售前客服熟悉导购路线和掌握接待顾客的技巧。

2. 任务内容

请为网店售前客服面对的某个购物场景设计一个清晰的导购路线，合理引导顾客购买多件商品，通过提高客单量来提高客单价。

参考案例选择的网店是天猫的"天天好大药房旗舰店"，如图 5-11 所示，该网店主营商品有 OTC 药品、医疗器械、隐形眼镜、彩色隐形眼镜等。天天好大药房是一家大型药品零售连锁企业，总部位于浙江省杭州市。本例中售前客服（具备药师资格）面对的某个场景是：有顾客告诉售前客服他在拉肚子，今天已经腹泻 4 次，希望能帮他推荐相关商品。现在请为该售前客服设计一个导购路线。

图 5-11　天天好大药房旗舰店首页

3. 任务要求

本任务是一个团队任务，学生两人一组合作完成并提交《××（网店名）××（场景描述）的导购路线设计》，字数不限，要求分析到位、设计合理、过程清晰、逻辑严密。

4. 任务实施

设计一个清晰的导购路线来引导顾客尽量多地购买商品。首先在了解顾客实际身体状况的基础上推荐治疗药物，做到对症下药；然后推荐辅助药物，缓解顾客身体的不适；最后推荐康复药物，帮助顾客尽快复原。

步骤1：详细咨询身体状况。

步骤2：根据症状推荐治疗药物。

步骤3：推荐辅助药物。

步骤4：推荐康复药物。

步骤5：建立导购路线模板。

步骤6：撰写《××（网店名）××（场景描述）的导购路线设计》。

步骤7：做好汇报的准备。

5. 参考报告

天天好大药房针对细菌性肠炎患者的导购路线设计

一、接待顾客，问清详情

当顾客告诉售前客服（具备药师资格）他在拉肚子，今天已经腹泻4次，希望能帮他推荐相关商品时，售前客服不能直接或简单地回复他用哪种药，而应通过细致深入的问话来了解顾客腹泻的原因、频率，腹痛的情形和大便的性状等，从而判断顾客的病情。

二、根据症状推荐治疗药物

如果售前客服判断这个顾客是由细菌性肠炎引起的腹泻，应该首先向其推荐一款抗菌药物，常用的药品有×××等抗菌药，以帮助顾客消灭细菌、治疗腹泻。如果售前客服判断这个顾客是病毒性肠道感染引起的腹泻，则推荐抗菌药是没有作用的，需要另外推荐药品。这里基于细菌性肠炎引起的腹泻为顾客推荐药品。

三、推荐辅助药物

在向顾客推荐治疗腹泻的药品的同时，售前客服还要告诉顾客要采取防御措施，保护好消化道黏膜，常用的药品是×××，主要成分为蒙脱石，蒙脱石口服后能均匀地覆盖在消化道黏膜表面，抑制各种消化道病毒、病菌及其产生的毒素；并提醒顾客在服用×××之前1小时或之后2小时再服用治疗腹泻的药品。相信大多数顾客都能够接受这一步的推荐。

四、推荐康复药物

接着售前客服向顾客介绍："人体肠道里的微生物至少有400种，90%以上是常住在人体肠道中的。如果它们的比例、种类、数量发生明显变化，产生混乱，同样会引起腹泻、腹胀、胀气等。"随后建议顾客应配合服用益生菌类商品，它可以帮助顾客调节肠道菌群平衡，再推荐多种维生素矿物质来补充多次腹泻脱水导致流失的电解质。

五、建立导购路线模板

综上所述，天天好大药房售前客服针对细菌性肠炎患者的导购路线为"抗感菌＋缓泻剂＋益生菌＋多种维生素矿物质"。这就是一个针对患有细菌性肠炎的顾客的导购路线模板，既帮助顾客解决了实际问题，又提高了客单量。类似的导购路线模板应该在店铺内部进行广泛推广，促进全店客单价和销售额的提高。

四、拓展实训

实训 1　叮咚买菜提高客单价方法分析

1. 实训背景

叮咚买菜创立于 2017 年，致力于通过产地直采、前置仓配货和最快 29 分钟配送到家的服务模式，通过技术驱动产业链升级，为用户提供品质稳定、时间确定、品类齐全的生鲜消费体验。图 5-12 所示为叮咚买菜官网。叮咚买菜的服务范围覆盖上海、北京、深圳、杭州、苏州等城市，是用户信赖的民生互联网企业。

图 5-12　叮咚买菜官网

2. 实训内容

请先安装叮咚买菜 App，再从单笔购买金额和购买频次两方面分析叮咚买菜是如何提高客单价的。撰写《叮咚买菜提高客单价方法分析报告》，每个提高客单价的方法都要求配图，并配有文字说明。

3. 实训要求

本实训是一个独立任务，每名学生单独完成，完成后上交《叮咚买菜提高客单价方法分析报告》，并做好汇报的准备。

实训 2　一单成交 30 万美元案例分析

1. 实训背景

一个乡下小伙子做导购，从卖一个小号鱼钩开始，他最终卖掉了 30 万美元的商品。这个故事告诉我们：提高客单价不是不可能的，关键看你是否用对了方法。

故事是这样的，一个乡下小伙子去应聘城里"世界最大"的"应有尽有"百货公司的导购职位。

老板问他："你以前做过导购吗？"

他回答说："我以前是村里挨家挨户推销商品的小贩。"

老板喜欢他的机灵："你明天可以来上班了。等下班的时候，我会来看一下。"

一天的时间对这个小伙子来说太长了，而且还有些难熬。差不多到了下班的时候，老板来了。

老板问他："你今天做了几单生意？"

"1 单。"年轻人回答说。

"只有 1 单？"老板吃惊地说，"我们这儿的导购一天基本上可以完成 20 ~ 30 单生意。你卖了多少钱？"

"30万美元！"年轻人回答道。

"你是怎么卖到那么多钱的？"老板目瞪口呆，半晌回过神来问道。

"是这样的，"年轻人说，"一个男士进来买东西，我先卖给他一个小号鱼钩，然后是中号的鱼钩，最后是大号的鱼钩。接着我又卖给他小号的渔线，然后是中号的渔线，最后是大号的渔线。我问他去哪儿钓鱼，他说海边。我建议他买条船，所以我带他到卖船的专柜，卖给他长6米、有2个发动机的纵帆船。然后他说他的大众牌汽车拖不动这么大的船。我于是带他到汽车销售区，卖给他一辆丰田新款豪华型'巡洋舰'。"

2. 实训内容

请根据实训背景里的故事，计算小伙子当日交易的客单价、笔单价（小伙子引导客户在3个专柜完成3笔交易）、件单价、客单量。

3. 实训要求

本实训是一个独立任务，每名学生单独完成，要求计算过程清晰、结果准确。

任务小结

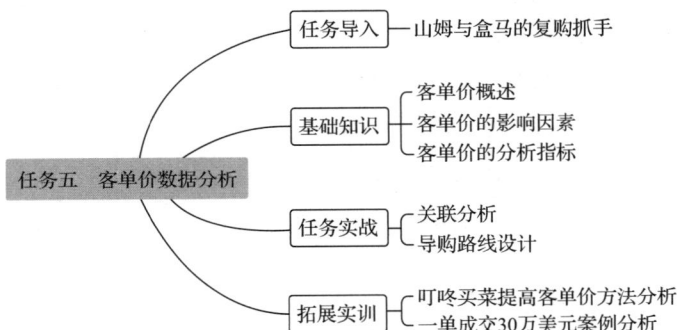

同步习题

（一）判断题

1. 客单价是指顾客的平均交易金额。（　　　）

2. 网店的销售额是由客单价和顾客数（客流量）决定的。（　　　）

3. 商品类目的广度是指一个商品类目下的 SKU 数。（　　　）

4. 商品定价是影响客单价的首要因素。（　　　）

5. 关联规则 $A \Rightarrow B$ 的支持度越高说明商品 A 与商品 B 的相关性越强。（　　　）

（二）不定项选择题

1. 某网店的女士 T 恤类目下有 80 个款式，平均每个款式有 4 种颜色、5 种尺码，其类目深度为（　　　）个 SKU。

　　A. 80　　　　　　B. 320　　　　　　C. 400　　　　　　D. 1600

2. 以人群的行为特征进行细分，关联推荐可分为（　　　）。

　　A. 商品功能存在互补关系　　　　　B. 商品人群认可度较高

　　C. 商品功能相似　　　　　　　　　D. 以上都不对

3. 客单价的影响因素有（　　　）。

    A. 商品类目的广度和深度　　　　　B. 关联推荐

    C. 促销活动　　　　　　　　　　　D. 客户购买能力

4. 顾客店内购买行为结果的客单价包含的关键指标有（　　　）以及购买件数和商品单价。

    A. 动线长度　　　　B. 停留率　　　　C. 注目率　　　　D. 购买率

5. 对客单价的计算公式描述正确的是（　　　）。

    A. 客单价 = 销售总额 / 客户总数

    B. 客单价 = 商品平均单价 × 每位客户平均购买商品件数

    C. 客单价 = 日均客单价 × 复购率

    D. 客单价 = 动线长度 × 停留率 × 注目率 × 购买率 × 购买件数 × 商品单价

6. 某电商企业 2 月访客数为 3 万人，共成交 3000 笔订单，销售总额为 30 万元，则该月笔单价为（　　　）。

    A. 100 元 / 笔　　　B. 10 元 / 人　　　C. 30 万元　　　D. 以上都不对

（三）简答题

1. 关联推荐常用的技巧有哪些？

2. 提高客单价常见的促销活动有哪些？

3. 简述动线长度对客单价的影响。

4. 谁是店铺的 VIP 客户？他们具备什么特征？

任务六 客户数据分析——客户关系管理的基础

学习目标

知识目标

- 理解客户分析的概念，掌握客户分析的主要内容；
- 熟悉客户分析指标；
- 掌握客户细分的常用方法，了解客户细分模型；
- 理解和掌握客户忠诚度分析；
- 理解和掌握客户生命周期分析；
- 理解和掌握访客特征分析；
- 理解和掌握访客行为分析。

技能目标

- 具备绘制客群画像的能力；
- 具备基于RFM模型细分客户的能力；
- 具备计算客户终身价值的能力；
- 具备客户体验诊断的能力。

素养目标

- 具备互联网用户思维；
- 具备较强的逻辑分析能力；
- 强化创新意识，增强服务理念；
- 具有执着专注、精益求精、一丝不苟、追求卓越的工匠精神。

一、任务导入

细分客户推动小米手机销量的增长

2011年，小米正式推出小米手机。小米手机虽然是市场的后入者，但依然不妨碍它受到很多粉丝追捧。2021年"双十一"活动中，小米手机在手机品类包揽全平台销量冠军。其中，小米高端旗舰机在双平台的销量增长3.6倍，稳居4000元以上价位安卓手机销量第一名。小米手机是怎么做到的呢？

1. 适当的产品或服务

众所周知，小米手机以高性价比出名，其口号是"为发烧而生"。小米手机不断在功能效用上采用市场上最受追捧的新技术，如在苹果即将发布iPhone X这款具有人脸识别功能的手机时，小米抢先发布了具有人脸识别功能的手机Note3。

小米手机通过产品的功能效用将追求新功能、新技术但消费能力有限的客户细分出来。除此之外，小米手机每次功能上的更新迭代都能够精准地满足目标客户的需求。

为什么小米总是能做出满足客户需求的手机呢？让"发烧友"及"米粉"共同参与研发是小米手机的一大特色。通过各种论坛，小米让客户说出自己对产品的期待与不满，从而时刻根据客户的想法研发出更符合客户期待的手机。

2. 适当的价格

价格是促成交易的最直接的因素。小米使用了什么样的定价策略来吸引追求性价比的这部分年轻人呢？

（1）心理定价

为了让用户感觉高配的手机用非常低的价格就能买到，小米总是将手机或其他家电产品的价格尾数定为9。研究表明，以9作为尾数会显得商品便宜，使用这样的尾数定价技巧能够抓住客户的求廉心理。

（2）低价策略

和同等配置的其他品牌的手机相比，小米手机的价格更低，以低价吸引大批的客户，从而达到渗透市场、提高市场占有率的目的。虽然电子产品采用低价策略会降低利润，但是实际上小米的低价产品并不是其盈利的主力产品，只是引流产品。

3. 适当的分销渠道

小米采用线上线下结合的分销渠道。小米本身就是一家互联网公司，线上渠道非常丰富，在小米官网、京东、淘宝等平台都有着非常大的流量；同时线下也有小米之家门店，能给客户提供实际的产品体验。

4. 适当的促销

（1）宣传性公关

小米会召开大型发布会发布新产品，有几十家媒体参加，并通过上微博直播、微博头条引起客户的关注。

（2）广告

小米手机的代言人有雷军等人，这些人身上都有着不同的特点。小米手机利用代言人本身的人设特点做广告，精准吸引不同的客户。

企业要想获得持续发展，就需要找准自身的市场定位和细分目标客户群体，进而实现精准营销和有效布局。小米正是通过客户细分促使销量不断增长的。

思考：

1. 请说说小米手机是如何细分客户的。
2. 小米手机的客群与苹果手机的客群有哪些差异？
3. 小米手机的低端机客群与高端机客群各有什么特点？

二、基础知识

（一）客户分析概述

1. 客户分析的概念

客户分析就是根据客户信息数据来分析客户的各种特征，评估客户价值，从而为客户制订相应的营销策略与资源配置计划。通过合理、系统的客户分析，商家可以知道不同的客户有着什么样的需求，分析客户消费特征与经营效益的关系，使运营策略得到最优的规划。更为重要的是，客户分析可以帮助商家发现潜在客户，从而进一步扩大商业规模，使企业得到快速的发展。商家可以从以下几个方面入手，对客户信息数据展开分析。

（1）客户个性化需求分析

随着企业经营理念的转变，"以客户为中心"的经营理念越来越受到商家的推崇，客户个性化需求分析越来越受到商家的关注。客户关系管理（Customer Relationship Management，CRM）是以客户为核心的，分析客户的个性化需求是客户关系管理的一个重要内容。

通过客户个性化需求分析，商家可以了解不同客户的不同需求，从而开展有针对性的营销活动，使得企业的投资回报率达到最大。

（2）客户行为分析

利用客户信息数据，商家可以了解每一个客户的购买行为，通过对这些行为进行分析，进而可以了解客户的真正需求。客户行为分析是客户分析的重要组成部分，商家可以知道哪些客户行为会对企业的利润产生影响，可以通过调整策略来改变客户的行为，进而改善与客户之间的关系。

知识链接：客户行为理论

客户行为是指客户为获取、使用产品或者服务所采取的各种活动。客户对产品首先需要有一个认知、熟悉的过程，然后试用，再决定继续消费使用，最后成为忠诚客户。客户行为轨迹如图6-1所示。

图6-1　客户行为轨迹

（3）有价值信息分析

要做到以客户为中心，商家就必须对客户进行分析。商家通过客户分析可以进行科学的决策，而不是将决策建立在主观判断和过去经验的基础之上。通过客户分析，商家可以获得许多有价值的信息。例如，某次促销活动中客户对哪些促销方式感兴趣，哪些产品不适宜进行促销，影响客户购买促销品的因素有哪些，客户再次参加类似促销活动的可能性有多大等。这些有价值的信息有利于商家进行科学的决策。

2. 客户分析的主要内容

根据客户关系管理的内容，客户分析的主要内容可以概括为以下 6 个方面。

（1）商业行为分析

商业行为分析就是商家通过分析客户的分布状况、消费情况、历史记录等商业信息来了解客户的综合状况。商业行为分析包括产品分布情况分析、客户保持分析、客户流失分析等。

产品分布情况分析就是通过分析客户的购买情况，对企业的产品在各个地区的分布情况有一个大概了解，商家可以知道哪些地区的客户对本产品感兴趣，从而获得本产品的营销系统分布状况，并根据这些信息组织商业活动。

客户保持分析就是商家根据客户的交易记录数据，找到对商家有重要贡献的客户，即商家最想保持的客户，然后将这些客户清单发放到企业的各个分支机构，以便这些客户能获得企业的优惠产品和服务。

交易完成之后，总会有部分客户流失，客户流失分析要求分析出这些客户流失的原因，客户流失量有多大，从而调整商业活动，降低客户流失率。

（2）客户特征分析

客户特征分析要求商家根据客户的历史消费数据来了解客户的购买行为习惯、客户对新产品的反应、客户的反馈意见等。客户特征分析主要用来细分客户，以便商家针对不同特征的客户采取不同的营销策略。通过分析客户对新产品的反应特征，商家可以了解新产品的市场潜力，并且了解不同客户对新产品的接受程度，最终决定新产品是否继续投放市场。基于客户的反馈意见，商家能够识别不同客群对品牌或产品的满意程度及评价。

（3）客户忠诚分析

客户忠诚分析对商家的经营战略具有重要意义，保持客户忠诚才能保证企业拥有持续的竞争力。客户只有对商家所提供的产品或服务满意、对企业信任，才会继续购买企业的产品。事实证明，保持一个老客户的成本与吸引一个新客户的成本是截然不同的，因此保持与客户的长期沟通和交流对提高企业的利润大有帮助。

另外，客户是企业的无形资产，保持客户忠诚能从根本上提升企业的核心竞争力。

（4）客户注意力分析

客户注意力分析就是对客户的意见情况、咨询状况、接触情况、满意度等进行分析。

客户意见分析是根据客户提出意见的类型、日期、发生与解决问题的时间和区域等指标来识别与分析一定时期内的客户意见，并指出哪些问题能够成功解决而哪些问题不能，分析其原因，提出改进措施。

客户咨询分析是根据客户咨询的产品、服务和受理咨询的部门，以及发生和解决咨询的时间来分析一定时期内的客户咨询活动，并跟踪这些建议的执行情况。通过对客户的咨询情况进行分析，商家可以了解产品存在的问题和客户关心的问题，以及如何解决这些问题。

客户接触评价是根据部门、产品、时间段来评价一定时期内各个部门主动接触客户的数量，并了解客户是否在每个星期都收到来自多个组织单位的多种信息。

客户满意度分析与评价是根据产品、区域来识别一定时期内感到满意的 20% 的客户和感到不满意的 20% 的客户，并描述这些客户的特征。通过对客户的满意度进行分析，商家可以了解某一地区的哪些客户对哪些产品最不满意，哪些客户对哪些产品最满意，以进一步了解这些客户的具体特征，并提出针对产品的改进意见和方法。

（5）客户营销分析

为了确定下一步的营销策略，商家需要对目前的营销系统有全面的了解。客户营销分析通过分析客户对产品、价格、促销、分销4个营销要素的反应，使商家对产品未来的销售趋势和销售状况有全面的了解，并可以通过改变相应的营销策略来提高营销的效果，有助于商家制定更为合理的营销策略。

（6）客户收益率分析

对客户收益率进行分析是为了考察企业的实际盈利能力及客户的实际贡献情况。每一个客户的成本和收益都直接与企业的利润相联系。客户收益率分析能够帮助商家识别对企业有重要贡献价值的前20%的客户，通过对这些重要客户进行重点营销能够提高企业的投资回报率。

客户分析是商家成功实施客户关系管理的关键。商家所有的经营管理活动都是围绕客户进行的，商家对客户进行有效的分析，不仅能提高客户的满意度和忠诚度，而且最终能提高企业的利润，增强企业的核心竞争力。

（二）客户分析指标

客户根据其行为可以分为新客户、活跃客户、老客户、流失客户等，相对应的分析指标有新客户数、活跃客户数、复购客户数、流失客户数，在此基础上衍生出新客户比例、活跃客户率、客户复购率、客户留存率和客户流失率，如图6-2所示。

（1）新客户数。新客户数是指首次访问或刚刚注册的用户数量，可以用来计算新客户比例及分析营销推广的效果。新客户是店铺发展的动力。

（2）活跃客户数。活跃客户数是指经常光顾店铺，并为店铺带来价值的客户数量。活跃客户数对商家来说是非常重要的，因为只有真正的活跃客户才能为商家创造价值。

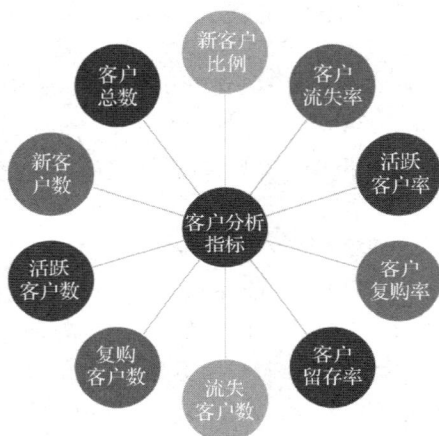

图6-2 客户分析指标

活跃客户数减少，则意味着客户流失，店铺经营将面临困难。在商业领域，活跃客户数通常被定义为在一定时期内，有消费行为或访问行为的客户数量。

（3）复购客户数。复购客户数是指购买次数大于1的客户数。复购客户属于老客户，黏性强，忠诚度高，是为店铺带来价值的重要客户群体，也是一家店铺生存的基础。

（4）流失客户数。流失客户数是指曾经光顾店铺，但之后一段时间未访问店铺的客户数量。

对于电商企业来说，通常将3个月或半年无购买行为的客户定义为流失客户。流失客户数通过客户最近一次访问时间与当前时间的间隔来认定，在统计时间上存在一定的滞后性。

（5）新客户比例。新客户比例是指新客户在全部客户中的占比，它反映的是店铺的营销推广能力。

$$新客户比例 = 新客户数 / 客户总数 \times 100\%$$

（6）活跃客户率。活跃客户率是指活跃客户占全部客户的比例。通过分析活跃客户率，商家可以洞悉店铺当前真实的运营状况。

$$活跃客户率 = 活跃客户数 / 客户总数 \times 100\%$$

（7）客户复购率。客户复购率是指客户对某品牌产品或服务重复购买的频率。客户复购率越高，表明客户对品牌的忠诚度越高，反之则越低。

$$客户复购率 = 购买次数大于1的客户数 / 有购买行为的客户总数 \times 100\%。$$

（8）客户留存率。客户留存率是指一段时间内回访（留存）客户数占新客户数的比例，它反映的是一种转化，即由初期的不稳定客户转化为活跃客户、老客户、忠诚客户的过程。

$$客户留存率 = 留存客户数 / 新客户数 \times 100\%$$

（9）客户流失。客户流失率是指流失客户在全部客户中的占比，它反映的是店铺对客户的吸引力。

$$客户流失率 = 流失客户数 / 客户总数 \times 100\%$$

新客户比例和客户流失率可以结合在一起分析，从新客户比例看客户进来的情况，从客户流失率看客户离开的情况。如果新客户比例大于客户流失率，说明店铺处于发展成长阶段；如果新客户比例与客户流失率持平，说明店铺处于成熟稳定阶段；如果新客户比例小于客户流失率，说明店铺处于衰退阶段。

知识链接：客户分析指标应用案例

某网店 7 月份来了 180000 名独立访客，其中新访客 160000 人，老访客 20000 人；共有 12000 名客户下单购买了商品，其中新客户 9000 人，老客户 3000 人；在之后 3 个月，7 月份新客户中有 3600 人再次到店购物。请计算 7 月份活跃客户数、活跃客户率、客户留存率、客户流失率。

（三）客户细分

客户细分（Customer Segmentation）是根据一定的分类指标将商家的现有客户划分为不同客群的过程。客户细分不仅对商家的经营管理具有重要意义，而且是客户关系管理的核心概念之一。对现有的客户进行细分，不仅能够降低企业的营销成本，而且有利于企业采取更为有效的市场渗透策略。通过客户细分，商家可以识别不同客群的不同需求，从而针对不同客户采取有针对性的营销策略，这将有利于提高客户的满意度和忠诚度。

客户细分一般是在商家明确的业务目标和市场环境下进行的，它根据客户价值、客户行为、客户偏好等因素对客户进行分类，属于同一客群的客户具有一定的相似性，属于不同客群的客户存在一定的差异性。客户细分的理论依据主要有以下几个方面。

（1）客户需求的异质性。客户有需求才会购买商品，不同的客户需求决定了客户购买不同的商品，进而表现出不同的客户购买行为。客户需求的异质性是客户细分的重要理论依据。

（2）消费档次假说。消费档次假说认为，消费者的消费水平增长不是线性的，而是阶段台阶式的，当消费者的消费水平达到一定档次时就会趋于稳定，并且在很长一段时间内不会变化。根据消费档次假说，消费者的消费行为在一定时间范围内是稳定的、有规律的，这为客户细分在理论上提供了基础和前提。

（3）企业资源的有限性。任何企业的资源都不是无限的，这就要求企业对有限的资源进行合理、有效的分配。客户细分能够帮助企业识别不同客户的不同价值，有利于企业针对不同的客群采取不同的营销策略，将有限的企业资源用于服务对企业有重要贡献价值的客户。

（4）客群的稳定性。客群的稳定性是客户细分的重要前提。如果客户和市场不具有相对的稳定性，客户细分后制定的策略未来得及进行实际应用，客户和市场就已发生变化，那么这样的客户细分就没有任何实际意义。

1. 客户细分的常用方法

在进行客户分析之前，一般会对客户进行一定的区分，以保证在做具体的客户分析时更有针对性。客户分类的方法也是多种多样的，下面介绍其中几种。

（1）按客户重要程度来分类

按重要程度通常将客户分成 A、B 两类，一般采用二八法则进行分类：20% 为 A 类客户，80% 为 B 类客户。对于贡献了 80% 利润的 A 类客户，企业务必使他们感到非常满意，而对于 B 类客户，则要逐渐提高其满意度，这样的客户管理工作就是做得比较有效的。因为一个企业的资源是有限的，所以需要根据客户占用企业的资源比例，选择一定的比例构成分割点来对客户进行分类，以便合理分配资源。

知识链接：二八法则

> 1897 年，意大利经济学者帕累托偶然注意到 19 世纪英国人的财富和收益模式。在调查取样中，他发现大部分的财富流向少数人手里。同时，他还从早期的资料中发现，在其他的国家，这种情况一再出现，而且在数学上呈现出一种稳定的关系。于是，帕累托从大量具体的事实中发现：社会上 20% 的人占有 80% 的社会财富，即财富在人口中的分配是不平衡的。

（2）按客户属性来分类

描述客户属性的要素有很多，如性别、年龄、地域、职业、偏好、消费能力、教育程度、婚姻状况等，如表 6-1 所示。根据这些客户属性，商家可以进行多维度的组合型分析，挖掘客户的个性需要，找出客户最需要的商品。

表 6-1 按客户属性来分类

细分维度	细分变量	具体分类
客户属性	性别	男、女
	年龄	婴儿、幼儿、少年、青年、中老年 / "70 后" "80 后" "90 后" "00 后"
	地域	省份 / 城市、农村 / 沿海、内陆 / 高温、严寒
	职业	学生、教师、公司职员、医生、公务员、个体户、家庭主妇
	偏好	品牌、时尚、风格、实惠
	消费能力	高消费、中等消费、低消费
	教育程度	高中、中职、本科、研究生
	婚姻状况	未婚、已婚

（3）按客户行为来分类

客户在线上购物过程中的行为有搜索、点击、浏览、收藏、加购、咨询、下单、支付、评论、分享等，如表 6-2 所示，商家可基于不同的客户行为对客户进行细分，如购买行为、咨询行为、分享行为等。

表 6-2 按客户行为来分类

细分维度	细分变量	具体分类
客户行为	购买金额	高贡献客户、中高贡献客户、中贡献客户、低贡献客户
	购买频率	活跃客户、沉默客户、睡眠客户、流失客户
	购买渠道	自然搜索、直通车、聚划算、淘金币、试用中心、淘抢购
	购买时段	工作日、节假日、白天 8—17 点、傍晚 18—22 点、深夜 22 点至次日 7 点
	咨询偏好	咨询下单、静默下单
	分享频率	不分享、偶尔分享、乐于分享

（4）按客户忠诚度来分类

客户根据忠诚度通常分为潜在客户、新客户、老客户、成熟客户和忠诚客户。不同类别的客户对企业的利润贡献差别较大。企业需要不断改善客户的购物体验，赢得客户信赖，从而将潜在客户转变为新客户，将新客户转变为老客户，将老客户转变为成熟客户，将成熟客户转变为忠诚客户，由此增加客户对企业利润的贡献。

（5）按客户价值来分类

客户价值是指企业为客户提供产品和服务后得到的价值，即客户为企业创造的价值。客户价值包括既成价值、潜在价值和影响价值。既成价值是指客户购买给企业带来的销售额和利润的增加。潜在价值是指如果客户得到保持，客户将在未来进行的增量购买中给企业带来的价值。影响价值是指当客户感到高度满意时，会带动和影响周边客户进行购买所产生的价值。

客户价值矩阵模型由消费频率与平均购买额构造而成，将客户划分为 4 种类型，即优质型客户、消费型客户、经常型客户和不确定型客户，如图 6-3 所示。

① 优质型客户：指平均购买额高、消费频率高的客户，他们是企业的基础，是企业利润的主要来源，必须保持。

② 消费型客户：指平均购买额高、消费频率低的客户，针对这一类型的客户，最好的策略是设法增加他们的消费次数。

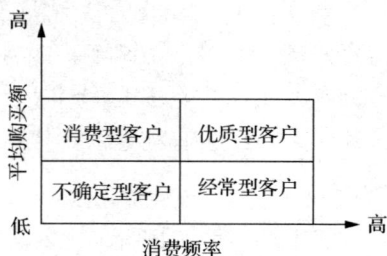

图 6-3　客户价值矩阵模型

③ 经常型客户：指平均购买额低、消费频率高的客户，高频率的消费证明了他们对企业的忠诚，企业对他们最适合采取的策略是通过促销、交叉销售、销售推荐等办法来增加他们的消费金额。

④ 不确定型客户：指平均购买额低、消费频率低的客户，企业对他们要进行筛选，争取将其变成消费型客户或经常型客户甚至优质型客户，并将营销的重点放到不确定的新客户身上，必要时可以对他们采取放弃的策略。

2. RFM 模型

RFM 模型就是依据一定的细分变量，将客户进行分类的方法。依据一定的 RFM 模型将客户进行细分，能够有效降低成本，同时获得更好的、更有利可图的市场渗透效果。在众多的客户细分模型中，RFM 模型是广泛应用于数据库营销的一种客户细分方法。它通过客户购买行为中的"最近一次消费（Recency）""消费频率（Frequency）""消费金额（Monetary）"来了解客户的层次和结构、客户的质量和价值以及客户流失的原因，从而为企业制定营销策略提供支持，如图 6-4 所示。RFM 模型针对不同的客户采取不同的策略，同时识别其中的行为差异，对不同的客户行为进行购买预测。

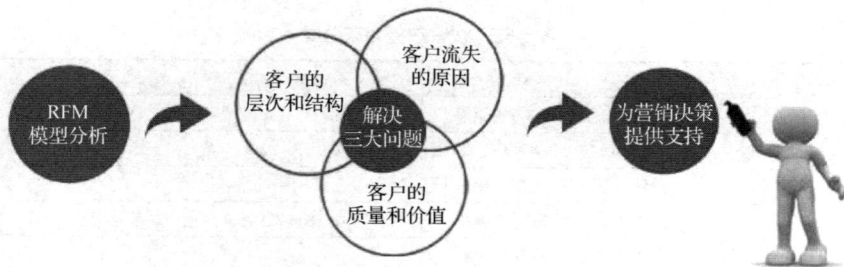

图 6-4　RFM 模型

RFM 模型的 3 个指标解释如下。

近度 R（Recency）：表示客户最近的消费时间与数据采集点的时间间隔。客户最近的消费时间与数据采集点的时间间隔越短，R 值越大，表示客户交易发生时间越近；客户最近的消费时间与数据采集点的时间间隔越长，R 值越小，表示客户越久未发生交易。在这部分客户中，有些优质客户值得企业通过一定的营销手段进行激活。

频度 F（Frequency）：表示客户在过去某段时间内的消费频率。F 值越大，表示客户与本企业的交易越频繁，他们不仅给企业带来人气，也带来稳定的现金流，是非常忠诚的客户；F 值越小，表示客户不够忠诚，且可能是竞争对手的常客。针对 F 值较小但消费额较大的客户，企业需要推出一定的竞争策略，将这批客户从竞争对手手中争取过来。

额度 M（Monetary）：表示客户每次消费金额的多少，一般用过去的平均消费金额表示。M 值较大的客户，支付能力强，价格敏感度低，是较为优质的客户；M 值较小的客户，支付能力和支付意愿可能较差。

RFM 模型早在 1989 年就被提出，分析的对象是客户消费的购物篮，而不是具体的商品。RFM 模型最初运用于直销（Direct Marketing）领域，但在商用 PC 及关系型数据库等技术逐渐成熟并普及后，才在 1990 年以后被广泛用于零售业态。RFM 模型具有计算过程简单、算法易懂、数据获取容易的特点，在不需要借助专业分析软件的情况下就可以对客户的消费行为进行分析，因此受到了零售业界的欢迎，并经常用于客户忠诚度、客户价值分析，成为零售行业数据分析的重要工具。

（四）客户忠诚度分析

客户忠诚度是指客户对品牌偏好的程度，客户主要受产品质量、价格、服务等诸多因素的影响，从而对某一企业的产品或服务产生感情，形成偏爱并长期重复购买该企业的产品或服务。

客户忠诚是客户对企业的感知、态度和行为。客户在了解、使用某产品的过程中，由于与企业的接触，可能会对企业所提供的产品和服务质量等感觉满意，形成正面的积极评价，从而对该企业及其提供的产品或服务产生某种依赖感，并长时间地表现出重复购买及交叉购买等忠诚行为。客户忠诚主要涉及客户对企业产品价格的敏感程度、对竞争产品的态度、对产品质量问题的承受能力等方面。忠诚的客户是企业的优质资源，是企业利润的源泉和企业发展的推动力。

客户忠诚度分为情感忠诚和行为忠诚，如图 6-5 所示。

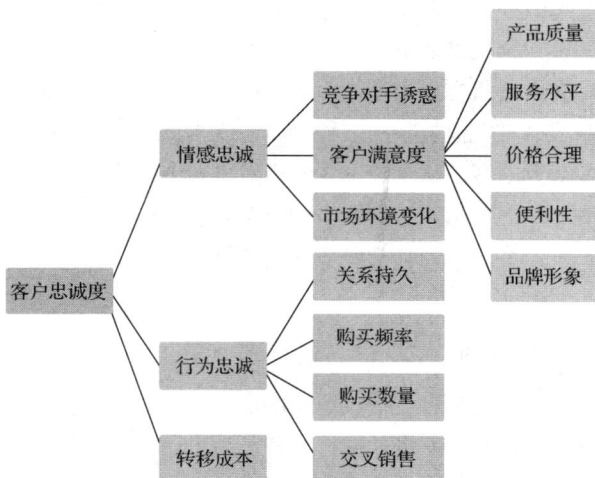

图 6-5 客户忠诚度

1. 情感忠诚

情感忠诚主要由 3 个方面构成，即竞争对手诱惑、客户满意度及市场环境变化。

竞争对手诱惑是指客户在市场中选择竞争对手产品的可能性，缺乏有吸引力的竞争对手是保持客户的一个有利条件。如果客户感知到现有企业的竞争对手能够提供让他们满意的产品或服务，客户就可能决定离开现有企业而接受竞争对手的产品或服务。因此，当竞争对手的产品或服务对客户的吸引力减小时，客户就会因满意度高而忠诚于企业。也就是说，竞争对手的吸引力越小，客户的忠诚度越高。

客户满意度一般被认为是客户忠诚的决定性因素。大量研究表明，较高的客户满意度会对客户忠诚产生积极的影响。满意是指一个人通过对一个产品或服务的可感知的效果与他的期望相比较后形成的感觉状态。也就是说，如果客户对某个产品购买前的期望比购买后感知的效果高的话，客户就不满意；相反，客户就感觉满意。客户虽然有时候对自己购买的产品和服务感到满意，但并不意味着客户一定忠诚。但是，当客户的满意度达到一定的程度时，客户的忠诚度将直线上升。同时，长期的满意将有助于培养客户对企业、对品牌和对产品及服务的信任。客户满意与客户忠诚是两个不同的概念，它们之间的关系非常复杂，但是可以肯定客户满意度是决定客户忠诚的一个因素。影响客户满意度的因素有很多，产品质量与服务水平是客户满意度最直接的决定因素，产品质量与服务水平高，客户满意度也高。如果企业所提供的产品或服务的价格合理，那么客户的满意度也会较高；同样，客户获取企业所提供的产品或服务的便利性及企业的品牌形象也是决定客户满意度的因素。

市场环境的变化也会影响客户的选择，它可能会使客户选择竞争对手的产品，因此市场环境的变化也是决定客户忠诚度的因素之一。

2. 行为忠诚

行为忠诚主要由客户与企业的关系持久（持续时间）、购买频率、购买数量及交叉销售 4 个方面构成。客户与企业发生交易关系持续的时间越久，表明客户越乐意接受企业的产品或服务，离开企业的可能性也就越小，忠诚度越高。购买频率高与购买数量大，表明客户对企业的产品或服务的接受程度高，比较忠诚于企业。交叉销售是指客户在购买了企业的某种产品或服务的基础上再购买企业的其他产品或服务。客户只有对自己已经购买的产品或服务评价较高时，才会信任企业，从而继续购买该企业的其他产品或服务。因此，交叉销售程度高，表明客户对企业的认同感高，对企业的忠诚度也高。

除了情感忠诚与行为忠诚外，客户忠诚度还与客户的转移成本有关。当客户受到竞争对手的诱惑时，可能会离开现在的企业，但是如果这种转移成本对客户来讲过高，足以抵消其通过转换企业所获得的利益时，客户就会继续留在原企业。因此，转移成本也是影响客户忠诚度的一个因素。但是转移成本的计算是一个很困难、很复杂的过程，转移成本具体包括哪些构成要素目前并没有具体统一的认识。而且，有的行业的客户从一个企业转移到另一个企业可能需要付出很大的代价，转移成本很高；有的行业的客户从一个企业转移到另一个企业则没有任何约束，转移成本很低。特别是在信息极其通畅的现代社会，客户所面临的转移成本越来越低，转移成本不再是制约客户选择其他企业的一个主要因素。

（五）客户生命周期分析

由于客户面对的产品和服务的品种、数量急剧增加，客户的需求也呈现出多元化的发展态势，企业无法像过去那样只靠提供产品和服务就赢得竞争。为了获得更大的竞争优势，企业必须维护好与客户之间的关系。客户生命周期是产品生命周期概念的深化，随着关系营销和客户关系管理概念深入人心,产品生命周期、关系营销和客户关系管理概念被结合到一起,从而形成客户生命周期。

根据客户关系的特点,客户生命周期一般可划分为 8 个阶段,即开拓期、巩固期、成长期、成熟期、衰退期、解约期、中断期和恢复期,如图 6-6 所示。它描述了以客户对企业有初步认知,或者企业准备对客户进行开发活动为开端,直到客户不再与企业发生任何业务关系为终结的整个过程。图 6-6 所示的横轴代表客户所处的生命周期,纵轴代表客户价值,即客户给企业带来的利益。可以看出,客户价值在这 8 个阶段内是存在差异的,这也提醒企业在进行客户关系管理时需要正确判断客户生命周期处在哪个阶段,这样才能采取有针对性的策略,使客户价值最大化。

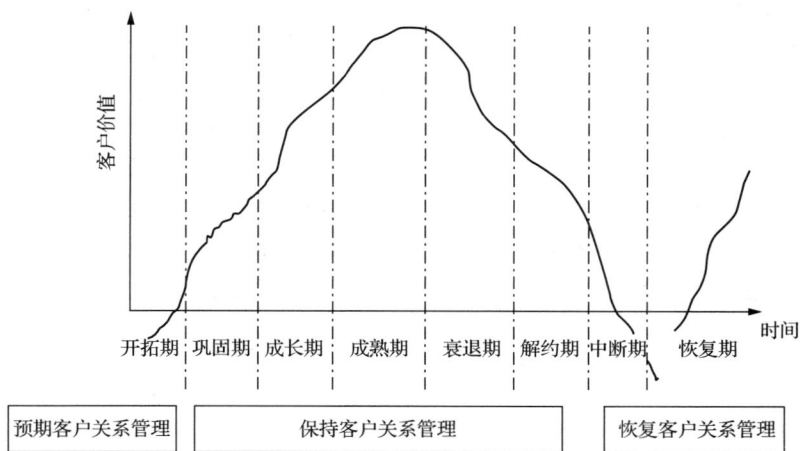

图 6-6 客户生命周期

总之,在整个客户生命周期中,企业与客户的关系始终处在动态变化当中,企业的活动、其他企业的影响、客户自身因素等都会使企业与客户的关系从周期中的某个阶段转换到另一个阶段。只有在客户自身的某一项或者多元化的需求得到满足的情况下,客户生命周期才可以延续下去。因此,企业必须了解自己与客户的关系处在哪个阶段,掌握不同阶段的客户在消费行为上存在哪些特点,这样才能进行有针对性的营销维护及客户关怀,在满足客户需求的同时使客户为企业带来更多的利润。

在客户生命周期当中,对客户价值的评判至关重要。这里所说的价值分为两方面:一方面是指评判企业为客户带来多少价值;另一方面是从企业出发,评判客户为企业提供多少价值。而客户生命周期的价值,就是在客户生命周期的长度内,一个客户为企业提供的价值的总和,即一个客户对企业的终身价值。客户利润为客户价值与客户成本之差,其中客户价值包括通过交易等形式进行的"当前价值"和为企业自发进行口碑宣传的"潜在价值"。客户的当前价值可以通过客户创造的毛利润和购买量来衡量,而客户的潜在价值则通过客户忠诚度、满意度和客户关系状况来衡量。

另外,客户保持率越高,客户的潜在价值就越能被发掘出来。客户保持是指维持已建立的客户关系,使客户在未来对企业的产品或服务表现出高度认知忠诚,从而使企业获取实际的经济利润。研究显示,客户保持率每增加 5%,企业平均利润增幅可达 25% ~ 85%。

(六)访客特征分析

消费者购买产品因受地域、年龄、性别、职业、收入、文化程度、民族等因素的影响,其需求存在很大的差异,对产品的要求也各不相同,而且随着社会经济的发展,消费者的消费习惯、消费观念、消费心理不断发生变化,从而导致消费者购买差异变大。消费者进入店铺后就成为访客,是商家的潜在客户，这时商家需要分析什么样的消费者会选择访问自家的店铺，他们有什么特征。当访客选择下单购买产品，他就成为商家的客户，商家就要进一步分析客户的人群特征是什么，他们购买产品的主要原因是什么。

访客进入店铺之后，商家首先要关注他们从哪里来，他们什么时间来，他们的年龄层次是怎样的，他们的性别情况是怎样的，他们是什么职业，他们的消费能力如何，他们的购买频率怎样，他们的会员等级如何，他们有什么样的偏好，是新访客还是老访客，对于有些访客还需要分析他们的婚姻状况和家庭状况。

1. 访客地域分布

这是指从空间维度上分析访客，商家要弄清楚访客从哪里来，属于哪个省，哪座城市，哪个商圈。这样商家就可以对重点地域或重点城市展开精准营销，以提升营销效果。

图 6-7 所示为某店铺某年 6 月 10 日—7 月 9 日共一个月的访客地域分布。数据显示该店铺的访客主要来自中国东部沿海地区和中部地区，西部、南部和东北地区并非其主要的客源地。其中来自广东省、浙江省和山东省的访客最多，占到总访客数的 45% 左右。通过进一步分析，商家还可以发现湖北省的下单转化率最高，应该将其列为营销重点省份，其次是四川省、湖南省和浙江省。

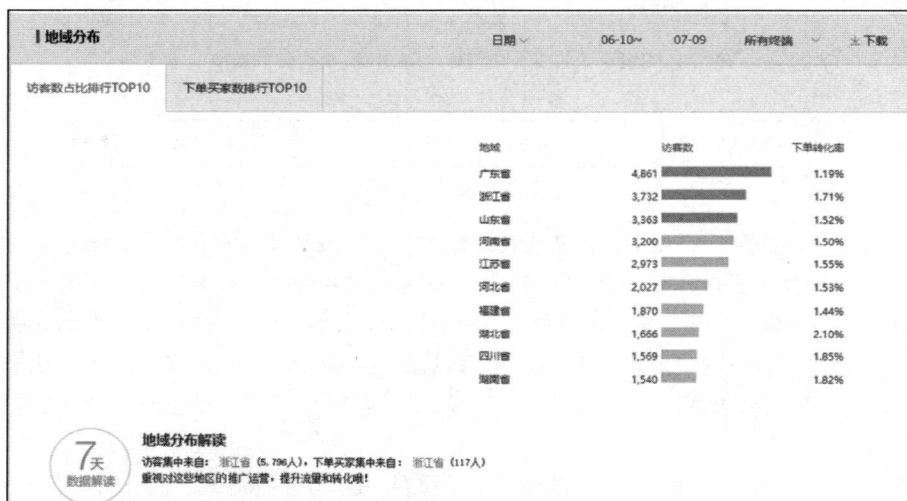

图 6-7　访客地域分布

接下来看该店铺主营产品所在市场 6 月 10 日—7 月 9 日共一个月的访客省份和城市分布（见图 6-8）。该图利用市场行情的人群画像的搜索人群功能，通过搜索其主营产品的关键词获得。

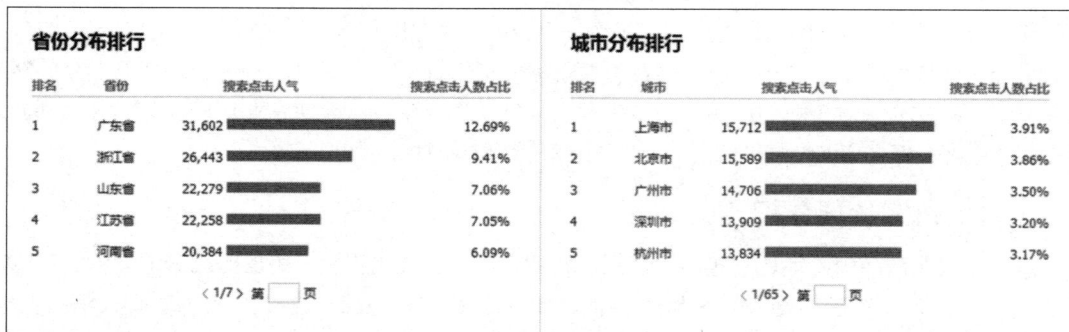

图 6-8　访客省份和城市分布

从图 6-8 中可以发现，访客的省份分布与地域分布基本一致，只是江苏省与河南省的位置有些变化。在城市分布上，上海市、北京市和广州市排在前 3 位，合计搜索点击人数占比超过 11%。由图 6-7 可知，湖北省、四川省、湖南省和浙江省的下单转化率较高，对应的搜索点击人气排行榜上有杭州市（排名第 5）、武汉市（排名第 14）、成都市（排名第 16）、宁波市（排名第 19）、温州市（排名第 21）、长沙市（排名第 25）、金华市（排名第 27）、台州市（排名第 30）。可见湖北省访客主要来自武汉市，四川省的访客集中在成都市，湖南省的访客也集中在长沙市，而浙江省的访客来源城市比较多。

2. 访客时段分布

这是指从时间维度上分析访客，商家首先需要关注的是流量的高峰时段，然后是成交的高峰时段，接着是对不同终端类型的流量高峰和成交高峰展开分析。图 6-9 所示为某店铺 6 月 10 日—7 月 9 日共一个月全部终端的访客时段分布，流量的高峰在 21—22 点，成交的高峰在 10 点。

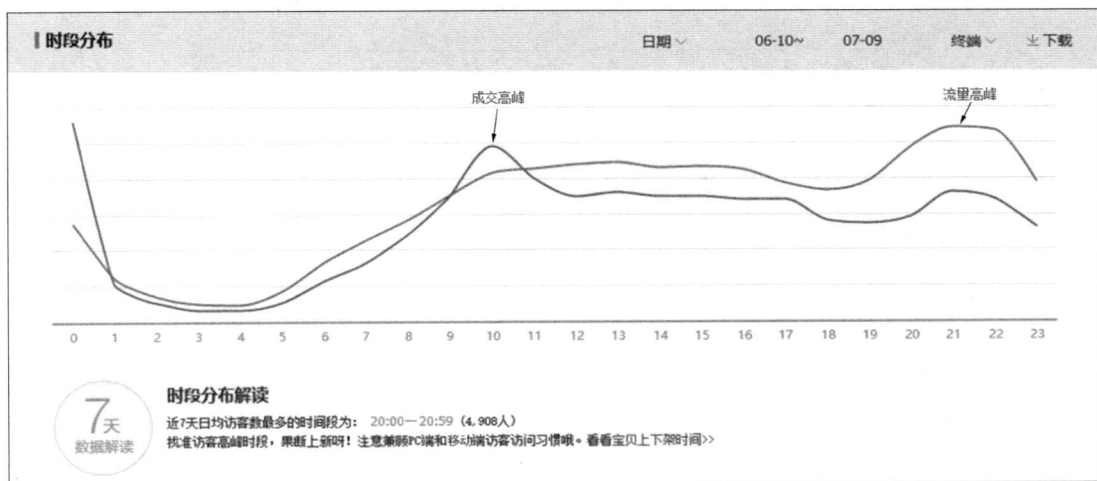

图 6-9 访客时段分布 1

再按终端类型来分析，如图 6-10 所示。移动端的流量高峰在 21—22 点，成交高峰在 10 点，而 PC 端的流量高峰和成交高峰都在 10 点。

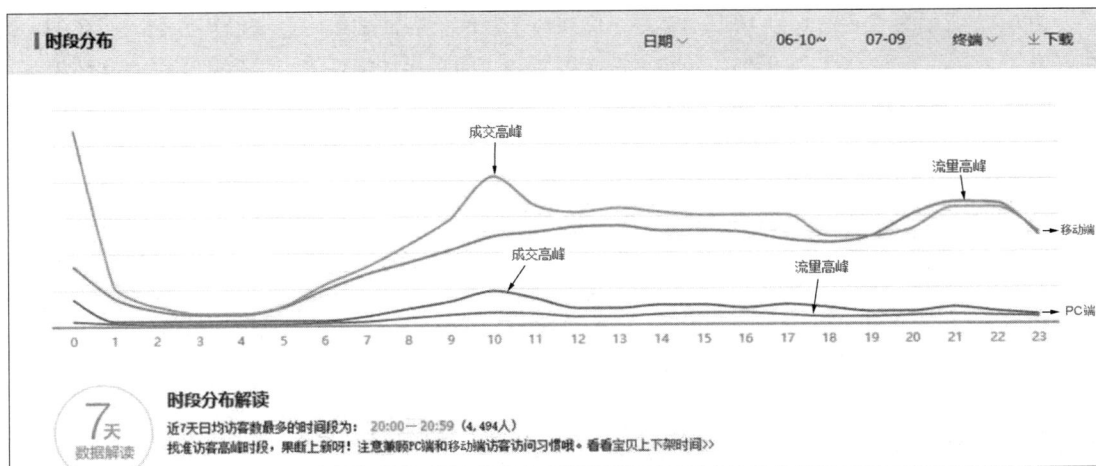

图 6-10 访客时段分布 2

商家找准访客的流量高峰和成交高峰时段，可将相关信息用于商品上下架时间设置、上新时段的选择和直通车广告的投放。

3. 访客年龄分布

不同年龄段的群体有各自的消费特点，例如少年好奇心强，喜欢标新立异的事物；青年人购买欲望强，喜欢追逐潮流；中年人比较理智和忠诚，注重质量、服务等；老年人珍视健康，热爱养生，对新产品常持有怀疑态度。因此商家要关注访客的年龄，熟悉和理解他们的消费特点，这样才能更好地满足他们的需求。

图 6-11 所示为某店铺主营产品所在市场 6 月 10 日—7 月 9 日共一个月的访客年龄分布。26 ~ 30 岁年龄段的搜索点击人数最多，占比高达 35.02%；其次是 18 ~ 25 岁年龄段，搜索点击人数占比达 30.70%；排在第三位的是 31 ~ 35 岁年龄段，搜索点击人数占比达 17.07%。它们的合计占比高达 82.79%，也就是说，该行业的主力消费人群的年龄段为 18 ~ 35 岁。当然这 3 个年龄段访客的需求点实际上也可能是不一样的，商家应进一步深入分析，再针对每个年龄段的访客配置相应的产品。

年龄分布

年龄	搜索点击人气	搜索点击人数占比
18~25岁	52,527	30.70%
26~30岁	56,745	35.02%
31~35岁	37,169	17.07%
36~40岁	22,966	7.60%
41~50岁	22,594	7.39%
51岁及以上	10,918	2.22%

图 6-11 访客年龄分布

4. 访客性别占比

不同性别的访客在购买商品时的心理特征差别很大。一般男性访客的购买动机常具有被动性，属于有目的的购买和理智型购买，选择商品时比较注重质量和性能，不太考虑价格，比较自信，不喜欢客服做太多介绍，希望快速完成交易，不喜欢等待；而一般女性访客的购买动机具有冲动性和灵活性，她们选择商品十分细致，购买心理不稳定，易受到外界因素影响，购买行为受情绪影响大，选择商品时注重外观、质量和价格。

图 6-12 所示为某店铺 6 月 10 日—7 月 9 日共一个月的访客性别占比。在已知性别的访客中，男性占比 36.67%，女性占比 28.95%，显然男性访客居多，而且男性访客的下单转化率高于女性访客，说明该商家的商品更适合男性访客。

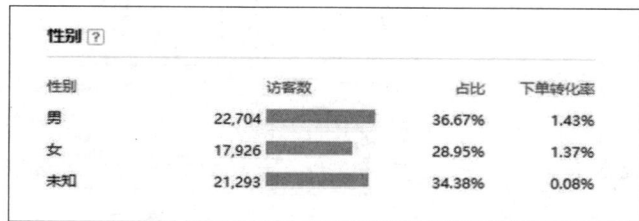

性别 ?

性别	访客数	占比	下单转化率
男	22,704	36.67%	1.43%
女	17,926	28.95%	1.37%
未知	21,293	34.38%	0.08%

图 6-12 访客性别占比

再对比行业的访客性别占比，如图 6-13 所示。从该店铺所处的行业来说，也是男性访客居多，占比达到 66.32%，女性访客占比为 33.68%。

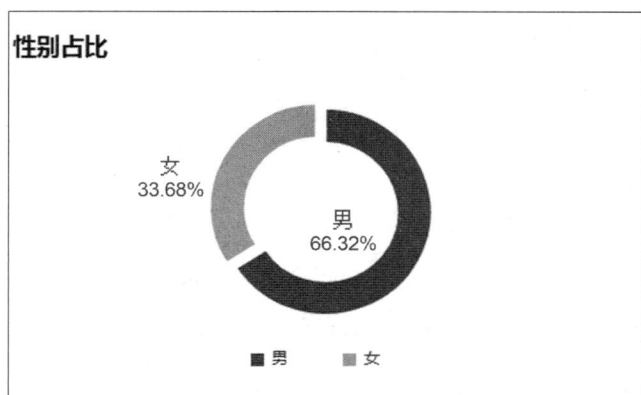

图 6-13　行业的访客性别占比

5. 访客职业占比

不同职业的消费者对商品的需求差异很大，如教职工大都比较喜欢造型雅致、美观大方、色彩柔和的商品；公司职员的交际和应酬通常比较多，选择商品时更重视时尚感；医护人员重视健康，对商品的安全性要求比较高。

图 6-14 所示为某店铺主营产品所在市场 6 月 10 日—7 月 9 日共一个月的访客职业占比。公司职员占比最高，达到 50.72%，个体经营者或服务人员占比 20.03%，教职工占比 7.88%，三者合计占比达到 78.63%。从分析数据来看，商家一方面要把握好现有消费者的需求，另一方面要加强对医务人员、学生、公务员和工人消费人群需求的分析，提供更多能满足他们需求的商品。

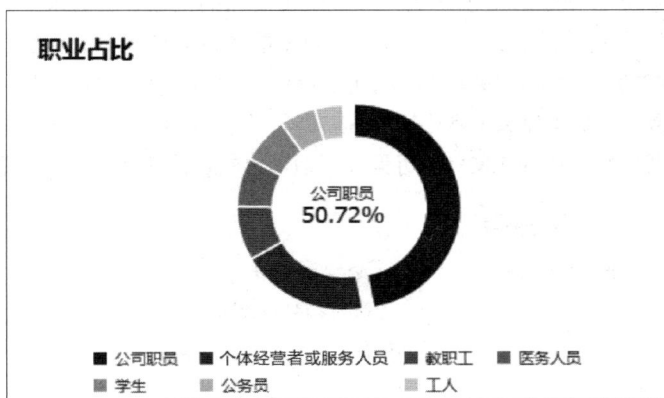

图 6-14　访客职业占比

6. 访客消费层级分布

消费层级反映的是消费者半年内每次购物平均消费金额的多少，分为低、偏低、中、偏高和高5 个层级。通过消费层级分析，商家可以判断访客的消费能力。图 6-15 所示为某店铺 6 月 10 日—7 月 9 日共一个月的访客消费层级分布，其中 0 ~ 1790 元这一消费层级的访客数最多，占比高达90.34%，但下单转化率却最低；随着消费层级的提升，访客数在减少，下单转化率却在提升。

对比支付买家的消费层级（见图 6-16），支付新买家的消费层级为 0 ~ 1790 元的占比为43.64%，1790 ~ 2900 元的占比为 41.33%；支付老买家的消费层级为 0 ~ 1790 元的占比为 38.72%，1790 ~ 2900 元的占比为 45.13%。可见在支付买家中，消费层级为 1790 ~ 2900 元的买家是店铺的消费主力军，商家应该加强对消费层级为 1790 ~ 2900 元的潜在买家的引流。

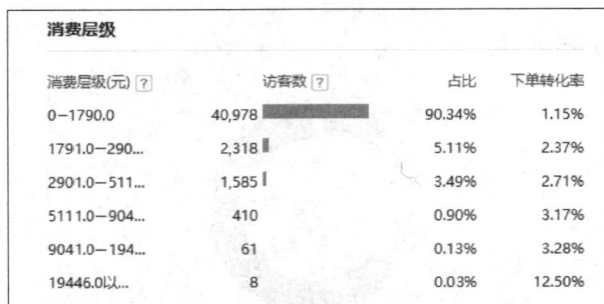

消费层级			
消费层级(元) [?]	访客数 [?]	占比	下单转化率
0—1790.0	40,978	90.34%	1.15%
1791.0—290...	2,318	5.11%	2.37%
2901.0—511...	1,585	3.49%	2.71%
5111.0—904...	410	0.90%	3.17%
9041.0—194...	61	0.13%	3.28%
19446.0以...	8	0.03%	12.50%

图 6-15　访客消费层级分布

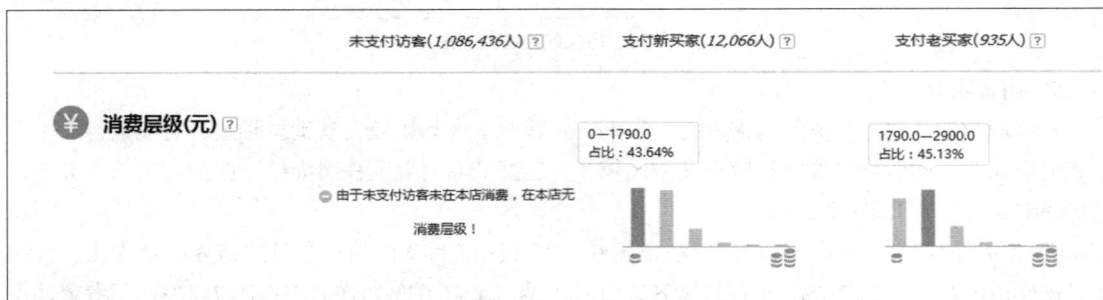

图 6-16　消费层级占比

7. 访客购买频率

购买频率是指消费者在一定时期内购买某种或某类商品的次数。一般来说，消费者的购买行为在一定的时期内是有规律可循的。访客购买频率是商家选择目标市场、确定经营方式、制定营销策略的重要依据。图 6-17 所示为某店铺主营产品所在市场 6 月 10 日—9 月 8 日共 90 天的访客购买频率，数据显示购买次数为 1 的支付买家数占比为 86.77%，购买次数为 2 的支付买家数占比为 9.01%，购买次数为 3 的支付买家数占比为 1.83%。可见该店铺销售的是访客购买频率较低的商品。

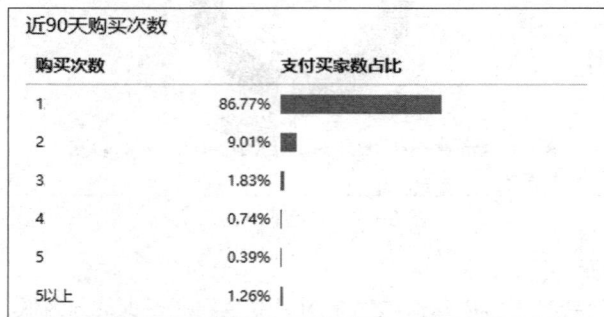

图 6-17　近 90 天购买次数

8. 访客会员等级

访客会员等级是评价会员的综合指标。生意参谋基于买家过去12个月在淘宝的购买、互动等行为，综合计算出一个淘气值，即买家在淘宝上购买次数越多、消费金额越大、与商家互动越多，其购物信誉就越高，淘气值也越高。如果店铺访客的淘气值高，说明店铺被优质买家认可。

图 6-18 所示为某店铺 6 月 10 日—7 月 9 日共一个月的访客淘气值分布。数据显示淘气值为601 ~ 800 分的访客最多，占比为 26.13%；其次是 501 ~ 600 分的访客，占比为 22.53%；600 分以

上的优质买家合计占比为 50.18%（注：由访客数结合下单转化率计算而得）。而且访客的淘气值越高，下单转化率越高。

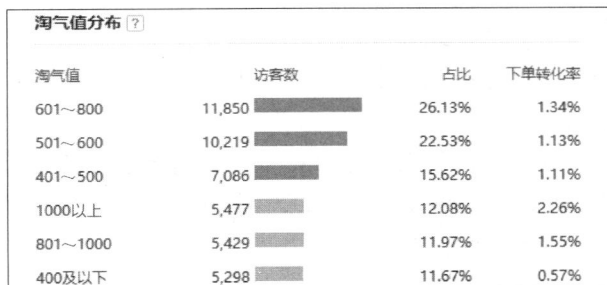

图 6-18　访客淘气值分布

行业的访客淘气值分布如图 6-19 所示，600 分以上的优质买家合计占比为 60.07%，而该店铺的淘气值在 600 分以上的优质买家合计占比为 50.18%，两者还有差距，说明该店铺对优质买家的吸引力还未达到市场平均水平。

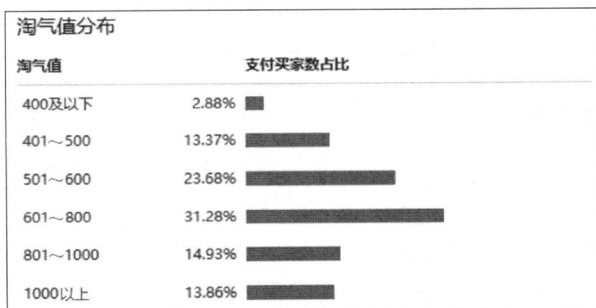

图 6-19　行业的访客淘气值分布

9. 访客偏好情况

访客偏好情况是指访客对一种商品（或者商品组合）的喜好程度。访客根据自己的意愿对可供消费的商品或商品组合进行排序，这种排序反映了访客个人的需要、兴趣和偏好。

图 6-20 所示为某店铺 6 月 10 日—7 月 9 日共一个月的访客的营销偏好，可以发现访客的营销偏好依次为聚划算、天天特价、宝贝优惠券、搭配套餐、包邮。该店铺主营产品所在市场 6 月 10 日—7 月 9 日共一个月的访客的优惠偏好如图 6-21 所示，数据显示行业访客的优惠偏好依次是包邮、聚划算、天天特价、淘金币、搭配套餐、优惠券、淘抢购、限时打折和满就送（减）。两者对比，主要的不同在于淘金币和包邮，因此可以建议商家加强对淘金币的应用，以及更多地提供或突出包邮服务来吸引访客。

图 6-20　营销偏好

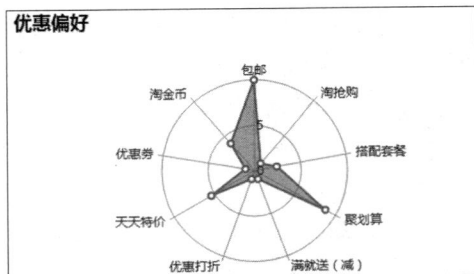

图 6-21　优惠偏好

10. 新老访客占比

访客浏览网店的目的是想在网店里找到想要的商品，所以网店销售的商品和用户体验很重要。如果网店销售的商品对访客有吸引力，再加上不错的用户体验，新访客变成老访客的概率就会上升。淘宝将6天内访问店铺后再次到访的访客记为老访客，否则记为新访客。新访客比例越高，说明网店的推广做得越好；老访客比例越高，说明网店的黏性越强。一般正常的网店，每日新访客比例应该在80%左右，老访客比例在20%左右。

图6-22所示为某店铺6月10日—7月9日共一个月的店铺新老访客占比，该店铺的新访客占比为84.60%，老访客占比为15.40%，处于合理区间。还可以看到，老访客的下单转化率比新访客的下单转化率高，所以商家要重视对老客户的维护。

店铺新老访客 [?]			
访客类型	访客数	占比	下单转化率
新访客	38,375	84.60%	1.00%
老访客	6,983	15.40%	2.89%

图6-22　店铺新老访客占比

（七）客户行为分析

客户行为是指客户为满足某种特定需求，通过各种途径或方法选择、获取、使用、处置商品或服务的过程中所表现出来的各种内在心理活动及外在行为表现。美国市场营销协会（American Marketing Association）认为，客户行为是客户在生活中进行商品或服务交换时所表现出来的情感、认知和各种环境因素相互作用的动态过程。分析客户行为的主要目的是根据客户行为特征分析预测客户需求，进而有针对性地满足客户需要，提高客户服务水平，并与客户建立持久有效的客户关系，从而塑造企业的核心竞争优势，提高企业的盈利能力。客户行为始终贯穿于商品或服务购买及使用过程中。对于大部分商品和服务来说，购买阶段与使用阶段并不是完全分隔的，而是相互交织的。因此在分析客户行为时，商家不仅要分析客户是如何做出购买商品或服务的决策的，更要关注客户是如何使用与处置商品或服务的。

客户行为的影响因素包括外部影响因素和内部影响因素。外部影响因素包括文化环境、社会阶层、参考团体、家庭等方面。内部影响因素包括信息处理、动机与人格、态度、生活方式等方面。

对于商家来说，什么样的访客会为购物车里的商品付款是一个重要的问题。目前，市场上针对网店访客行为分析的工具并不多，如百度统计提供的页面点击图，它主要针对从百度推广来的访客，为百度推广服务，用于分析流量来源；生意参谋也有类似的工具，从访客点击进入网店开始分析其行为，访客在线行为通常包括浏览网页、点击链接、搜索信息、收藏购买、导航定位、联系客服、发帖评论、售后投诉等。

1. 访客行为数据分类

访客行为数据是由访客对网店的点击而产生的，这些数据能够用来判断访客对商品的喜好及期望，所以分析访客行为数据对于精准营销以及筛选出符合访客喜好的商品非常重要。

访客点击数据衍生出很多行为指标，如访问频率、平均停留时长、消费行为、信息互动行为、内容发布行为等。但是这些指标有些复杂，不利于快速对访客进行分析。基于简单而又全面的原则，访客行为数据可以分为3类——黏性、活跃、产出，如图6-23所示。

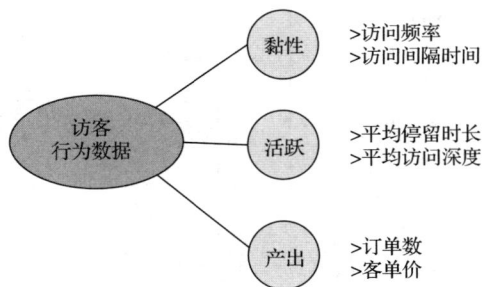

图 6-23　访客行为数据分类

这 3 类可以包含很多其他细分的行为指标，商家利用这些指标可以衡量访客在网店的行为表现，进而区分访客的行为特征，对访客进行打分，再对不同类型的访客进行分群，并实施精细化的营销推广，提升营销推广的价值。

（1）黏性

它主要关注访客在一段时间内持续访问的情况，是指一种持续状态，包括"访问频率""访问间隔时间"。

（2）活跃

它考察的是访客访问的参与度，一般对访客的每次访问数据取平均值，包括"平均停留时长""平均访问深度"。

（3）产出

它用来衡量访客创造的直接价值输出，如电商网站的"订单数""客单价"，前者衡量频率，后者衡量平均产出的价值。

当然，基于访客行为数据的三大类，商家可以在每个大类中再添加不同的行为指标，只要能够体现其分析价值并且不重叠即可。

2. 浏览网页

访客浏览网页的行为是从流量入口开始的，然后就会有跳失率，接着会涉及平均访问深度、平均停留时长、访问路径、热力图等。

（1）流量入口

淘宝流量入口主要有店铺首页、商品详情页、搜索结果页、店铺自定义页、商品分类页和店铺其他页。

图 6-24 和图 6-25 所示为某网店 PC 端最近 7 日的流量入口比例图。访客分布显示，店铺首页有 938 个访客，占比 3.65%；商品详情页有 24522 个访客，占比 95.39%；其他合计 0.96%。可见访客通常选择该网店的商品详情页作为主入口。

（2）跳失率

跳失率越高，说明网店的黏性越差。成功的网店能让访客从进口一直转到出口，最后完成商品的购买，这样的网店的销量也会非常不错。

现在来看以商品详情页为入口的着陆页，如图 6-26 所示。商品详情页 TOP 20 中排在前 5 位的引流入口有 4 个来自天猫，1 个来自聚划算。接着分析它们的跳失率，4 个来自天猫的引流入口的跳出率都超过 90%，可见这些着陆页的设计与访客的预期不相符，商家需要及时做出修改；1 个来自聚划算的引流入口的跳出率为 55.55%，情况相对要好很多。

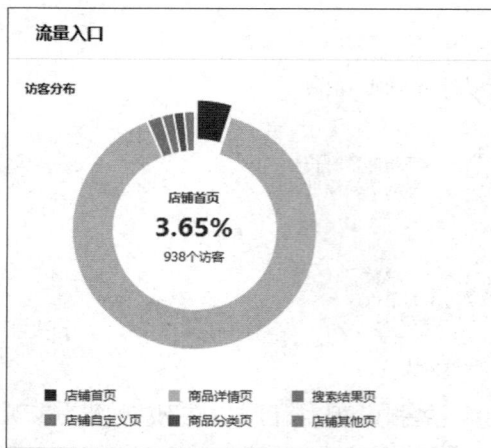

图 6-24　流量入口 1

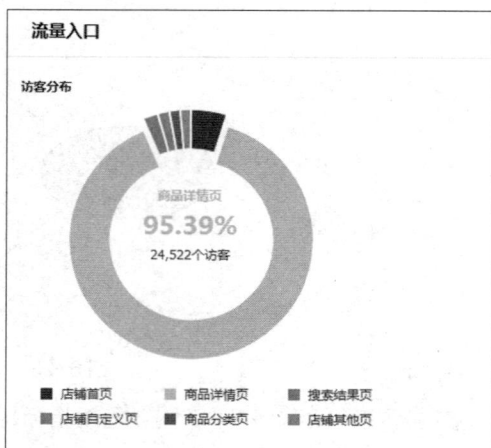

图 6-25　流量入口 2

图 6-26　商品详情页 TOP 20

（3）平均访问深度

平均访问深度是指客户在访问网店的过程中一次性浏览的页面数。如果客户一次性浏览的页面数较多，那么基本可以认定网店中有客户感兴趣的商品或服务。平均访问深度可以用 PV 和 UV 的比值来表示，比值越大，客户体验度越好，客户活跃度越高。

图 6-27 所示为某网店 PC 端最近 7 天商品详情页页面访问排行，排名第一的商品详情页流量总浏览量为 4081，访客数为 2736，平均访问深度为 1.49，该商品在 PC 端最近 7 天的成交量排名第二；排名第二的商品详情页流量总浏览量为 2383，访客数为 1664，平均访问深度为 1.43，该商品在 PC 端最近 7 天没有成交。它们都低于该网店 PC 端最近 7 天的平均访问深度 2.22，相对于同行同层优秀为 5.81，以及同行同层平均为 5.07，差距更大。运营人员需要加以关注、分析并改进，特别是浏览量排名第二的商品详情页。

（4）平均停留时长

平均停留时长是指访客浏览某一页面时所花费的平均时长。页面的停留时长 = 进入下一个页面的时间 - 进入本页面的时间，其反映的是访客的活跃程度。一般来说，平均停留时长在 12 秒以上较好。

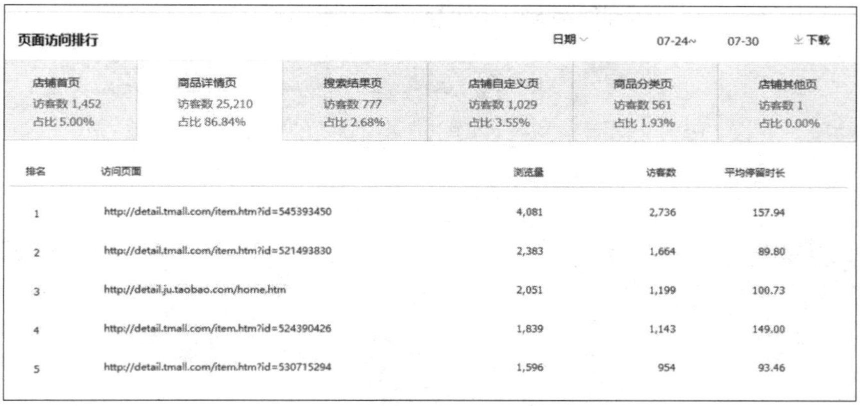

排名	访问页面	浏览量	访客数	平均停留时长
1	http://detail.tmall.com/item.htm?id=545393450	4,081	2,736	157.94
2	http://detail.tmall.com/item.htm?id=521493830	2,383	1,664	89.80
3	http://detail.ju.taobao.com/home.htm	2,051	1,199	100.73
4	http://detail.tmall.com/item.htm?id=524390426	1,839	1,143	149.00
5	http://detail.tmall.com/item.htm?id=530715294	1,596	954	93.46

图 6-27　PC 端商品详情页页面访问排行

再来看看该网店移动端最近 7 天商品详情页页面访问排行，如图 6-28 所示。商品详情页访客数排名第一的美的大 1.5 匹空调（移动端销量在该店排名第二）的平均停留时长只有 17.74 秒，排名第二的美的大 1 匹空调（移动端销量在该店排名第一）的平均停留时长也只有 17.86 秒。

对比图 6-27 和图 6-28，可以发现移动端的平均访问深度明显要高于 PC 端的平均访问深度，但 PC 端的平均停留时长要高出很多。

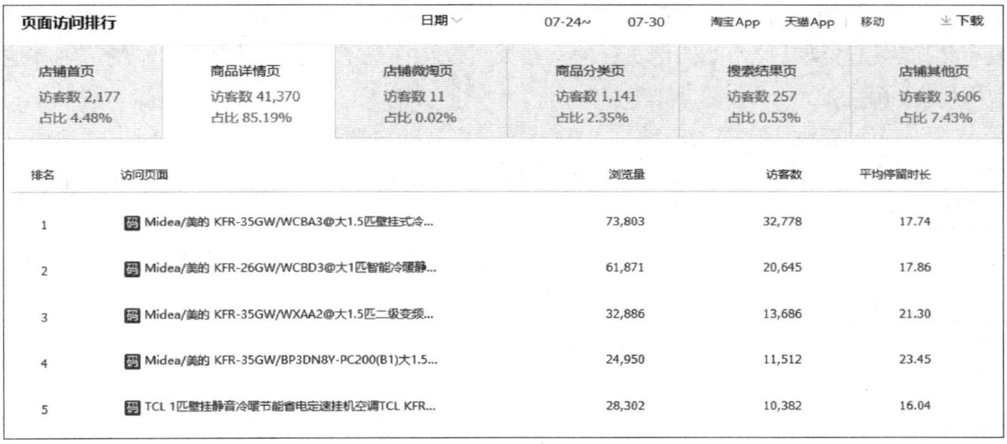

排名	访问页面	浏览量	访客数	平均停留时长
1	Midea/美的 KFR-35GW/WCBA3@大1.5匹壁挂式冷...	73,803	32,778	17.74
2	Midea/美的 KFR-26GW/WCBD3@大1匹智能冷暖静...	61,871	20,645	17.86
3	Midea/美的 KFR-35GW/WXAA2@大1.5匹二级变频...	32,886	13,686	21.30
4	Midea/美的 KFR-35GW/BP3DN8Y-PC200(B1)大1.5...	24,950	11,512	23.45
5	TCL 1匹壁挂静音冷暖节能省电定速挂机空调TCL KFR...	28,302	10,382	16.04

图 6-28　移动端商品详情页页面访问排行

（5）访问路径

淘宝生意参谋的访问路径有两个，一个是店内路径，另一个是流量去向。

① 店内路径。移动端店内路径涵盖店铺首页、商品详情页、店铺微淘页、商品分类页、搜索结果页、店铺其他页，来源增加“店外其他来源”，去向增加“离开店铺”。

以淘宝 App 商品详情页的店内路径为例，如图 6-29 所示。其来源主要有店外其他来源、商品详情页、店铺其他页，来自店铺首页、商品分类页、搜索结果页和店铺微淘页的访客数很少，占比合计 3.57%；其去向主要有离开店铺、商品详情页、店铺其他页，去往店铺首页、店铺微淘页、商品分类页和搜索结果页的访客数很少，占比合计为 3.54%。可见网店流量分布不均，店铺首页、店铺微淘页、商品分类页和搜索结果页流量偏少，没有起到应有的作用。

接着分析访客去向的支付金额和支付金额占比。商品详情页、店铺其他页、店铺首页和商品分类页的支付金额占比比较高，特别是店铺首页和商品分类页的访客数占比只有 3.54%，但支付金额占比达到 11.57%。因此商家应该重视店铺首页和商品分类页的作用，做好导流工作。

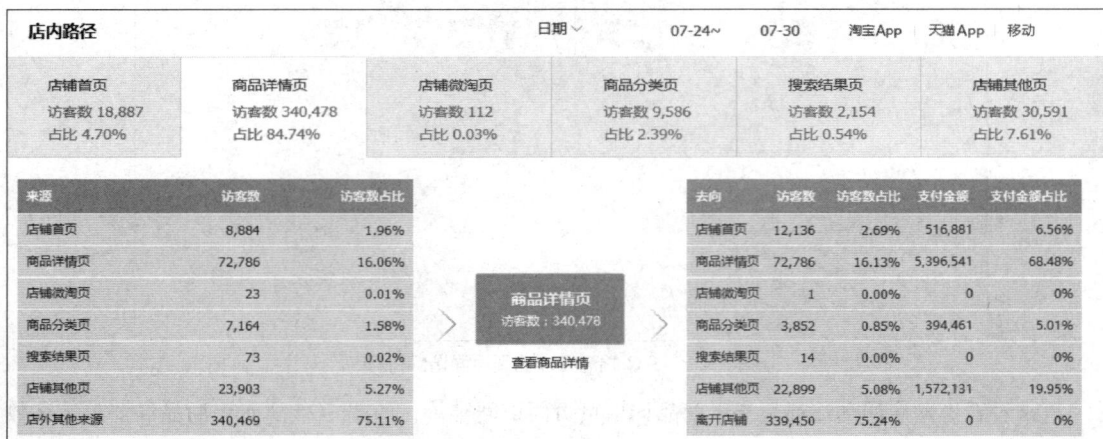

图 6-29　店内路径

再分析商品详情页的流量来源。店铺首页的 18887 名访客中有 8884 名访客访问了商品详情页，占比 47.04%；商品详情页的 340478 名访客中有 72786 名访客访问了其他商品详情页，占比 21.38%；商品分类页的 9586 名访客中有 7164 名访客访问了商品详情页，占比 74.73%；搜索结果页的 2154 名访客中有 73 名访客访问了商品详情页，占比 3.39%。这说明商品详情页的关联推荐存在问题，没有将访客引导到其他商品详情页；搜索结果页也存在严重问题，只有 3.39% 的访客在这里找到了他们所需的商品。

② 流量去向。流量去向是分析访客从哪个页面离开的，然后去了哪里。目前生意参谋只提供 PC 端的流量去向分析。PC 端最近 7 天访客从商品详情页离开的页面排行如图 6-30 所示，排名第一的是美的大 1.5 匹空调（最近 7 天销量在 PC 端排名第三），排名第二的是美的大 1 匹变频空调（最近 7 天销量为 0）。商家应对离开页面访客数较多的商品详情页做进一步分析，分析访客离开的原因。

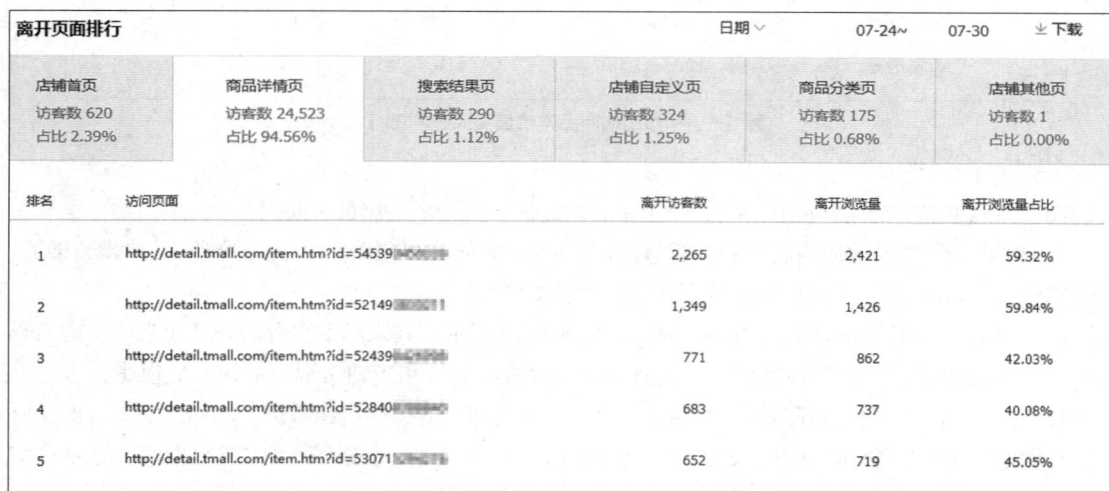

图 6-30　离开页面排行

再来看离开页面去向排行，如图 6-31 所示，排在前几位的是淘宝站内其他、购物车、已买到商品、天猫首页、我的淘宝首页和淘宝客等。

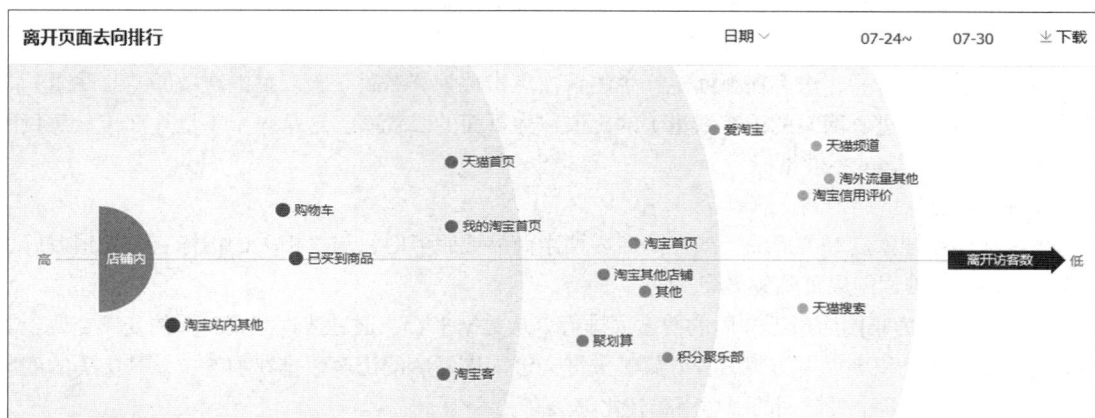

图 6-31 离开页面去向排行

（6）热力图

目前常见的热力图有 3 种——基于鼠标点击位置的热力图、基于鼠标移动轨迹的热力图和基于内容点击的热力图，这 3 种热力图的原理、外观、适用场景各有不同。基于鼠标点击位置的热力图，如百度统计的页面点击图，记录用户点击的位置。基于鼠标点击位置的热力图不会随着追踪内容的变化而变化，只是记录相对时间内鼠标点击的绝对位置。基于鼠标移动轨迹的热力图，如 Mouseflow，记录用户鼠标移动、停留等行为，多为轨迹形式。同样，基于鼠标移动轨迹的热力图不会随着追踪内容的变化而变化，只是记录相对时间内鼠标移动的绝对位置。基于内容点击的热力图，如 GrwoingIO，记录用户在网页内容上的点击，自动过滤掉页面空白处（没有内容和链接）的无效点击。基于内容点击的热力图，其最大特点是会随着追踪内容的变化而变化，记录用户相对时间内对内容的点击偏好。

图 6-32 所示为某网店某日移动端店铺首页热力图，从点击次数分布来看，用户比较喜欢店铺的空调、彩电和冰箱，对厨电、洗衣机和小家电兴趣不大。

图 6-32 移动端店铺首页热力图

3. 点击链接

访客点击链接，从当前网页跳转，就会涉及二跳率、流量流转。链接点击率是访客点击链接的次数与来访人数之比。

当网站页面展开后，访客在页面上产生的首次点击称为"二跳"，二跳的次数即"二跳量"。二跳量与到达量（进入网站的访客数量）的比值称为页面的二跳率。这是一个衡量外部流量质量的重要指标，属于访客的黏性指标。

4. 搜索信息

访客在淘宝搜索店铺或商品，或在网店内搜索商品或服务时，与之相关的指标有关键词偏好、搜索流量占比、搜索结果页跳失率等。

图 6-33 所示为某网店最近一周的搜索词排行。从数据来看，通过搜索空调、美的变频空调、美的空调、空调挂机和奥克斯旗舰店官方旗舰关键词进入该网店的访客数排在前 5 位，其中美的变频空调、美的空调这两个关键词的引导下单转化率最高。

图 6-33　搜索词排行

图 6-34 所示为该网店 PC 端最近 7 天店内搜索结果页页面访问排行。从数据来看，搜索结果页的访客数达到 777 位，访问量占比 2.68%。访问页面排在前 3 位的，第一位的浏览量为 760，访客数为 484，平均访问深度为 1.57，平均停留时长为 79.29 秒；第二位的浏览量为 241，访客数为 166，平均访问深度为 1.45，平均停留时长为 51.49 秒；第三位的浏览量为 66，访客数为 60，平均访问深度为 1.1，平均停留时长为 35.81 秒。三者相比较，排名第三的访问页面的平均访问深度和平均停留时长数值都偏小，可能存在问题，需要做进一步分析和改进。

图 6-34　搜索结果页页面访问排行

5. 收藏购买

访客对商品有了购买意向，则进一步的行为有收藏、加购、下单、支付等。收藏数据主要关注单品的收藏人数和店铺的收藏人数。访客进入店铺，收藏了商品或店铺，就能证明他对商品或店铺感兴趣，有购买意向。当他从自己的收藏中再次进入店铺时，达成交易的可能性就很高了。通过收藏进入店铺的访客属于自主访问流量，自主访问流量的转化率是比较高的。

知识链接：访客通过收藏达成交易的流程

访客通过收藏达成交易的流程如图6-35所示。

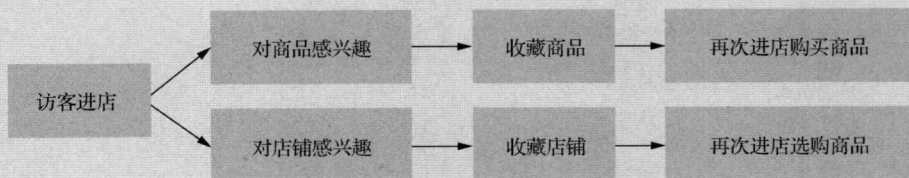

图6-35　访客通过收藏达成交易的流程

图6-36所示为某网店某日的转化看板。收藏人数为1213，访客–收藏转化率为1.90%，较前一日上升0.07%，与上个月平均访客–收藏转化率2.33%相比有一定幅度的下降，至于是否是趋势性下降，网店需要做进一步观察。加购人数为2586，访客–加购转化率为4.06%，与前一日持平。支付买家数为391，访客–支付转化率为0.61%，较前一日下降0.48%，下降幅度较大，网店需要做进一步分析。

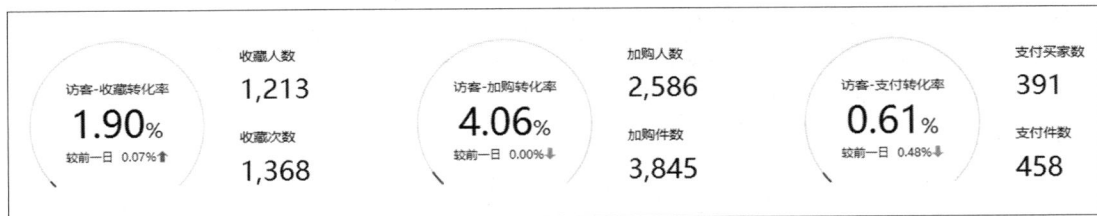

访客-收藏转化率	收藏人数	访客-加购转化率	加购人数	访客-支付转化率	支付买家数
1.90%	1,213	**4.06%**	2,586	**0.61%**	391
较前一日 0.07%↑	收藏次数	较前一日 0.00%↓	加购件数	较前一日 0.48%↓	支付件数
	1,368		3,845		458

图6-36　转化看板

6. 导航定位

网店一般会设商品分类页，目的是引导访客找到他想找的商品，商品分类页的商品点击率是一个关键指标。商品分类页的商品点击率提高了，商品的成交转化率也会提高。

图6-37所示为某网店最近7天的商品分类页面访问排行，数据显示访客数为561，占比1.93%。访问页面排在前3位的，第一位的浏览量为112，访客数为65，平均访问深度为1.72，平均停留时长为54.17秒；第二位的浏览量为72，访客数为61，平均访问深度为1.18，平均停留时长为76.15秒；第三位的浏览量为56，访客数为35，平均访问深度为1.6，平均停留时长为56.78秒。三者相比较，排名第二的访问页面的平均访问深度数值最小，说明访客没有找到他想要的商品，网店应对该页面加以分析和改进。

7. 联系客服

访客有了购买意向，如果对一些细节问题比较在意，就会发起咨询，向客服进一步了解情况。因此访客咨询率也是一个重要指标。

商家想考查客服的工作态度和工作业绩，就需要监控客服数据，包括客服的销售额、销量、客单价、客单量、笔单价、成交转化率，其中的关键点是客服的关联销售能力。某网店客服团队绩效如图 6-38 所示。

图 6-37　商品分类页页面访问排行

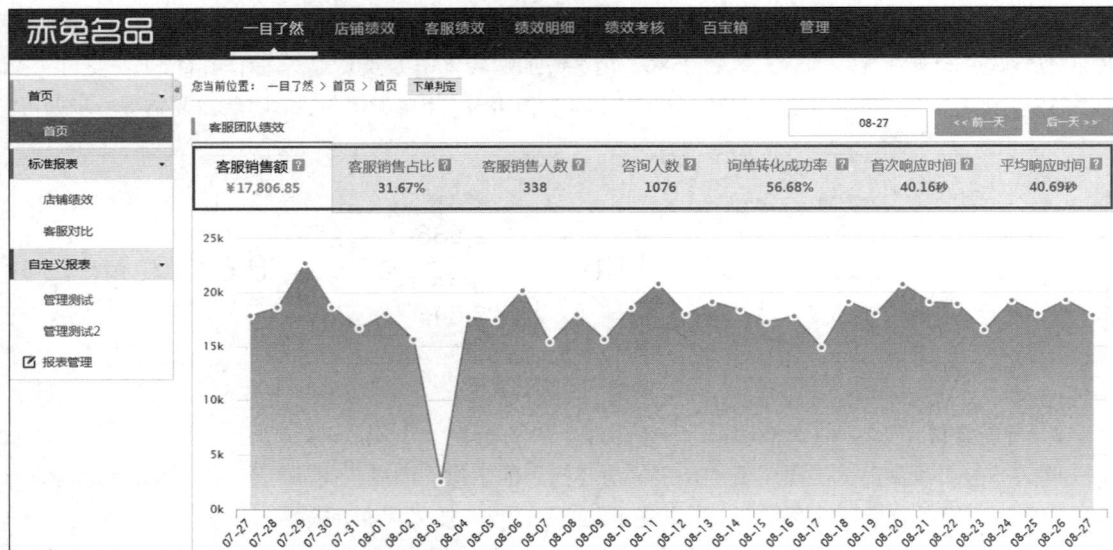

图 6-38　某网店客服团队绩效

8. 发帖评论

大部分客户在购买商品后是不会参与评论的，但如果感到不满，客服又不能很好地解决时，部分客户就会发帖表达自己的想法或对商品进行评价。无论是淘宝、商家还是消费者，其实都非常在意客户的评论。现在淘宝会主动要求一些优质客户对商品进行评价，这样相对比较公正；部分商家为了获得好评，会用一些优惠条件引导客户评价，这部分评论则不够真实。与发帖评论相关的指标有评论数、好评率、差评率等。

图 6-39 所示为某网店客户评价内容分析，评价内容包括性价比相关评价、商品相关评价、包装相关评价、服务相关评价和物流相关评价。

图 6-39　客户评价内容分析

9. 售后投诉

客户在还未确认收货或者交易成功的情况下，如果对商家的态度或商品感到不满，就可以采取相应的维权措施来维护个人的利益，如提出退款或向淘宝客服投诉。客户投诉成功后，淘宝客服会进行相关的处理。

图 6-40 所示为某网店的维权总览（近 30 天）。退款自主完结率为 99.14%，同行均值为 99.07%，高于同行均值；投诉率为 0.0048%，同行均值为 0.03%，低于同行均值；仅退款自主完结平均时长为 0.96 天，同行均值 0.61 为天，高于同行均值；退货退款自主完结平均时长为 3.37 天，同行均值为 4.09 天，低于同行均值。

图 6-40　维权总览

三、任务实战

（一）绘制客群画像

1. 理论知识

客群画像，即客群信息标签化，是指商家通过收集与分析客群的社会属性、生活习惯、消费行为等主要信息数据，抽象出客群的商业全貌，如有房一族、时尚男女等。客群画像能为商家提供充足的客户信息，帮助商家快速找到精准客群。

淘宝的千人千面是依靠淘宝庞大的数据库构建出客户的兴趣模型。它能从细分类目中抓取那些特征与客户的兴趣点匹配的推广商品，将商品展现在目标客户浏览的网页上，帮助商家锁定潜在客户，实现精准营销。淘宝首先根据客户的特征以及浏览和购买行为为其打上标签，如年龄段标签为

25 ~ 35 岁，地域标签为杭州，偏好标签为喜欢设计艺术感，客单价标签为 200 ~ 400 元；同时，淘宝也会根据进店访客的特征以及访客的浏览和购买行为为该网店打上标签，然后设法将两者进行匹配。

所以商家要想在千人千面搜索规则下得到更多的展示机会，就要先知道自己网店的访客有什么特征，然后根据客群画像来优化网店经营的商品和营销策略，最后形成明确、独特的市场定位，这正是淘宝所希望看到的。

网店的客群画像数据一般划分为静态数据、动态数据两大类，如图 6-41 所示。

① 静态数据。它是指客群相对稳定的信息，主要包括人口属性、商业属性等方面的数据。这类信息自成标签，如果商家有真实信息则无须过多建模预测，而是做好数据清洗工作。

② 动态数据。它是指客群不断变化的行为信息。对于网店来说，客群行为主要有搜索、点击、浏览、收藏、加购、咨询、下单、支付等。

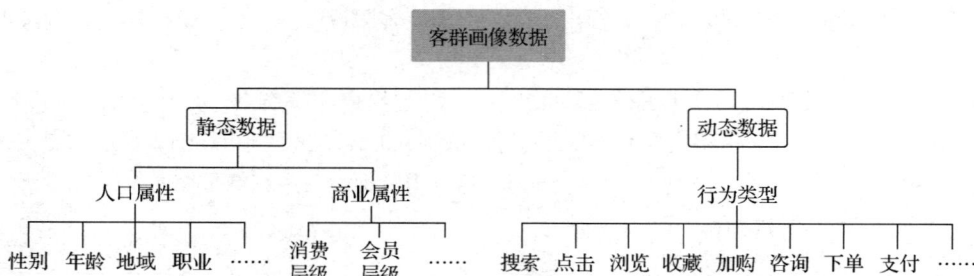

图 6-41　客群画像数据

2. 任务内容

收集一家网店客群的静态数据和动态数据，绘制客群画像，具体包括客户的年龄、性别、地域、优惠偏好、消费层级、访问深度、平均停留时长、新老客户占比、来源关键词、浏览量分布和热力图等，并在此基础上提取网店客群的主要特征。

3. 任务要求

本任务是一个团队任务，学生两人一组合作完成并提交《×× 网店的客群画像》，字数不限，要求数据准确、思路清晰、逻辑严密、分析到位。

4. 任务实施

步骤 1：客群画像数据维度筛选。根据数据来源提供的数据类型和客群画像分析的目的筛选数据维度。

步骤 2：客群画像数据收集。

步骤 3：绘制网店的客群画像。

步骤 4：绘制网店的目标客群画像。

步骤 5：撰写《×× 网店的客群画像》。

步骤 6：做好汇报的准备。

5. 参考报告

×× 网店的客群画像

一、网店客群画像

×× 网店的客群画像如表 6-3 所示。

表6-3 ××网店的客群画像

客群特征	特征数据		结构数据	数据来源	数据说明
年龄	18 岁以下		5.81%	生意参谋	3 月 16 日—22 日访客年龄分布
	18 ～ 25 岁		14.47%	生意参谋	
	26 ～ 30 岁		27.04%	生意参谋	
	31 ～ 35 岁		19.48%	生意参谋	
	36 ～ 40 岁		12.67%	生意参谋	
	41 ～ 50 岁		13.27%	生意参谋	
	50 岁以上		7.26%	生意参谋	
性别	男		51.20%	生意参谋	3 月 16 日—22 日访客性别区分
	女		33.92%	生意参谋	
	未知		14.88%	生意参谋	
地域	广东		3181	生意参谋	3 月 16 日—22 日访客地域分布前三
	河南		2420	生意参谋	
	浙江		2137	生意参谋	
优惠偏好	聚划算、优惠券、搭配套餐、限时打折、包邮			生意参谋	3 月 16 日—22 日访客优惠偏好
消费层级	0 ～ 1810 元		93.85%	生意参谋	3 月 16 日—22 日消费层级分布
	1811 ～ 2970 元		2.96%	生意参谋	
	2971 ～ 5330 元		2.33%	生意参谋	
	5331 ～ 9920 元		0.73%	生意参谋	
	9921 ～ 23805 元		0.11%	生意参谋	
	23805 元以上		0.02%	生意参谋	
平均访问深度	1.43 页 / 人			生意参谋	3 月 16 日—22 日访问深度
平均停留时长	37 秒			生意参谋	3 月 16 日—22 日平均停留时长
新老客户占比	老客户		8.80%	生意参谋	3 月 16 日—22 日新老客户占比
	新客户		91.20%	生意参谋	
来源关键词	空调		950	生意参谋	3 月 16 日—22 日入店访客关键词分布
	格力空调		862	生意参谋	
	洗衣机		169	生意参谋	
	格力空调柜机		139	生意参谋	
	空调柜机		135	生意参谋	
浏览量分布	1 页		62.54%	生意参谋	3 月 16 日—22 日浏览量分布
	2 ～ 3 页		21.99%	生意参谋	
	4 ～ 5 页		5.98%	生意参谋	
	6 ～ 10 页		5.60%	生意参谋	
	10 页以上		3.89%	生意参谋	
热力图	店招	点击人数	15	生意参谋	3 月 16 日—22 日热力图分布
		点击次数	23		
		点击率	6.67%		
	导航	点击人数	44		
		点击次数	57		
		点击率	19.56%		
	首页焦点图	点击人数	79		
		点击次数	187		
		点击率	35.11%		

从表6-3汇集的网店客群的静态数据、动态数据来看，客户的年龄在18～50岁分布比较均匀，最主要的年龄段为26～35岁，合计占比46.52%；男性客户占多数；客户集中分布在东部沿海地区及少数中部人口较多的省份；客户优惠偏好趋向于聚划算和优惠券等，说明客户对价格敏感；消费层级集中在0～1810元，占比达到93.85%；访问深度为1.43页/人；平均停留时长为37秒；新客户居多，老客户偏少；来源关键词为空调、格力空调、洗衣机等；浏览量分布集中在1～3页；从热力图来看，客户对首页焦点图比较感兴趣，点击率达到35.11%。

二、网店目标客群画像

网店访客的客群画像绘制的是全店访客画像，商家可以从中提取客群的主要特征，将其抽象成目标客群画像，如图6-42所示。该网店的目标客群画像为年龄26～35岁，性别为男性，来自东部沿海地区，偏好聚划算和优惠券等，对价格敏感，消费层级在0～1810元，常使用空调、格力空调、洗衣机等关键词。有了目标客群画像，商家就能够展开精准营销。

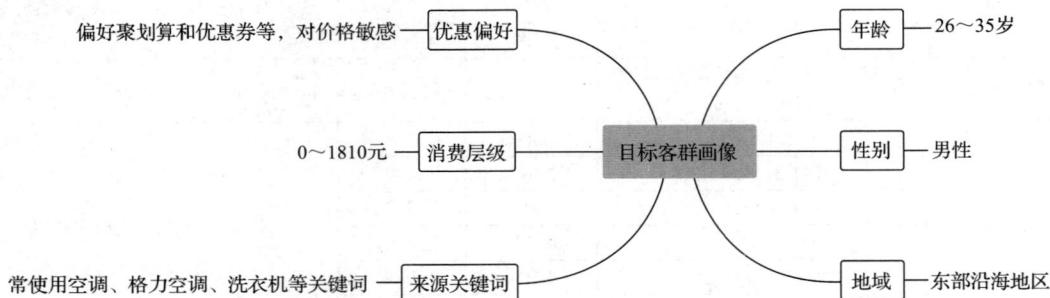

图6-42　目标客群画像

（二）基于RFM模型细分客户

1. 理论知识

在众多的客户关系管理的分析模型中，RFM模型是被广泛使用的。RFM模型是衡量客户价值与客户创利能力的重要工具和手段。RFM模型较为动态地显示了一个客户的全部轮廓，这为个性化的沟通和服务提供了依据。同时，如果与该客户打交道的时间足够长，也能够较为精确地判断该客户的长期价值（甚至是终身价值），通过改善3项指标的状况，可以为更多的营销决策提供支持。一般的客户关系管理模型重在对客户贡献度的分析，RFM模型则强调以客户的行为来区分客户。

RFM模型非常适用于销售多种商品的商家，而且这些商品的单价相对不高，如化妆品、小家电等；它也适用于一个店铺内只有少数耐久商品的情况，但是该店铺中有一部分商品属于消耗品；它也适用于加油站、旅行社、保险公司、运输公司、快递公司、快餐店、KTV、移动电话公司、信用卡公司、证券公司等。

RFM模型的分析工具有很多，可以使用SPSS或者SAS进行建模分析，然后进行深度挖掘。IBM SPSS Modeler可提供专门的RFM挖掘算法。当然也可以用Excel来实现。

根据客户的规模，R、F和M这3个维度均可以按2～5个等级进行分组，细分后客户群体最少有2×2×2=8（个）魔方，最多有5×5×5=125（个）魔方。本例中R、F和M 3个维度均可以按4个等级进行分组，即采用4×4×4=64（个）魔方，再将64个魔方归类到8个类别，如图6-43所示，即分成重要发展客户、重要价值客户、重要挽留客户、重要保持客户、一般发展客户、一般价值客户、一般挽留客户、一般保持客户。

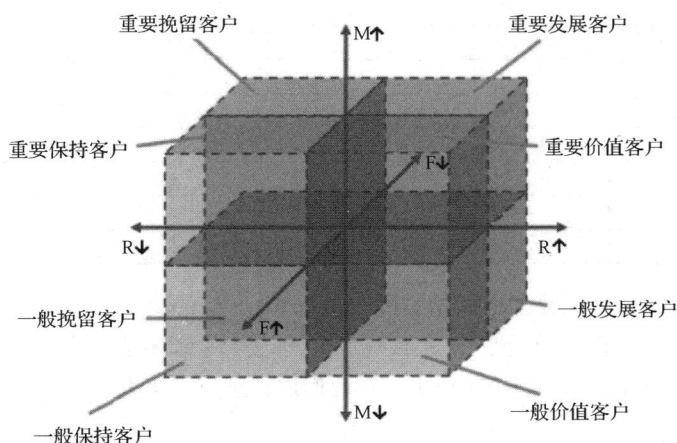

图6-43 RFM模型

根据 RFM 模型的分段指标分配权重，如表 6-4 所示。

R 值——根据客户生命周期分成 4 组，即活跃客户、沉默客户、睡眠客户和流失客户，不同组的客户被赋予不同的权重值。

F 值——根据购买次数进行分组，购买 1 次为新客户，购买 2 次为老客户，购买 3 次为成熟客户，购买 3 次以上为忠诚客户，不同组的客户被赋予不同的权重值。

M 值——根据客单价进行分组，1/2 倍客单价以下为低贡献客户，1/2 ～ 1 倍客单价为中贡献客户，1 ～ 2 倍客单价为中高贡献客户，2 倍客单价以上为高贡献客户，不同组的客户被赋予不同的权重值。

表6-4 RFM 分段指标及权重

指标	客户分组	指标分段	权重值	营销策略
R 值	活跃客户	距离最近一次购买时间 0 ～ 90 天	10	密集推送营销信息
	沉默客户	距离最近一次购买时间 91 ～ 180 天	7	减少频率，加大优惠
	睡眠客户	距离最近一次购买时间 181 ～ 360 天	4	大型活动时推送
	流失客户	距离最近一次购买时间 360 天以上	2	停止营销信息推送
F 值	新客户	购买 1 次	2	传递促销信息
	老客户	购买 2 次	4	传递品牌信息
	成熟客户	购买 3 次	7	传递新品 / 活动信息
	忠诚客户	购买 3 次以上	10	传递会员权益信息
M 值	低贡献客户	1/2 倍客单价以下	2	促销商品 / 折扣活动
	中贡献客户	1/2 ～ 1 倍客单价	4	促销商品 / 折扣活动
	中高贡献客户	1 ～ 2 倍客单价	7	形象商品 / 品牌活动
	高贡献客户	2 倍客单价以上	10	形象商品 / 品牌活动

8 类客户细分指标特征如表 6-5 所示。

表6-5　客户细分指标特征

客户细分	指标特征		
重要价值客户	R 值 >5	F 值 >5	M 值 >5
重要发展客户	R 值 >5	F 值 <5	M 值 >5
重要保持客户	R 值 <5	F 值 >5	M 值 >5
重要挽留客户	R 值 <5	F 值 <5	M 值 >5
一般价值客户	R 值 >5	F 值 >5	M 值 <5
一般发展客户	R 值 >5	F 值 <5	M 值 <5
一般保持客户	R 值 <5	F 值 >5	M 值 <5
一般挽留客户	R 值 <5	F 值 <5	M 值 <5

RFM 模型可以帮助商家维护老客户。商家根据 R、F 值的变化，可以推测客户消费的异常状况，根据客户流失的可能性找出流失可能性高的客户，再从 M 值的变化进行分析，就可以把重点放在贡献度高且流失可能性也高的客户上，对他们进行重点拜访或联系，以最有效的方式维护老客户。

2. 任务内容

通过分析某网店的 12 位客户最近一年的消费记录，基于 RFM 模型细分客户，判别这 12 位客户分别属于哪种类型。客户类型要求分成 8 类，即重要发展客户、重要价值客户、重要挽留客户、重要保持客户、一般发展客户、一般价值客户、一般挽留客户、一般保持客户。数据采集日期为 12 月 31 日。

3. 任务要求

本任务是一个独立任务，需要学生单独完成并提交《基于 RFM 模型的客户细分》报告，字数不限，要求数据准确、计算过程清晰、逻辑严密。

4. 任务实施

步骤 1：数据处理，通过 Excel 的透视表计算 RFM 数据。

步骤 2：分配权重，即根据 RFM 分段指标分配权重。

步骤 3：识别客户类型，即根据客户细分指标特征将客户分成 8 类。

步骤 4：获取每一类型客户的清单，为制定营销策略做准备。

步骤 5：撰写《基于 RFM 模型的客户细分》报告。

步骤 6：做好汇报的准备。

5. 参考报告

基于 RFM 模型的客户细分

先获取某网店的销售记录（见表6-6），然后基于 RFM 模型进行客户细分，具体步骤如下。

表6-6　某网店的销售记录

记录 ID	客户编号	收银时间	销售金额 / 元	销售类型
10010512	801251	1 月 5 日	55	正常
10022059	801257	2 月 20 日	43	正常
10031222	801262	3 月 12 日	125	促销
10041085	801251	4 月 10 日	87	正常
10042836	801253	4 月 28 日	40	正常

记录 ID	客户编号	收银时间	销售金额 / 元	销售类型
10050560	801260	5 月 5 日	99	促销
10051973	801255	5 月 19 日	132	促销
10061737	801252	6 月 17 日	207	正常
10062618	801259	6 月 26 日	63	正常
10071154	801256	7 月 11 日	178	促销
10073135	801261	7 月 31 日	112	促销
10080929	801254	8 月 9 日	77	正常
10082013	801258	8 月 20 日	184	正常
10091543	801255	9 月 15 日	82	促销
10092137	801256	9 月 21 日	90	促销
10100818	801262	10 月 8 日	54	正常
10101223	801253	10 月 12 日	100	正常
10101826	801258	10 月 18 日	72	促销
10102914	801262	10 月 29 日	136	正常
10110203	801261	11 月 2 日	148	正常
10111342	801253	11 月 13 日	220	正常
10112561	801257	11 月 25 日	45	正常
10121003	801259	12 月 10 日	79	正常
10123038	801256	12 月 30 日	152	正常

一、数据处理

根据分析需要，R 用客户最后成交时间与数据采集点时间的时间差（天数）作为计量标准，F 根据数据集中每个会员客户的交易次数作为计量标准（1 年的交易次数），M 以客户平均的交易额作为计量标准。通过 Excel 的数据透视表即可计算以上 RFM 数据，如表 6-7 所示。

表 6-7　客户交易的透视报表

客户编号	最大值项：收银时间	计数项：记录 ID	平均值项：销售金额 / 元
801251	4/10	2	71
801252	6/17	1	207
801253	11/13	3	120
801254	8/9	1	77
801255	9/15	2	107
801256	12/30	3	140
801257	11/25	2	44
801258	10/18	2	128
801259	12/10	2	71
801260	5/5	1	99
801261	11/2	2	130
801262	10/29	3	105

利用 Excel 进行如下操作。

（1）单击"插入"选项卡。

（2）在"表格"组中单击"数据透视表"按钮。

（3）打开"创建数据透视表"对话框，选择数据区域，确认所有的数据都被选中。

（4）选择在"新工作表"中插入数据，然后单击"确定"按钮。

（5）打开"数据透视表字段"任务窗格，将"客户编号"字段拖入"行"区域。

（6）将"收银时间""记录 ID""销售金额"字段拖入"值"区域。

（7）单击"收银时间"数值计算栏按钮（▼），在弹出的快捷菜单中选择"值字段设置"。

（8）在"值字段设置"对话框中，将"计算类型"设置为"最大值"。

（9）再点击"值字段设置"对话框左下角的"数字格式"按钮，在"设置单元格格式"对话框中设定时间类型为"yyyy-mm-dd"，然后单击"确定"按钮。

（10）单击"销售金额"数值计算栏按钮（▼），在弹出的快捷菜单中选择"值字段设置"。

（11）在"值字段设置"对话框中，将"计算类型"设为"平均值"，然后单击"确定"按钮。

（12）单击"记录 ID"数值计算栏按钮（▼），在弹出的快捷菜单中选择"值字段设置"。

（13）在"值字段设置"对话框中，将"计算类型"设为"计数"，然后单击"确定"按钮。

根据以上数据可以得到以下数值：F 值——客户这 1 年共消费了多少次，M 值——客户每次交易的平均消费金额。

R 值还需要做一些处理，目前 R 值只是客户最近一次消费日期，还需要计算其距离数据采集日期的天数。

本例将数据采集日期定在"12/31"，在 Excel 中将两个日期相减就能得到相差的天数，即"12/31"－"最大值项：收银时间"。这样就获得了每个客户的 R、F、M 3 个指标的绝对值，如表 6-8 所示。

表6-8 客户的 RFM 绝对值

客户编号	R 绝对值	F 绝对值	M 绝对值
801251	265	2	71
801252	197	1	207
801253	48	3	120
801254	144	1	77
801255	107	2	107
801256	1	2	140
801257	36	2	44
801258	74	2	128
801259	21	2	71
801260	240	1	99
801261	59	2	130
801262	63	3	105

二、分配权重

根据 RFM 分段指标和每个客户的 R、F、M 值，进行权重的分配，如图 6-44 所示。

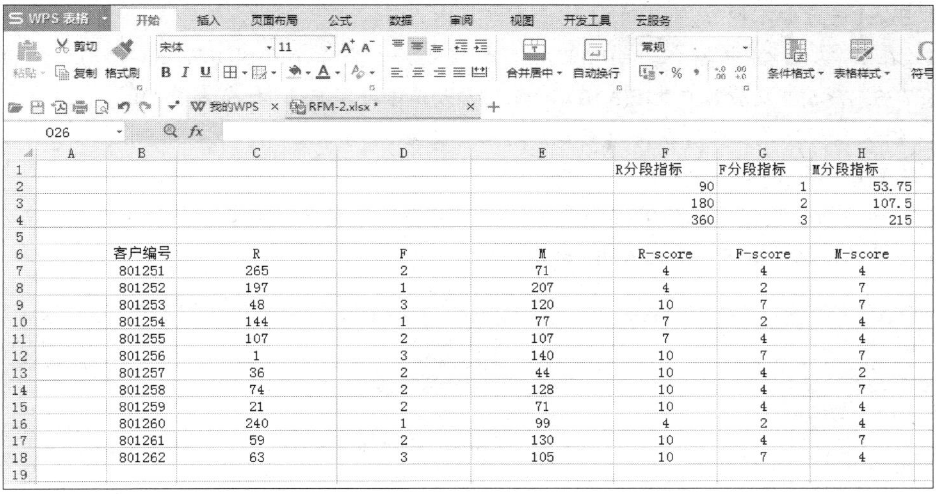

图 6-44　权重分配

利用 Excel 进行如下操作。

（1）确定 RFM 分段指标，R 分段指标为 90、180、360，F 分段指标为 1、2、3，M 分段指标为 53.75、107.5（客单价）、215。

（2）计算 R 的权重值 R-score。在 F7 单元格中输入"=IF(C7<=$F$2,10,IF(C7<=$F$3,7,IF(C7<=$F$4,4,2)))"，依次复制公式，即可获得所有客户的 R-score。

（3）计算 F 的权重值 F-score。在 G7 单元格中输入"=IF(D7=$G$2,2,IF(D7=$G$3,4,IF(D7=$G$4,7,10)))"，依次复制公式，即可获得所有客户的 F-score。

（4）计算 M 的权重值 M-score。在 H7 单元格中输入"=IF(E7<=$H$2,2,IF(E7<=$H$3,4,IF(E7<=$H$4,7,10)))"，依次复制公式，即可获得所有客户的 M-score。

例如，801251 客户的 R、F、M 权重值为 4、4、4，说明距离客户最近一次购买时间已经超过 180 天，购买次数为 2，客单价为 53.75 ~ 107.5 元，对应的营销策略是只在大型活动时推送信息，推送的信息以促销商品/折扣活动为主，宣传重在传递品牌信息。

三、识别客户类型

根据客户 R、F 和 M 3 个维度的权重值将客户细分成 8 类，如图 6-45 所示。

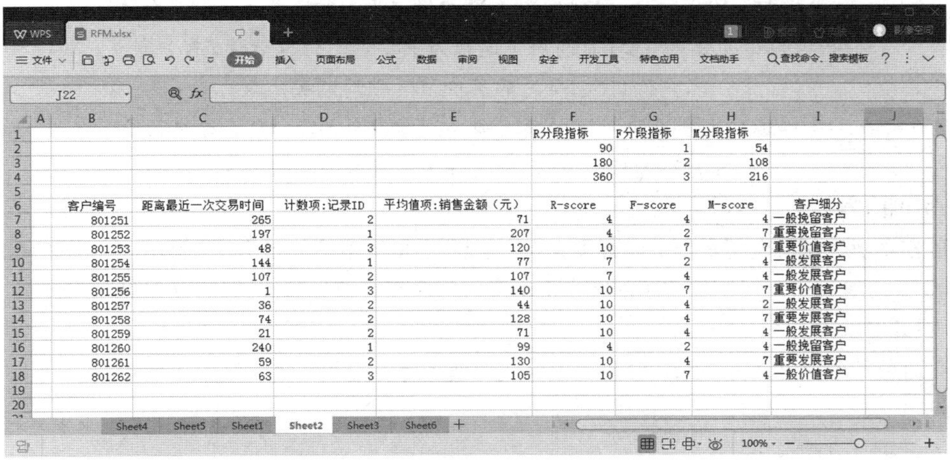

图 6-45　客户细分

利用 Excel 进行如下操作。

（1）在 I7 单元格中输入"=IF(H7>5," 重要 "," 一般 ")&IF(AND(F7>5,G7>5)," 价 值 客 户 ",IF(AND(F7>5,G7<5)," 发展客户 ",IF(AND(F7<5,G7>5)," 保持客户 "," 挽留客户 ")))"。

（2）依次复制公式，即可获得所有客户的细分类型。

四、获取每一类型客户的清单

每个客户的细分类型已经确定，如果要针对"重要发展客户"制定一个营销方案，可以采用筛选的方法获得客户编号清单，如图 6-46 所示。

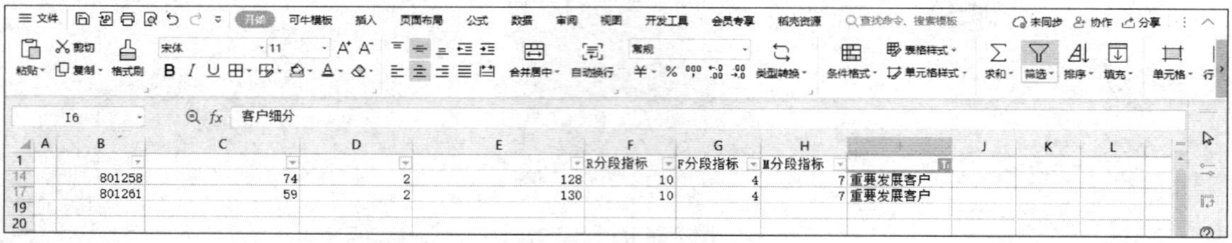

图 6-46 客户筛选

四、拓展实训

实训 1 客户终身价值计算

1. 实训背景

客户终身价值（Customer Lifetime Value，CLV）是企业在整个业务关系中可以从单个客户账户获得合理预期的总收入的指标。该指标考虑客户的收入价值，并将该数字与企业预测的客户寿命进行比较。企业可以使用客户终身价值来确定对企业最有价值的客群。客户从企业购买和继续购买的时间越长，他们的终身价值就越大。

客户终身价值计算过程分 5 个步骤，第一步是计算平均购买价值，第二步是计算平均购买次数，第三步是将平均购买价值乘以平均购买次数来确定一个时间段内（通常以年为单位）的客户价值，第四步是计算平均客户生命周期，第五步是将客户价值乘以平均客户生命周期来确定客户终身价值。客户终身价值计算公式为：

平均购买价值 = 一段时间内（通常为一年）的总收入 / 订单数量

平均购买次数 = 一段时间内（通常为一年）的订单数量 / 客户数量

客户价值 = 平均购买价值 × 平均购买次数

平均客户生命周期 = 客户总寿命（通常以年为单位）/ 客户数量

客户终身价值 = 客户价值 × 平均客户生命周期

2. 实训内容

某官方旗舰店在某电商平台上运营了 5 年，累积了 30 万客户，最近一年的总收入为 9600 万元，共成交了 48 万笔订单，经统计本店铺客户平均寿命为 3 年，请计算该店铺客户终身价值。

3. 实训要求

本实训是一个独立任务，每名学生单独完成，要求计算过程清晰、结果准确。

实训 2 客户体验诊断

1. 实训背景

客户体验诊断是指站在客户视角，检查客户在与企业接触的过程中，各项体验是否良好。客户体验诊断有助于企业及时发现隐藏的问题，减少由这些问题导致客户不满意而引起的流失风险；有助于企业重新梳理客户的需求，挖掘新的机会点和增长点；有助于企业快速调整竞争策略，找到生存和发展的空间。

词云图是客户体验诊断常用的工具之一，用于对评价内容进行深度分析，发现潜在的问题和机会。评价内容处理分成 4 步。一是收集客户评价数据，并进行数据处理，如图 6-47 所示。

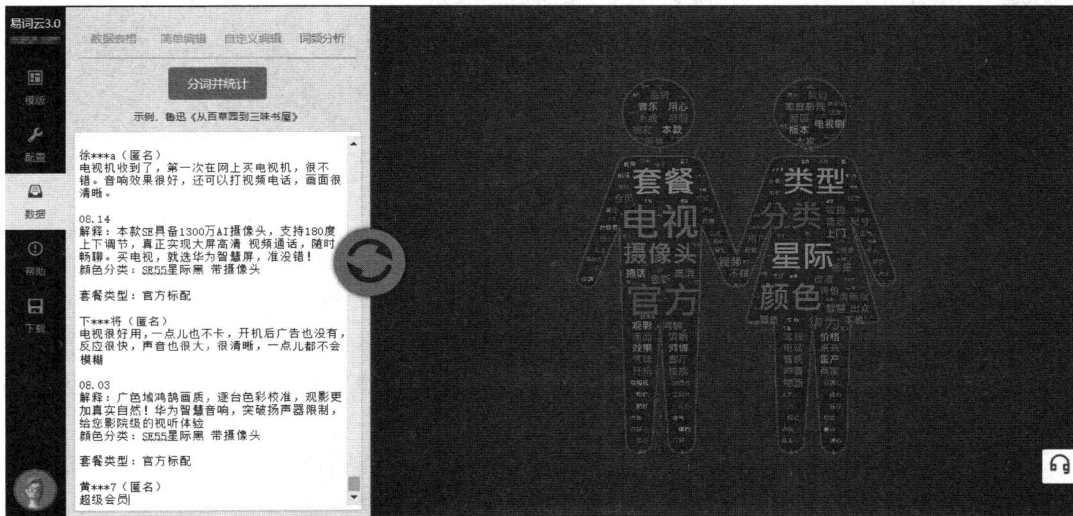

图 6-47　收集客户评价数据

二是分词，并做词频统计，如图 6-48 所示。

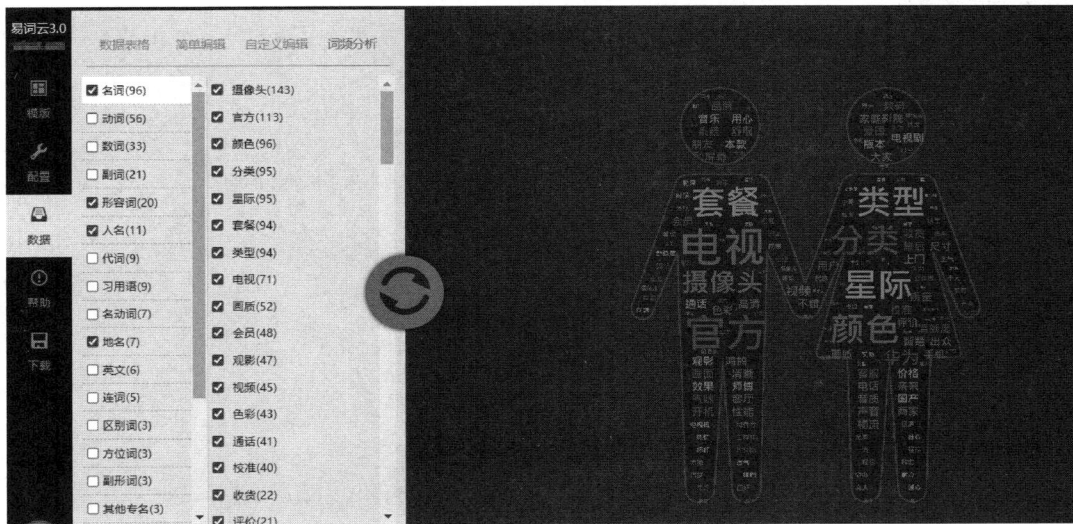

图 6-48　词频统计

三是生成词云数据，再生成词云图，如图6-49所示。

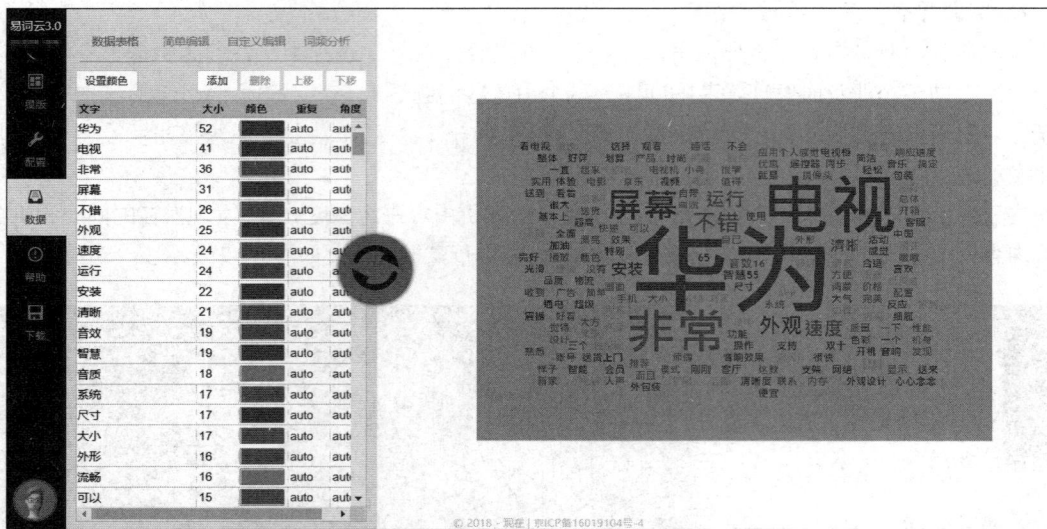

图6-49　生成词云图

四是做词云分析，通过词云分析可以获得一些关键信息。本案例是对华为SE55/65电视机的客户评价做词云分析，从而得出一些结论：整体上客户对华为SE55/65电视机的评价还是非常不错的，他们关注电视机的屏幕、外观、运行、速度、安装、音响效果、质量、色彩等，认可电视机的清晰度。

2. 实训内容

选择一家电商企业的一款热销商品，从电商平台上收集该商品的客户评价（至少100条），运用词云生成工具做词云分析，并撰写《××商品客户评价词云分析报告》。

3. 实训要求

本实训是一个独立任务，每名学生单独完成，完成后上交《××商品客户评价词云分析报告》，并做好汇报的准备。

任务小结

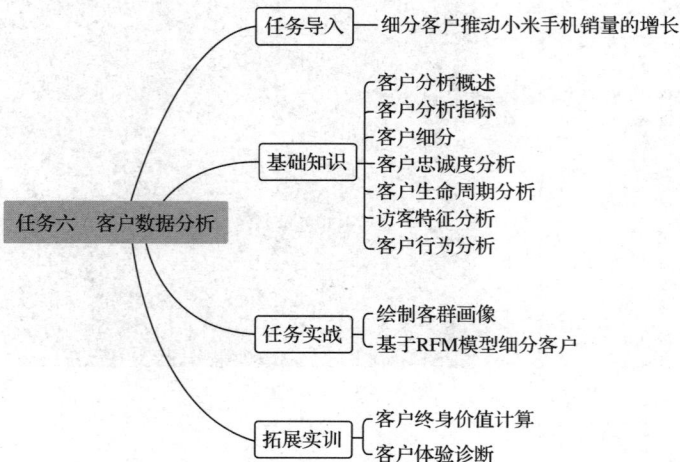

同步习题

（一）判断题

1. 客户对商品首先需要有一个认知、熟悉的过程，然后试用，再决定继续消费使用，最后成为忠诚客户。（　　）

2. 客户复购率越高，表明客户对品牌的忠诚度越低，反之则越高。（　　）

3. 可以通过客户的消费频率，衡量出客户对商家的贡献程度。（　　）

4. 客群画像为网店提供了足够的信息基础，能够帮助网店快速找到精准客户群体以及客户需求等更为广泛的反馈信息。（　　）

5. 如果新客户比例大于客户流失率，说明店铺处于发展成长阶段。（　　）

（二）不定项选择题

1. 客户注意力分析就是指对客户的（　　）等进行分析。

　　A. 意见情况　　　　B. 咨询状况　　　　C. 接触情况　　　　D. 满意度

2. 对于网店来说，（　　）才是最有价值的客户。

　　A. 潜在客户　　　　B. 忠诚客户　　　　C. 流失客户　　　　D. 以上都不对

3. 某网店 12 月来了 20000 名独立访客，其中 3000 名访客下单购买了商品，其中新客户为 2000人，老客户为 1000 人，则 12 月活跃客户率为（　　）。（注：下单客户为活跃客户。）

　　A. 10%　　　　　　B. 5%　　　　　　　C. 15%　　　　　　D. 以上都不对

4. 客户价值矩阵模型将客户划分为（　　）。

　　A. 优质型客户　　　B. 消费型客户　　　C. 经常型客户　　　D. 不确定型客户

5. 情感忠诚主要由（　　）构成。

　　A. 客户满意度　　　　　　　　　　　　B. 客户购买频率

　　C. 竞争对手诱惑　　　　　　　　　　　D. 市场环境变化

6. RFM 模型中，R 值越高，说明客户越（　　）。

　　A. 忠诚　　　　　　B. 活跃　　　　　　C. 有价值　　　　　D. 以上都不对

（三）简答题

1. 根据客户关系管理的内容，客户分析包括哪些方面？

2. 简述 RFM 模型。

3. 客户生命周期划分成哪几个阶段？

4. 访客特征分析主要包含哪几个方面？

5. 访客行为分析主要包含哪几个方面？

商品数据分析——促销商品销售

知识目标

- 理解商品分析的概念，掌握商品分析的内容和重点；
- 熟悉商品销售分析；
- 理解和掌握商品价格分析与功能组合分析；
- 熟悉用户体验分析；
- 熟悉商品生命周期分析；
- 理解和掌握商品毛利分析与库存分析。

技能目标

- 具备商品价格带分析的能力；
- 具备购物篮分析的能力；
- 具备销售与退货数据分析的能力；
- 具备撰写产品分析报告的能力。

素养目标

- 具备运用数据驱动决策的能力；
- 具备互联网迭代思维；
- 形成知行合一的精神品质和职业素养；
- 具备团队协作意识以及协同创新观念。

一、任务导入

亚马逊的长尾战略

亚马逊创建于 1995 年，那一年和亚马逊竞争的，是年销售额 20 亿美元的一站式线下图书购物中心——巴诺书店。有趣的是，巴诺书店战胜小型书店是因为它的藏书量（15 万册左右）更多，而几十年后它又因为同样的原因，被藏书量更多的亚马逊（百万册以上）战胜。需求曲线的尾巴越来越长，谁越能制造并拥抱长尾，谁就越能获胜。

1. 法戈计划

贝佐斯曾有一个被员工称为荒谬的想法——"法戈计划"，即购买每位生产商的每一件货品，然后把它存储在物流中心。这样，消费者可以在亚马逊上找到任何想要的商品，并且立即买下它。为了实现这个想法，亚马逊经历了 3 个阶段。

阶段一：不断扩充自营品类。亚马逊从 1998 年开始不断扩充自营品类。

阶段二：开放第三方平台。2001 年，亚马逊推出第三方开放平台 Marketplace。根据 2016 年 5 月的数据，亚马逊共拥有 35370 万件商品，其中自营商品数 1223 万，第三方商品数 34147 万（第三方商品数约为自营商品数的 28 倍）。2021 年第 3 季度，亚马逊第三方商品销售额占比 49%。亚马逊兼具自营电商和平台电商的属性。

阶段三：为第三方商品提供仓储物流服务。2007 年，亚马逊开始向第三方卖家提供外包物流服务 FBA（Fulfillment by Amazon）。第三方卖家将商品存储在亚马逊的仓库，由亚马逊负责挑选、打包、配送商品，提供客户服务并收取仓储费、基础服务费和配送费。

2. 亚马逊的飞轮

对贝佐斯影响很大的概念，可能是吉姆·柯林斯在《从优秀到卓越》中提出的"飞轮效应"。"飞轮效应"是指在商业模式中找到核心的几个关键要素 ABC，A 能增强 B，B 能增强 C，C 又能增强 A。这样，即使一开始推动 A 很难，但只要持续用力推，ABC 之间就能形成"正反馈效应"，令巨大的组织像飞轮一样高速旋转起来。"飞轮效应"是亚马逊不断宣扬的生存和发展指导指南。

贝佐斯设计的亚马逊飞轮由两部分组成，如图 7-1 所示。首先，更多用户会吸引更多商家，更多商家会提供更多选择，更多选择会吸引更多用户，这是第一个正反馈循环。其次，更多用户带来更多利润，更多利润投入基础设施建设中，得到更低价格，更低价格带来更好的用户体验，进而带来更多用户，这是第二个正反馈循环。

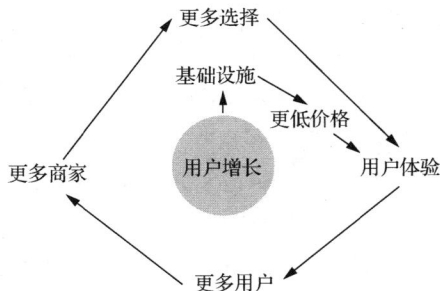

图 7-1 亚马逊飞轮

我们看到的规模效应、竞争优势，其实都是飞轮转动的结果。亚马逊是通过有效地处理长尾的需求和供给，让飞轮不断转动，实现规模效应的。

思考：

1. "长尾"能带来巨大的红利，也会引发新的问题——信噪比（信号和噪声的比例，即有效信息与无效信息的比例），亚马逊该如何降低长尾的噪声？

2. 法戈计划给亚马逊带来的收益与风险有哪些？

3. 请谈谈亚马逊飞轮的转动与长尾的关系。

二、基础知识

（一）商品分析概述

1. 商品分析的概念

商品分析通过对商品在流通运作中各项指标（如销售额、毛利率、周转率、贡献度、交叉比率、动销率、增长率等）的统计和分析，来指导商品的结构调整、价格升降、决定各类商品的库存系数以及商品的引进和淘汰。它直接影响到店铺的经营效益，关系到采购、物流和运营等多个部门的有效运作。

2. 商品分析的内容

有针对性的商品分析，有助于商家及时调整商品在各环节的运作，改善店铺的营运状况。商品分析的内容主要有以下几个方面。

（1）商品 ABC 分级

在促销活动中，商品通常根据访客数、支付转化率、库存量 3 个指标分成 ABC 3 类。A 类商品是指库存高且转化率高（大于 2%）的商品，可作为活动中的主推商品；B 类商品是指转化率中等（0.65% ~ 2%）且经过流量测试的商品，其陈列位置位于 A 类商品之后；C 类商品是指转化率低（小于 0.65%）且经过流量测试的商品，位于店铺陈列页面的最底端。

（2）销售分析

销售分析是指对各类别商品的销售额、销售数量、平均销售额及其构成比情况等进行分析，使经营者了解营运现状，确定 A 类商品，并为调整商品结构提供依据。

（3）价格分析

价格分析是指将重点及价格敏感商品的平均售价、进价、毛利额与同行比较，或对它们的变动趋势等进行分析，使经营者了解商品的价位情况，对比其他数据调整价格制定策略和实施策略。

（4）商品功能组合分析

商品功能组合分析是指对商品各功能类别品项数、销售额、毛利额及其分布情况等进行分析，使经营者了解商品组合结构现状，并根据市场情况调整商品组合。

（5）用户体验分析

在体验为王的时代，如果能够把握好体验的力量，就可以从细微之处改善商品，创造出受欢迎的商品；从宏观角度讲，甚至能颠覆一个产业，改变一个格局。用户体验分析就是从用户出发，从用户体验的细节出发，从更多细微之处出发，对用户体验做出持续的改进。

（6）商品生命周期分析

商品生命周期是一个很重要的概念，它和企业的营销策略有着直接的联系。企业可以根据商品在什么周期的哪个阶段来采取适当的营销策略，以满足用户需求，赢得长期利润。

（7）商品毛利分析

商品毛利分析是指对各类别商品实现的毛利额、毛利率及其分布情况等进行分析，使经营者可以对各类别商品实现的利润进行对比分析，掌握其获利情况，并为调整商品结构提供依据。

（8）商品库存分析

商品库存分析是指对各类商品的库存量、存销比、周转率、毛利率、交叉比率等进行分析，使经营者全面了解商品库存动态情况，及时调整各类商品库存系数，均衡商品库存比例，及时制定相应的经营策略。

网店商品营运分析以商品流转的科学性和高效化为目的，追求最合理的商品组合及最大的商品贡献，决定商品和价格策略的变动，关系到采购、储运和网店各部门的运作成效，并直接影响到店铺的经营业绩。随着电商行业以资金为核心竞争力的"跑马圈地"时代的结束，商品的分析和管理能力已逐渐成为新的核心竞争力之一，并将直接影响网上零售行业的竞争格局。

3. 商品分析的重点

要进行有效的商品分析，首先必须确定重点商品。一家网店经营的商品品类可能很多，网店以有限的人力很难兼顾，因此应选择那些直接影响到网店经营绩效的商品进行重点分析。

（1）商品 ABC 分类中的 A 类商品。此类商品通常只占网店经营品类的 20%，却为网店贡献80% 左右的销售额及利润。对此类商品，网店应加强其在营运各阶段的综合销售及流转信息的收集、分析和评估。

（2）价格敏感商品。此类商品的价格直接影响网店在客户心目中的价格形象，网店应对此类商品进行重点关注，定期进行价格调整，以免在不知不觉中流失客户。

（3）代理或独家销售的高毛利商品。这类商品由于进价较低，毛利率相对较高，网店应定期检核其销售毛利贡献情况，并积极促销，使此类商品的毛利额在总毛利额中保持较高的比例。

（二）商品销售分析

销售计划完成情况分析的方法有以下几种：销售计划完成情况的一般分析、品类商品销售计划完成情况的具体分析、热销单品销售情况的具体分析等。

某网店销售计划完成情况如表 7-1 所示，具体分析如下。

表 7-1　××××年 7 月销售计划完成情况

商品类别	本年 7 月销售情况				本年 6 月销售额／万元	去年 7 月销售额／万元	环比增长	同比增长
	计划／万元	实际／万元	销售计划完成率	对总计划影响程度				
空调	5000	4595	91.9%	−6.8%	3800	4230	20.9%	8.6%
平板电视	600	696	116%	1.6%	580	515	20.0%	35.1%
冰箱	200	219	109.5%	0.3%	175	166	25.1%	31.9%
洗衣机	150	105	70%	−0.7%	138	157	−23.9%	−33.1%
烟灶套装	50	55	110%	0.1%	50	35	10.0%	57.1%
合计	6000	5670	94.5%	−5.5%	4743	5103	19.5%	11.1%

1. 销售计划完成情况的一般分析

对销售总计划进行分析，即对销售计划完成情况的一般分析。以××××年 7 月销售计划完成情况表为例，该网店 7 月销售计划为 6000 万元，实际为 5670 万元，实际比计划少 330 万元，只完成计划的 94.5%。这说明该网店未完成销售计划，需要做进一步分析。

2. 品类商品销售计划完成情况的具体分析

再来分析品类商品销售情况。7 月空调销售计划为 5000 万元，实际为 4595 万元，实际比计划少405 万元，完成计划的 91.9%；洗衣机销售计划为 150 万元，实际为 105 万元，实际比计划少 45 万元，完成计划的 70%，均未完成销售计划。平板电视、冰箱和烟灶套装的销售计划完成情况较好。其中，空调对总计划影响程度最大，达到 −6.8%，是造成总销售计划未完成的主要因素。对此，网店要进一步查明未完成计划的原因，以便进一步采取措施，提高空调销售计划的完成率。

对比本年 6 月的销售情况，空调的销售额环比增长 20.9%，平板电视的销售额环比增长 20.0%，冰箱的销售额环比增长 25.1%，洗衣机的销售额环比增长 −23.9%，烟灶套装的销售额环比增长

10.0%，可见除了洗衣机其他品类都出现环比增长。

对比去年 7 月的销售情况，空调的销售额同比增长 8.6%，平板电视的销售额同比增长 35.1%，冰箱的销售额同比增长 31.9%，洗衣机的销售额同比增长 –33.1%，烟灶套装的销售额同比增长 57.1%，总体销售额同比增长 11.1%。数据显示洗衣机同比下降幅度较大，可能与市场竞争加剧有关，其他品类同比都有一定幅度的增长。

当然，在分析销售计划完成情况时不仅要看到计划完成的数字，还要具体问题具体分析，计划超额完成了，不等于没有问题；计划没有完成，不等于没有成绩。

3. 热销单品销售情况的具体分析

接着分析该网店 7 月热销单品榜，以空调为例，如图 7-2 所示。销量排在前 5 位的分别是美的大 1.5 匹壁挂式空调、美的大 1 匹智能冷暖空调、美的大 1.5 匹智能静音空调、美的大 1 匹智能云变频空调和奥克斯大 1 匹冷暖型空调。

商品名称	当前状态	所有终端的商品访客数	所有终端的商品浏览量	所有终端的支付金额	所有终端的支付转化率	所有终端的支付件数	操作
Midea/美的 KFR-35GW/WCBA3@大1.5匹壁挂式 发布时间：2017-03-22	当前在线	325,564	934,428	12,093,884	1.08%	4,316	商品温度计 单品分析
Midea/美的 KFR-26GW/WCBD3@大1匹智能冷 发布时间：2017-03-22	当前在线	135,638	319,791	3,053,330	0.87%	1,570	商品温度计 单品分析
Midea/美的 KFR-35GW/WCBD3@大1.5匹智能静 发布时间：2017-03-22	当前在线	106,377	251,164	2,405,455	0.77%	1,045	商品温度计 单品分析
Midea/美的 KFR-26GW/WCBA3@大1匹智能云变 发布时间：2017-03-22	当前在线	59,598	152,893	2,161,702	1.27%	898	商品温度计 单品分析
AUX/奥克斯 KFR-26GW/BpNFI19+3大1匹冷暖型 发布时间：2016-11-03	当前在线	50,947	141,506	1,553,461	1.16%	739	商品温度计 单品分析

图 7-2　热销单品榜

对热销单品销售情况进行具体分析，以销量排名第一的美的大 1.5 匹壁挂式空调为例。

美的大 1.5 匹壁挂式空调 7 月计划销售额为 1500 万元，计划单价为 3000 元，计划销量为 5000 台；7 月实际销售额约为 1209 万元，实际单价为 2802 元，实际销量为 4316 台。

用因素分析法计算如下：

计划：3000 元 / 台 ×5000 台 =15000000（元）　　　　①

替换：3000 元 / 台 ×4316 台 =12948000（元）　　　　②

实际：2802 元 / 台 ×4316 台 =12093432（元）　　　　③

按上式计算：

由于销量减少，销售额减少 2052000 元（即①式减②式）；

由于单价变动，销售额减少 854568 元（即②式减③式）；

以上两个因素共同作用，使得美的大 1.5 匹壁挂式空调的实际销售额比计划销售额少 2906568 元，即 2052000+854568=2906568（元）。

当然，如果对网店的每一种商品的销售情况都做这样的分析，工作量将是非常大的，因此，对那些主要的、关键的商品的销售情况进行分析即可。

知识链接：因素分析法

因素分析法是利用统计指数体系分析现象总变动中各个因素影响程度的一种统计分析方法，包括连环替代法、差额分析法、指标分解法等。因素分析法是现代统计学中一种重要且实用的方法，它是多元统计分析的一个分支。这种方法能够把一组反映事物性质、状态、特点等的变量简化为少数几个能够反映出事物内在联系的、固有的、决定事物本质特征的因素。

（三）商品价格分析

在经济学的语言中，价格是为获得所期望的某些东西而必须牺牲的货币量。价格存在的意义在于它能使社会资源得到有效配置，实现社会总体福利最大化，即价格指导社会资源该如何使用。价格就像一只看不见的手，影响着市场的供需。供过于求时，价格降低，在成本不变的情况下，利润降低，这将指导生产者转向其他产品的生产；供不应求时，价格提高，利润提高，这将刺激生产者进行更多的投资，引导更多的资源进入这个行业。此外，较高的价格也可能刺激技术革新和新技术开发。因此，降低价格可以刺激需求、限制供给，而提高价格具有相反的作用。

1. 影响定价的内部因素

（1）营销目标

要使价格战略卓有成效，企业必须建立切实可行的营销目标，以明确价格决策的方向。营销目标既是定价决策的主要内容，又在某种程度上决定了定价决策其他内容的选择。实践证明，营销目标正确与否关系到企业整个定价决策的成败。常见的营销目标有以投资收益率最大化为目标，以利润最大化为目标，以市场份额最大化为目标，以稳定价格、适应和避免竞争为目标，以提高企业及品牌形象为目标。

（2）店铺商品定位

要做到合理为店铺商品定价，首先要对店铺的商品有一个清晰的定位。如果商家连自己店铺中的商品是高端商品还是低端商品都分不清，想要进行合理定价是不可能的。

店铺商品定位需要从商品本身的特点出发，研究清楚店铺商品究竟有哪些优势值得消费者购买。常见的店铺商品优势有低价优势、专业优势、特色优势和附加值优势。

低价优势是指店铺利用商品低价来吸引消费者，薄利多销，靠销量来提升业绩。

专业优势可以体现在商品的专业做工上或专业设计上，一旦商品具备了某种专业优势并被消费者认可，其价格就能高于同类普通商品。

特色优势是店铺商品异于普通商品而展示出来的优势，其具备某种特色，如做工精致、体现民族风格等，其价格也会高于同类普通商品。

附加值优势是店铺通过附加值为商品加分，从而抬高商品价格，附加值包括店铺服务质量高、店铺具有多年的历史等。

（3）商品成本

商品成本决定商品价格。价格不仅应该覆盖生产、分销及销售有关的直接成本和分配的间接成本，还应该包括因付出努力和承担风险而赢得的公平利润。对于新的商品，其相关成本包括在未来的整个生命周期里的直接成本和分配的间接成本。基于商品成本的定价方法有成本加成定价法和安全定价法。

① 成本加成定价法。成本加成定价法是按商品的单位成本加上一定比例的利润制定商品定价的

方法。成本加成定价法的计算公式为：

$$商品定价＝商品成本＋商品成本×成本利润率$$

知识链接：成本加成定价法示例

假设某网店经销袋装大红枣，500 克/袋，进价 30 元，以 80% 的成本利润率进行成本加成定价，则商品的最终定价为 54 元。

② 安全定价法。安全定价法是指将商品的价格设置得比较适中，不高也不低，市场竞争程度相对较小，消费者能够承受，商家也有一定的利润。安全定价法也叫"满意价格策略"，主要针对网上售卖的商品。这种定价法能降低消费者的消费风险，提升消费者的购物满意度与安全感。安全定价法的计算公式为：

$$安全定价＝商品成本＋正常利润＋快递费用$$

知识链接：安全定价法示例

假设一款 T 恤的商品成本为 40 元，正常利润为 20 元，快递费用为 10 元，则这款 T 恤的安全定价为 70 元。

（4）商品类别

网店的商品按照其在销售中所起的作用可分为 3 类：引流商品、定位商品和利润商品。引流商品是指给网店带来流量的商品，这类商品通常以低价来吸引消费者；定位商品的作用是将网店的定价控制在一个范围内，不让网店因打折的低价商品过多而渐渐失去品牌价值，定位商品定价就比较高；利润商品的作用是为网店赚取利润，利润商品定价介于引流商品定价与定位商品定价之间。

这 3 类商品在网店的占比有着较为严格的标准，合理的比例为引流商品占 10%、定位商品占 20%、利润商品占 70%。引流商品定价低，这类商品太多会造成网店品牌价值和营业额的下降。定位商品定价高、销量少，如果占比大，也会造成网店营业额的下降。由于商家开网店的目的是赚钱，所以利润商品占比最大。

图 7-3 所示是这 3 类商品的定价在成本价之上的涨幅，引流商品定价一般高于成本价 10% 左右，利润商品定价一般高于成本价 30% 左右，定位商品定价的上升幅度可至 45%。

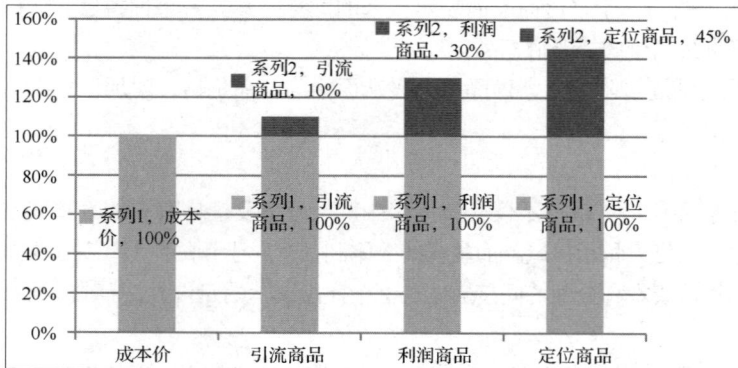

图 7-3　商品定价

2. 影响定价的外部因素

（1）消费人群

处于成熟阶段的店铺都会有固定的消费人群，如果店铺的商品定价高于固定消费人群的消费能力，这部分消费者就会买不起；如果店铺的商品定价低于固定消费人群的消费能力，这部分消费者又会觉得商品这么便宜，可能存在质量问题，也不会购买。

消费人群消费能力的确认主要看这个人群的年龄和职业分布。商家可以从客户画像里找到其年龄分布和职业分布，继而推断出他们的消费能力，并以此确定商品的大致价位。

图 7-4 所示为阿里指数中女装 / 女士精品类目下连衣裙的客户年龄段占比（图示顺序与图例表示顺序一致），少年、青年和青壮年是购买的主力。如果店铺将目标消费人群确定为少年和青年，就要明确这部分消费者的收入普遍不高，但又追求有品质的时尚生活，因此连衣裙的定价不能太高也不能太低，中等价位比较合适。

图例：
- 少年
- 青年
- 青壮年
- 中青年
- 中年
- 中老年
- 其他

图 7-4　客户年龄段占比

（2）顾客需求

市场上的顾客需求为价格设立了上限，顾客需求取决于顾客对商品和服务的价值感受。商家在定价之前必须弄清商品价格与顾客需求之间的关系。当商品价格高于顾客的认可价值时，顾客就不会购买商品；只有在商品提供的使用价值至少等于其价格时，顾客才会购买商品。在传统商业中，商家判断顾客心目中的商品价值并非易事。在电子商务时代，转化率可以作为判断顾客心目中商品价值的参考指标。转化率高，说明商品的价值被顾客认可的程度高；转化率低，则说明商品的价值被顾客认可的程度低。

当商品的供应量增加、需求减少、商家之间的竞争加剧时，价格就会趋于下降。图 7-5 所示为童套装的 1688 阿里指数，淘宝采购指数越高，表示淘宝市场需求越大；1688 采购指数越高，表示在阿里巴巴进货的人越多，间接表示淘宝市场的供货量越大。分析 6 月 1 日—8 月 30 日童套装的数据概况可以发现，淘宝采购指数与 1688 采购指数的变化趋势基本保持同步，市场供求均衡，可以判断不适合为童套装制定高于市场均价的价格。

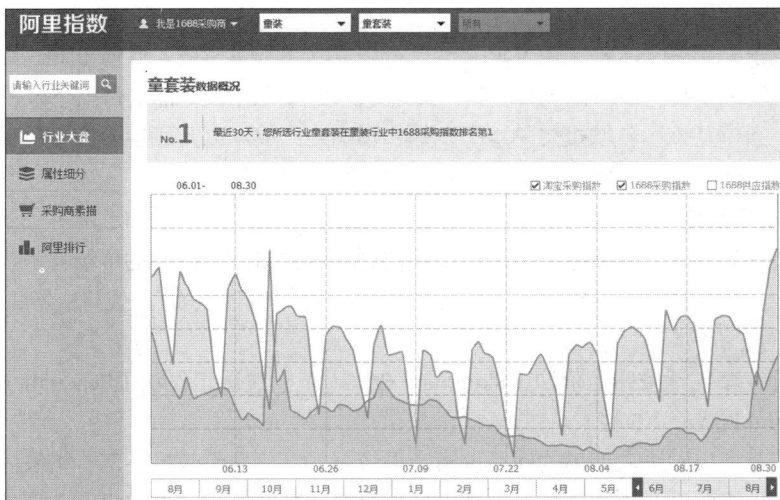

图 7-5　童套装 1688 阿里指数

（3）竞争对手价格

定价是一种挑战性行为，任何一次价格制定与调整都会引起竞争对手的关注，并使竞争对手采取相应的对策。尤其是在商品的成长期和成熟期，竞争的结果往往会决定一个行业的标准和某商品营销的成败。竞争因素构成了对价格上限的最基本的影响，迫使参与竞争的商家降低价格。

为了迎合顾客货比三家的心理，商家会参考竞争商品的价格，在进行充分的对比后制定自己商品的价格，这样自己的商品才不会在竞争中处于劣势。但商家不要误认为商品的价格越低越受顾客喜欢，而且商家还要注意不是所有的同类商品都是自己的竞争对手。例如商家销售的是 T 恤，则不必将淘宝上所有的 T 恤都作为竞品，这个范围太大，不利于做出精确判断。商家应该根据自己商品的品牌价值、顾客偏好的价位精确地寻找竞争对手，最后确定商品价格。

顾客认知的商品品牌价值包括商品价值，即功能、特性、品质、品种与式样等所产生的价值；服务价值，即商品出售过程中顾客得到的服务所产生的价值；人员价值，即员工的经营思想、知识水平、业务能力、工作效益与质量、经营作风、应变能力等所产生的价值；形象价值，即商品品牌在社会公众中形成的总体形象所产生的价值等。顾客对商品品牌价值的认可度越高，越愿意花更多的钱来购买该品牌的商品。

顾客对不同商品有不同的偏好价格，图 7-6 所示为 "T 恤男" 近 90 天支付金额，55 ～ 85 元（边界值 "含左不含右"，后同）的搜索点击人气最高，搜索点击人数占比 47.12%。图 7-7 所示为 "T 恤女" 近 90 天支付金额，45 ～ 70 元的搜索点击人气最高，搜索点击人数占比 33.94%。通过比较图 7-6 与图 7-7，可以知道多数男性顾客对 0 ～ 25 元的低价 T 恤不感兴趣，搜索点击人数占比只有 8.62%，而女性顾客对 0 ～ 25 元的低价 T 恤比较感兴趣，搜索点击人数占比达到 19.72%，差异明显。

支付金额	搜索点击人气	搜索点击人数占比
0～25元	2,431	8.62%
25～55元	3,525	15.32%
55～85元	7,163	47.12%
85～130元	2,400	8.46%
130～245元	3,079	12.41%
245元及以上	2,328	8.07%

图 7-6　"T 恤男" 近 90 天支付金额

支付金额	搜索点击人气	搜索点击人数占比
0～25元	3,439	19.72%
25～45元	3,877	23.78%
45～70元	4,860	33.94%
70～110元	1,912	8.01%
110～220元	2,222	10.06%
220元及以上	1,298	4.49%

图 7-7　"T 恤女" 近 90 天支付金额

（4）其他外部因素

除了考虑竞争和顾客需求外，商家还要考虑市场需求量和供应链、政府管制、经济状况、新技术等其他外部因素的影响。例如政府管制通常导致成本上升，从而使商品的价格下限提高；经济状况，如繁荣或衰退、利率及该国新增投资的水平，都将影响生产成本以及顾客对商品价值的认知；新技术则通过降低生产成本或发明新的独具特色的高附加值商品来影响价格。

3. 常用的定价策略

定价策略是指为实现定价目标在定价方面采取的谋略和措施。激烈的市场竞争使企业越来越重视定价策略，恰当地运用各种定价策略，是企业发展壮大、提高自身竞争力、最终取得成功的重要策略。

（1）一般的定价策略

一般的定价策略包括撇脂定价法（Skimming Pricing）、渗透定价法（Penetration Pricing）和适中定价法（Neutral Pricing）3 种。

撇脂定价法是指将刚进入市场的商品价格定得较高，以便从份额虽小但价格敏感性弱的消费者处获得利润。该种方法通过牺牲销量、提高价格来获得较高的毛利，通常只有在价格敏感性弱的细分市场上的销售利润较大的情况下采用。

渗透定价法是指将价格定在较低水平，以便赢得较大的市场份额或销量。该种方法牺牲高毛利以期获得高销量。同撇脂定价一样，这一策略也只在特定的环境下才是有利的。

适中定价法尽量降低价格在营销手段中的地位，重视其他更有力或更有成本效率的手段。通常在以下两种情况下会采用该种方法，一是当不存在适合采用撇脂定价法或渗透定价法的环境时，二是为了保持产品线定价策略的一致性。与撇脂定价法或渗透定价法相比，适中定价法缺乏主动攻击性。

（2）与商品生命周期有关的定价策略

商品生命周期是指一种商品从投入市场到被市场淘汰所经历的全过程。这个过程被划分为4个阶段：导入期、成长期、成熟期和衰退期。每个阶段的特点和采用的市场策略与定价策略如表7-2所示。

表7-2　商品生命周期各阶段的特点和采用的市场策略与定价策略

阶段	导入期	成长期	成熟期	衰退期
成本	最高	不断下降	最低	开始上升
价格敏感度	低	提高	最高	—
竞争情况	没有或极少	竞争者进入市场	竞争激烈	弱者退出
目标市场	革新者/早期采用者	早期购买者	晚期大众	落伍者
销量	低	迅速增长	达到最大并开始下降	下降
利润	微利或亏损	迅速上升	达到最大并开始下降	下降
市场策略	建立市场，培育顾客	扩大市场	产品差异，成本领先	紧缩/收割/巩固
定价策略	撇脂定价/渗透定价	视情况而定	适中定价	低价出清存货

（3）市场细分定价策略

市场细分定价策略是指将购买者分为不同的群体，针对每一个细分市场上的购买者制定更有效的营销方案和营销策略。

① 根据购买者类型细分。要实现按购买者类型细分，最关键的是获取购买者的信息，然后通过购买者的相关信息鉴别购买者的类型。这种方式需要商家迅速、准确地将对价格不敏感的购买者从庞大的潜在消费群体中分离出来。

② 根据购买地点细分。常见的定价方式有国际定价、产地交货价格、卖主所在地交货价格、运费补贴价格、统一交货价格、分区定价和基点定价等。

③ 根据购买时间细分。常见的定价方式大致可分为旺季定价和淡季定价。对于那些服务成本随时间变化很大的行业来说，按购买时间细分是非常有效的，例如航空公司、船运公司和旅馆。

④ 根据购买数量细分。当购买者在不同的细分市场购买不同数量的商品时，可以使用数量折扣进行细分定价。数量折扣的类型有4种：总额折扣、订单折扣、分步折扣和两部分定价法。

⑤ 根据商品设计细分。根据商品设计细分是最有效的市场细分定价策略，它是指通过设计出不同档次的商品或服务来满足不同购买者的需要，从而实现对市场的细分。使用这种策略的关键在于生产不同档次的商品，实际上不同档次的商品或服务的成本并没有多少区别。

⑥ 根据商品捆绑细分。商品捆绑是市场细分定价常用的策略，被捆绑的商品在满足不同购买者的细分需求时，彼此关联。此种定价策略大致可分为选择性捆绑、增值捆绑等。

⑦ 通过搭卖和测量细分。搭卖和测量细分定价的策略在对商品进行定价时常常用到，这是因为购买者通常更看重常用商品的价格。这两种定价策略是根据购买者对商品的使用强度来细分购买者的。

（4）营销组合中的定价策略

定价策略不能同网店的其他营销策略分离。商品的价格可能会影响市场对这一商品的认识，也会影响与此商品一起出售的其他商品的市场情况，还会影响广告的效果和分销过程中人们对这个商品的注意程度。

① 定价策略与产品线。一种商品的销售对它的替代品和互补品的销售有很大影响。如果商家希望获取最大的利润，那么在对某种商品定价时必须考虑它对其他商品的影响。

② 定价策略与促销策略。促销是指商家为使购买者更多地购买自己的商品而采取的一些措施。

③ 把价格作为促销手段。有效的价格促销是指在"普通"价格的基础上再给予折扣，激发购买者的购买欲望，影响他们的消费行为。价格促销主要有如下形式：试销、免费试用、特别包装、优惠券、折扣、批发折扣等。

④ 定价策略与分销策略。一种商品的分销方式显然会影响这种商品的定价方式。通常，分销方式会影响该商品的同类商品的销售、该商品在购买者心中的形象以及该商品的细分市场。

4. 竞品价格分析

这里还是以美的空调为例，美的 KFR-35GW/WCBA3 大 1.5 匹壁挂式冷暖智能变频空调是某网店的主打商品和引流商品。网店的竞争对手主要有美的官方旗舰店、美的空调旗舰店、苏宁易购官方旗舰店 3 家。该款空调的价格由美的官方统一定为 2799 元，竞争对手之间的差异在于促销优惠。苏宁易购官方旗舰店的促销活动是满 1980 元减 180 元，满 3000 元减 300 元，该款空调券后实际价格为 2619 元，购买金额越高，则优惠金额越多，如图 7-8 所示。该网店的促销活动是送高端台扇，相比较而言，苏宁易购官方旗舰店的优惠幅度更大，对购买者更有吸引力，这从销量上也能反映出来，因此该网店需要重新调整促销活动，以应对竞争。

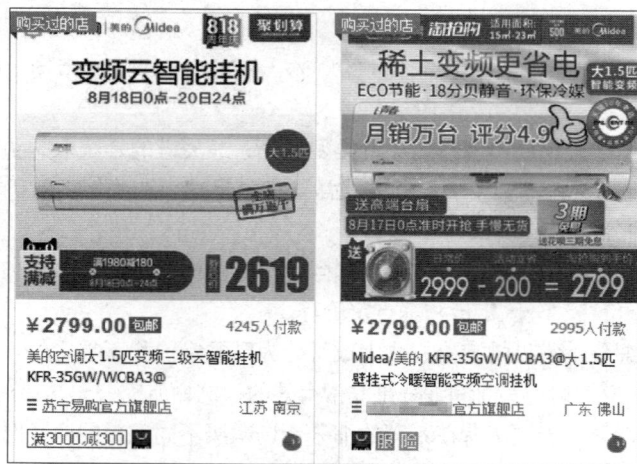

图 7-8　竞品价格分析

（四）商品功能组合分析

商品功能组合是指一家网店经营商品的功能结构，即各种商品线、商品项目和库存量的有机组成方式。商品组合一般由若干个商品系列组成。商品系列是指密切相关、功能各异的一组商品。此组商品能形成系列，有一定的规律性，往往能满足消费者的某种同类需求。

例如，某网店的空调类目根据功能差异分成 12 个商品系列，如图 7-9 所示。数据显示访客关注的是壁挂式空调和立柜式空调，以及适合 12 ~ 22m² 的卧室空调、6 ~ 14m² 的书房空调和

$18 \sim 28m^2$ 的小客厅空调，对智能云空调、单冷空调、冷暖空调关注得很少。

商品分类引导转化			日期∨	07-22~	-07-22	
自定义分类　　商品类目						
自定义类别	商品数	访客数⇕	引导点击转化率	引导支付转化率		操作
▣ 空调	202	84	79.76%	15.48%		查看趋势 商品详情
卧室空调（适合12~22㎡）	43	23	73.91%	13.04%		查看趋势 商品详情
壁挂式	97	19	89.47%	15.79%		查看趋势 商品详情
书房空调（适合6~14㎡）	24	16	75.00%	12.50%		查看趋势 商品详情
小客厅空调（适合18~28㎡）	38	9	55.56%	11.11%		查看趋势 商品详情
立柜式	67	6	83.33%	16.67%		查看趋势 商品详情
变频	103	6	50.00%	16.67%		查看趋势 商品详情
大客厅空调（适合28~45㎡）	37	5	40.00%	20.00%		查看趋势 商品详情
省电节能	7	2	100.00%	50.00%		查看趋势 商品详情
定速	53	2	50.00%	0.00%		查看趋势 商品详情
智能云（手机远程控制）	96	1	100.00%	100.00%		查看趋势 商品详情
单冷	4	1	100.00%	0.00%		查看趋势 商品详情
冷暖	75	1	100.00%	0.00%		查看趋势 商品详情

图 7-9　商品自定义分类

（五）用户体验分析

用户体验是指人们对于使用或期望使用的商品或者服务的认知印象和回应。用户体验是一种用户在使用商品过程中建立起来的主观感受。对于一个界定明确的用户群体来讲，其用户体验的共性是能够经由设计良好的实验来认识的。

用户体验，即用户在使用一个商品或服务之前、使用期间和使用之后的全部感受，包括情感、喜好、认知印象、生理和心理反应、行为和成就等各个方面。影响用户体验的主要因素有系统、用户和使用环境。

1. 用户体验的层次

用户体验包含 3 个层次，即本能层、行为层、反思层。

本能层先于意识和思维，是外观要素和第一印象形成的基础。这个层次强调给人的第一印象，如商品的外观、触感、味道等。

行为层涉及商品的使用过程，如功能、性能和可用性。这个层次主要强调商品在性能上能满足用户的需求，在使用中能为用户带来乐趣。

反思层是指意识及更高级的感觉、情感等。这个层次是和体验者的思想及情感相互交融的。反思层能够带给用户长期的记忆，其中商品形象、记忆、个人满足等因素对于商品在用户体验中的作用影响深远，这就要求将商品设计的很多方面延伸到体验层面。

2. 用户体验的测量

用户体验研究的是用户交互过程中的所有反应和结果，具有很强的主观感觉特性，主观情感测量是一种常用的测量方法。有关用户体验数据的测量有一些规范的情感测量量表，如 PAD 量表、PrEmo 量表以及实用性和享乐性量表等。用户在商品功能性上的体验一般采用可用性评价相关指标

（量表）进行测量，目前针对可用性测量已经有很多较为成熟的量表，该类数据的获取通常采取问卷调查的方式。另外，还可通过用户采访的方式获取用户体验的信息，通过这些方法获取的信息一般是定性的。为弥补主观情感测量方法的缺陷，通过实验手段获取客观数据的方法逐渐受到关注，如生理指标测量，面部表情识别，脑电、眼动数据测量等。这些方法为更加准确地测量用户体验提供了可能。

图 7-10 所示为眼动仪，眼动仪可以捕捉用户的视线在网页上移动的轨迹和关注的重点位置，从而帮助商家对页面设计进行改进。商家基于眼动仪记录的信息可对网页进行调整，将重要信息放在用户关注点集中的位置。

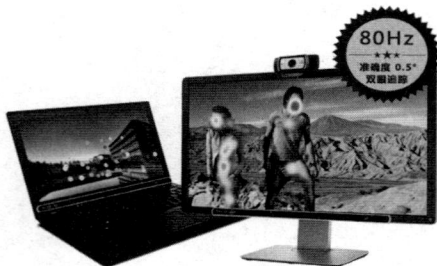

图 7-10　眼动仪

3. 用户体验的评价

用户体验的评价方法可以分为构建模型进行评价和直接评价。其中，构建模型进行评价主要是指运用多元回归分析、线性规划、非线性规划、结构方程模型等建立用户体验和构成要素之间的关系模型，以此来评价用户体验水平。直接评价是指利用用户体验调查问卷获取用户体验数据，进行数据处理后得出用户体验各构成因素得分及总体验得分，或者对用户的生理指标、行为指标数据进行处理后，按照一定的评价标准进行评价。

图 7-11 所示为商品效果明细，访客的平均访问深度、平均停留时长和详情页跳出率是生意参谋用来评价用户体验的行为指标。

商品名称	当前状态	所有终端的商品访客数	所有终端的商品浏览量	所有终端的平均停留时长	所有终端的详情页跳出率	操作
TCL 1匹壁挂静音冷暖节能省电定速挂机空调TCL KFRd- 发布时间：2016-08-03	当前在线	275,080	571,347	35	74.95%	商品温度计 单品分析
格力大1.5匹阿里智能变频空调Gree/格力 KFR- 发布时间：2016-05-15	当前在线	198,756	378,841	41	78.93%	商品温度计 单品分析
TCL阿里智能WIFI钛金正1P定速冷暖挂壁式空调TCL KFRd- 发布时间：2016-06-06	当前在线	175,811	354,692	37	65.43%	商品温度计 单品分析

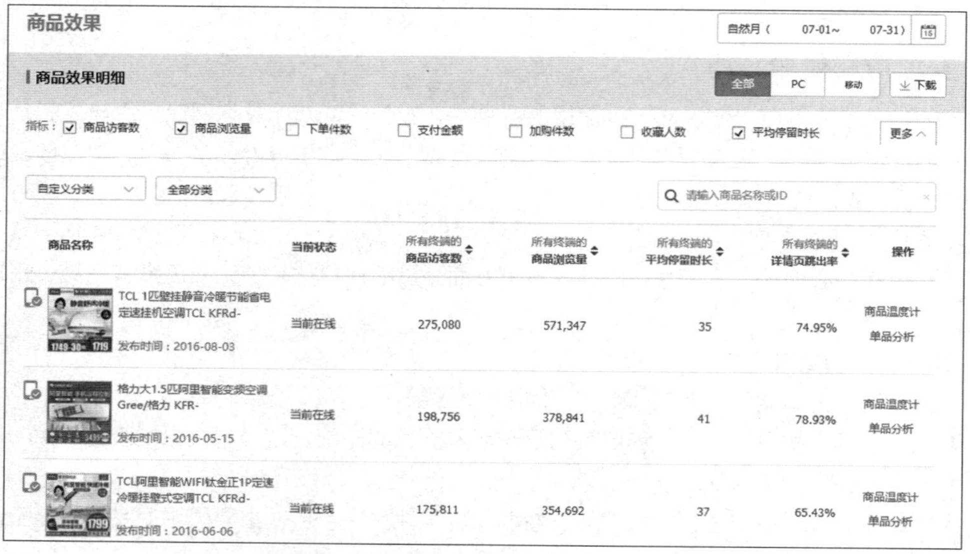

图 7-11　商品效果明细

（六）商品生命周期分析

商品生命周期是指商品从进入市场到退出市场所经历的全过程，分为导入期、成长期、成熟期和衰退期 4 个阶段。每个阶段都反映出消费者、竞争者、经销商、利润状况等方面的不同特征。商品生命周期是受消费者需求偏好所支配的需求转移的过程。

1. 商品生命周期阶段特征

商品生命周期各阶段的划分以销量和利润作为一定的衡量依据，每个阶段有其明显特点。

（1）导入期

商品刚刚进入市场试销，还没有被消费者接受，商品的销量增长缓慢；商品的生产批量小，试制费用很高，因而生产成本很高；消费者对新商品不了解和不熟悉，企业需要采取多种促销手段，营销成本较高。在这个阶段，企业利润较少，甚至面临亏损。

企业在此阶段所面对的消费者主要是革新者和早期采用者，他们是愿意冒险的消费者，在新商品推向市场后很快购买。革新者比早期采用者更具有冒险精神，更年轻，社会地位更高，更都市化，所受教育更好；早期采用者喜欢拥有由新商品所带来的声望和尊重，但是他们的冒险精神不如革新者的冒险精神，更注重群体规范和价值。

（2）成长期

成长期的商品技术已成熟、工艺已稳定，消费者对此商品较为熟悉，商品已建立起较稳固的销售渠道，利润迅速增长。此时大批后来者进入，竞争加剧。

进入成长期，企业更多地面对早期大众，早期大众的特点是采取行动前深思熟虑，他们要花更多的时间决定是否尝试新商品，并且向革新者和早期采用者征求意见。早期大众虽不能率先尝试新事物，却是积极的响应者。企业针对此类消费者应采取鼓励性促销措施，进行信任度较高的宣传，使其尽早地确定购买决策，更多地加入购买行列中来。

（3）成熟期

成熟期的商品市场需求趋于饱和，销售增长率开始下降，全行业出现过剩现象，市场竞争更加激烈。

此时消费者中增加了大量的晚期大众，晚期大众的特点是对新事物通常持有怀疑态度，相对于早期大众而言，其都市化程度更低，对变化的反应更慢。在成熟期后半期争取晚期大众对于企业保持利润率至关重要，因此采用符合此类消费者特点的营销策略来保持其忠诚度和满意度是企业在这个阶段的主要任务。

（4）衰退期

此时商品逐渐被新商品代替，消费者的兴趣开始转向其他商品，商品价格会下降至最低水平，大多企业已无法获得利润，被迫退出市场竞争。

大多数消费者在这一阶段纷纷撤出，转而注意新的替代品。这时只有少数落伍者成为商品的消费者。他们的特点是比较保守，心理年龄较大，收入和社会地位较低，易受传统思想束缚，对新变化不放心，只有一项革新慢慢变成传统之后才会接受。落伍者对商品的购买属于一种零星并且短期的购买，是商品先前投资的残留回收，企业可以顺其自然，适当采取少量优惠手段回馈这类消费群体，使衰退商品走出低谷。

2. 商品生命周期阶段营销策略

企业的目的是通过采用合适的营销策略来获取商品在各生命周期阶段的最大价值，同时尽可能延长商品的兴盛阶段。

（1）导入期的营销策略

导入期的营销目标是提高商品知名度和商品试用率，具有以下特点：商品销量低且增长缓慢；由于销量低同时促销费用较高，企业通常亏本，即使有利润也很低；商品的竞争对手较少。如果以价格和促销为两个标准，企业有 4 种定价策略可供选择：快速撇脂定价策略、缓慢撇脂定价策略、快速渗透定价策略及缓慢渗透定价策略。这里的"快速"与"缓慢"分别是指高促销水平和低促销水平，"撇脂"与"渗透"是指定价策略中高价和低价的区分。各种定价策略有不同的适用性，企业可根据商品本身特点和企业知名度做出选择。

（2）成长期的营销策略

成长期是市场对商品快速接受和利润快速提高的时期，成长期的特点是商品销量剧增，利润增长，竞争对手开始增多，营销目标转为追求市场份额最大化。为了提高市场占有率、维持市场增长势头，企业应适当调整营销策略：①改进商品质量，加强服务保证，增加商品特色和式样，寻找和进入新的细分市场；②以渗透定价法为主，降低价格以吸引下一层对价格敏感的消费者；③采用密集分销，扩大分销覆盖面并开拓新的分销渠道；④在促销宣传上从提高知名度转为激发消费者对商品的兴趣、喜好和购买欲望，使其从对商品的了解转向对商品的偏好。

（3）成熟期的营销策略

从某种意义上来说，赢得成熟期相当于赢得了整个周期，很多企业因在成熟期被挤出市场而失败。成熟期的特点主要是商品销量达到最大，利润高，竞争对手数量稳中有降。为达到保护市场份额和争取最大利润这一目标，企业必须学会创新。首先进行市场创新，可通过市场渗透或市场开发增加当前商品的消费量，即增加现有消费者商品使用量或寻找新的细分市场。其次是商品创新，通过改变商品特征，如质量、特色或式样来吸引新的消费者。最后是营销组合创新，即通过改变一个或多个营销组合因素来改进销售，具体来说，就是采用多样化的品牌和型号，制定能够抗衡竞争对手的定价策略，建立更广泛、更密集的分销网络，促销宣传强调品牌差异和利益。

（4）衰退期的营销策略

该阶段的特点体现为销量急剧下降，利润减少，竞争对手减少。营销目标转为压缩开支，榨取剩余品牌价值。企业有维持、收获和放弃3种营销策略可选择。维持策略是指采取积极的应对措施，可通过重新定位品牌或寻找商品新功能回到商品生命周期的导入期或成长期；收获策略则是指通过减少各种成本以获取短期利润；放弃策略是指从商品系列中逐步撤出。

3. 商品生命周期分析案例

了解商品生命周期可以从生意参谋市场行情的行业大盘模块入手，因为行业大盘走势可以反映某个行业最近一年的访客数量变化，从访客数量变化趋势可以推断出相关商品何时会进入成熟期，何时又会进入衰退期。

图7-12所示为大家电类目下空调最近一年的大盘走势，可以看出，空调在6月左右进入成长期，7月左右进入成熟期，9月左右进入衰退期。根据空调的生命周期曲线，商家就能选择在恰当的时间备货以及采取恰当的营销策略和促销方式，从而跟上市场的步伐。

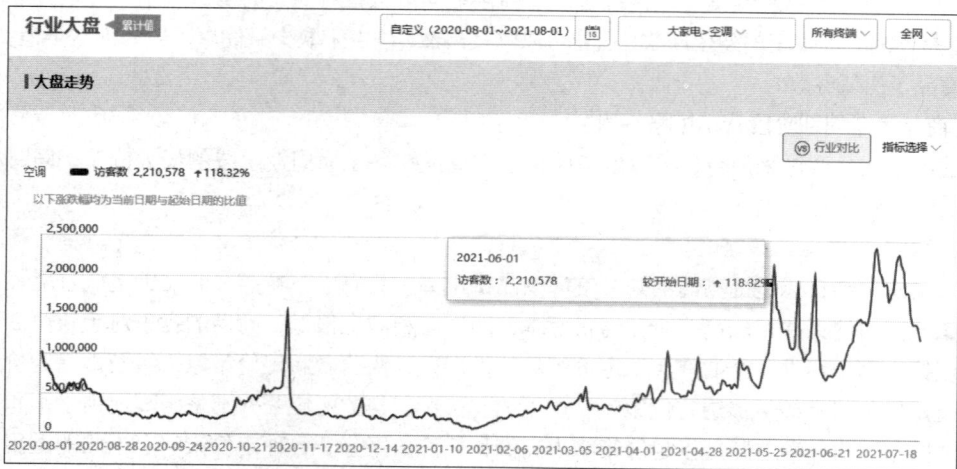

图7-12　行业大盘走势

（七）商品销售毛利分析

影响商品销售毛利的是公式（1）中的 3 个因素，即商家全部商品销售总额、某类商品销售额在全部商品销售额中所占的比重以及某类商品的毛利率。

$$商家全部商品销售毛利额 = \sum \frac{商家全部}{商品销售总额} \times \frac{某类商品销售额在全部}{商品销售额中所占的比重} \times \frac{某类商品}{的毛利率} \quad (1)$$

公式（1）中的商品销售总额是商品销售数量与销售单价的乘积，某类商品销售额在全部商品销售额中所占的比重称为销售结构。商品毛利率是毛利额与销售额的比并引申为售价与进价的差与售价的比，即毛利率 =（售价 - 进价）/ 售价 ×100%。

显然最终影响商品销售毛利的因素本质上有 3 个部分：一是商品进销价格，二是商品销售数量，三是商品销售结构。因此，对商品销售毛利的分析应从这 3 个方面展开。

1. 商品进销价格变化的影响

商品进销价格变化的原因一般有下面几个：一是根据国家价格政策对商品价格进行调整；二是由于销售对象变动，供求关系发生变化而对价格进行调整；三是由于经营管理不善，造成商品残损、霉变而调整价格。总体来讲，价格的变化有这样两种情况：售价调高时毛利额增加，售价调低时毛利额减少；进价调高时毛利额减少，进价调低时毛利额增加。

某网店某年度有下列资料：商品销售额计划为 85000 万元，商品销售成本计划为 75000 万元，全部商品销售毛利额预计为 10000 万元；实际商品销售额为 92000 万元，商品销售成本为 79000 万元，实际全部商品销售毛利额为 13000 万元，实际商品销售毛利额比预计商品销售毛利额增加了 3000 万元，请分析是什么原因造成的。

已知该网店商品分成甲、乙两类，本年度甲类商品的售价由原来的 2300 元调整为 2500 元，乙类商品的进价由原来的 1500 元提高到 1800 元，甲、乙两类商品的实际销售数量分别为 300000 件和 85000 件。

商品进销价格变化对毛利额的影响分析如下。

甲类商品：（2500-2300）×300000=60000000（元）

乙类商品：（1800-1500）×85000=25500000（元）

即甲类商品售价上调使得毛利额增加 60000000 元，而乙类商品进价上调使得毛利额减少 25500000 元，则商品进销价格变化使得毛利额增加 34500000 元。

2. 商品销售数量变化的影响

商品销售数量变化对商品销售毛利有直接的影响。在商品进销价格和毛利率不变的情况下，销售数量增加，销售毛利增加；销售数量减少，销售毛利减少。商品销售毛利与商品销售数量成正比，增加商品销售数量是增加商品销售毛利的主要途径。

为了确定商品销售数量变化对商品销售毛利额变动的影响程度，不仅要假定毛利率不变，而且必须将实际商品销售额调整为销售价格变动前的实际商品销售额：

$$商品销售数量变化影响的毛利额 = \left(\frac{剔除价格变动影响后}{的实际商品销售额} - \frac{计划商品}{销售额} \right) \times \frac{计划综合}{毛利率} \quad (2)$$

公式（2）中"剔除价格变动影响后的实际商品销售额"是指剔除销售价格变动后的实际商品销售额，与进价无关，由实际商品销售额加上销售价格调低额减去销售价格调高额求得。根据前例数字：

剔除价格变动影响后的实际商品销售额 =920000000-60000000=860000000（元）

将此数字代入公式（2）得：

商品销售数量变化影响的毛利额 =（860000000-850000000）×11.76%=1176000（元）

即由于销售数量增加而增加的商品销售毛利额为 1176000 元。

3. 商品销售结构变化的影响

商品销售结构是指不同类商品的销售额占全部商品销售额的比重。受商品货源、季节性和市场情况等因素的影响，商品销售结构一般会发生变化。商品销售结构的变化会引起商品销售毛利额的变化。在这种情况下，企业的综合毛利率也必然会发生变化。正是由于这种原因，在商品销售总额和各类商品的毛利率不变的情况下，综合毛利率变动能够反映出各类商品销售比重的变化。因而，如果想确定商品销售结构变化对商品销售毛利额变化的影响程度，就可以在剔除价格变动的影响后，利用公式（3）计算：

$$\begin{array}{l}商品销售结构\\变化影响的毛利额\end{array} = \begin{array}{l}剔除价格变动影响\\后的实际商品销售额\end{array} \times \left(\begin{array}{l}剔除价格变动影响\\后的实际综合毛利率\end{array} - \begin{array}{l}计划综合\\毛利率\end{array}\right) \quad （3）$$

其中：

$$\begin{array}{l}剔除价格变动影响后\\的实际综合毛利率\end{array} = \left(\begin{array}{l}剔除价格变动影响\\后的实际商品销售额\end{array} - \begin{array}{l}剔除价格变动影响后\\的实际商品销售成本\end{array}\right) \div \begin{array}{l}剔除价格变动影响\\后的实际商品销售额\end{array} \times 100\% \quad （4）$$

依据前例，可得到：

$$剔除价格变动影响后的实际综合毛利率 = \frac{(920000000 - 60000000) - (790000000 - 25500000)}{920000000 - 60000000} \times 100\%$$

$$\approx 11.1\%$$

商品销售结构变化影响的毛利额 = 860000000 × （11.1% − 11.76%） = − 5676000（元）

即商品销售结构变化影响的毛利额为 − 5676000 元。

（八）商品库存分析

在零售管理中，商家很关心库存量、库存周转率、库存周转天数、交叉率、存销比等商品库存管理指标。

1. 库存量

当市场行情趋热时，企业库存量开始下降；当市场行情趋冷时，企业库存量开始上升。因此库存量常被当成反映市场行情的滞后指标。

2. 库存周转率

库存周转率（Inventory Turn Over）是指一段时间内库存货物周转的次数。计算公式为：

$$库存周转率 = 销售额 / 库存金额 \times 100\%$$

$$= 销售数量 / 库存数量 \times 100\%$$

一段时间可以是一个月、一个季度或者一年，库存金额一般取平均库存量与商品售价乘积。库存周转率反映商品从入库到售出所经过的时间和效率，是衡量企业经营管理能力的一个重要指标。库存周转率越高，商品在仓库的流动速度越快，库存资金使用效率越高，表明销售情况越好。

3. 库存周转天数

库存周转天数是指从取得存货 / 商品入库开始，至消耗或售出为止所经历的天数。计算公式为：

$$库存周转天数 = 360 天 / 年库存周转率$$

库存周转天数反映了如果按目前的销售情况，库存要多长时间可以变现。库存周转天数是库存周转率的另一种表示方式，在使用中比库存周转率更易让人理解。一般来说，库存周转天数越少越好，说明库存周转越快。

4. 交叉率

交叉率（Gross Margin Return on Inventory Investment）指的是库存投资回报率，由库存周转率和商品毛利率交叉换算构成。计算公式为：

$$交叉率＝库存周转率×商品毛利率$$
$$＝销售额/库存金额×毛利润/销售额$$
$$＝毛利润/库存金额×100\%$$

交叉率是衡量库存获利效率的指标。交叉率越高，库存获利效率越高，盈利能力越强，对企业贡献越大。交叉率一般针对单品来使用。

5. 存销比

存销比（Inventory Sales Ratio）是指在一个周期内，商品期末库存与当期销量的比值。计算公式为：

$$存销比＝期末库存金额/当期销售额$$
$$＝期末库存量/当期销售量$$

存销比的实际意义是表明当前库存商品需要经过几个周期才能被全部销售出去。它是反映库存结构的一个重要指标。存销比过高，意味着库存总量或者结构不合理，资金使用效率低；存销比过低，则意味着商品存在缺货的风险。

与商家库存管理相关的一些数据一般会被合并在同一张报表中，如表7-3所示。此表分析的是某网店9月的库存商品经营情况，其销售统计时间段是一个月（30天）。

表7-3　某网店9月库存商品分析表（节选）

商品名称	销售数量/台	零售单价/元	销售额/万元	商品进价/元	毛利率	库存数量/台	月周转率	周转天数	交叉率	存销比
WCBA3 空调	7500	2800	2100	2300	18%	5000	1.50	20	27%	67%
WXAA2 空调	3000	3200	960	2700	16%	1000	3.00	10	48%	33%
WCBD3 空调	1200	2000	240	1600	20%	2000	0.60	50	12%	167%

三、任务实战

（一）商品价格带分析

1. 理论知识

零售商观察竞争对手的网店，不能只看对方的商品陈列方式和陈列位置，一定要更深入地去了解堆放的商品构成和价格分布。只有看到隐藏的那部分，才有获胜的机会。

商品的价格带（Price Zone）是一种同类商品或一种商品类别中的最低价格和最高价格的差别序列。例如，各种牌号的洗发水，其中最高价格为169元，最低价格为28元，那么就称洗发水的价格带为28 ~ 169元。价格带的宽度决定了网店所面对的消费者的受众层次和数量。在进行竞店商品结构的对比分析时，商品价格带分析方法可为市场调查提供简单而明确的分析结果。

例如，竞争对手有5个规格的红葡萄酒，其价格分别是69元、109元、179元、238元、368元，共计5种价格，10个SKU。本店也有5个规格的红葡萄酒，价格分别是38元、50元、75元、120元、180元，共计5种价格，8个SKU。经过价格带的对比有如下发现。

（1）竞争对手的价格带是69 ~ 368元，价格带宽度为299元；本店的价格带是38 ~ 180元，价格带宽度为142元。相比较而言，竞争对手的价格带比本店的价格带宽，覆盖的受众层次和数量更多。

（2）竞争对手的最低价格为69元，最高价格为368元，平均价格为192.6元；本店的最低价格为38元，最高价格为180元，平均价格为92.6元。相比较而言，竞争对手的红葡萄酒价格定位更高一些，本店的红葡萄酒价格定位更低一些。

（3）竞争对手的价格带广度为5条价格线，本店铺的价格带广度也是5条价格线。如果本店增加260元和350元规格的红葡萄酒，价格带变成38～350元，平均价格约为153.3元，本店红葡萄酒的价格定位也立马变高了。

（4）竞争对手的价格带深度为10个SKU，本店铺的价格带深度为8个SKU，竞争对手的商品更加丰富。

价格点（Price Point），又称PP点，是对于该网店或业态的某类商品而言，最容易被顾客接受的价格或价位。价格点是决定顾客心目中品类定位的基点，而价格带是决定顾客购买空间的范围。确定了PP点后，备齐在此PP点左右价位的商品，就会让顾客形成商品丰富、价格低的感觉和印象。

2. 任务内容

美的官方旗舰店8月做了一期聚划算活动，图7-13所示为空调展示区，共展示了9款空调。请以此为例分析本期聚划算美的空调产品的价格带，计算价格带三度（宽度、广度和深度），并确定价格点。

图7-13 美的官方旗舰店聚划算空调展示区

3. 任务要求

本任务是一个独立任务，学生单独完成并提交《8月聚划算上美的空调价格带分析报告》，字数不限，要求计算准确、图文展示、分析到位、逻辑严密。

4. 任务实施

步骤1：选择分析对象，对象要求为网店商品的某一个小分类，本例选择聚划算上的美的空调。

步骤2：展开商品品类中的单品信息，罗列出其价格线（Price Line）。

步骤3：归纳该品类中单品的最高价格和最低价格，进而确定该品类目前的价格带分布情况。

步骤4：计算价格带三度，包括宽度、广度和深度。

步骤5：确定商品品类的价格点，判断其价格区（Price Range）。

步骤6：撰写《8月聚划算上美的空调价格带分析报告》。

步骤7：做好汇报的准备。

5. 参考报告

8月聚划算上美的空调价格带分析报告

商品价格带分析方法的关键在于确定品类的商品价格区和价格点，然后便可以确定品类的商品定位以及应当引入和删除哪些商品。

1. 绘制8月聚划算上美的空调价格带构成图

8月聚划算上美的空调价格带构成如图7-14所示，一共有9个SKU，8条价格线（不同价格为一条价格线），最低价格为1599元，最高价格为5999元，价格带为1599～5999元。

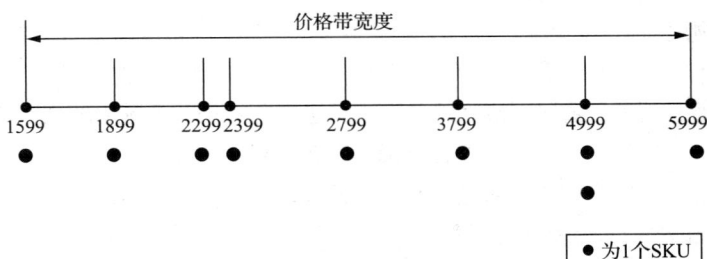

图7-14　空调价格带

2. 计算价格带三度

① 价格带的宽度是价格带中最高价与最低价的差值。

8月聚划算上美的空调价格带的宽度 =5999-1599=4400（元）。

② 价格带的广度是价格带中不重复销售价格的数量，每个不重复价格即为一条价格线。

8月聚划算上美的空调价格带的广度 =8条价格线。

③ 价格带的深度是价格带中的SKU数。

8月聚划算上美的空调价格带的深度 =9个SKU。

3. 确定价格点和价格区

价格点是对于该网店或业态的某类商品而言，最容易被顾客接受的价格或价位。8月聚划算上美的空调价格带上的密集成交区在[1899，2799]，最高峰为2399元，可以将其确定为价格点，而[1899，2799]可以判断为价格区。

4. 价格带分析

8月聚划算上美的空调价格带宽度达到4400元，涵盖了低端、中端和高端空调产品；价格带的广度为 8 条价格线，客户在价格上有 8 个选择，2000 元以内有 2 个 SKU，2000 ～ 3000 元有 3 个 SKU，3000 ～ 4000 元有 1 个 SKU，4000 ～ 5000 元有 1 个 SKU，5000 元以上有 1 个 SKU，为每个消费层级的客户都提供了可选择的产品；价格带的深度为 9 个 SKU，这主要是因为聚划算上空调展示区位置有限，不可摆放过多的产品，但通过这 9 个 SKU 详情页上的关联展示，能够吸引顾客关注更多的空调产品。空调的成交密集区在 [1899，2799]，集中在低价区，高价区成交量偏少，与预期不符，需要做进一步分析。

（二）购物篮分析

1. 理论知识

作为商业领域最前沿、最具挑战性的问题之一，购物篮分析是许多企业重点研究的问题，它通过发现顾客在一次购买行为中放入购物篮的不同商品之间的联系，来分析顾客的购买行为并辅助企业制定营销策略。

顾客心理日趋成熟、需求多样化以及市场竞争日趋激烈，使得充分分析并有效了解顾客成为企业成功必不可少的要素。虽然大多数电商企业已经充分意识到这个问题并做了许多工作，如人口统计分析、计算机辅助销售、各种顾客登记分析等，但是依然收效甚微，并没有准确掌握顾客的购买行为。因此，购物篮分析的方法应运而生，它有效地解决了这个问题并受到不少电商企业的关注。

所谓购物篮分析，就是通过分析购物篮所显示的交易信息来研究顾客的购买行为。顾客在购买过程中很少单独购买一种商品，他们往往购买多种商品，并且这些商品通常具有很强的相关性。因此他们的购买行为通常是一种整体性行为。一件商品的购买与否，都会直接影响其他商品的购买，进而会影响每个购物篮的利润。因此，企业必须挖掘隐含重要且有价值信息的顾客的购物篮。例如，企业可以通过购物篮分析来了解顾客的品牌忠诚度、产品偏好、消费习惯等。

网店进行购物篮分析就是通过对顾客的购物清单进行分析来洞悉顾客的购买行为，其中购物篮系数是用得最多的一个指标。它是一个综合指标，顾客购买力的高低、网店商品展示和页面设计、商品库存是否充足等都会影响购物篮系数。购物篮系数是一个宏观指标，网店运营人员还需要关注微观的购物篮系数，即指定商品购物篮系数。

购物篮系数是指顾客的平均购买数量，计算公式为：

$$购物篮系数 = \frac{某段时间商品销售总件数}{某段时间的购物篮总数}$$

指定商品购物篮系数是指包含指定商品的订单的平均购买数量，计算公式为：

$$指定商品购物篮系数 = \frac{某段时间含指定商品购物篮的销售总件数}{某段时间含指定商品的购物篮总数}$$

指定商品人气指数是指指定商品给网店带来的平均销售数量，计算公式为：

$$指定商品人气指数 = \frac{某段时间含指定商品购物篮的销售总件数}{某段时间的购物篮总数}$$

可以利用矩阵来展示购物篮数量与购物篮系数之间的对应关系，由此确定相应的营销策略和促销策略。

2. 任务内容

某网店经营 18 种商品，从 A 到 R，这 18 种商品某月共销售了 24000 件，一共有 6000 张订单（即 6000 个购物篮），含指定商品的订单总数（购物篮总数）和含指定商品订单的销售总件数如表 7-4 所示。请对这 18 种商品做购物篮分析，包括计算每种商品的购物篮系数，每种商品的人气指数，确定人气商品，再将 18 种商品用购物篮矩阵进行分类，并制定相应的营销策略。

表 7-4 某网店某月商品销售数据

编号	商品	含指定商品的购物篮总数	含指定商品购物篮的销售总件数
1	A	1500	4650
2	B	1410	6345
3	C	1330	3857
4	D	1290	2193
5	E	1255	6526
6	F	1150	7245
7	G	1050	2415
8	H	932	5126
9	I	850	2975
10	J	760	3648
11	K	650	3120
12	L	530	2756
13	M	470	846
14	N	355	2272
15	O	312	780
16	P	290	1624
17	Q	260	1144
18	R	210	378

3. 任务要求

本任务是一个独立任务，学生单独完成并提交《某网店某月购物篮分析》，字数不限，要求计算准确、图形规范、分析到位、逻辑严密。

4. 任务实施

步骤 1：计算购物篮系数。

步骤 2：计算指定商品的购物篮系数。

步骤 3：计算指定商品的人气指数。

步骤 4：绘制购物篮矩阵，并由此确定相应的营销策略。

步骤 5：撰写《某网店某月购物篮分析》。

步骤 6：做好汇报的准备。

5. 参考报告

某网店某月购物篮分析

1. 计算购物篮系数

$$购物篮系数 = \frac{某段时间商品销售总件数}{某段时间的购物篮总数} = \frac{24000}{6000} = 4$$

该网店某月的购物篮系数为 4，即平均每位顾客一次性购买了 4 件商品。

2. 计算指定商品的购物篮系数

根据指定商品购物篮系数计算公式，18 种商品的指定商品购物篮系数如表 7-5 所示。

表7-5 18种商品的指定商品购物篮系数

编号	商品	含指定商品的购物篮总数	含指定商品购物篮的销售总件数	指定商品购物篮系数
1	A	1500	4650	3.1
2	B	1410	6345	4.5
3	C	1330	3857	2.9
4	D	1290	2193	1.7
5	E	1255	6526	5.2
6	F	1150	7245	6.3
7	G	1050	2415	2.3
8	H	932	5126	5.5
9	I	850	2975	3.5
10	J	760	3648	4.8
11	K	650	3120	4.8
12	L	530	2756	5.2
13	M	470	846	1.8
14	N	355	2272	6.4
15	O	312	780	2.5
16	P	290	1624	5.6
17	Q	260	1144	4.4
18	R	210	378	1.8

3．计算指定商品的人气指数

根据指定商品人气指数计算公式，18种商品的指定商品人气指数如表7-6所示。

表7-6 18种商品的指定商品人气指数

编号	商品	含指定商品的购物篮总数	含指定商品购物篮的销售总件数	指定商品人气指数
1	A	1500	4650	0.78
2	B	1410	6345	1.06
3	C	1330	3857	0.64
4	D	1290	2193	0.37
5	E	1255	6526	1.09
6	F	1150	7245	1.21
7	G	1050	2415	0.40
8	H	932	5126	0.85
9	I	850	2975	0.50
10	J	760	3648	0.61
11	K	650	3120	0.52
12	L	530	2756	0.46
13	M	470	846	0.14
14	N	355	2272	0.38
15	O	312	780	0.13
16	P	290	1624	0.27
17	Q	260	1144	0.19
18	R	210	378	0.06

人气指数并不是指定商品的销售数量的比重，销售数量的比重只能判断该商品卖得好不好。人气指数高的商品不一定卖得最好，但是它能带来高销售量。通过表7-6中的人气指数排名可以发现，商品F是"人气商品"。

4. 购物篮矩阵分析

购物篮矩阵用于分析购物篮系数与购物篮数量之间的对应关系，如图7-15所示，其将商品细分为4种类型。

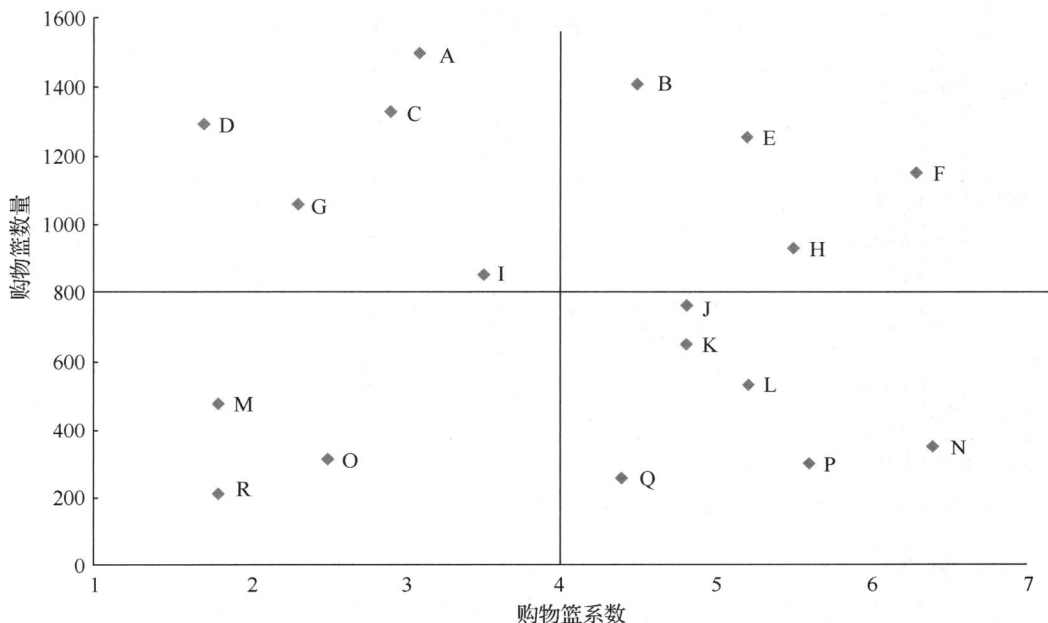

图7-15 购物篮矩阵

第一象限（右上）4件商品的购物篮系数和购物篮数量均高于平均值，被定义为"人气商品"。它们应该是网店人气和商品销量的主要来源，也是促销活动的重点考虑对象。

第二象限（左上）5件商品的购物篮系数低于平均值，但购物篮数量高于平均值，被定义为"热销单品"。这部分商品需要提高它们的关联销售。

第三象限（左下）3件商品的购物篮系数和购物篮数量均低于平均值，属于边缘商品，本身卖得不好，和其他商品的关联度也不高。

第四象限（右下）6件商品的购物篮系数高于平均值，但购物篮数量低于平均值，被定义为"关联商品"。因此首要任务是促进它们产生更多的订单。

四、拓展实训

实训1 销售与退货数据分析

1. 实训背景

某电商企业从事大家电产品的销售，共有空调、冰箱、洗衣机、电视4个品类，8月商品销售与退货数据如表7-7所示，数据指标包含价格带、SPU数、销售数量、销售金额、销售占比、退货金额、退货率与平均折扣率。

表 7-7　某电商企业 8 月商品销售与退货数据

品类	价格带 / 元	SPU 数	销售数量 / 台	销售金额 / 元	销售占比	退货金额 / 元	退货率	平均折扣率
空调	2000 以下	5	515	973350	9.4%	194670	20%	69%
	2000 ~ 5000	19	708	1981692	19.1%	475606	24%	75%
	5001 ~ 10000	27	82	496018	4.8%	89283	18%	80%
	10000 以上	31	12	196188	1.9%	72590	37%	85%
冰箱	2000 以下	2	59	115050	1.1%	23400	20%	45%
	2000 ~ 5000	8	88	290312	2.8%	75877	26%	58%
	5001 ~ 10000	15	10	53250	0.5%	15975	30%	67%
洗衣机	1000 以下	6	246	235422	2.3%	55506	24%	45%
	1000 ~ 3000	14	421	933778	9.0%	277250	30%	63%
	3001 ~ 6000	23	323	1471588	14.2%	674288	46%	51%
	6001 ~ 10000	8	59	426747	4.1%	101262	24%	75%
	10000 以上	5	11	115819	1.1%	21058	18%	68%
电视	2000 以下	3	52	84240	0.8%	17820	21%	78%
	2000 ~ 5000	8	146	531732	5.1%	105618	20%	80%
	5001 ~ 10000	15	321	2429328	23.5%	1407648	58%	75%
	10000 以上	6	2	25024	0.2%	12512	50%	62%

注：退货率＝退货金额 / 销售金额

　　平均折扣率＝折后总金额 / 折前总金额 ×100%

2. 实训内容

根据表 7-7 的数据分析该电商企业的销售状况与退货情况，具体包括：①品类销售金额结构分析；②品类退货金额结构分析；③热销 SPU 与退货率组合分析；④热销 SPU 与平均折扣率组合分析等。

3. 实训要求

本实训是一个独立任务，每名学生单独完成，完成后上交《销售与退货数据分析报告》，并做好汇报的准备。

实训 2　撰写产品分析报告

1. 实训背景

作为互联网从业者，免不了要撰写产品分析报告。有些人在体验产品时常会陷入一种"无目的"的状态，不知该如何思考，体验之后也总结不出什么，最终写出来的报告无法让领导不满意，自己也觉得没深度。究其原因还是没有找到一条有效的思考路径，想要找到有效的思考路径就要解剖产品。首先将产品想象成一块圆形蛋糕，将其切成两半，一半叫商业，另一半叫产品。商业是"魂"，起到导向作用；产品是"形"，通过设计与视觉来体现商业理念。这就是思考路径——分离商业与产品。之后将产品先放一边，单看商业部分，商业是促成产品的根基部分，理解它能够帮助你更快地理解产品设计。一般情况下，产品的诞生都是先由一个有特征的人群做出了某种行为，他们在行为过程中产生了不舒服、受挫的体验，很希望这个不舒服、受挫的体验能得到改善，直到某个商业产品的出现帮助他们解决了这个问题。这是个循环过程，产品基本会沿这条路径一直演变。那么当我们面对一个没接触过的产品时，就先试着用产品的诞生过程作为思考路径，然后尝试补充这些信息。

2. 实训内容

选择一家网店的一个引流商品作为分析对象，撰写产品分析报告，报告的基本内容包括：产品概况——背景、产品简介和产品定位，产品销售和盈利情况分析，产品客户画像分析，基于使用场景的核心产品层次分析——产品质量和性能分析，基于使用场景的有形产品层次分析——产品外观和品牌分析，基于使用场景的延伸产品层次分析，基于使用场景的期望产品层次分析——客户评价分析，基于使用场景的潜在产品层次分析，产品价格分析，产品库存分析，产品的生命周期分析，产品市场行情分析，竞品分析等。

3. 实训要求

本实训是一个团队任务，两名学生一组合作完成，完成后上交《××产品分析报告》，并做好汇报的准备。

任务小结

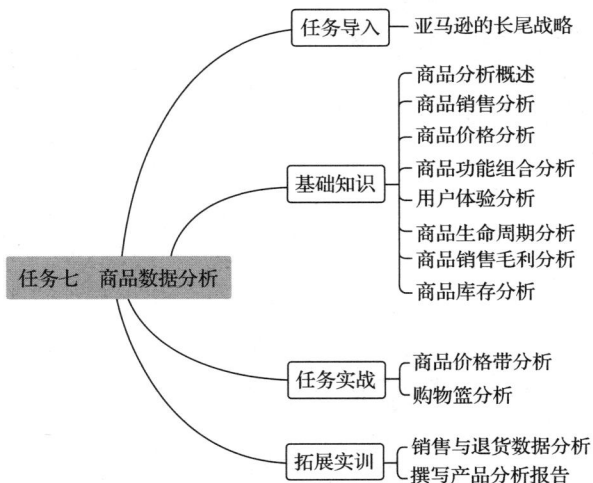

同步习题

（一）判断题

1. 成本决定了商品的底价。（　　　）

2. A类商品是指库存低且转化率高的商品，可作为活动中的主推商品。（　　　）

3. 市场上的顾客需求为价格设立了上限，顾客需求取决于顾客对商品和服务的价值感受。（　　　）

4. 渗透定价法是通过牺牲销量来获得较高的毛利的。（　　　）

5. 影响用户体验的主要因素是系统、用户和使用环境。（　　　）

（二）不定项选择题

1. 商品分析的重点是（　　　）。

　　A. 商品ABC分类的A类商品　　　　　　B. 价格敏感商品

　　C. 高毛利商品　　　　　　　　　　　　D. 以上都不对

2. 某店铺 9 月销售额为 150 万元，8 月为 100 万元，去年 9 月为 120 万元，则 9 月销售额同比增长（　　　）。

    A. 50%　　　　　　B. 33%　　　　　　C. 25%　　　　　　D. 20%

3. 在进行商品定位时，常见的店铺商品优势有（　　　）。

    A. 低价优势　　　　B. 专业优势　　　　C. 特色优势　　　　D. 附加值优势

4. 网店的商品按照其在销售中所起到的作用分为（　　　）。

    A. 引流商品　　　　B. 普通商品　　　　C. 定位商品　　　　D. 利润商品

5. 一般的定价策略包括（　　　）。

    A. 撇脂定价法　　　B. 渗透定价法　　　C. 适中定价法　　　D. 以上都不对

6. 某电商企业 5 月完成销售额 300 万元，毛利率为 30%，库存周转率为 0.5 次 / 月，月末库存金额为 200 万元，则月末存销比为（　　　）。

    A. 15%　　　　　　B. 0.6　　　　　　C. 1.5　　　　　　D. 以上都不对

（三）简答题

1. 最终影响销售毛利的因素有哪些？

2. 简述商品生命周期各阶段的营销策略。

3. 什么是交叉率？其作用是什么？

4. 价格带三度指的是什么？各有什么作用？

5. 简述购物篮分析的步骤。

市场行情数据分析——寻找市场变化规律

知识目标

- 了解市场行情的概念；
- 理解需求规律，熟悉市场需求分析；
- 理解供给规律，掌握市场供应分析；
- 理解价格形成理论和价格带分布；
- 理解和掌握市场集中度的相关概念。

技能目标

- 具备品牌竞争力分析的能力；
- 具备利用百度指数分析市场行情的能力；
- 具备增量市场与存量市场分析的能力；
- 具备计算赫芬达尔指数的能力。

素养目标

- 具备大局意识以及从整体上思考问题的能力；
- 具备较强的逻辑分析能力；
- 树立利用数据驱动创新的理念；
- 关注社会现象，自觉担当社会责任。

一、任务导入

2021年中国数字健康管理行业发展研究报告
（节选）

中国的健康产业由医疗性健康服务和非医疗性健康服务两大部分构成，组成四大产业群体——医疗产业、医药产业、健康管理产业、康复产业。健康管理是指一种对个人或人群的健康危险因素进行全面管理的过程。其作为一种最具活力的健康服务模式，受到了政府的重视和支持，被主流社会认可和接受。当健康成为流行趋势，更多的人开始注重健康管理，各方面的需求不断攀升。

1. 市场规模

iiMedia Research(艾媒咨询)数据显示，2021年中国大健康产业规模超过80000亿元，其中数字健康管理核心市场规模达2160亿元，2024年预估达2418亿元；2024年中国数字健康管理带动市场规模估计超1.2万亿元。随着《"健康中国2030"规划纲要》、"互联网＋健康""互联网＋体育"以及全生命周期健康管理的国家倡导和执行方针落实，数字健康管理市场行业成长空间变大。

2. 核心用户

iiMedia Research数据显示，从职业背景看，公司职员、企业管理者以及专业人士总体占比6成以上（62%）。每个用户同时使用2～3个App的占比最大，从数据看出，目前中国上班族人群和专业人士是数字健康管理的核心群体，且用户对体验场景和内容需求多样化。自由职业者的群体结构中存在部分高收入人群，也是值得重点关注的群体之一。

3. 地域分布

iiMedia Research数据显示，中国数字健康管理平台的用户大部分集中在经济发达地区（85.8%），长三角地区相对明显。从不同城市等级来看，一线、新一线和二线城市占比在7成以上，如图8-1所示。数字健康管理率先在经济发达地区流行，因此一、二线城市接受程度高。但随着下沉市场被逐渐开发，下沉市场的结构性优化空间较大，下沉市场中的优质用户群体值得开发。而相比高层级市场，下沉市场用户的闲暇生活时间更充足，具有潜力。

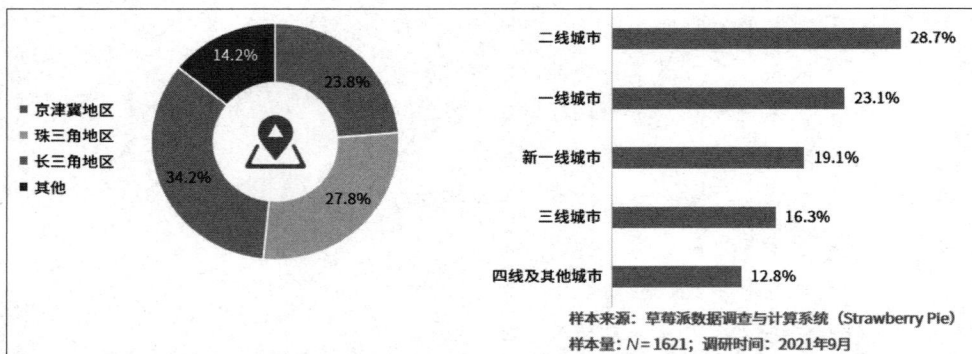

图8-1　2021年中国数字健康管理平台用户地域分布与城市分布

4. 用户主要诉求

iiMedia Research数据显示，中国数字健康管理平台用户主要诉求有六大类，分别是改善睡眠质量（57.4%）、体型管理（54%）、减脂（41.9%）、促进肠道健康（31.4%）、促进血糖健康（20.3%）和皮肤管理（11.4%），如图8-2所示。中国数字健康管理平台用户需求明确，提高服务匹配度和体验感是中国数字健康管理平台的关注重点。

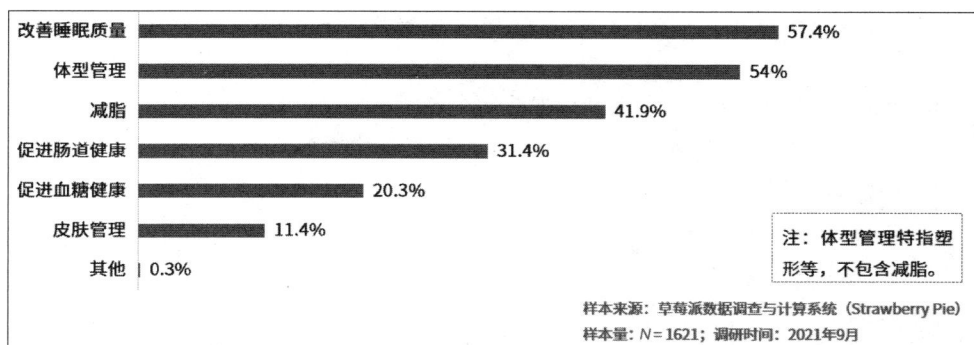

图 8-2　2021 年中国数字健康管理平台用户主要诉求

5．用户体验

iiMedia Research 调研数据显示，正在使用中国数字健康管理平台的用户分别在 3 个主要方面收获良好的体验感，身体各项指标更加健康占比最高（68.9%）、体型更完美占 61.1%、拓宽了交际圈占 45.5%，如图 8-3 所示。由此看出，中国数字健康管理平台能够在一定程度上让大部分用户普遍收获身心健康的幸福体验。

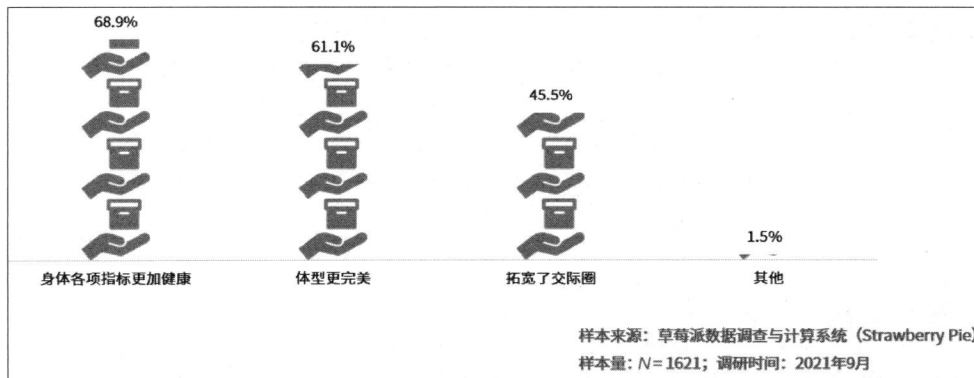

图 8-3　2021 年中国数字健康管理平台用户满意度评价

6．企业概况

iiMedia Research 数据显示，目前中国近 120 万家在业健康管理企业中，7807 家为数字健康管理企业，占比仅为 0.65%；注册资本大于 1000 万元的数字健康管理企业达 6466 家，占比约 83%。中国数字健康管理行业企业的规模相对传统健康管理企业较大，进入门槛较高。中国健康管理行业的业务增长点将有机会在数字健康管理领域跑出。

7．行业趋势

iiMedia Research 数据显示，2025 年中国人工智能产业市场规模将超过 4000 亿元，2030 年将超过 10000 亿元。随着人工智能与传统行业的融合不断加深，数据的量级以及复杂程度也将大幅提升。数字健康管理将在细分领域，通过技术的加持为垂直业务的深入发展以及多元化业务发展形成充分的发展土壤。

思考：

1．从中国疾病预防控制中心获取最近 1 年中国居民慢性病（如超重及肥胖、高血压、血脂异常、糖尿病、脂肪肝等）人口数据，据此分析数字健康管理行业应重点关注的服务范畴。

2. 从国家卫生健康委员会获取最近1年的体检人次数据，据此判断人们对健康状态关注度的变化趋势。

3. 相对于传统的健康管理，数字健康管理的优势有哪些？

二、基础知识

（一）市场行情认知

市场是由需求方、供给方、商品（交易标的）、交易场所（流通渠道）4个基本要素组成的有机结构体。这些要素相互联系与相互作用，决定了市场的形成，推动着市场的发展。市场行情是指市场上商品需求、商品供给、流通渠道、商品交易与价格的变化状况。市场行情变动的内因是供求关系变化，外在表现是价格波动。形成市场行情的信息来源是广泛的、多方面的，它不仅涉及整个流通领域，而且涉及整个社会再生产各方面。许多个别的、片面的市场行情的信息经过综合分析，能够形成对某类商品的供求状况和某个市场的供求形势做出特征性判断的市场行情报告。

有市场和商业，就有市场行情。无论是商人还是生产者，为了组织好生产和经营，都必须自觉地依据和运用价值规律，掌握市场行情，密切注视市场供求的变化。商品生产者和经营者的经济活动成效，只能通过商品在市场中的表现来检验。为了在竞争中取得有利地位，商品经营者必须对市场行情进行认真的调查研究，对供求和价格的变化及其原因进行认真分析，并对变化的趋势做出预测，从而总结出商品经营的经验。

在商品经济条件下，社会生产和社会消费的矛盾必然要在市场上通过供求矛盾反映出来，社会再生产的运行过程必然要通过市场行情反映出来。市场行情实质上是社会再生产内在发展过程在市场上的外部表现。

知识链接：价值规律

商品的价值量由社会必要劳动时间决定，商品交换要以价值量为基础，实行等价交换。在商品生产和交换过程中，商品生产技术的对比有助于实现商品优胜劣汰，以此促进生产力不断发展。其表现形式是市场供求影响商品价格，商品价格以价值为中心上下波动。

（二）市场需求分析

市场需求是指在一定时期内、一定市场上，消费者对某类商品有货币支付能力的需求总量。其构成有3个要素：人口、购买力、购买欲望。消费者人口数量决定市场规模和容量，人口变化直接影响市场需求结构。购买力是指消费者支付货币购买商品或服务的能力，它是构成现实市场的物质基础。购买欲望是指消费者购买商品或服务的动机和愿望，它是消费者将潜在购买力转化为现实购买力的必要条件。

影响市场需求的因素有商品价格、消费者收入、消费者偏好、消费者对商品价格的预期及相关商品的价格。消费者希望价格越低越好，价格越低，消费者获得的利益越大。

1. 需求规律

需求基本规律：对于一般商品而言，在其他条件不变的情况下，当商品价格上涨时，商品的需求减少；反之，商品的需求增加。商品的价格（P）与其需求量（Q）呈负相关。图8-4所示为需求曲线。

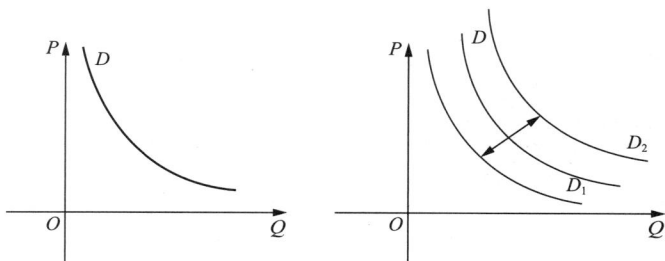

图 8-4 需求曲线

需求曲线（D）的位置会随着相关因素的变化而发生变动。例如，在经济周期的不同阶段，消费者的收入不同，在经济处于高涨阶段时，消费者的收入相应增加，在商品价格不变的情况下，消费者对该商品的消费量会增加，需求曲线向右上方移动（D_2），市场价格上升；如果此种商品的替代品的价格下降，消费者对其替代品的需求量则会增加，对该商品的需求量将减少，需求曲线向左下方移动（D_1），市场价格下降。

2. 市场需求分析案例

（1）市场规模

对商家而言，细致认真的市场需求分析是必不可少的。图 8-5 所示为 7 月 26 日—8 月 24 日空调访客数的大盘走势，访客数呈逐级下降趋势，从约 185 万下降到 50 万。

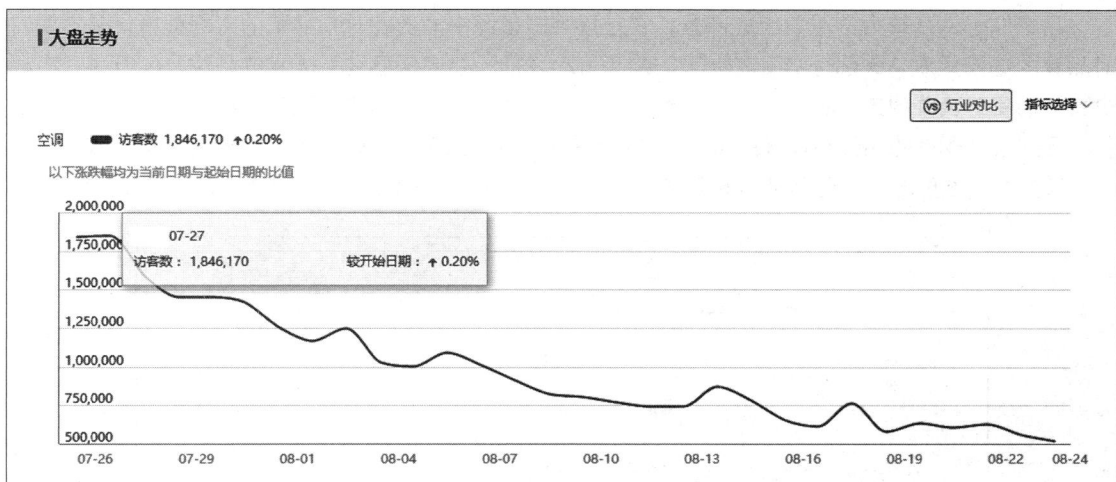

图 8-5 空调访客数的大盘走势

图 8-6 所示为 7 月 26 日—8 月 24 日空调交易指数的大盘走势，交易指数也呈现逐级下降趋势，从约 348 万下降到 115 万。

从访客数和交易指数变化趋势来看，空调的市场需求趋于下降，逐渐进入销售淡季。

（2）支付偏好

消费者的支付偏好反映消费者的购买力。图 8-7 所示为 8 月 18 日—8 月 24 日客群支付偏好，支付金额集中于 2920 元（边界值"含左不含右"，后同）以上的区间，合计占比 68.93%；支付频次在 2 次及 2 次以上的占比合计为 87.65%。这说明客群具有较强的购买力。

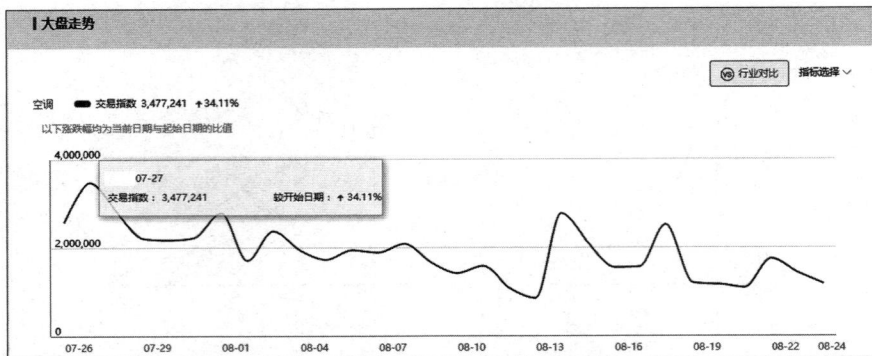

图 8-6　空调交易指数的大盘走势

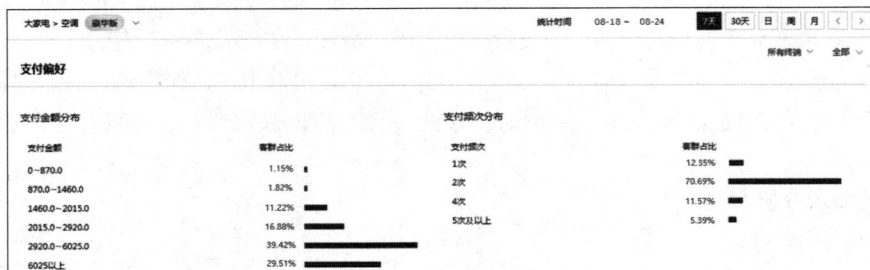

图 8-7　支付偏好

（3）购买偏好

品牌偏好是品牌力的重要组成部分，它是指某一市场中消费者对某品牌的喜好程度，是消费者对品牌的选择意愿。大部分消费者在采取购买行动之前，心中就已有了既定的品位及偏好，只有极少数的消费者会临时产生冲动性购买。整体而言，即使消费者的购买是无计划的、无预期的，他们仍将受到心中既有的品位与偏好的影响。图 8-8 所示为 8 月 18 日—8 月 24 日空调的热销品牌榜，交易指数排在前 5 位的品牌分别是美的、格力、奥克斯、海尔、TCL，其中奥克斯的支付转化率最高。

图 8-8　空调的热销品牌榜

消费者在选购空调时，主要考虑的属性有种类、工作方式、功率、适用面积。图 8-9 所示为 8 月 18 日—8 月 24 日空调种类的属性值排行榜，按交易指数排名，前 5 位分别是壁挂式、柜机、移动空调、家用中央空调和窗机。通过同比分析，可以发现柜机需求量增幅较大，值得商家重点关注。

空调种类 ⌄				请输入属性值名称关键字 ✕
排名	属性值	交易指数 ⇅	支付件数 ⇅	操作
1	壁挂式	3,491,376	68,846	热销商品榜 热销店铺榜 本店支付商品榜
2	柜机	2,269,189	14,258	热销商品榜 热销店铺榜 本店支付商品榜
3	移动空调	600,791	4,652	热销商品榜 热销店铺榜 本店支付商品榜
4	家用中央空调	196,393	204	热销商品榜 热销店铺榜 本店支付商品榜
5	窗机	167,222	373	热销商品榜 热销店铺榜 本店支付商品榜

图 8-9　空调种类的属性值排行榜

图 8-10 所示为 8 月 18 日—8 月 24 日空调工作方式的属性值排行榜，按交易指数排名，前 3 位分别是定速、变频和定频。利用搜索词查询做进一步分析发现，直接搜"定速"的消费者很少，而搜"变频"的消费者比搜"定速"的消费者多好几倍，这说明"定速"不是消费者关注的属性，购买定速空调的消费者比较多只是因为其价格较变频空调低。

热销属性榜	热销组合属性榜			
工作方式 ⌄				请输入属性值名称关键字 ✕
排名	属性值	交易指数 ⇅	支付件数 ⇅	操作
1	定速	3,182,446	56,839	热销商品榜 热销店铺榜 本店支付商品榜
2	变频	2,848,391	32,875	热销商品榜 热销店铺榜 本店支付商品榜
3	定频	364,496	1,444	热销商品榜 热销店铺榜 本店支付商品榜

图 8-10　空调工作方式的属性值排行榜

图 8-11 所示为 8 月 18 日—8 月 24 日空调功率的属性值排行榜，按交易指数排名，前 5 位分别是大 1.5 匹、大 1 匹、3 匹、大 2 匹和 1.5 匹。

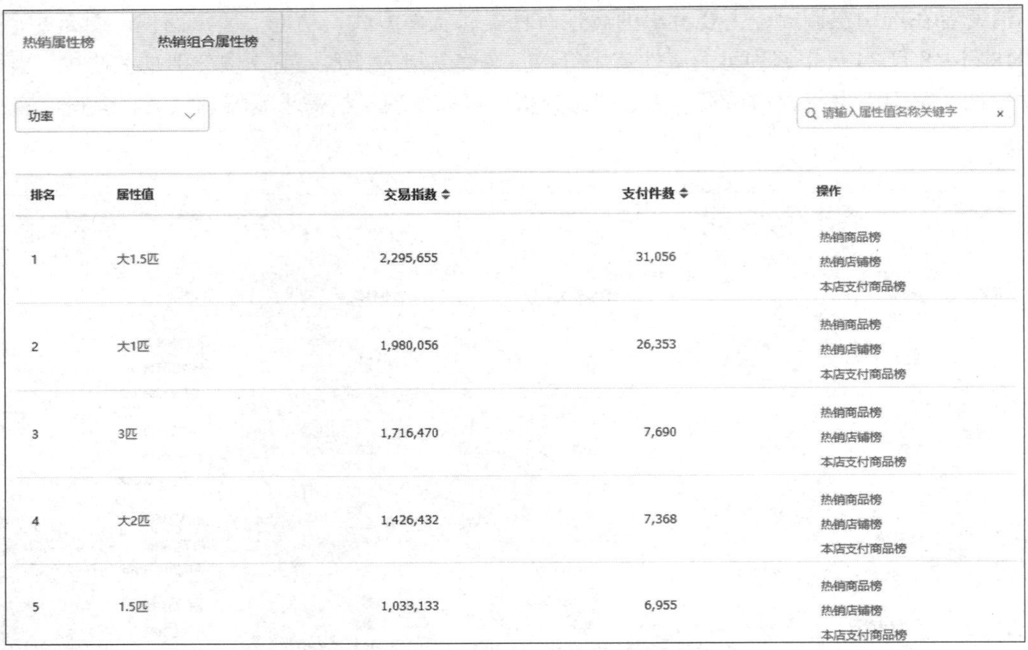

图 8-11　空调功率的属性值排行榜

图 8-12 所示为 8 月 18 日—8 月 24 日空调适用面积的属性值排行榜，按交易指数排名，前 5 位分别是 10 ~ 16m²、11 ~ 20m²、10 ~ 15m²、11 ~ 17m² 和 31 ~ 40m²。

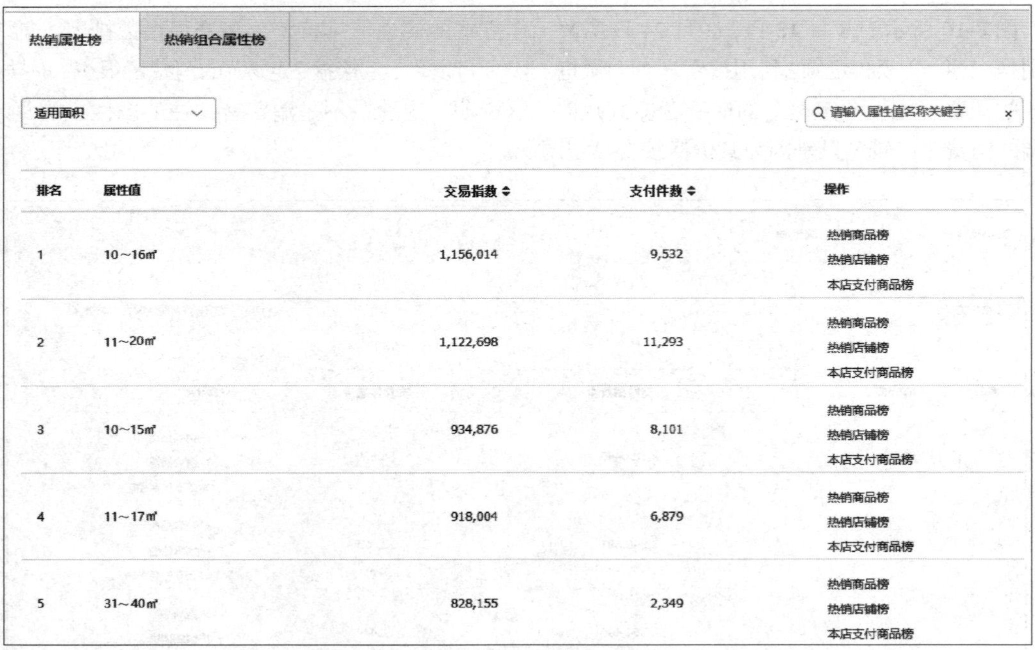

图 8-12　空调适用面积的属性值排行榜

图 8-13 所示为 8 月 18 日—8 月 24 日空调热销组合属性榜，按交易指数排名，前 5 位分别是冷暖电辅＋三级、同城上门安装＋全国联保、壁挂式＋冷暖电辅、三级＋壁挂式、冷暖电辅＋全国联保。

排名	属性值	交易指数 ⇅	支付件数 ⇅	操作
	热销属性榜　　热销组合属性榜			
1	冷暖电辅 + 三级	2,962,620	45,729	热销商品榜 热销店铺榜 本店支付商品榜
2	同城上门安装 + 全国联保	2,899,306	39,637	热销商品榜 热销店铺榜 本店支付商品榜
3	壁挂式 + 冷暖电辅	2,895,548	48,432	热销商品榜 热销店铺榜 本店支付商品榜
4	三级 + 壁挂式	2,841,318	51,054	热销商品榜 热销店铺榜 本店支付商品榜
5	冷暖电辅 + 全国联保	2,751,464	35,818	热销商品榜 热销店铺榜 本店支付商品榜

图 8-13　空调热销组合属性榜

可以发现，消费者在购买空调时，品牌偏好美的、格力和奥克斯，空调种类偏好壁挂式及柜机，工作方式偏好定速与变频，功率偏好大 1.5 匹和大 1 匹，适用面积以 10～16m² 与 11～20m² 为主，组合属性偏好"冷暖电辅 + 三级"和"同城上门安装 + 全国联保"。

（三）市场供给分析

市场供给是指在一定时期内、一定市场上，某类商品的所有生产者提供给市场的商品总量。影响供给的因素有商品价格、生产成本、相关商品生产数量，以及价格的变化、生产者对未来价格的预期、技术进步及引起的成本变化、政策性因素等。生产者希望价格越高越好，价格越高，生产者获得的利润越多。

1. 供给规律

供给基本规律：对于一般商品而言，价格（P）与供给量（Q）呈正相关，即在价格高于成本的情况下，价格越高，供给量就越大。当某种商品的价格上涨时，生产者就愿意多生产该商品，供给量随之上升；反之，当某种商品的价格下跌时，在成本不变的情况下，生产者会尽量减少这种商品的生产，供给量随之减少。图 8-14 所示为供给曲线。

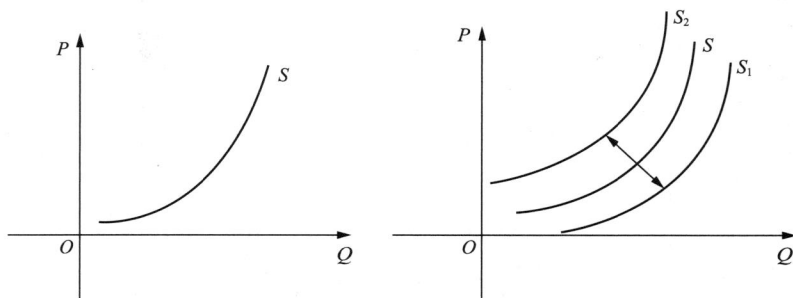

图 8-14　供给曲线

供给曲线（S）的斜率大小和位置变动受很多因素的影响。例如，科技进步会增加商品的供给量，供给曲线向右下方平行移动（S_1），商品价格随之下降；而一些突发性因素则会造成商品供给量减少，供给曲线向左上方平行移动（S_2），商品价格随之上涨。

2. 市场供应分析案例

市场行情是通过供求变化反映出来的，市场供应量增加，企业之间的竞争就会加剧，商品价格出现下跌，所以企业必须时刻关注市场供应的变化。市场供应分析有4个维度：供应商、供应量、供应价格、供应市场结构。下面以淘宝的空调行业为例展开市场供应分析。

（1）供应商

从品牌的角度来分析，3月2日—3月31日空调品牌供应商按交易指数排名，前5位分别是奥克斯（交易指数约为559万）、美的（交易指数约为557万）、格力（交易指数约为384万）、海尔（交易指数约为226万）、米家（交易指数约为174万），如图8-15所示。

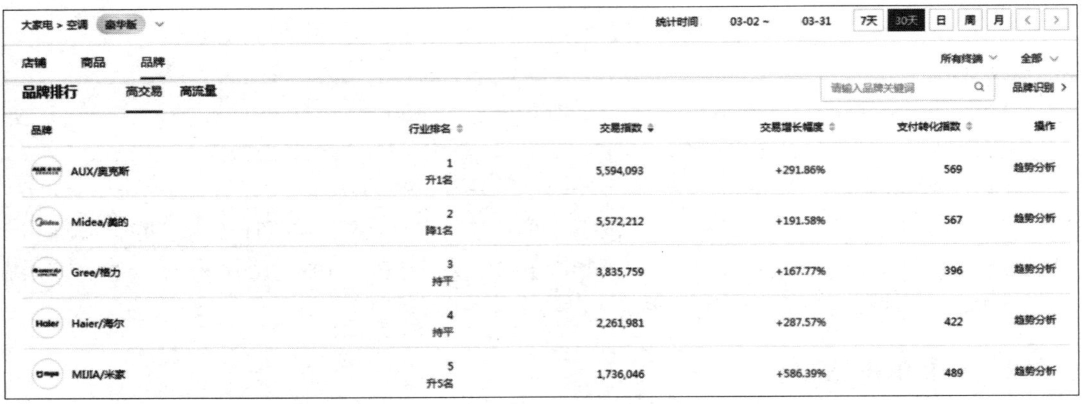

大家电 > 空调 豪华版　统计时间 03-02 ~ 03-31　7天 30天 日 周 月

店铺 商品 品牌　所有终端 全部

品牌排行 高交易 高流量

品牌	行业排名	交易指数	交易增长幅度	支付转化指数	操作
AUX/奥克斯	1 升1名	5,594,093	+291.86%	569	趋势分析
Midea/美的	2 降1名	5,572,212	+191.58%	567	趋势分析
Gree/格力	3 持平	3,835,759	+167.77%	396	趋势分析
Haier/海尔	4 持平	2,261,981	+287.57%	422	趋势分析
MIJIA/米家	5 升5名	1,736,046	+586.39%	489	趋势分析

图8-15 空调品牌供应商按交易指数排行

从店铺的角度来分析，3月2日—3月31日，空调店铺按交易指数排行前5位的是天猫优品官方直营（交易指数约为387万）、苏宁易购官方旗舰店（交易指数约为342万）、格力官方旗舰店（交易指数约为320万）、美的官方旗舰店（交易指数约为292万）、奥克斯旗舰店（交易指数约为252万），如图8-16所示。

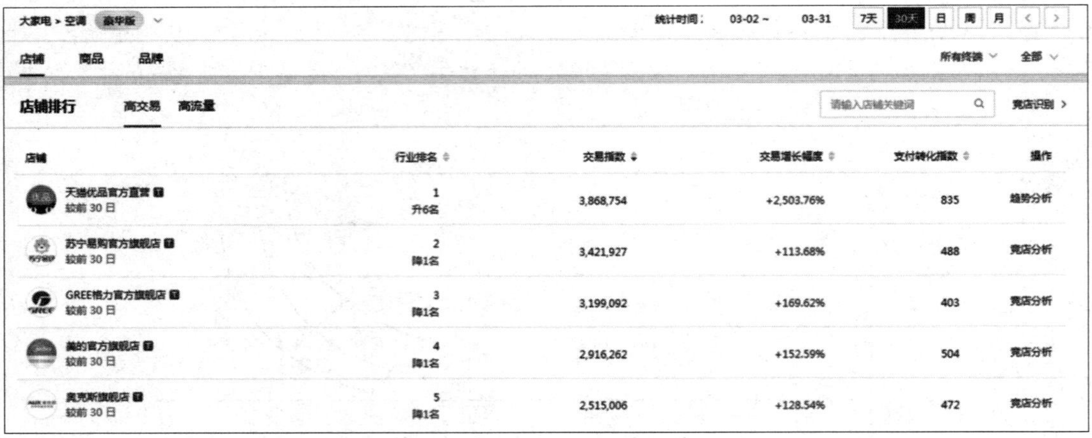

大家电 > 空调 豪华版　统计时间： 03-02 ~ 03-31　7天 30天 日 周 月

店铺 商品 品牌　所有终端 全部

店铺排行 高交易 高流量

店铺	行业排名	交易指数	交易增长幅度	支付转化指数	操作
天猫优品官方直营 较前30日	1 升6名	3,868,754	+2,503.76%	835	趋势分析
苏宁易购官方旗舰店 较前30日	2 降1名	3,421,927	+113.68%	488	竞店分析
GREE格力官方旗舰店 较前30日	3 降1名	3,199,092	+169.62%	403	竞店分析
美的官方旗舰店 较前30日	4 降1名	2,916,262	+152.59%	504	竞店分析
奥克斯旗舰店 较前30日	5 降1名	2,515,006	+128.54%	472	竞店分析

图8-16 空调店铺按交易指数排行

从供应商地域分布的角度来分析，3月2日—3月31日，供应商地域分布结果显示，广东省567家，浙江省215家，上海市146家，北京市112家，山东省80家。从空调行业卖家数与有交易卖家数的角度来分析，淘宝空调行业卖家合计1534家，其中有交易卖家为1157家，如图8-17所示，可见空调行业的竞争相当激烈。

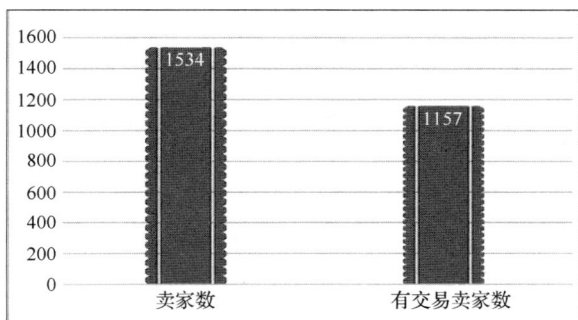

图 8-17　空调行业卖家数与有交易卖家数

（2）供应量

生意参谋并没有直接提供相关的数据，但在市场行情频道的搜索分析里可以查到"空调"关键词的在线商品数，3 月 2 日—3 月 31 日约为 353 万件，如图 8-18 所示。

图 8-18　空调行业在线商品数

（3）供应价格

在生意参谋商品分析频道的商品温度计里可以找到当前商品所在价格带，0 ~ 1799 元（边界值"含左不含右"，后同）占比 15%，1799 ~ 2799 元占比 20%，2799 ~ 4899 元占比 30%，4899 ~ 7599 元占比 20%，7599 ~ 12000 元占比 10%，12000 元以上占比 5%。从数据上看，客户最容易接受的空调产品价位是 2799 ~ 4899 元。

（4）供应市场结构

3 月 2 日—3 月 31 日，空调行业交易指数约为 1102 万，如图 8-19 所示。交易指数排行第一的品牌是奥克斯，其交易指数约为 559 万，说明该品牌已占据相当大的市场份额。交易指数超过 100 万的品牌一共有 10 个，超过 10 万的品牌一共有 49 个，如图 8-20 所示。从品牌分布来看，行业集中度处于较高水平，排行前 10 位的品牌在市场上已占据优势地位。

综合上述数据，3 月 2 日—3 月 31 日空调市场供应分析如下。

① 市场上的空调卖家有 1534 家，有交易卖家为 1157 家，竞争激烈；交易指数排行前 3 位的空调店铺是天猫优品官方直营、苏宁易购官方旗舰店、格力官方旗舰店；交易指数排行前 3 位的品牌是奥克斯、美的、格力。

图 8-19　空调行业交易指数

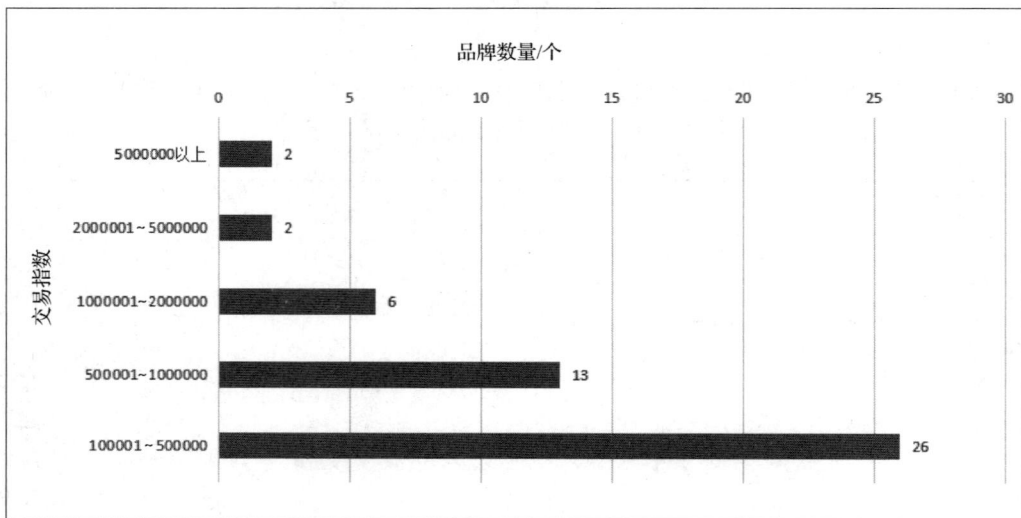

图 8-20　空调行业品牌分布

② 市场上空调产品在线商品约为 353 万件。

③ 市场上空调价格带较宽，相对集中的价格区间是 1799 ～ 7599 元，合计占比 70%，客户最容易接受的空调产品价位是 2799 ～ 4899 元，属于中价位，而非价格越低越好。

④ 市场上空调品牌集中度较高，交易指数在 100 万以上的品牌有 10 个，它们占据了市场优势地位。

（四）市场价格分析

1. 价格形成理论

价格也称为市场价格，它是商品价值的货币表现，通常是指一定时期内，某种商品在市场上客观形成的具有代表性的实际成交价格。价格基本上是自发形成的，是由商品价值、货币价值、供求和竞争、商品成本、品牌溢价、成交数量、付款条件、地理位置、商品质量、自然因素（季节性因素、气候因素）、技术进步、政治经济形势、经济周期等因素决定的。

商品价值是商品价格的基础，只要商品价值不变，价格就会在其他因素的影响下围绕价值来回波动。

市场供求是影响市场价格的重要参数，价格是在需求与供给的矛盾与平衡中产生，在讨价与还价中形成的。当市场需求扩大时，商品价格趋涨，价格高于价值；当市场需求萎缩时，商品价格趋跌，价格低于价值；当供求平衡时，价格相对稳定，价格与价值相符。生产过剩或供给过多时，卖方急于出售，商品价格趋跌；当商品供给减少时，商品价格趋涨。当市场需求扩大，同时供给发生缩减时，商品价格会急剧上升；当市场需求下降而供给不断增加时，商品价格会急剧下跌。时间因素在价格形成中的作用：在短时间内，市场需求对价格的形成起主导作用，在长时间内供给对价格的形成起主导作用，正常时间内是供求的均衡在起作用。

宏观经济的运行状况也会影响市场价格：当经济上行时，市场价格会上涨；当经济下行时，市场价格会下降。

此外，市场垄断的程度、竞争的激烈程度、科学技术的发展、自然条件的变化、政治环境等都是影响市场价格的因素。又由于市场价格的构成包括生产成本、流通费用、税金及利润等，所以生产成本的变化、流通费用的增减及缴纳税收的多少都会使市场价格发生这样或那样的变化。

2. 价格带分布

商家制定价格策略时，一个很重要的依据就是消费者的消费层次和价格承受能力，商家可以此为标准来制定相应的价格带。消费者采购时，也应在相应的价格带当中寻找商品。

图 8-21 所示为 8 月 1688 采购批发市场上基于浏览量的商品价格带分布和基于交易量的商品价格带分布，消费者浏览最多的价格区间为 2401 ~ 5533 元（边界值"含左不含右"，后同），采购最多的价格区间为 0 ~ 2401 元，可以看出消费者采购空调的价格集中在低价区。

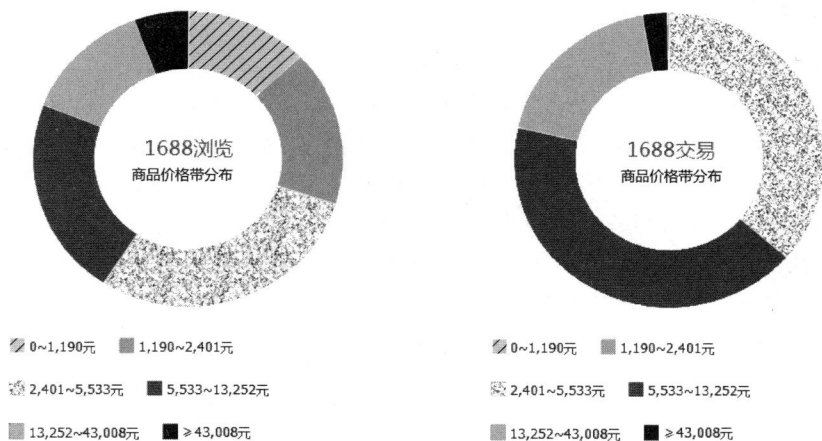

图 8-21　商品价格带分布

（五）市场集中度分析

市场集中度是对整个行业的市场结构集中程度的测量指标，用来衡量市场竞争和垄断程度。常用的集中度计量指标有行业集中率（CRn）、赫芬达尔指数（Herfindahl Index，HHI）、洛伦兹曲线、基尼系数、逆指数和熵指数等。市场集中度高，代表行业内产生了绝对的领导者，竞争壁垒较高；市场集中度低，代表行业内暂无绝对领导者，企业数量多，彼此实力差异小，竞争激烈。

1. 赫芬达尔指数

赫芬达尔指数是一个行业中各市场竞争主体所占行业总交易额或总资产百分比的平方和，用来计量市场份额的变化，是对整个行业集中度进行测量的重要量化指标，可反映行业的垄断程度。它通常选择某一市场上 50 家最大的企业（如果少于 50 家企业就选择所有企业），每家企业市场份额的平方和即为赫芬达尔指数。计算公式为：

$$HHI = \sum_{i=1}^{N} (x_i / x)^2$$

公式中，x 表示市场的总规模，x_i 表示第 i 家企业的规模，N 表示该行业内的企业数。HHI 越大，表示市场集中度越高，垄断程度越高。

2. 市场集中度判断标准

赫芬达尔指数是行业市场集中度测量指标中较好的一个，是经济学界和政府管制部门使用较多的指标。根据赫芬达尔指数判断市场集中度的标准为：

HHI ≥ 0.18 　　　　　　　　高度寡占型

0.1 ≤ HHI < 0.18 　　　　　低度寡占型

0.05 ≤ HHI < 0.1 　　　　　低集中竞争型

0.02 ≤ HHI < 0.05 　　　　分散竞争型

0.01 ≤ HHI < 0.02 　　　　高度分散型

三、任务实战

（一）品牌竞争力分析

1. 理论知识

品牌是人们对一家企业及其产品、售后服务、文化价值的评价和认知，是区别于其他竞争者的符号，是能够给拥有者带来溢价、产生增值的一种无形资产，增值的源泉来自消费者心中形成的关于品牌的印象。品牌竞争力是品牌的核心指标，一个品牌没有了竞争力就没有了存在的价值，所以品牌竞争力既是品牌资产的反映，又是企业竞争力的反映。

品牌竞争力是指企业利用其占有、配置资源的差异，通过产品或服务的形式表现出来的区别或领先于其他竞争对手的综合能力。这种独特能力使企业某品牌的产品或服务能够更好地满足消费者的需求，从而增加该产品或服务的市场份额，获得、保持并扩大其竞争优势。实质上，品牌竞争力是一种以企业生产能力、技术创新能力、市场营销与开拓能力等为基础的比较能力。

品牌竞争力的内部因素是指一切能造就品牌竞争优势的资源性要素，包括产品或服务的质量、技术、具有明显行业特征的品牌文化等。其内部因素是构成品牌竞争优势的原动力，反映出企业品牌竞争力的基础和为保持市场份额、获取竞争优势而投入各种资源的具体状况，主要包括产品或服务的质量、生产技术、核心资源。

品牌竞争力的外部因素是指品牌在市场竞争中所反映出来的优势或劣势，包括市场份额、超值利润、发展潜力等。品牌竞争力的高低、强弱都是企业整合、运用内部各种资源要素的市场表现，是内部因素发展水平在市场竞争过程中外在的、显性的衡量标准。品牌竞争力的外部因素是品牌竞争的结果，体现品牌的市场地位和竞争状况，主要包括品牌市场占有情况、品牌营销创利情况、品牌形象拓展情况等。

2. 任务内容

选择一个商品类目，针对一个或多个电商市场做品牌竞争力分析，包括居民消费结构、居民消费价格指数、市场规模、品牌地位、品牌定位、消费人群、产品分类、市场占有率、销售趋势、成长率分析、竞品对比、市场地位、消费者地位、产品质量等。

3. **任务要求**

本任务是一个团队任务，两名学生一组合作完成，完成后上交《××市场××品牌竞争力分析报告》，要求条理清晰、数据准确、分析到位、逻辑严密。

4. **任务实施**

步骤1：获取并分析居民消费结构、居民消费价格指数。

步骤2：获取并分析市场规模和变动趋势。

步骤3：调查和分析××品牌的概况、主要品牌的市场地位。

步骤4：将天猫市场上前3名品牌做对比分析。

步骤5：撰写《××市场××品牌竞争力分析报告》。

步骤6：做好汇报的准备。

5. **参考报告**

天猫市场空调品牌竞争力分析报告

根据××年中国B2C（Business to Consumer，企业对顾客电子商务）网络购物交易份额占比可知，天猫占比57.70%，京东占比25.40%，唯品会占比3.70%，苏宁易购占比3.30%，其他都不足2%，如图8-22所示。可见天猫在中国B2C市场上占据优势垄断地位，因此选择天猫市场做空调产品的品牌分析。

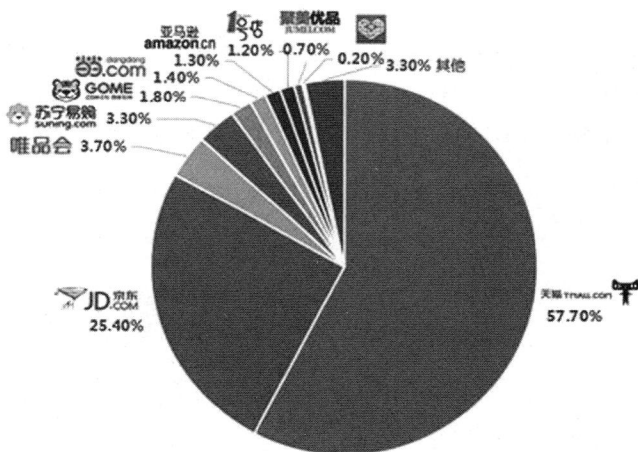

图8-22　中国B2C网络购物交易份额占比

1. **居民消费结构**

国家统计局发布了本年一季度居民消费支出构成情况：与上季度相比，全国居民人均食品烟酒消费支出1535元，增长4.6%，占人均消费支出的比重为32.0%；人均居住消费支出978元，增长8.9%，占人均消费支出的比重为20.4%；人均衣着消费支出403元，降低0.5%，占人均消费支出的比重为8.4%；人均生活用品及服务消费支出277元，增长3.7%，占人均消费支出的比重为5.8%；人均交通通信消费支出645元，增长12.3%，占人均消费支出的比重为13.4%；人均教育文化娱乐消费支出480元，增长13.5%，占人均消费支出的比重为10.0%；人均医疗保健消费支出352元，增长15.8%，占人均消费支出的比重为7.3%；人均其他用品和服务消费支出127元，增长10.7%，占人均消费支出的比重为2.7%，如图8-23所示。一季度，全国居民人均消费支出4797元，比上年同期名义增长7.7%，扣除价格因素，实际增长6.2%。

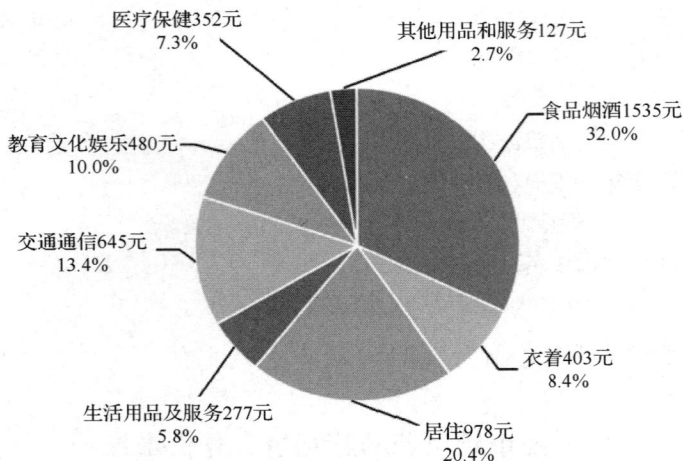

图 8-23　居民消费支出构成情况

　　人均生活用品及服务消费支出增长 3.7%，说明居民在包括空调在内的生活用品上的消费金额的增长幅度较小，也低于全国居民人均消费支出的同比增长率 7.7%。这意味着未来包括空调在内的生活用品的市场规模增长有限，品牌之间的竞争将加剧。

　　2．居民消费价格指数

　　国家统计局公布的价格指数如图 8-24 所示，数据显示本年 3—7 月生活用品及服务类居民消费价格指数有一定幅度的增长，从 100.7 到 101.1。这说明包括空调在内的生活用品的价格比上年要高一些，但在 3—7 月其增长幅度 0.4% 略低于居民消费价格指数的增长幅度 0.5%。

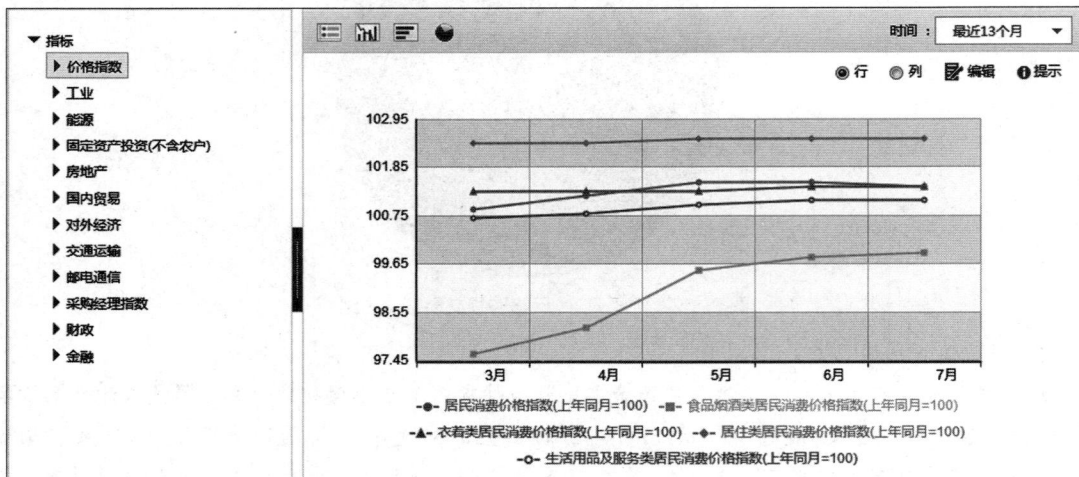

图 8-24　价格指数

　　3．市场规模和变动趋势

　　天猫空调行业报表如图 8-25 所示。本年 6 月空调支付件数为 1378364，5 月为 665063，4 月为 500121，二季度支付件数为 2543548，与上年同期 1349326 件相比，同比增长 88.5%，与本年一季度 578363 件相比，环比增长 339.8%。这表明天猫的空调销售规模处于扩张之中。

图 8-25　天猫空调行业报表

4. 空调品牌的概况

天猫空调品牌排行如图 8-26 所示。数据显示空调品牌一共有 163 个，本年 6 月热销品牌榜排名第一的格力空调交易指数为 8224927，支付商品数为 14190，支付件数（由数据转化工具获取）为 235980，占比为 17.12%；排在前 3 位的格力、美的和奥克斯合计支付件数为 762690，合计占比 55.33%；排在前 10 位的格力、美的、奥克斯、海尔、TCL、科龙、志高、海信、CHEBLO、长虹合计支付件数为 1187850，合计占比为 86.18%。这说明空调品牌处于多头垄断的竞争状况中。

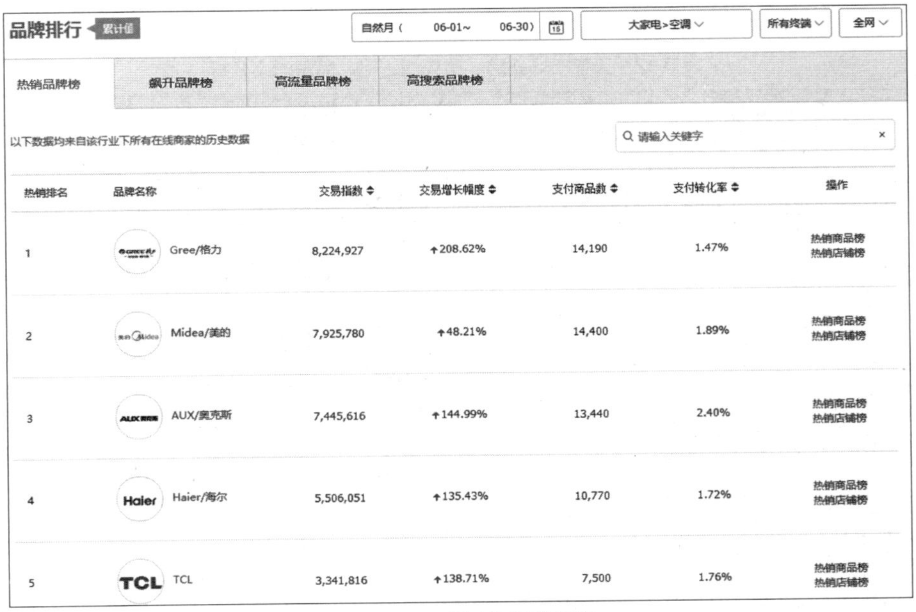

图 8-26　天猫空调品牌排行

5. 主要品牌的市场地位

天猫上年 7 月至本年 6 月空调市场占有率如表 8-1 所示。12 个月空调总交易量为 4888167。美的市场占有率为 19.62%，排名第一；奥克斯市场占有率为 18.60%，排名第二；格力市场占有率为 14.99%，排名第三；海尔市场占有率为 8.71%，排名第四；TCL 市场占有率为 6.27%，排名第五；CHEBLO 市场占有率为 4.31%，排名第六；志高市场占有率为 3.77%，排名第七；科龙市场占有率为 3.41%，排名第八；海信市场占有率为 2.74%，排名第九；长虹市场占有率为 1.98%，排名第十。

表 8-1　天猫上年 7 月至本年 6 月空调市场占有率

品牌名称	支付件数						市场占有率
	上年 7 月	上年 8 月	……	本年 5 月	本年 6 月	合计	
Midea/ 美的	67704	35030	……	178777	269310	958963	19.62%
AUX/ 奥克斯	134354	50964	……	101556	257400	908997	18.60%
Gree/ 格力	62713	27187	……	74958	235980	732652	14.99%
Haier/ 海尔	42594	23188	……	59861	141150	425671	8.71%
TCL	72757	25110	……	29853	73200	306395	6.27%
CHEBLO	31496	12679	……	45043	58350	210492	4.31%
Chigo/ 志高	20739	10106	……	27280	47670	184394	3.77%
Kelon/ 科龙	35061	12028	……	13671	44910	166871	3.41%
Hisense/ 海信	27838	9331	……	11253	33330	133989	2.74%
Changhong/ 长虹	12276	6479	……	18166	26550	96651	1.98%

6. 品牌做对比分析

天猫市场空调品牌占有率排在前 3 位的是美的、奥克斯、格力，对这 3 个品牌做对比分析，如表 8-2 所示。

表 8-2　天猫市场美的、奥克斯、格力品牌对比分析

项目	品牌		
	美的	奥克斯	格力
品牌定位	美好生活	健康空调	技术与质量
消费人群	中端及女性消费者	低端消费者	高端消费者
产品分类	壁挂式 / 立柜式 中央空调 / 移动空调	变频挂机 / 变频柜机 定速挂机 / 定速柜机	挂机 / 柜机 艺术定制
上年 7 月至本年 6 月市场占有率	19.62%	18.60%	14.99%
本年 7 月同比增长率	99.67%	138.93%	282.20%
最近 7 天热销品分析	KFR-26GW/WCBD3 1999 元，订单 2172 件	KFR-25GW/NFI19+3 1699 元，订单 966 件	KFR-26GW/FNAc-A3 2899 元，订单 356 件
本年 7 月访客数	6514929	6701983	8323283
本年 7 月搜索点击数	3128365	2170031	4950886
本年 7 月支付件数	14322	10323	17608
本年 7 月交易指数	3677259	4983889	3632096
本年 7 月交易增长率	-39.35%	4.67%	-26.98%
本年 7 月支付转化率	0.88%	1.69%	0.62%
本年 7 月支付商品数	134354	67704	62713
官方旗舰店动态评分	宝贝与描述相符：4.8 卖家的服务态度：4.8 物流服务的质量：4.8 5 分好评率：90.48%	宝贝与描述相符：4.8 卖家的服务态度：4.8 物流服务的质量：4.8 5 分好评率：91.69%	宝贝与描述相符：4.8 卖家的服务态度：4.7 物流服务的质量：4.7 5 分好评率：92.09%

表 8-2 中数据显示，本年 7 月格力的访客数和搜索点击数最多，说明格力的品牌影响力最强；

上年 7 月至本年 6 月美的的市场占有率最高，说明美的品牌最能被天猫消费者接受；本年 7 月格力的同比增长率最大，说明格力品牌的发展趋势看好，也说明空调的高端消费市场处于扩张周期；美的 KFR-26GW/WCBD3 空调最近 7 天热销，订单数最多，说明美的品牌在产品开发方面有优势；本年 7 月奥克斯的交易指数和支付转化率最高，说明奥克斯品牌的产品更符合天猫市场的需求；3 个品牌的官方旗舰店动态评分相比较，奥克斯的 5 分好评率优于美的，卖家的服务态度和物流服务的质量评分优于格力，说明奥克斯品牌美誉度高。

（二）利用百度指数分析市场行情

1. 理论知识

百度指数是以百度海量用户的行为数据为基础的数据分享平台，它研究关键词搜索趋势，洞察网民需求变化，监测媒体舆情趋势，定位数字用户特征，还可以从行业的角度分析市场特点。

百度指数主要有趋势研究、需求图谱、资讯关注、人群画像 4 个栏目。

趋势研究栏目的搜索指数概况反映关键词最近一周或一个月的总体搜索指数表现，指标有整体搜索指数、移动搜索指数、同比增长率和环比增长率；指数趋势显示了互联网用户对关键词搜索的关注程度及持续变化情况，以用户在百度的搜索量为数据基础，以关键词为统计对象，科学分析并计算出各个关键词在百度网页搜索中搜索频次的加权。根据数据来源的不同，搜索指数分为 PC 搜索指数和移动搜索指数。

需求图谱栏目的需求图谱是依据用户在搜索该词前后的搜索行为变化中表现出来的相关检索词需求，通过综合计算关键词与相关词的相关性程度，以及相关词自身的搜索需求大小得出的。相关词到圆心的距离表示相关词与中心检索词的相关性强度，相关词自身大小表示相关词自身搜索指数的大小，红色代表搜索指数上升，绿色代表搜索指数下降；相关词分类是通过用户搜索行为来细分搜索中心词的相关需求，并从中分辨哪些是来源词、去向词、最热门词及上升最快词，其算法是将所有与中心检索词相关的需求按不同的衡量标准排序。

资讯关注栏目的新闻监测是指观测互联网媒体对特定关键词的关注、报道程度及持续变化情况；媒体指数是指各大互联网媒体报道的新闻中与关键词相关的且被百度新闻频道收录的新闻的数量，媒体指数采用新闻标题包含关键词的统计标准，其数据来源和计算方法与搜索指数无直接关系；百度知道反映了该关键词在百度知道上的相关提问内容，获取百度知道提问中包含该关键字的问题，可以发现与该关键词相关的部分热门问题。

人群画像栏目的地域分布关注该关键词的用户来自哪些地域，根据百度用户搜索数据，采用数据挖掘的方法对关键词的人群属性进行聚类分析，给出用户所属的省份、城市及城市级别的分布和排名；人群属性关注该关键词的用户性别、年龄分布，根据百度用户搜索数据，采用数据挖掘的方法对关键词的人群属性进行聚类分析，给出用户的年龄及性别的分布和排名情况。

2. 任务内容

选择一个商品类目，利用百度指数分析该商品类目的市场行情，并撰写《××类目市场行情分析报告》。

3. 任务要求

本任务是一个独立任务，每名学生单独完成，完成后上交《××类目市场行情分析报告》，要求数据准确、图文结合、分析到位、逻辑严密。

4. 任务实施

步骤 1：登录百度指数。

步骤 2：获取趋势研究栏目的相关数据，分析相关指数概况和指数趋势。

步骤 3：获取需求图谱栏目的相关数据，分析相关搜索的需求图谱和相关词分类。

步骤 4：获取资讯关注栏目的相关数据，分析相关搜索的新闻监测和百度知道。

步骤 5：获取人群画像栏目的相关数据，分析相关搜索的地域分布和人群属性。

步骤 6：撰写《××类目市场行情分析报告》。

步骤 7：做好汇报的准备。

5. 参考报告

空调类目市场行情分析报告

针对国内空调市场，分析空调行业处于怎样的发展阶段，未来发展趋势如何，消费者有什么样的需求，社会上对空调行业有哪些议论和看法，搜索空调的人群有什么特征等。

1. 空调百度指数概况和指数趋势

最近 30 天（7 月 29 日—8 月 27 日）空调百度指数概况如图 8-27 所示。空调关键词整体搜索指数为 10.226，同比增长 –1%，环比增长 –62%，整体搜索指数同比下降可能意味着空调需求在下降；移动搜索指数为 8.986，同比增长 6%，环比增长 –63%。

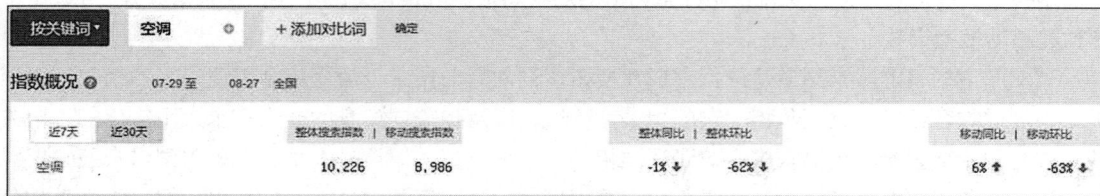

图 8-27　空调百度指数概况

3—8 月的最近半年空调百度指数趋势如图 8-28 所示，空调搜索指数的高峰出现在 7 月，3 月空调搜索指数最低，之后逐渐升高，6 月搜索指数出现明显上升，在 7 月达到最高点，然后又开始下降。可以看出，该指数与天气变化密切相关。

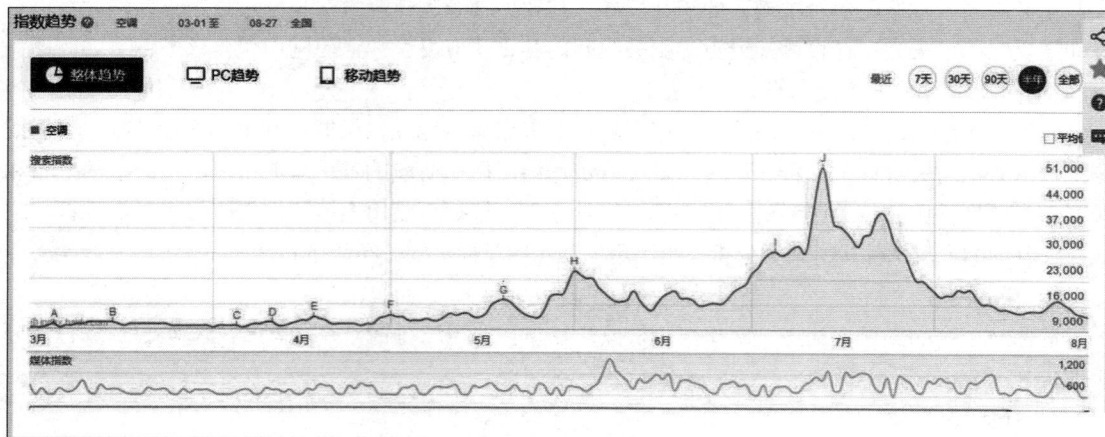

图 8-28　空调百度指数趋势

2. 空调百度搜索的需求图谱和相关词分类

8 月 14 日—8 月 20 日的百度搜索需求图谱如图 8-29 所示。消费者关注的空调品牌有格力、美的、海尔、奥克斯、志高、大金、日立、三菱、小米，消费者关注的空调类型有变频空调、中央空调、太阳能空调，消费者关注的空调属性有制冷、家用，消费者关注的服务有维修、售后、清洗、服务。

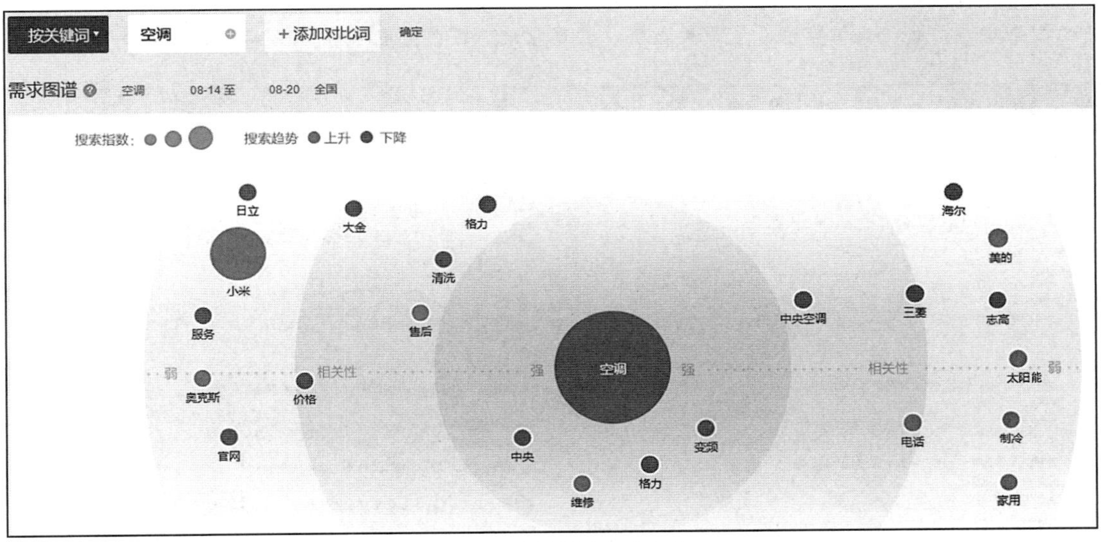

图 8-29　百度搜索需求图谱

　　8 月 14 日—8 月 20 日的百度搜索相关词分类如图 8-30 所示。分析百度搜索相关词分类，可以得出来源检索词相关度排名前 5 位的是格力、售后、维修、变频、清洗；去向检索词相关度排名前 5 位的是格力、中央、中央空调、格力空调和价格；空调相关词中热门的关键词排名前 10 位的是日历、小米、酒店电视、奥克斯空调、西安、美的空调、美的、海尔、三菱、中央空调；空调相关词中搜索指数上升最快的关键词排名前 10 位的是酒店电视、美的空调、太阳能空调价格、奥克斯空调、滴水、空调质量排名、小型空调、奥克斯、太阳、空调牌子排名。相关词分类数据提示商家应该关注太阳能空调产品，这可能是空调行业未来的一个新兴领域；同时，消费者对空调排名非常重视，包括质量排名和品牌排名。

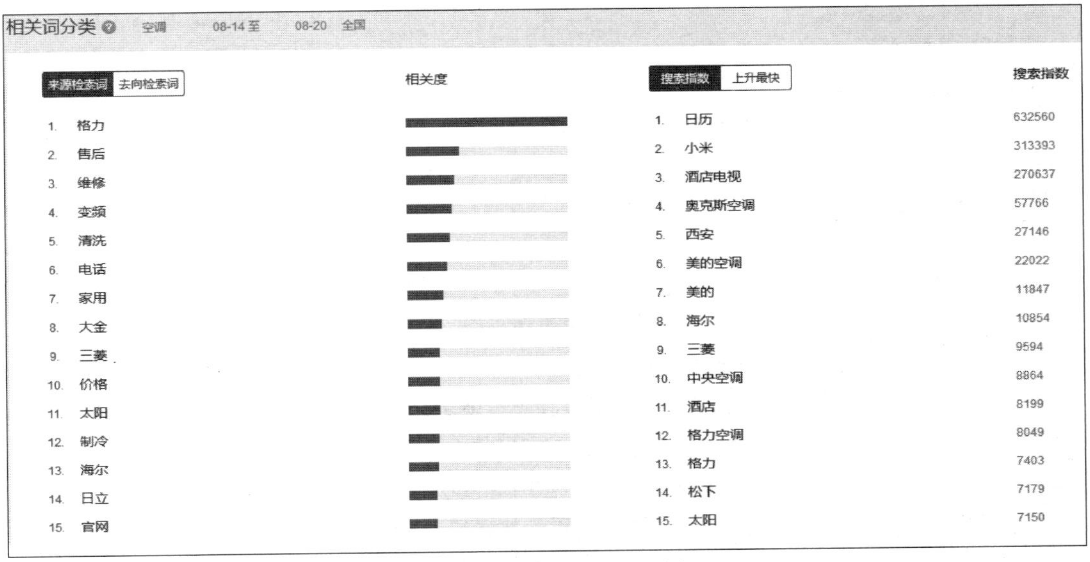

图 8-30　百度搜索相关词分类

3. 空调百度搜索的新闻监测和百度知道

最近7天（8月21日—8月27日）的百度搜索新闻监测如图8-31所示。空调的媒体指数正在下降，当前关注的话题是大妈蹭空调、空调租赁、小米空调即将出世、共享运动仓配空调、二手空调、美的智弧空调广告、海信空调、空调大数据、共享空调，这些热点可以被商家用来做事件营销。

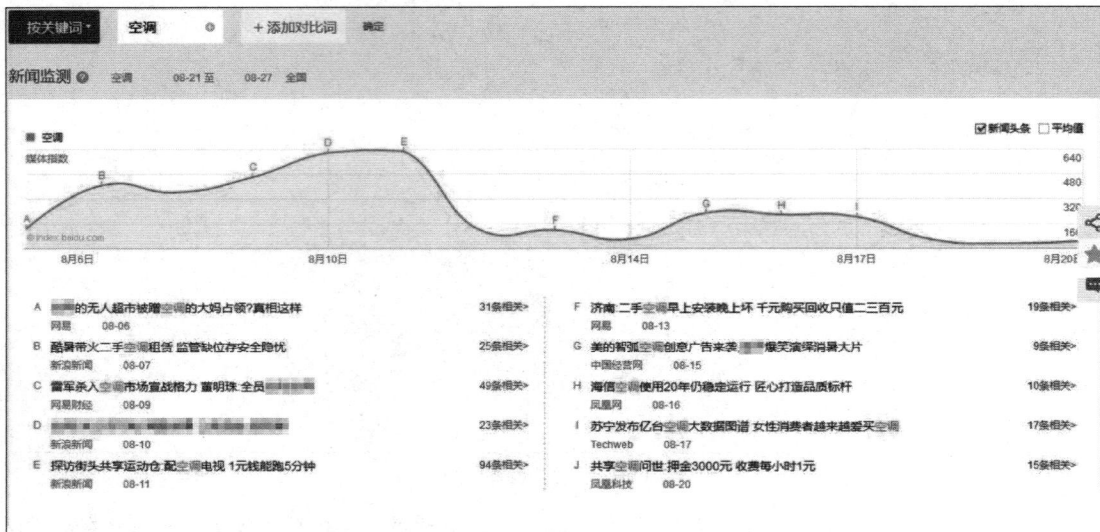

图 8-31　百度搜索新闻监测

百度知道最近7天（8月21日—8月27日）的热点如图8-32所示，消费者关注的热点是美的一晚一度电、空调遥控器的符号、格力空调、变频空调与定频空调的区别、空调品牌排行榜。可见美的空调的广告语"一晚一度电"已经成为社会关注的焦点，说明广告较为成功，产品符合消费者的期望。

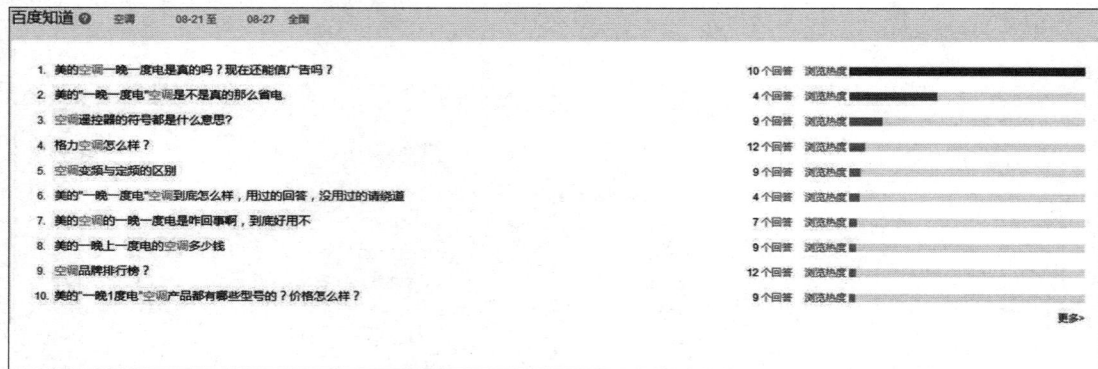

图 8-32　百度知道最近7天热点

4. 空调百度搜索的地域分布和人群属性

最近7天（8月21日—8月27日）的空调百度搜索地域分布如图8-33所示。从该结果可知，按省份排名，广东省排名第一，浙江省排名第二，北京市排名第三；区域排名前3位的是华东、华南和华北；城市排名前3位的是北京、上海和深圳，即中国经济最发达的3个一线城市。

最近7天（8月21日—8月27日）的空调百度搜索的人群属性如图8-34所示，年龄分布集中在30～49岁，性别分布为男性67%、女性33%，因此商家要重点关注30～49岁男性消费者的需求。

图 8-33　空调百度搜索地域分布

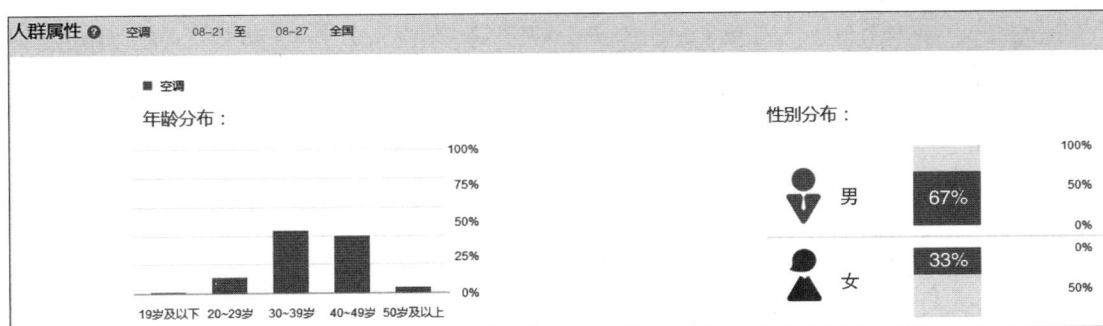

图 8-34　空调百度搜索的人群属性

四、拓展实训

实训 1　增存量市场分析

1. 实训背景

增量市场是指处于扩张阶段的销售市场，其特征是连续两年销售金额环比增幅均大于 15%。存量市场是指已经饱和的市场，其特征是销售金额环比增幅未实现连续两年大于 15%。

随着市场饱和度越来越高，整个市场就会逐渐演变成存量市场，企业之间竞争加剧。这时一些企业为了摆脱存量市场里的激烈竞争，开始选择深挖现有消费者的个性化需求，开拓新的市场和新的品类。新开辟的市场如果能够实现迅速增长，就可以被定义为增量市场。这个市场里的竞争者少、用户增长快，企业市场份额不断扩张。当越来越多的竞争者看到这个增量市场后，会不断加入其中，增量市场又慢慢变成存量市场。

市场增长的本质就是不断找到消费者未被满足或未被发现的需求，在增量市场与存量市场的交替中螺旋上升。

2. 实训内容

某电商企业的主营业务是美容护肤产品的生产与销售，其为了更好地制订下一年度生产与销售计划，获取了最近 3 年某平台美容护肤相关细分类目的销售数据，如表 8-3 所示。请绘制销售金额与环比增幅的组合图，再判断各细分类目属于增量市场还是存量市场，并为制订下一年度生产与销售计划提出建议。实训任务完成后撰写《美容护肤细分类目增存量市场分析报告》。

表 8-3　某平台美容护肤细分类目销售金额

单位：亿元

细分类目	销售金额		
	2019 年	2020 年	2021 年
面部护理套装	161.01	192.68	292.57
液态精华	105.88	129.41	194.90
贴片面膜	117.78	116.48	143.80
乳液 / 面霜	77.02	91.53	142.22
洁面	51.16	62.07	96.77
化妆水	55.27	61.02	91.34
眼霜	46.38	43.14	79.59

3. 实训要求

本实训是一个独立任务，每名学生单独完成，完成后上交《美容护肤细分类目增存量市场分析报告》，并做好汇报的准备。

实训 2　计算赫芬达尔指数

1. 实训背景

赫芬达尔指数常被用于商业经济分析之中，某行业赫芬达尔指数的计算分成以下 5 步。

（1）先将品牌按交易金额进行排序，再从中筛选 TOP50 的品牌。

（2）计算 TOP50 品牌总交易金额。

（3）计算 TOP50 品牌中每一品牌的市场份额（市场份额 = 本品牌交易额 / 总交易金额），再计算每一品牌市场份额的平方值。

（4）将每一品牌的市场份额的平方值相加得到赫芬达尔指数。

（5）根据赫芬达尔指数，判断市场集中度。

2. 实训内容

某行业 TOP50 品牌某年的销售额如表 8-4 所示，请计算该行业的赫芬达尔指数。

表 8-4　某行业 TOP50 品牌销售额

单位：万元

企业排名	年销售额	企业排名	年销售额	企业排名	年销售额	企业排名	年销售额	企业排名	年销售额
TOP1	6371	TOP11	2477	TOP21	1099	TOP31	776	TOP41	456
TOP2	5793	TOP12	2218	TOP22	1038	TOP32	755	TOP42	427
TOP3	5452	TOP13	2133	TOP23	972	TOP33	724	TOP43	408
TOP4	4498	TOP14	2018	TOP24	956	TOP34	669	TOP44	396
TOP5	4320	TOP15	1936	TOP25	898	TOP35	651	TOP45	383
TOP6	4095	TOP16	1887	TOP26	852	TOP36	623	TOP46	359
TOP7	3827	TOP17	1706	TOP27	830	TOP37	575	TOP47	318
TOP8	3563	TOP18	1402	TOP28	815	TOP38	529	TOP48	281
TOP9	3031	TOP19	1390	TOP29	809	TOP39	506	TOP49	240
TOP10	2694	TOP20	1187	TOP30	791	TOP40	488	TOP50	226

3. 实训要求

本实训是一个独立任务，每名学生单独完成，完成后上交《赫芬达尔指数计算报告》，并做好汇报的准备。

任务小结

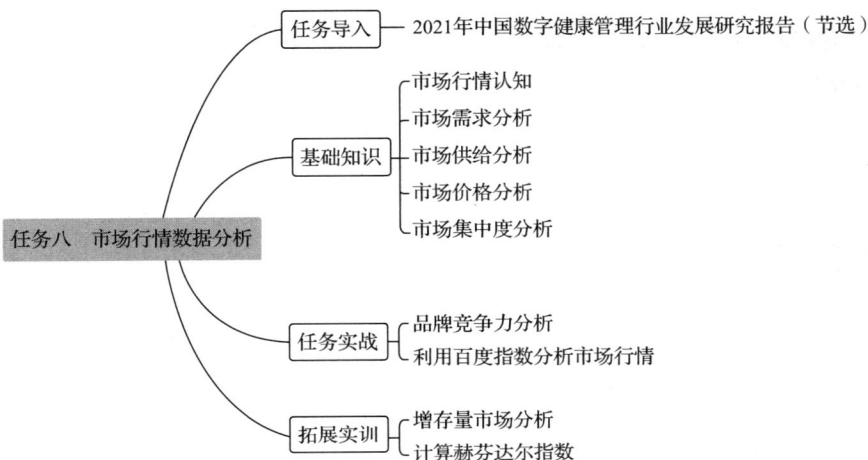

同步习题

（一）判断题

1. 市场行情实质上是社会再生产内在发展过程在市场上的外部表现。（　　）

2. 对于一般商品而言，价格与供给量呈负相关，价格越高，供给量就越小。（　　）

3. 从市场作用的结果看，品牌竞争力等同于企业竞争力。（　　）

4. 如果消费者的购买是无计划的、无预期的，则不受到品牌影响。（　　）

5. 商品价值是商品价格的基础，只要商品价值不变，价格就会在其他因素的影响下围绕价值来回波动。（　　）

6. 市场行情变动的内因是供求关系变化，外在表现是价格波动。（　　）

（二）不定项选择题

1. 商家制定价格策略时，重要依据有（　　）。

    A. 消费者的消费层次　　　　　　　B. 消费者的个人偏好

    C. 消费者的价格承受能力　　　　　D. 以上都不对

2. 市场需求构成有 3 个要素，包括（　　）。

    A. 人口　　　B. 购买力　　　C. 供应商　　　D. 购买欲望

3. 根据市场集中度判断标准，$0.1 \leqslant HHI < 0.18$ 表示（　　）。

    A. 高度寡占型　　　　　　　　　　B. 低度寡占型

    C. 低集中竞争型　　　　　　　　　D. 分散竞争型

4. 品牌竞争力的外部因素是指品牌在市场竞争中所反映出来的优势或劣势，包括（　　）。

    A. 市场供应量　　　B. 市场份额　　　C. 超值利润　　　D. 发展潜力

5. 百度指数是以百度海量用户的行为数据为基础的数据分享平台，其作用有（　　　）。

A. 研究关键词搜索趋势　　　　　　　B. 洞察网民需求变化

C. 监测媒体舆情趋势　　　　　　　　D. 定位数字消费者特征

（三）简答题

1. 简述市场供给的基本规律。

2. 简述市场需求的基本规律。

3. 简述价格形成理论。

4. 如何用赫芬达尔指数描述市场集中度？

5. 描述增量市场与存量市场的特征。

竞争对手数据分析——了解你的竞争对手

学习目标

知识目标

- 理解竞争对手的概念和识别方法；
- 熟悉竞争对手分析的内容与流程；
- 理解和掌握竞争策略；
- 了解和掌握竞争对手分析的层次。

技能目标

- 具备竞店分析的能力；
- 具备竞品分析的能力；
- 具备产品竞争力对比分析的能力；
- 具备关键竞争因素对比分析的能力。

素养目标

- 培养正确的竞争意识，践行社会主义核心价值观；
- 具备较强的逻辑分析能力；
- 展示中国企业竞争力，坚定科技强国信心；
- 增强法律意识，遵循职业道德规范。

一、任务导入

红牛的挑战

Red Bull 是全球较早推出且较成功的功能饮料品牌，1995 年 12 月，华彬集团董事长严彬以全球战略眼光和对中国市场发展的信心，创立了红牛维他命饮料有限公司（以下简称红牛），并将产品首次命名为"红牛维生素功能饮料"，大力开拓国内市场，其官网首页如图 9-1 所示。"补充体力、精力十足""渴了喝红牛，困了、累了更要喝红牛"等广告语开始广为流传，红牛品牌为广大消费者所喜爱，并为公众所熟知。

图 9-1 红牛官网

诚然，作为功能饮料的先驱者和领导者，红牛在中国市场的销售额连年呈增长趋势，在国内饮料高端产品中有着非常高的品牌知名度，也拥有了较稳定的消费群体。但它的发展速度一直比较缓慢，随着其他品牌功能饮料的崛起，红牛在功能饮料领域的地位受到严峻挑战。

从 2003 年开始，功能饮料市场出现了许多强劲对手，东鹏特饮、乐虎、黑卡异军突起，可口可乐魔爪、中粮嗨棒纷纷加入，尤其是乐百氏"脉动"的崛起，市场销售形势出人意料，销售额升至几亿元。进入 2007 年，中国功能饮料市场更是群雄逐鹿，各大品牌使出浑身解数推广新品，"尖叫""劲跑""激活"等悉数登场，让消费者眼花缭乱。据统计，2017 年以来，具有一定影响力的功能饮料新品牌有二三十个。这些品牌在产品诉求上大都追求时尚新潮，定价与红牛相比较低，且采用红牛的品牌传播策略，不仅扩大了功能饮料的市场规模，还争得了红牛的部分消费者。红牛曾经占据我国功能饮料行业 80% 的市场份额，但在竞争激烈的市场环境下，红牛的市场份额开始减少。观研天下报告显示，2020 年，在我国功能饮料行业，红牛占据 52% 的市场份额；东鹏特饮市场份额为 11%，脉动、体质能量、乐虎分别占据 8%、7%、6% 的市场份额，至此红牛变得不温不火。

而从营收来看，2020 年，东鹏特饮销售业绩接近 50 亿元，营收同比增长了 26.7%，净利润增长42.2%，跻身行业前三；中沃旗下王牌产品体质能量飞速发展，单品年销售额高达 10 亿元，且每年保持 20% ~ 30% 的增幅，成为功能饮料市场中名副其实的"入侵者"。尽管新秀们与红牛仍有一定差距，但在红牛市场份额减少之时，新兴品牌们的崛起更为显眼。

就价位而言，一方面，红牛在坚持高端路线之际，已经放弃了中低端市场；另一方面，红牛在中国的产品结构单一，新品推出缓慢，已是不争的事实。公开数据显示，最近几年，红牛的年销售额长期徘徊在 190 亿 ~ 230 亿元，增速明显放缓。

思考：

1. 请评价红牛的竞争对手东鹏特饮、脉动、体质能量、乐虎等。
2. 红牛如果想保持功能饮料行业的领先地位，请谈谈你的策略或建议。
3. 请你预测红牛、东鹏特饮、脉动、体质能量、乐虎未来 5 年的发展趋势。

二、基础知识

竞争是任何在市场经济中生存的企业都无法回避的主题。企业为了生存，必须了解其竞争对手，以便制定更有效、更有针对性的竞争战略。正所谓"知彼知己者，百战不殆；不知彼而知己，一胜一负；不知彼不知己，每战必殆"。然而，企业进行竞争对手分析的目的不尽相同，如为了制定企业发展战略或市场营销策略等。其实质是通过竞争对手分析来预测竞争对手行为，包括竞争对手对未来机会和威胁可能产生的反应，竞争对手对企业的战略行动可能产生的反应，竞争对手未来的动向等。企业需要预判竞争对手的反应，以避免企业采取的战略行动被竞争对手的行动抵消。企业也需要了解竞争对手未来的动向，以预测未来的竞争优势。

（一）竞争对手识别

一般而言，竞争对手是指可能对本企业的发展造成威胁的任何企业，具体是指那些生产经营与本企业提供的产品相似或可以互相替代的产品，以同一类顾客为目标市场的其他企业，即产品功能相似、目标市场相同的企业。

当今企业处在一个竞争激烈的环境中，新的竞争对手不断进入，行业内整合不断加剧。在这样一个瞬息万变的市场环境中，谁能及时把握竞争对手的动态，谁能掌握市场的先机，谁就能在竞争中掌握主动权。因此，及时识别竞争对手就显得尤为重要，常用的方法有定性的（如经理人员判断法、消费者评价法）和定量的（如辨识标准识别法）两类。

1. 经理人员判断法

经理人员是企业的中间管理层，他们依据自身经验、销售人员的电话及报告、中间商的信息及其他信息等，对企业现有和未来的竞争对手具有较强的判断能力。其判断思路如表 9-1 所示。

表 9-1　确定竞争对手的经理人员判断法

产品或服务	市场	
	相同	不同
相同	A	B
不同	C	D

表 9-1 中，A 区代表直接竞争对手，即产品或服务相同，针对相同顾客群；B 区代表潜在的竞争对手，即目前以相同的产品或服务供应不同的顾客，将来可能转化为 A 区；C 区代表以不同的产品或服务在相同市场上参与竞争的企业；D 区代表在不同市场上销售不同产品或服务的企业，目前与本企业并不构成竞争关系，但也有可能围绕各自的核心技术开展多样化经营而成为本企业的竞争对手。

2. 消费者评价法

消费者评价法是基于市场需求的视角来识别竞争对手。它是在企业所服务的目标市场的基础上，通过考察顾客对于相应企业的态度和行为来识别企业的竞争对手。如果顾客感觉到其他企业提供的产品或服务具有相似性或替代性，则这样的企业就被视为竞争对手。这种方法适用于经常性购买的非耐用品。该方法需对以下几个方面的信息进行分析。

① 购买周期分析。若对某一品牌产品进行重复购买的时间间隔的期望值与从该产品转换到另一产品的时间间隔的期望值相等，则说明这两种产品形成完全竞争。

② 品牌转换信息分析。品牌转换的可能性越高，说明竞争越激烈。

③ 需求交叉弹性分析。需求交叉弹性是指某产品的销售量因另一种产品价格的变化而引起变化的反应程度。需求交叉弹性系数为正，说明两种产品为竞争产品。

3. 辨识标准识别法

采用科学的辨识标准对竞争对手进行分类并排序是识别竞争对手的基本方法。辨识标准识别法是从竞争企业的基本特征入手来识别竞争对手。如果不同的企业提供相似的产品，拥有相似的市场策略、生产技术、企业规模及其他基本标志，那么这些企业将被视为竞争对手。

对于同一行业里的众多企业，可以将行业标准作为辨识标准来划分和识别竞争对手。常见的辨识标准有市场地位、品牌影响力、产品竞争力、服务满意度等。可根据辨识标准对竞争对手进行评分，计算综合得分确定优先排序，再确认主要的竞争对手。一般情况下，最终确认的竞争对手最多不超过6个。虽然按综合实力优先排序，但不能忽略综合实力弱而某方面具备很强竞争力的企业。

知识链接：竞争对手的类别

竞争对手通常分成以下4类。

一是直接竞争对手，即产品或服务相同且满足同一目标用户群的需要，如可口可乐和百事可乐。

二是间接竞争对手，即产品或服务不同，但目标用户群一致，如王老吉和元气森林。

三是替代性竞争对手，即目标用户群一致，产品或服务具有较大的优势，能够相互替代的企业，如索尼数码相机和拍照功能强的华为手机。

四是潜在竞争对手，包括行业相关者与非行业相关者，如高通和小米自研芯片。

（二）竞争对手分析的内容

竞争对手分析是指利用特定的分析方法和工具，对具有竞争关系的企业进行有目的的调查分析。竞争对手分析的内容涵盖产品、品牌、市场、渠道、服务、运营、商业模式等多方面。

（1）产品分析，涉及产品策略（包括产品定位、产品宽度、产品深度、产品关联度等）、产品可用性（包括产品与客户需求匹配度、产品易用性、产品可靠性、产品集成性、可扩展性等）和支持产品成功的关键技术。

（2）品牌分析，主要是从品牌传播手段分析品牌策略，以及进行品牌影响力（包括品牌知名度、认知度、忠诚度）的评估。

（3）市场分析，涵盖市场地位（包括市场份额、地区份额、销售额、利润等）、推广策略（包括推广手段、重点市场等）与推广能力。

（4）渠道分析，主要涉及渠道策略（包括渠道架构、区域分布、渠道长度、渠道宽度和渠道广度等）、价格策略（包括定价策略、实际售价、调整频率、调整力度等）、渠道能力（包括覆盖率、利用率、渠道激励等）。

（5）服务分析，涵盖服务策略（包括服务内容、服务模式、服务政策等）与服务能力（包括服务广度、服务质量等）。

（6）运营分析，一是针对人力资源、财务资源、基础设施、信息和知识资源、技术资源、相关方等资源的分析，二是针对人力资源管理、财务管理、设备管理、信息管理、研发管理、采购管理等过程的分析。

（7）商业模式分析，是指面向客户来源、价值主张、渠道通路、客户关系、收入来源、关键资源、关键活动、成本结构等展开的分析。

竞争对手分析的结论可以作为制定企业产品规划的参考依据，辅助企业进行产品市场定位，为产品设计提供功能、可用性、关键技术等方面的参考，提高产品的差异化程度；作为制定企业市场策略的参考依据，协助企业借鉴竞争对手的市场营销策略和手段，拓宽自己的营销思路，选择可进攻或需回避的市场，制定具有针对性的市场竞争策略；作为制定企业战略的主要参考依据，帮助企业完成全面科学的战略分析，识别自身的优劣势，发挥所长，补其所短，制定合理有效的战略，促进企业未来可持续发展。

知识链接：品牌影响力分评估表

某行业协会品牌影响力评估表如表 9-2 所示，其针对品牌影响力的知名度、认知度和忠诚度进行考量，三个维度加权合计满分为 100 分，每个维度包含 10 项二级指标，每项二级指标按照五级评分标准打分，优秀为 10 分，良好为 8 分，一般为 6 分，较差为 4 分，极差为 2 分。品牌影响力 = 知名度的二级指标总分值 ×0.4+ 认知度的二级指标总分值 ×0.3+ 忠诚度的二级指标总分值 ×0.3。

表 9-2 某行业协会品牌影响力评估表

单位：分

一级指标	权重	二级指标	评分				
			极差	较差	一般	良好	优秀
知名度	0.4	品牌名称及标识					
		品牌形象及定位					
		品牌曝光率					
		品牌词搜索人气					
		品牌词搜索热度					
		品牌官微浏览量					
		品牌客群地域分布					
		品牌规模与实力					
		品牌的产品与服务					
		品牌网络传播力					
认知度	0.3	品牌差异化程度					
		品牌店铺访问深度					
		品牌店铺转化率					
		品牌好评度					
		品牌联想度					
		品牌美誉度					
		品牌市场占有率					
		品牌官微活跃粉丝数					
		品牌官微评论量					
		品牌竞争力					

续表

一级指标	权重	二级指标	评分				
			极差	较差	一般	良好	优秀
忠诚度	0.3	品牌的信任度					
		品牌的排他性					
		品牌的传承性					
		品牌客群复购率					
		品牌客群留存率					
		品牌客群价格敏感度					
		品牌官微转发量					
		品牌技术创新					
		品牌发展前景					
		品牌自传播能力					
综合评分	1						

（三）竞争对手分析的流程

企业进行竞争对手分析时，遵循的基本流程如图9-2所示。

确定竞争对手 ➡ 明确分析目的与规划分析内容 ➡ 情报搜集 ➡ 情报处理 ➡ 情报分析 ➡ 撰写报告

图9-2 竞争对手分析的流程

1. 确定竞争对手

确定竞争对手是竞争对手分析的首要工作。一般而言，企业可将提供相同产品/服务或替代产品/服务的企业视为竞争对手。此外，由于企业间竞争范围越来越广，所以企业在进行竞争对手分析时应尽量把视野放得开阔一些，同时要密切关注行业的变化，尤其是来自潜在的产品/服务替代者的威胁。

2. 明确分析目的与规划分析内容

明确竞争对手分析的目的，在此基础上规划分析的内容，如产品、品牌、市场、渠道、服务、运营、商业模式等；然后建立竞争对手分析的内容清单或表格，明确需要分析的指标，这样有利于信息搜集。

所有的竞争者都要为追求最大利润而选择适当的行动方案，但是各企业对短期利润和长期利润的重视程度各不相同。目标不同，相应的策略也会不同，所以在进行竞争对手分析时要了解竞争对手的目标及目标组合，这样就可以知道竞争对手是否满足其目前状况，以及对不同的竞争行动的反应如何。企业还必须注意竞争对手对不同产品/服务和市场细分区域攻击的目标。

3. 情报搜集

竞争对手的情报主要来自竞争对手网站、电商平台、顾客调查、咨询机构、相关报道等公开的渠道，具体如表9-3所示。

表9-3 竞争对手的情报搜集

分析内容	情报来源	搜集方法
产品	竞争对手网站、市场或顾客的反映、竞争对手的宣传资料、专业调研机构的报告、专利检索、实地查找、人员沟通	（1）竞争对手产品本身、竞争对手行为、顾客反馈等第一手资料可以通过与竞争对手的顾客、合作伙伴、供应商等人员交谈来掌握，如进行专家小组讨论、展开问卷调查、搜集竞争对手网站发布的信息、查找电商平台上竞争对手的店铺等；（2）竞争对手的公开资料或调研机构的报告可以通过阅读专利、出版物，利用互联网搜索数据等方式获取
品牌	顾客评价、售后反馈、专业调研机构的报告、求职网站、人员沟通、政府行业网站	
市场	竞争对手的市场行为、对外公开资料、专业调研机构的报告、政府行业网站	
渠道	竞争对手的渠道部署行为、竞争对手对外公开资料、专业调研机构的报告、人员沟通	
服务	竞争对手的服务政策、顾客对竞争对手服务的评价、竞争对手对外公开资料、专业调研机构的报告	

4. 情报处理

情报处理的工作原则有：①进行情报筛选时关注可靠的数据来源；②进行情报整理时对信息进行要点提炼；③进行情报存储时分类建档，建立目录索引。情报处理方法如图9-3所示。

图9-3 情报处理方法

5. 情报分析

情报分析主要是将本企业与竞争对手在产品、品牌、市场、渠道、服务、运营、商业模式等方面做对比。常用的情报分析方法如表9-4所示。

表9-4 常用的情报分析方法

常用分析方法	技术说明	作用
价值链分析法	波特指出，企业经营的基本活动可划分为5类，即进货物流、生产运作、出货物流、市场开发和销售以及服务。这5类基本活动加上支持性活动（如基础设施、人事、财务、计划、研发、采购等）构成了企业的价值链。价值链分析法是通过梳理竞争对手的价值链确定竞争对手的竞争优势	确定竞争对手的竞争优势及其来源。进行竞争对手分析时，深入理解竞争对手的价值链，是企业制定竞争战略的一个有益和有效的方法
BCG 矩阵	即波士顿矩阵，用于考察企业各业务的相对市场份额和产业增长速度，帮助企业明确投资哪些业务、哪些业务是金牛型、哪些业务需要终止、哪些业务需要改进	作为一种诊断工具，用于标识出可以赢利的业务
GE 矩阵	美国通用电气公司（GE）开发的投资组合分析方法，其按市场吸引力和业务自身实力两个维度评估现有业务，每个维度分3级，分成9个格，表示两个维度上不同级别的组合	主要用于业务组合管理
SWOT 分析	对企业内外部条件各方面内容进行综合和概括，进而分析组织优势、劣势、面临的机会和威胁的一种分析方法。优势和劣势是对企业内部能力的总结与评价，而机会和威胁则是对企业外部竞争环境的综合与概括	对企业的综合情况进行客观公正的评价，以识别各种优势、劣势、机会和威胁因素，有利于拓展思路，正确制定企业战略

常用分析方法	技术说明	作用
博弈论	研究决策各方在相互作用时如何进行决策以及这种决策如何达到均衡的理论。博弈论认为，在激烈竞争的形势下，企业与企业之间存在密切的互动关系。企业不存在独立的最佳战略选择，最佳选择取决于其他企业的行动，自己企业的行动会使其他企业改变行动。相反，其他企业的行动也会改变自己企业的行动	企业必须在充分考虑竞争对手反应的情况下做决策
关键成功因素分析	通过分析找出企业成功的关键因素，然后围绕这些关键因素做对比分析	用于分析影响企业盈利的因素
"意图—能力"分析模型	辛格在一篇论文中提出分析竞争对手威胁的模型：威胁感知＝估计的能力×估计的意图。该模型对企业界的竞争情报分析有很大的借鉴作用	识别竞争对手的威胁，包括不带威胁的行动，如竞争对手的研发动向、先进实践（标杆比较）等
定标比超分析	通过将本企业各方面状况与行业内外最佳范例进行对照分析，识别竞争对手的优势与最佳做法，再将其设为本企业标杆，改进提升本企业的经营管理	涵盖企业的所有商业流程，企业的产品、工艺、管理、战略都可以用定标比超分析
顾客满意度调查	顾客满意度调查是用来测量一家企业或一个行业在满足或超过顾客购买产品／服务的期望方面所达到的程度。通过调查可以找出那些与顾客满意或不满意直接有关的关键因素，根据顾客对这些关键因素的看法而测量出统计数据，进而得到综合的顾客满意度指标。它是市场调研过程中应用最为广泛的一项调查技术	用于调查从产品开发到售后服务的全过程的顾客满意度，再从中找到改进机会，提升产品／服务的质量

6. 撰写报告

竞争对手分析报告呈现的形式有：①表格，适用于运用定性方法进行分析得出的结论，结果集中于关键要素；②文本文件，适用于运用定量方法进行分析得出的结论，分析结果全面翔实；③ PPT，适用于运用定量方法进行分析得出的结论，可以是对文本文件的直观展现，也可以直接作为分析报告提交。

（四）竞争策略

波特在《竞争策略》（*Competitive Strategy*）一书中提出3种卓有成效的竞争策略。

一是低成本策略，企业要想获得更多的利润，就必须在行业中保持成本优势，低成本的企业可以以比其竞争对手更低的价格销售产品，并保持较高的利润。

二是差异化策略，企业选择生产特殊的产品或者提供特殊的服务，获得较高的市场占有率，从而实现较高的利润。

三是集中一点策略，企业将产品或服务限定在特定的客群或者目标市场，在该目标市场获得较高的市场占有率，获得高额利润。

除了这3种竞争策略外，还有创新领先策略（依据市场需要研发新技术、研制新工艺、开发新产品来提高企业的市场竞争力）、质量领先策略（把提升产品质量、创立品牌作为巩固竞争优势地位的关键）、以快取胜策略（在市场竞争中，通过快速响应市场需求赢得市场竞争的主动性）等。

企业可以依据竞争对手分析，以及关键竞争因素对比，形成新的竞争策略，如建立新的技术优势，在重点市场增加广告投入提高市场份额，攻击竞争对手的弱点等。

（五）竞争对手分析的层次

当今时代的竞争已经发展成国际化程度很高的全方位市场竞争，因此企业在做竞争对手分析的时候一定要明确是在哪一个层级上进行竞争对手分析，避免分析的盲目性和局限性。分清竞争对手分析的层次，能有效地提高竞争对手分析的准确程度，最大限度地为本企业的竞争战略决策提供参考。

战略分为企业战略、经营战略、职能战略，在做竞争对手分析时也相应地分为企业决策层竞争对手战略分析、企业经营层竞争对手战略分析、企业职能层竞争对手战略分析。

1. 企业决策层竞争对手战略分析

企业决策层竞争对手战略分析主要是分析竞争对手总资产、销售额的增长情况、开展的业务、产品种类等方面，具体包括竞争对手的企业使命和目标、竞争对手的核心竞争力、竞争对手纵向整合的程度、竞争对手的目标市场、竞争对手的市场占有率等。

分析竞争对手的市场占有率是为了明确本企业和竞争对手相比在市场中处在什么位置，是市场的领导者、跟随者还是参与者。

本层次的竞争对手战略分析使企业决策层了解竞争对手的经营领域、市场地位、财务状况和组织结构等企业战略问题，为本企业制定战略决策提供参照与支持。

2. 企业经营层竞争对手战略分析

企业经营层竞争对手战略分析主要是分析竞争对手的产品或服务在市场上的竞争地位、发展趋势、竞争策略、财务指标等一系列决定其竞争地位的关键指标，具体包括竞争对手产品或服务的范围情况，如相对质量和价格、竞争对手产品或服务的竞争战略（差异化、成本领先、集中战略）、竞争对手新产品或服务开发的趋势及方向、竞争对手组织、业务单位结构的详细情况、竞争对手按客户和地区细分市场的占有率等。

本层次的竞争对手战略分析可以对竞争对手的定价策略、销售策略、产品线策略、广告策略、促销策略、服务策略等进行分析。

3. 企业职能层竞争对手战略分析

企业职能层竞争对手战略分析主要是通过对竞争对手职能部门的管理策略、管理手段及管理措施进行分析，明确竞争对手在市场中的现状，并预测竞争对手的行动计划。企业职能层管理者基于以上的分析，能够制定相应的战略战术，给本企业带来竞争优势。

销售部门应了解竞争对手的产品价格跟踪系统（含竞争对手产品定价），竞争对手销售队伍的构成情况、业务能力，竞争对手销售人员的薪酬待遇和服务等情况。

市场营销部门应了解竞争对手的品牌定位、市场份额，竞争对手的产品幅度和深度，竞争对手的广告商及媒体选择、广告开支，竞争对手的顾客忠诚度估计、市场形象等情况。

生产运作部门应了解竞争对手制造基地的成本，竞争对手的规模经济情况，竞争对手的供应链管理情况等。

研发部门应了解竞争对手的技术路线、关键技术，竞争对手的专利及技术创新能力等情况。

人力资源部门应了解竞争对手组织的人员组成、奖惩政策，竞争对手的薪酬状况，竞争对手决策者、执行层及关键人员的背景等详细情况。

财务部门应了解竞争对手的收益性指标，如毛利率、资产报酬率、所有者权益报酬率等，并将本企业的收益性指标与其进行比较，再与行业的平均收益率进行比较，判断本企业的盈利水平处于什么位置，同时要对收益率的构成进行分析；竞争对手的安全性指标，如流动比率、速动比率、资产负债率、产权比率、利息保障倍数等；竞争对手的流动性指标，如总资产周转率、固定资产周转率、流动资产周转率、应收账款周转率、存货周转率等；竞争对手的成长性指标，如销售收入增长率、税前利润增长率、固定资产增长率、人员增长率、产品成本降低率等，同时对产销量的增长率和利润的增长率做比较分析，对比两者增长的关系，一般来说，利润的增长率高于产销量增长率，说明企业有较好的成长性；竞争对手的生产性指标，如人均销售收入、人均净利润、人均资产总额等；竞争对手的创新能力指标，如推出新产品的速度，这是检验企业科研能力的一个重要指标，科研经费占销售收入的百分比，这体现出企业对技术创新的重视程度，销售渠道的创新主要看竞争对手对销售渠道的整合程度。

从以上 3 个层次分析与评估竞争对手的实力，是企业竞争对手分析的重要内容。这里所说的实力不是简单地泛指竞争对手某一方面的能力，而是指竞争对手在竞争活动过程中可以或有可能显示出来的一切对本企业构成威胁、产生限制或影响本企业发展的综合竞争实力。

三、任务实战

（一）竞店分析

1. 理论知识

电商是"人—货—场"三要素构成的商业体系，核心在于交易与变现。"人"即购买者；"货"即商品和服务，背后的提供者包括商家、品牌及供应链；"场"即平台构建的交易场所，包括交易场景及交易服务。

不管商业如何变化，"人—货—场"始终是零售的三要素。商家要想在竞争激烈的零售市场上站稳脚跟，就必须时刻看清"人—货—场"的变化。

2. 任务内容

以某品牌官方旗舰店为例，运用"人—货—场"商业逻辑分析其竞店。首先运用"人—货—场"商业逻辑构建竞店分析框架，再根据竞店分析框架搜集竞店数据，然后展开数据处理与数据分析，最后识别竞店的优势与劣势，以及未来的发展趋势。完成后撰写《××竞店分析报告》，时间为一周，字数不限。

3. 任务要求

本任务是一个团队任务，两名学生一组合作完成，完成后上交《××竞店分析报告》，要求数据准确、条理清晰、图文并茂、分析到位、逻辑严密。

4. 任务实施

步骤 1：识别竞店。

步骤 2：运用"人—货—场"商业逻辑构建竞店分析框架。

步骤 3：搜集竞店数据。

步骤 4：展开竞品数据分析，并根据分析结果识别竞店的优势与劣势，以及未来的发展趋势。

步骤 5：撰写《××竞店分析报告》。

步骤 6：做好汇报的准备。

5. 参考报告

×× 竞店分析报告

某大家电官方旗舰店主要经营空调、冰箱、洗衣机、平板电视、厨房家电等商品，×××官方旗舰店是其主要的竞争对手。根据店铺运营计划，每月第一周周一安排一次竞店分析。

一、竞店分析框架构建

运用"人—货—场"商业逻辑构建竞店分析框架，如图 9-4 所示。

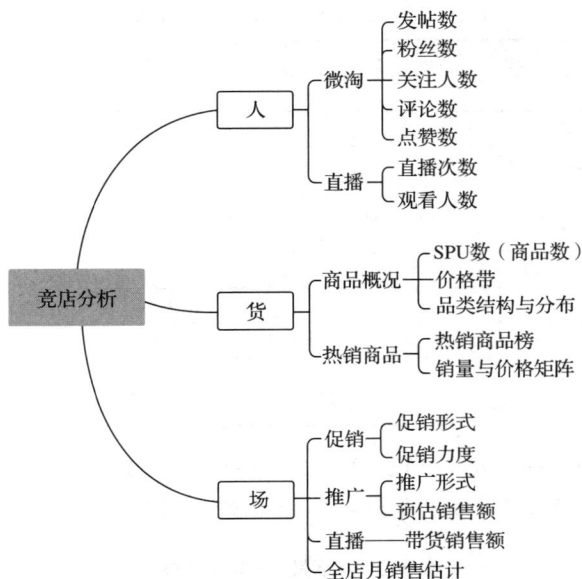

图 9-4　竞店分析框架

二、竞店数据搜集

（1）人的数据（见表 9-5）从竞店微淘页面和直播页面获取，包括发帖数、粉丝数、关注人数、评论数、点赞数、直播次数、观看人数。

表 9-5　竞店微淘与直播的人气指标

月份	粉丝数 / 万人	关注人数	发帖数	评论数	点赞数	直播次数	观看人数 / 万人
1	948.3	1	31	5	186	57	45.6
2	952.8	1	44	7	257	63	53.5
3	957.9	1	36	0	212	78	70.2
4	961.6	1	42	1	239	69	70.9
5	966.3	1	48	3	274	72	86.4
6	975.5	1	106	16	645	128	320.8
7	979.2	1	32	5	175	85	93.5
8	982.4	1	27	0	162	89	115.7
9	985.8	1	35	3	288	92	138.6
10	991.9	1	152	12	635	90	198.5

（2）货的数据（见表 9-6 和表 9-7）从竞店商品目录页获取，包括商品品类、SPU 数、最低价、价格点、最高价等。

表 9-6　竞店各品类 SPU 数与价格带

品类	冰箱	空调	彩电	厨卫
SPU 数 / 个	485	197	122	962
最低价 / 元	119	979	699	259
价格点 1 / 元	119	1089	999	579
价格点 2 / 元	438	2169	1699	1999
价格点 3 / 元	1999	—	3699	2999
最高价 / 元	23000	37999	69999	14999

表9-7　竞店热销商品榜（以冰箱为例）

商品名称	售价/元	总销量/万件
创维 D19B 三门冰箱 191L	999	2.13
美的 BCD-213TM(E) 三开门冰箱 213L	1298	1.22
上菱 BCD-137C 双门冰箱 137L	829	0.83
荣事达 BC-48R9WZ 双门小冰箱 48L	279	0.77
容声 BCD-172D11D 双门冰箱 172L	1099	0.65
海尔 BCD-458WDVMU1 对开门冰箱 458L	3399	0.55
容声 BCD-589WD11HP 双开门冰箱 589L	3199	0.51
美菱 BCD-249WP3CX 三门冰箱 249L	1899	0.38
海信 BCD-220D/Q 三门冰箱 220L	1249	0.33
容声 BCD-646WD11HPA 对开门冰箱 646L	1999	0.22

（3）场的数据（见表9-8和表9-9）利用店侦探等竞争对手分析工具获取，包括直通车估算销售额、淘宝客估算销售额、超级推荐估算销售额、直播带货估算销售额、全店估算销售额等。

表9-8　竞店推广销售额估算　　　　　　　　　　单位：万元

月份	直通车估算销售额	淘宝客估算销售额	超级推荐估算销售额	直播带货估算销售额	全店估算销售额
1	221	36	275	114	1564
2	159	18	168	134	956
3	182	25	174	176	1092
4	206	36	194	177	1237
5	214	30	234	216	1359
6	456	48	510	802	2868
7	241	32	278	234	1622
8	326	36	305	289	1938
9	316	41	358	347	2019
10	373	38	347	496	2237

竞店的主要促销方式有满减活动、抢购价、抢红包等，以满减活动为例，平均折扣率如表9-9所示。

表9-9　竞店满减活动平均折扣率

月份	平均折扣率
1	0.8
2	0.85
3	0.82
4	0.82
5	0.8
6	0.68
7	0.8
8	0.78
9	0.8
10	0.75

三、竞店数据分析

（1）竞店微淘人气指数（见图9-5）显示，粉丝数呈增长趋势，10月达到992万人，但参与微淘点赞与评论的人数却不多，10 月平均点赞数为 4.2，每帖的平均评论数仅为 0.1。

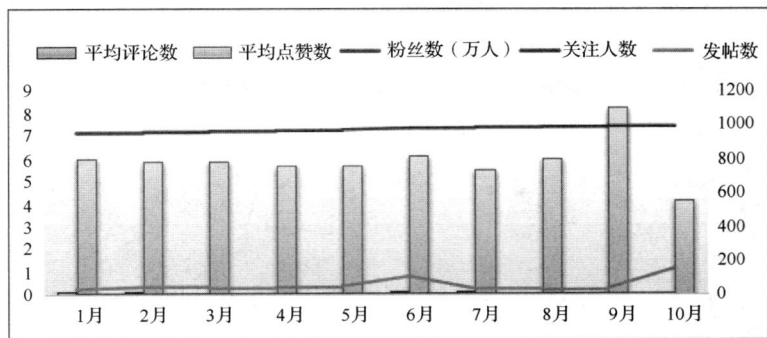

图 9-5　竞店微淘人气指数

（2）竞店直播场次与人气明显上升，场均人数从 1 月的 0.4 万人增至 10 月的 1.1 万人，如图 9-6 所示。10 月合计直播 90 场，观看人数达到 99.3 万人，有效提高了店铺销售额。

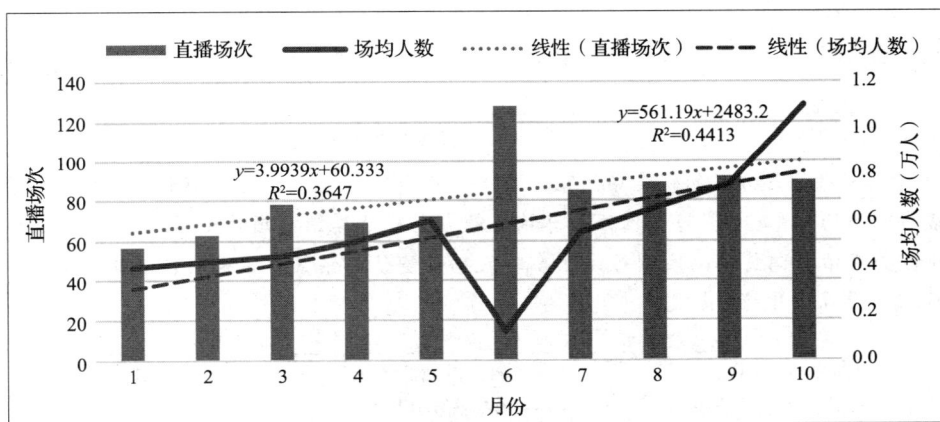

图 9-6　竞店直播场次与场均人数

（3）竞店主要经营厨卫、彩电、空调和冰箱 4 个大类的商品，其中厨卫有 962 个 SPU，彩电有 122 个 SPU，空调有 197 个 SPU，冰箱有 485 个 SPU。从价格带来看，价格点集中于低价区，但并不局限在最低价，4 个品类均出现多个价格点，如图 9-7 所示。

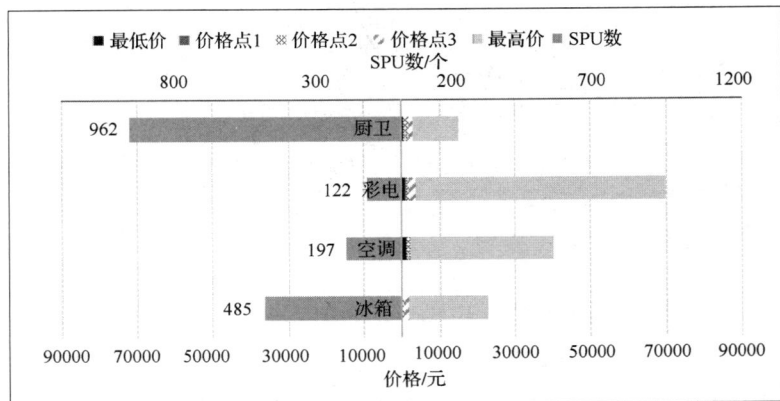

图 9-7　竞店各品类 SPU 数与价格带

（4）竞店热销商品以冰箱为例，TOP10商品的售价与销量以矩阵显示，热销冰箱以2000元以下为主，销量占比为86%。另有两款3000～3500元的冰箱进入热销商品榜，如图9-8所示。

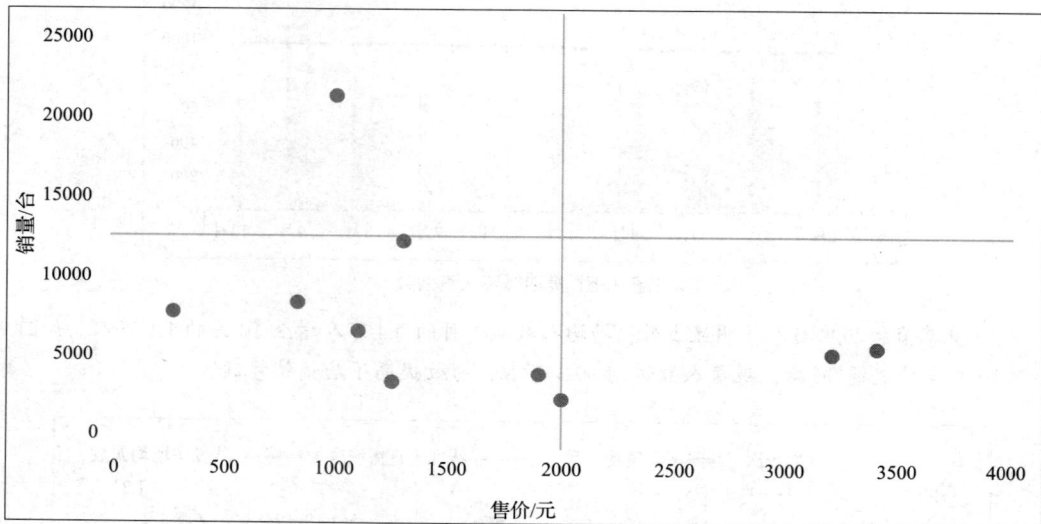

图9-8　竞店热销商品的售价与销量矩阵

（5）竞店4种推广方式的销售额估算如图9-9所示，直通车10个月累计估算销售额占全店估算销售额的比例约为14.7%，超级推荐估算销售额占全店估算销售额的比例约为16.8%，淘宝客估算销售额占全店估算销售额的比例约为2.0%，直播带货估算销售额占全店估算销售额的比例约为17.7%，而且均呈现上升趋势。

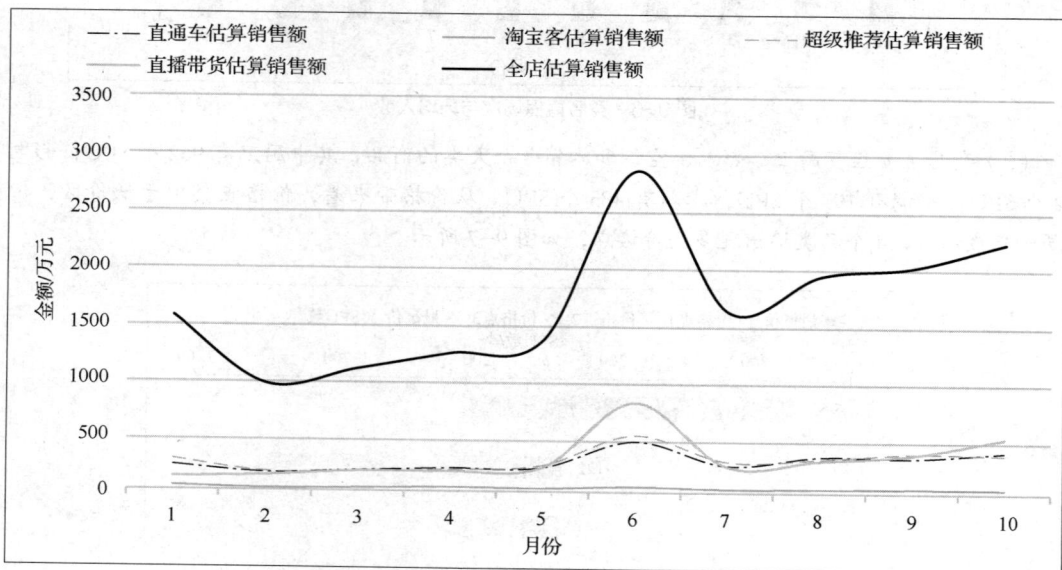

图9-9　竞店推广销售额估算

（6）竞店主要的促销方式有满减活动、抢购价、抢红包等。以满减活动为例，最近10个月的平均折扣率如图9-10所示，总体平均折扣率为0.79，在"6·18"大促期间达到0.68。

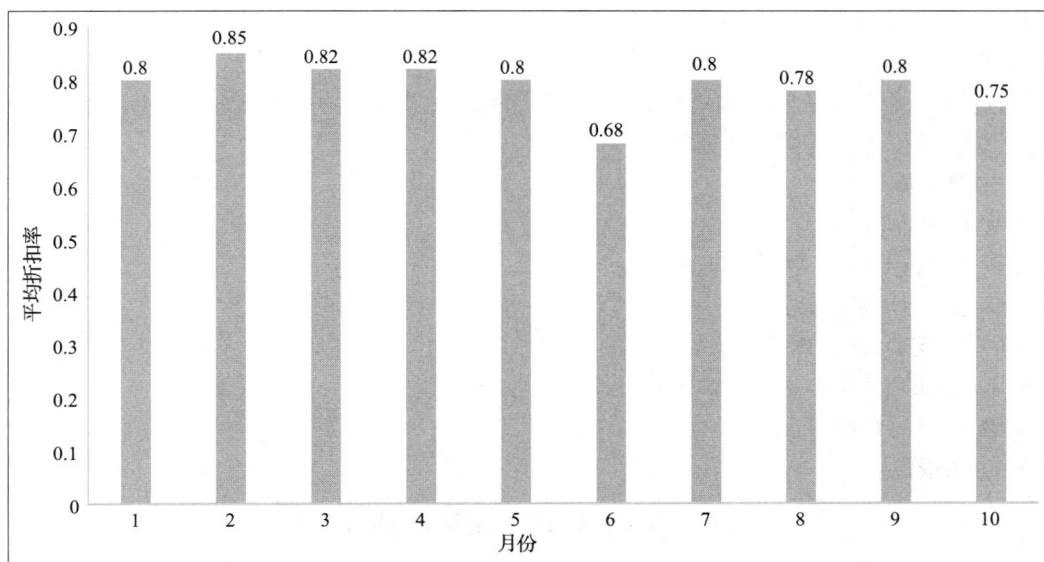

图 9-10　竞店满减活动平均折扣率

四、总结

竞店微淘人气不高，但直播人气明显上升，未来可能成为竞店获取客户的一个重要渠道；其主要经营的 4 类商品中，价格点位置较低，说明竞店商品的优势在低价区，其客户对价格较为敏感，但存在多个价格点，反映竞店有多个层次的客户，他们的商品需求存在差异；竞店推广主要采用直通车、超级推荐、淘宝客、直播带货等方式，其中直播带货的优势越来越明显，而淘宝客的作用在减弱。

（二）竞品分析

1. 理论知识

竞品分析（Competitive Analysis）一词最早出现在经济学领域，是指对现有的或潜在的竞争产品的优势和劣势进行分析。竞品分析的目的是通过关注竞争对手与自己的差异，分析其产品热销背后的原因，取其精华，去其糟粕，及时发现自己产品的不足，为产品后期的更新迭代提供最为合适的方案。竞品分析涵盖以下 3 个层面。

一是公司层面，涉及公司的目标市场、产品定位、技术团队、发展战略、盈利模式、市场占有率等。

二是客户层面，包括目标客户群、客户体验、访客数量、转化效率等。

三是产品层面，主要分析产品线布局、产品功能、产品属性、产品质量、产品价格、市场推广、销售情况等。

对于电商企业来说，竞品数据追踪表格一般设计成两个：一个是竞品基本信息表，主要数据项有竞争对手，竞品的标题、价格、主图、链接、成交关键词，这些内容相对变化较少；另一个是竞品日数据追踪表，主要数据项有促销活动事件、日销量、日访客数、PC 端 UV 总计、移动端 UV 总计、日转化率、PC 端流量来源细分、移动端流量来源细分，这些内容每天都会有变化，需要日日更新。

2. 任务内容

以一家网店的一款引流产品为分析对象，识别其竞品，然后设计竞品数据追踪表格，至少持续一周搜集竞品的数据，再对搜集的数据进行分析。

3. 任务要求

本任务是一个独立任务，每名学生单独完成，完成后上交《××网店××竞品分析报告》，要求竞品识别准确、数据完整、分析到位。

4. 任务实施

步骤1：识别竞品。

步骤2：设计竞品日数据追踪表格。

步骤3：持续搜集竞品数据。

步骤4：定期做竞品数据分析。

步骤5：撰写《××网店××竞品分析报告》。

步骤6：做好汇报的准备。

5. 参考报告

××网店西门子双开门冰箱竞品分析报告

××网店经营的西门子BCD-610W（KA62NV60TI）双开门冰箱的主要成交关键词为"西门子双开门冰箱"。以成交关键词"西门子双开门冰箱"为标志将相似或密切相关的产品列为竞品，进而根据自身和竞争对手在本行业中的地位来识别主要竞争对手及竞品。竞品最终确定为苏宁易购官方旗舰店的西门子BCD-610W（KA92NV02TI）双开门冰箱。

1. 竞品基本信息

××网店的西门子BCD-610W（KA62NV60TI）双开门冰箱（简称西门子BCD-610W冰箱）选择的竞品是苏宁易购官方旗舰店(简称苏宁易购)的西门子BCD-610W(KA92NV02TI)双开门冰箱。竞品基本信息如表9-10所示。

表9-10　竞品基本信息

店铺名称	××网店	苏宁易购官方旗舰店
商品标题	西门子BCD-610W（KA62NV60TI）双开门冰箱	西门子BCD-610W（KA92NV02TI）双开门冰箱
商品价格	返现价6899元	6999元
商品主图		
成交关键词	西门子双开门冰箱	西门子双开门冰箱
	西门子冰箱	苏宁易购官方旗舰店
		西门子冰箱

如果竞品基本信息数据发生变化，则建立一个新表，同时保留原表，将其作为历史数据，以便日后分析使用。

2. 竞品日数据追踪

西门子BCD-610W冰箱日数据追踪如表9-11所示。竞品每日的交易数据和流量数据取自生意参谋/市场行情/商品店铺榜/产品粒度。

表 9-11　西门子 BCD-610W 冰箱日数据追踪

| | | 8月21日 | | 8月22日 | |
	项目	××网店/62	苏宁易购/92	××网店/62	苏宁易购/92
商品详情	促销活动		满5000元减500元		聚划算
	日销量/台	3	19	5	39
	日访客数	1594	14755	2119	36080
	PC端UV	199	738	574	2873
	移动端UV	1395	14017	1545	33207
	日转化率	0.19%	0.14%	0.24%	0.11%
PC端	天猫搜索	43	336	169	280
	淘宝搜索	46	196	123	185
	直接访问	17	82	55	199
	购物车	10	35	37	48
	淘宝站内其他	8	30	19	640
	宝贝收藏	4	15	13	15
	淘宝首页	2	15	19	14
	天猫首页	7	5	11	42
	淘宝足迹	5	5	18	7
	其他	11	19	24	37
	共计	153	738	488	1467
	淘宝客	11	5	21	7
	直通车	45	0	65	0
	聚划算	0	0	0	1399
	智钻	0	0	0	0
	共计	56	5	86	1406
移动端	手淘搜索	670	4030	736	6071
	手淘首页	47	3184	68	7402
	淘内免费其他	59	2099	93	3480
	购物车	23	953	56	1997
	我的淘宝	15	880	37	1165
	猫客搜索	292	769	154	1058
	手淘问大家	37	453	63	1032
	WAP天猫	0	226	0	323
	手淘旺信	32	193	55	185
	手淘有好货	22	170	24	179
	其他	67	1042	78	2785
	共计	1264	13999	1364	25677
	淘宝客	0	0	36	0
	直通车	131	0	145	0
	聚划算	0	0	0	6609
	智钻	0	0	0	921
	共计	131	0	181	7530

注: 表中"免费流量来源"与"付费流量来源"为行标题分组（PC端与移动端各含此两组）。

3. 竞品数据分析

（1）竞品日销量对比

西门子 BCD-610W 冰箱 8 月 15 日—21 日的竞品日销量对比如图 9-11 所示。数据显示，苏宁易购的日销量虽有波动，但总体上呈现增长趋势；而××网店的销量除了8月17日—18日参加聚划算活动有所增长外，其他日期销量维持在每日5台左右，未出现增长趋势，该网店应分析原因并做好竞品数据的继续跟踪。

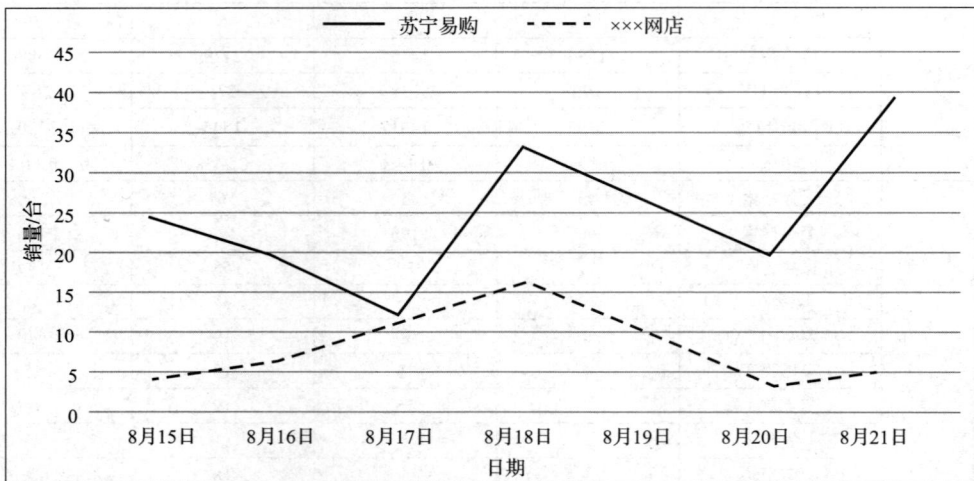

图9-11　竞品日销量对比

（2）竞品日访客数对比

西门子BCD-610W冰箱8月15日—21日的竞品日访客数对比如图9-12所示。数据显示，苏宁易购的访客数波动区间为[14755，49316]，趋势上暂时看不出变化方向；××网店的访客数波动区间为[1594，7343]，除8月17日—18日因参加聚划算活动访客数较高外，整体上比较平稳，该网店应接着做好竞品的数据跟踪。

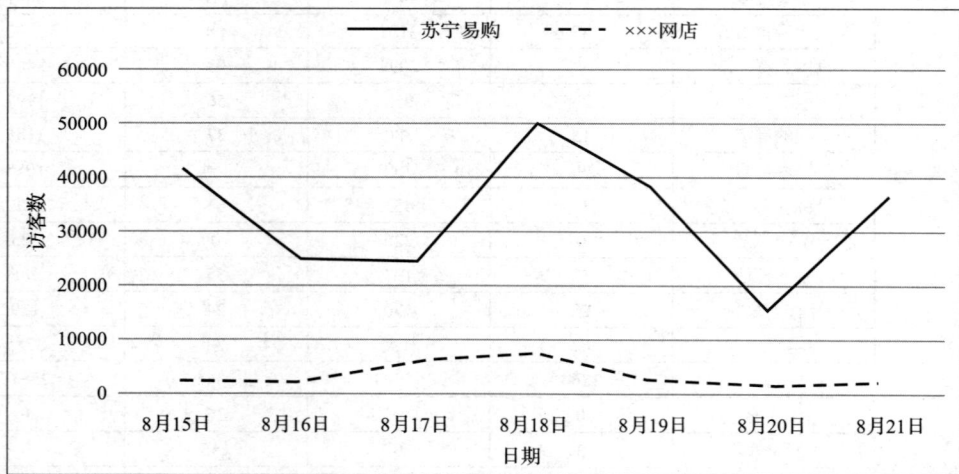

图9-12　竞品日访客数对比

（3）流量占比分析

苏宁易购8月21日与22日移动端免费流量合计如图9-13所示，排名前3位的是手淘首页、手淘搜索、淘内免费其他。××网店8月21日与22日移动端免费流量合计如图9-14所示，排名前3位的是手淘搜索、猫客搜索、淘内免费其他。相比较而言，××网店在手淘首页获取的流量偏少，应对苏宁易购在手淘首页获取流量的方法进行分析并借鉴。

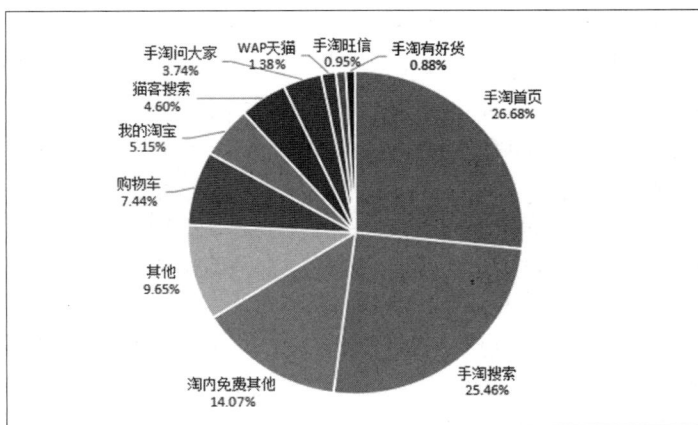

图 9-13　苏宁易购 8 月 21 日与 22 日移动端免费流量合计

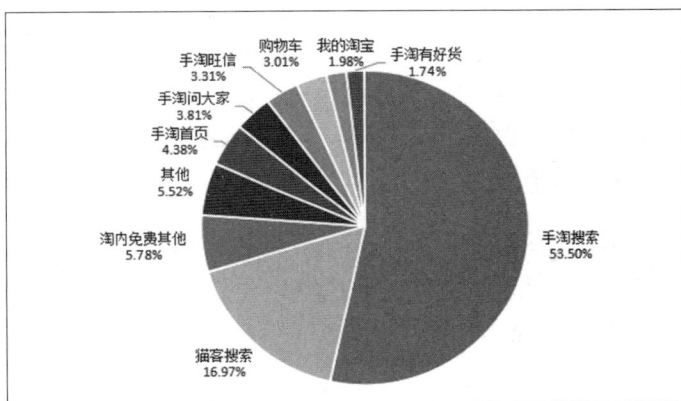

图 9-14　×× 网店 8 月 21 日与 22 日移动端免费流量合计

四、拓展实训

实训 1　产品竞争力对比分析

1. 实训背景

$APPEALS 模型是产品竞争力评价模型，由 IBM 公司创建，也称"八爪鱼模型"。其包含 8 个要素：价格（Price，$）、可获得性（Availability，A）、包装 / 外观（Packaging，P）、性能（Performance，P）、易用性（Easy to Use，E）、保障性（Assurances，A）、生命周期成本（Life Cycle Cost，L）、社会接受程度（Social Acceptance，S）。

$：价格。该要素反映了客户为一个满意的产品期望支付的价格。评价方法是比较客户可感知的价值和需要支付价格，考虑的主要因素包括功能价值、体验价值、情感价值、技术水平、物料成本、人力成本、生产成本、管理费用、自动化程度、市场定价策略等。

A：可获得性。该要素描述了客户购买体验中的便利性和周全性。评价方法是比较客户了解、购买和获得产品的渠道、交付时间及定制能力等，考虑的主要因素包含广告投入、目标市场、销售渠道、预售活动、订单处理效率、发货时间、配送时间、定制化服务等。

P：包装/外观。该要素描述了客户期望的设计质量、特性和外观等视觉特征。评价方法是比较客户对产品外观设计、包装设计的喜好程度，考虑的主要因素包括产品外观、样式、尺寸、结构、颜色、材质、纹理、图形、风格、模块化、集成性、工艺设计等。

P：性能。该要素描述了客户对产品的功能和特性的期望。评价方法是比较客户期望的功能和关注的性能，考虑的主要因素有速度、功率、容量、规格、精准度、效率等。

E：易用性。该要素描述了产品的易用属性。评价方法是比较产品的舒适度、上手度等，考虑的主要因素包含产品安装、升级、人体工学、界面人性化、操控性、输入/输出、接口、文档资料、技术支持、配套资源等。

A：保障性。该要素反映了产品在质量方面、使用过程以及售后服务过程的保障。评价方法是比较产品的可靠性、安全性以及售后保障等，考虑的主要因素有产品质量、质量保证、保修服务、客户投诉处理、故障鉴定、退货/退款规则等。

L：生命周期成本。该要素描述了客户在使用产品的整个过程中产生的成本。评价方法是比较运维费用、使用寿命、废弃成本等，考虑的主要因素包括安装成本、产品磨损、配件价格、维修费用、运行成本、培训费用、升级费用、能耗等级、使用年限、残余价值、处理成本等。

S：社会接受程度。该要素描述了客户对产品形象的认可度。评价方法是比较市场口碑、专家意见、行业地位等，考虑的主要因素包括品牌形象、网络舆情、第三方评价、顾问报告、行业标准、法律法规、环境影响评价、资质认证、行业排名、政府奖励等。

2. 实训内容

从某品牌店铺选择一款引流产品，先识别其竞品，然后运用$APPEALS模型进行产品竞争力对比分析（见表9-12），发掘品牌店铺引流产品与竞品在8个维度上各自的优势、特色与最佳实践，提炼品牌店铺引流产品的新卖点，设计新的营销策略。

表9-12 产品竞争力综合评分表

评价维度	价格	可获得性	包装/外观	性能	易用性	保障性	生命周期成本	社会接受程度	加权得分
权重系数	0.2	0.1	0.1	0.15	0.2	0.05	0.05	0.15	
本品									
竞品1									
竞品2									
备注									

3. 实训要求

本实训安排两名学生一组，合作完成并提交《产品竞争力对比分析报告》，并做好汇报的准备。

实训2 关键竞争因素对比分析

1. 实训背景

企业在做竞争对手分析时能否抓住关键因素，将直接影响企业能否取得成功。对于电商企业来说，关键竞争因素包括但不限于产品结构、产品质量、核心技术、产品价格、产品销量、客户服务、品牌声誉、营销策略、广告效果、客户忠诚度等，如表9-13所示。

表 9-13　某电商企业关键竞争因素对比

关键竞争因素	竞争对手状况	本企业状况	相对于竞争对手		应采取的超越／改善行动
			优势	劣势	
产品结构					
产品质量					
核心技术					
产品价格					
产品销量					
客户服务					
品牌声誉					
营销策略					
广告效果					
客户忠诚度					
……					

2. 实训内容

最近国际数据公司 IDC 发布报告显示，三星、华为、苹果、小米、OPPO 手机的总出货量排在前 5 位，其中华为手机与苹果手机之间的竞争尤为激烈。请运用关键竞争因素分析法进行华为手机与苹果手机的关键竞争因素对比分析。

3. 实训要求

本实训安排两名学生一组，合作完成并提交《华为手机与苹果手机关键竞争因素对比分析报告》，并做好汇报的准备。

任务小结

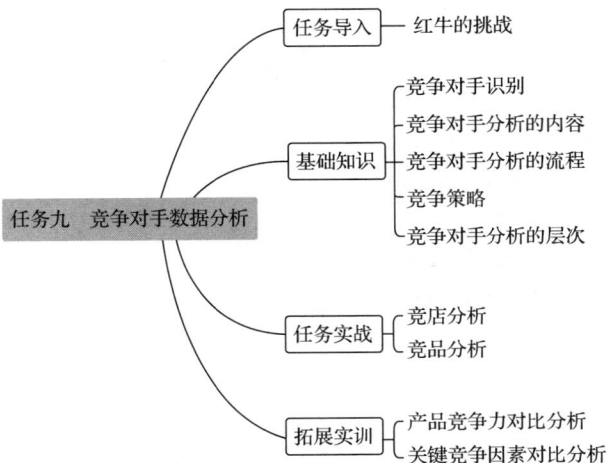

同步习题

（一）判断题

1. 一般而言，竞争对手是指产品功能相似、目标市场不同的企业。（　　）

2. 企业决策层竞争对手战略分析的内容包括竞争对手的产品或服务在市场上的竞争地位、发展趋势、竞争策略、财务指标等一系列决定其竞争地位的关键指标。（　　）

3. 质量领先策略是指在市场竞争中，通过快速响应市场需求赢得市场竞争主动性的策略。（　　）

4. $APPEALS模型是产品竞争力评价模型，也称"八爪鱼模型"。（　　）

5. 对产品满意的顾客不会选择替代品和竞争对手的产品。（　　）

（二）不定项选择题

1. 根据战略层次，竞争对手分析的层次分为（　　）。
   A. 企业决策层竞争对手战略分析　　　　　B. 企业经营层竞争对手战略分析
   C. 企业职能层竞争对手战略分析　　　　　D. 以上都不对

2. 基本的竞争战略有（　　）。
   A. 差异化战略　　　B. 成本领先战略　　　C. 集中战略　　　D. SO战略

3. 品牌影响力评估的关键要素包括（　　）。
   A. 知名度　　　B. 认知度　　　C. 提升度　　　D. 忠诚度

4. 依据竞争事实的形成与否，竞争对手可分为（　　）。
   A. 行业竞争对手　　　B. 目标市场竞争对手
   C. 潜在竞争对手　　　D. 直接竞争对手

5. 竞争对手常见的辨识标准有（　　）。
   A. 市场地位　　　B. 品牌影响力　　　C. 产品竞争力　　　D. 服务满意度

6. 竞争对手分析流程正确的是（　　）。
   A. 确定竞争对手—情报搜集—明确分析目的与规划分析内容—情报处理—情报分析—撰写报告
   B. 确定竞争对手—明确分析目的与规划内容—情报处理—情报搜集—情报分析—撰写报告
   C. 确定竞争对手—明确分析目的与规划内容—情报搜集—情报处理—情报分析—撰写报告
   D. 明确分析目的与规划内容—确定竞争对手—情报搜集—情报处理—情报分析—撰写报告

（三）简答题

1. 请列举影响企业竞争的关键因素。

2. 常见的竞争对手情报搜集渠道有哪些？

3. 简述竞争对手的4种类型。

4. 请详细描述"人—货—场"三要素。

5. 常见的卓有成效的竞争策略有哪些？